电子竞技专业教育丛书

电子竞技赛事与运营
第 2 版

孙博文 常方圆 主编

应舜洁 王茜 程宝娟 杨晓舟 於骞 王蕊 俞萍 副主编

清华大学出版社
北京

内 容 简 介

信息网络基础设施建设的加速、通信技术的创新推动了互联网与电子竞技产业的深度融合,既为电子竞技用户提供了更舒适的体验环境,也为电子竞技赛事的全面发展带来了更多机遇。本书的编写参考了大量文献资料并结合市场调研,系统阐述国内外电子竞技赛事的发展历史,介绍电子竞技赛事运营人员的职业道德,讲解电子竞技赛事运营的工作内容与要求,旨在使读者了解电子竞技赛事基础及赛事运营的策划、推广、招商、执行与收尾工作。

本书可作为高校电子竞技相关专业的教材,也可供从业人员自学参考。

本书封面贴有清华大学出版社防伪标签,无标签者不得销售。
版权所有,侵权必究。举报: 010-62782989,beiqinquan@tup.tsinghua.edu.cn。

图书在版编目(CIP)数据

电子竞技赛事与运营/孙博文,常方圆主编. —2版. —北京:清华大学出版社,2023.8(2024.1重印)
(电子竞技专业教育丛书)
ISBN 978-7-302-63897-1

Ⅰ.①电… Ⅱ.①孙… ②常… Ⅲ.①电子游戏-运动竞赛-运营管理 Ⅳ.①G898.3

中国国家版本馆 CIP 数据核字(2023)第 122057 号

责任编辑:郭 赛
封面设计:应舜洁
责任校对:申晓焕
责任印制:宋 林

出版发行:清华大学出版社
网　　址:https://www.tup.com.cn,https://www.wqxuetang.com
地　　址:北京清华大学学研大厦 A 座　　邮　　编:100084
社 总 机:010-83470000　　邮　　购:010-62786544
投稿与读者服务:010-62776969,c-service@tup.tsinghua.edu.cn
质量反馈:010-62772015,zhiliang@tup.tsinghua.edu.cn
课件下载:https://www.tup.com.cn,010-83470236
印 装 者:三河市铭诚印务有限公司
经　　销:全国新华书店
开　　本:185mm×260mm　　印　张:20　　字　数:490 千字
版　　次:2019 年 6 月第 1 版　2023 年 8 月第 2 版　　印　次:2024 年 1 月第 2 次印刷
定　　价:69.80 元

产品编号:099481-01

编 委 会

主　编
　　孙博文　　七煌集团总裁
　　常方圆　　上海出版印刷高等专科学校电子竞技专业负责人，副教授

顾　问
　　蓝柏清　　京东星宇电竞董事长
　　叶靖波　　京东星宇电竞总裁

副主编
　　应舜洁　　京东星宇电竞教育负责人
　　王　茜
　　程宝娟
　　杨晓舟　　四川传媒学院
　　於　骞　　上海源竞互娱文化传播有限公司总经理
　　王　蕊　　上海出版印刷高等专科学校电子竞技专业教师
　　俞　萍　　上海一拇指文化传媒有限公司总经理

前言

> "每一项体育运动都是社会生产力发展和社会变革的产物。农耕时代产生了田径,工业时代产生了赛车,信息时代产生了电子竞技。"

党的二十大报告提出"实施科教兴国战略,强化现代化建设人才支撑"。深入实施人才强国战略,培养造就大批德才兼备的高素质人才,是国家和民族长远发展的大计。在这样的背景下,中国电子竞技行业也经历了阶段性的调整。

在大环境上,电子竞技行业获得的政策支持从未间断。自2016年起,国家把对电子竞技行业的政策支持延伸到文化与旅游的结合,以及5G新技术模式的应用领域。2017年英雄联盟全球总决赛(S7)、2019年第九届DOTA2国际邀请赛(Ti9)、2020年英雄联盟全球总决赛(S10)和延期至2023年举办的第十九届亚运会,这些大型国际赛事的引入和落地也是国家对于电子竞技赛事正面影响力的认可。

在行业内部,随着电子竞技产业的迅速发展,电子竞技赛事运营的重要性和专业性也逐渐凸显。学习电子竞技赛事运营不仅能够帮助从业者更好地理解电子竞技产业的整体运营模式,更能使之提高赛事运营的专业能力和应变能力,为电子竞技产业的持续发展提供坚实的保障。随着赛事规模的增长,电子竞技获得了更多商业品牌的青睐,也引入了更新迭代的软硬件技术,电子竞技赛事运营也进入了规范、多元和开放的新时代。

本书第1版在2018年编写之际,致力于帮助读者更好地学习电子竞技赛事运营的相关内容,编者结合当时的时代环境和工作经验,为新生代的电子竞技从业者提供了一本通俗易懂的入门手册。然而,2018—2022年,中国电子竞技行业搭上了飞速发展的快车道,从全国电子竞技城市化发展的政策扶持,到中国健儿在世界上取得多项令人瞩目的冠军头衔,电子竞技这个诞生于游戏,跨界体育竞技、文化旅游、社交等多元素的丰富产业正在日新月异地变化着。

因此,为了紧跟时代的脚步,我们顺利完成了本书的再版工作,除了更新具有时效性的内容外,我们在第1版的教学应用中还发现了一些不足之处,再版时重新填补了全新的内容。

本书由"电子竞技赛事基础""电子竞技赛事职业道德""电子竞技赛事运营"三部分构成。

第一部分 电子竞技赛事基础

本部分共两章,第1章主要阐述当前背景下,电子竞技赛事与传统体育、游戏之间的关系，通过研究不同时代下的环境与趋势介绍电子竞技赛事的发展；第 2 章主要讲解国内外电子竞技行业的发展简史，并结合年代背景、地域、赛事、选手、体系等进行全方位阐述。

第二部分　电子竞技赛事职业道德

本部分共 1 章，第 3 章主要从职业道德、工作态度、职业素养三方面阐述电子竞技赛事从业者必须具备的基本素质。电子竞技赛事从业者需要承担不同岗位的工作职责，并需要为赛事 IP、赞助品牌、执行团队、参与者、观众等呈现更好的赛事体验。无论赛事规模大小、级别高低，赛事执行团队（公司）都应对执行人员做严格要求，规避可能产生的风险。本部分看似平淡如水，但却是一份电子竞技赛事的员工入门守则。

第三部分　电子竞技赛事运营

本部分为本书的核心内容，共 6 章，主要围绕电子竞技赛事的运营综述、策划、招商、推广、执行、收尾六方面展开，讲解电子竞技赛事运营过程中的主要内容与方法。

赛事运营考查从业者的综合能力，一项电子竞技比赛从策划到落地是线性的环节，故本部分对赛事包含的线性环节进行了梳理和展现，新版更是加强了对于招商方面的权益方案和执行方面的舞台表现及人员统筹等内容的介绍。由于电子竞技赛事的规模和级别不同，并非所有赛事都是单一流程，也并非都需要招商和推广，故读者可根据涉及或参与的赛事类型选择性地阅读。电子竞技赛事是活动执行的一种类型，虽然其拥有电子竞技的特殊性，但除一些线上赛事外，大部分线下举办的赛事都会因地域、场地、参与方、主办方等多个外部因素而产生不同的执行内容，故需要从业者根据实际情况随机应变。

电子竞技是一门新兴的学科专业，亦是结合和包含了很多传统专业的特点，故电子竞技的知识体系往往是跨领域的。同时，因为电子竞技依赖前沿科技和互联网技术，故电子竞技的革新也跟随着时代的浪潮而发展。

学好电子竞技赛事运营是研究电子竞技的基础，也能为从业者提供更多的帮助。尽管编者在编写中为贯彻以上宗旨做了许多努力，但囿于水平，不足之处在所难免，诚挚希望阅读本书的电子竞技爱好者和业内人士批评指正。

编　者
2023 年 6 月

目 录

第一部分　电子竞技赛事基础

第1章　电子竞技与电子竞技赛事　3
1.1　电子竞技与网络游戏、传统体育　3
　　1.1.1　电子竞技的概念　3
　　1.1.2　电子竞技与网络游戏　3
　　1.1.3　电子竞技与传统体育　5
1.2　电子竞技赛事　6
　　1.2.1　电子竞技赛事的定义　6
　　1.2.2　电子竞技赛事的分类　6
　　1.2.3　电子竞技赛事在电子竞技产业中的地位　12
1.3　电子竞技赛事的时代环境　13
　　1.3.1　政治环境——政策扶持，高度认可　13
　　1.3.2　经济环境——经济提升，拉动消费　17
　　1.3.3　社会环境——社会认可，渐成主流　17
　　1.3.4　技术环境——技术创新，融合促进　18
1.4　电子竞技赛事的价值与发展趋势　18
　　1.4.1　电子竞技赛事的价值　18
　　1.4.2　电子竞技赛事的发展趋势　19

第2章　电子竞技赛事简史　21
2.1　电子竞技赛事的起源与演变　21
　　2.1.1　萌芽期(1972—1980年)：起源于电子游戏的诞生　21
　　2.1.2　初长期(1980—1990年)：伴随着游戏机发展转型　21
　　2.1.3　发展期(1990—2000年)：因电子游戏网络化而加速　22
　　2.1.4　成熟期(2000—2010年)：呈现出"百花齐放，百家争鸣"的状态　24
　　2.1.5　稳定期(2010—2017年)：小至校园，大到国际，电子竞技渐获大众认可　27
　　2.1.6　爆发期(2017年至今)：从国际赛事到入亚，我国电子竞技城市化　28
2.2　世界电子竞技赛事的发展　31
　　2.2.1　美国电子竞技赛事的发展　31

		2.2.2　欧洲电子竞技赛事的发展 ··· 34
		2.2.3　韩国电子竞技赛事的发展 ··· 41
		2.2.4　东南亚电子竞技赛事的发展 ·· 47
	2.3　中国电子竞技赛事的发展 ·· 49
		2.3.1　中国电子竞技赛事的发展简史 ·· 49
		2.3.2　电子竞技走入校园 ·· 55
		2.3.3　星光璀璨的电子竞技健儿 ··· 56
	2.4　大型电子竞技赛事简介 ·· 62
		2.4.1　国际性电子竞技赛事简介 ··· 62
		2.4.2　国内大型电子竞技赛事简介 ·· 70
	2.5　电子竞技赛事体系 ·· 75
		2.5.1　传统体育赛事体系 ·· 75
		2.5.2　电子竞技赛事体系类型 ·· 75
		2.5.3　电子竞技赛事联盟体系 ·· 81
		2.5.4　电子竞技赛事的转会及青训 ·· 82

第二部分　电子竞技赛事职业道德

第 3 章　电子竞技赛事职业道德 ◆91

3.1　职业道德的概念与意义 ·· 91
	3.1.1　职业道德的定义 ··· 91
	3.1.2　职业道德的内容 ··· 91
	3.1.3　职业道德的意义 ··· 91
3.2　电子竞技赛事运营的工作态度 ·· 92
	3.2.1　对待工作 ··· 92
	3.2.2　对待选手 ··· 93
	3.2.3　对待观众 ··· 93
3.3　电子竞技赛事运营的职业素养 ·· 93
	3.3.1　关注新闻，了解资讯 ·· 93
	3.3.2　工作反思，赛事总结 ·· 93
	3.3.3　严守秘密，顾全大局 ·· 94
	3.3.4　勤于思考，乐于创新 ·· 94

第三部分　电子竞技赛事运营

第 4 章　电子竞技赛事运营综述 ◆97

4.1　电子竞技赛事运营的概念与内容 ·· 97

		4.1.1	赛事运营的定义	97

- 4.1.1 赛事运营的定义 …………………………………………… 97
- 4.1.2 赛事运营的内容 …………………………………………… 97

4.2 电子竞技赛事运营的流程与工作内容 …………………………… 98
- 4.2.1 赛事运营的流程 …………………………………………… 98
- 4.2.2 赛事运营流程对应的工作内容 …………………………… 98

4.3 电子竞技赛事的运营模式 ………………………………………… 99
- 4.3.1 赛事运营模式的分类 ……………………………………… 99
- 4.3.2 赛事运营模式的分析 …………………………………… 100

4.4 电子竞技赛事的参与人员及职责 ……………………………… 102
- 4.4.1 赛事主办方 ……………………………………………… 102
- 4.4.2 赛事执行方 ……………………………………………… 102
- 4.4.3 赛事战队或选手 ………………………………………… 104
- 4.4.4 其他参与人员 …………………………………………… 104

4.5 电子竞技赛事运营组织与职责 ………………………………… 105
- 4.5.1 商务部职责 ……………………………………………… 106
- 4.5.2 宣传部职责 ……………………………………………… 106
- 4.5.3 竞赛部职责 ……………………………………………… 106
- 4.5.4 后勤部职责 ……………………………………………… 107

第5章 电子竞技赛事策划 ◆108

5.1 电子竞技赛事策划的概念与构成 ……………………………… 108
- 5.1.1 赛事策划的定义 ………………………………………… 108
- 5.1.2 赛事策划的原则 ………………………………………… 108
- 5.1.3 赛事策划的构成 ………………………………………… 109

5.2 电子竞技赛事的基本概况 ……………………………………… 109
- 5.2.1 赛事背景 ………………………………………………… 110
- 5.2.2 赛事目的 ………………………………………………… 110
- 5.2.3 赛事主题 ………………………………………………… 111
- 5.2.4 赛事看点 ………………………………………………… 112
- 5.2.5 赛事介绍 ………………………………………………… 112
- 5.2.6 游戏介绍 ………………………………………………… 112

5.3 比赛规划 ………………………………………………………… 113
- 5.3.1 比赛形式的选择 ………………………………………… 113
- 5.3.2 时间、地点的选择 ……………………………………… 114
- 5.3.3 比赛赛制、局数 ………………………………………… 114
- 5.3.4 奖金池 …………………………………………………… 125
- 5.3.5 报名时间、方式 ………………………………………… 125

5.4 节点规划 ………………………………………………………… 126
- 5.4.1 赛事时间线 ……………………………………………… 126

	5.4.2	推广时间线	127

- 5.4.2 推广时间线 …………………………………………………… 127
- 5.4.3 对战日历 ……………………………………………………… 127
- 5.5 项目规划 ………………………………………………………………… 127
  - 5.5.1 比赛场地规划 …………………………………………………… 127
  - 5.5.2 推广计划 ……………………………………………………… 128
  - 5.5.3 物料清单 ……………………………………………………… 129
  - 5.5.4 成本预算 ……………………………………………………… 130
- 5.6 风险管理 ………………………………………………………………… 134
  - 5.6.1 赛事风险的概念与特点 ………………………………………… 134
  - 5.6.2 赛事风险的类型 ………………………………………………… 135
  - 5.6.3 赛事风险管理的概念与意义 …………………………………… 136
  - 5.6.4 赛事风险管理的过程 …………………………………………… 137
- 5.7 赛事规则 ………………………………………………………………… 141
  - 5.7.1 赛事规则的概念与原则 ………………………………………… 141
  - 5.7.2 线上赛事通用规则 ……………………………………………… 142
  - 5.7.3 线下赛事通用规则 ……………………………………………… 144

第6章　电子竞技赛事招商　　147

- 6.1 招商概念、流程与原则 …………………………………………………… 147
  - 6.1.1 赛事招商的概念 ………………………………………………… 147
  - 6.1.2 赛事招商的流程 ………………………………………………… 147
  - 6.1.3 赛事招商的原则 ………………………………………………… 147
- 6.2 招商筹备 ………………………………………………………………… 149
  - 6.2.1 宏观了解招商筹备阶段 ………………………………………… 149
  - 6.2.2 招商任务与招商计划 …………………………………………… 149
  - 6.2.3 制作招商方案前的准备工作 …………………………………… 151
- 6.3 招商方案 ………………………………………………………………… 152
  - 6.3.1 招商方案的构成 ………………………………………………… 152
  - 6.3.2 招商方案的要素 ………………………………………………… 155
  - 6.3.3 招商方案案例分析 ……………………………………………… 156
- 6.4 招商谈判 ………………………………………………………………… 161
  - 6.4.1 招商谈判资料 …………………………………………………… 161
  - 6.4.2 招商人员应具备的基本能力 …………………………………… 161
  - 6.4.3 招商谈判中的基本原则 ………………………………………… 162
  - 6.4.4 赛事招商谈判要点 ……………………………………………… 162
  - 6.4.5 招商谈判应变技巧 ……………………………………………… 163
- 6.5 招商品牌的合作权益 …………………………………………………… 164
  - 6.5.1 合作模式的深层化与多元化 …………………………………… 165
  - 6.5.2 合作权益的标准化与定制化 …………………………………… 166

6.5.3　赛事赞助品牌商的权益分类 …………………………………… 167
　　　6.5.4　招商项目权益书的写作方式 …………………………………… 170
　6.6　权益方项目验收结案报告 …………………………………………… 173
　　　6.6.1　项目验收目的 …………………………………………………… 174
　　　6.6.2　项目验收要素 …………………………………………………… 175
　　　6.6.3　结案报告呈现 …………………………………………………… 179
　6.7　招商合同 ……………………………………………………………… 182
　　　6.7.1　赛事合同的要素 ………………………………………………… 182
　　　6.7.2　赛事赞助商合同参考范本 ……………………………………… 188

第7章　电子竞技赛事推广　193

　7.1　赛事推广的概念、意义与渠道 ……………………………………… 193
　　　7.1.1　赛事推广的概念 ………………………………………………… 193
　　　7.1.2　赛事推广的意义 ………………………………………………… 193
　　　7.1.3　赛事推广的渠道 ………………………………………………… 193
　7.2　赛事人群定位 ………………………………………………………… 195
　　　7.2.1　参赛人群定位 …………………………………………………… 195
　　　7.2.2　观众人群定位 …………………………………………………… 196
　7.3　赛事线上推广 ………………………………………………………… 198
　　　7.3.1　赛事线上推广渠道 ……………………………………………… 198
　　　7.3.2　赛事线上推广方法 ……………………………………………… 199
　7.4　赛事线下推广 ………………………………………………………… 206
　　　7.4.1　赛事线下推广渠道 ……………………………………………… 206
　　　7.4.2　赛事线下推广方法 ……………………………………………… 206
　7.5　赛事营销活动的整合 ………………………………………………… 207
　7.6　赛事推广方案 ………………………………………………………… 208

第8章　电子竞技赛事执行　213

　8.1　赛事的现场执行与分工 ……………………………………………… 213
　　　8.1.1　赛事现场执行的定义 …………………………………………… 213
　　　8.1.2　赛事现场执行的工作流程 ……………………………………… 214
　　　8.1.3　赛事现场执行的团队分工与职能 ……………………………… 216
　8.2　赛事执行前期筹备 …………………………………………………… 219
　　　8.2.1　项目管理 ………………………………………………………… 219
　　　8.2.2　赛事报备 ………………………………………………………… 221
　　　8.2.3　赛事执行推进表 ………………………………………………… 222
　　　8.2.4　物料需求方案 …………………………………………………… 224
　8.3　赛事执行舞台统筹 …………………………………………………… 225
　　　8.3.1　赛事舞台的表现形式 …………………………………………… 225

- 8.3.2 赛事舞台的布局分区 …… 228
- 8.3.3 赛事舞台的舞美设计 …… 232
- 8.3.4 赛事舞台的灯光 …… 235
- 8.3.5 赛事舞台的搭建方案 …… 243

8.4 赛事执行场地管理 …… 244
- 8.4.1 赛事场地的功能与测量 …… 244
- 8.4.2 赛事外场的布置和要求 …… 247
- 8.4.3 赛事接待区的布置和要求 …… 247
- 8.4.4 赛事观众区的布置和要求 …… 251
- 8.4.5 赛事控台的布置和要求 …… 254
- 8.4.6 序厅与休息等功能区的配备 …… 256

8.5 赛事执行人员管理 …… 262
- 8.5.1 赛事人员的候场分配 …… 263
- 8.5.2 赛事人员的场内引导 …… 265
- 8.5.3 赛事人员的动线设计 …… 266
- 8.5.4 赛事人员的执行流程对接 …… 270

8.6 赛事执行现场方案 …… 271
- 8.6.1 赛事执行方案 …… 271
- 8.6.2 人员统筹方案 …… 273
- 8.6.3 现场执行时间表 …… 273
- 8.6.4 设备清单 …… 273
- 8.6.5 包装清单 …… 276
- 8.6.6 物料清单 …… 276

8.7 赛事后勤的管理 …… 279
- 8.7.1 赛事后勤管理的概念与内容 …… 279
- 8.7.2 赛事现场设备的组装和调试 …… 279
- 8.7.3 赛事相关软件的安装和调试 …… 280
- 8.7.4 赛事的接待服务 …… 286
- 8.7.5 赛事的交通管理 …… 287
- 8.7.6 赛事票务的发放与管理 …… 288
- 8.7.7 赛事现场物资的协调 …… 289
- 8.7.8 赛事的安全管理和医疗卫生管理 …… 290

8.8 赛事现场突发事件管理 …… 292

第9章 电子竞技赛事收尾与运营评价 ◆297

9.1 电子竞技赛事收尾工作 …… 297
- 9.1.1 电子竞技赛事表彰与答谢 …… 297
- 9.1.2 电子竞技赛事资料的整理和归档 …… 297
- 9.1.3 电子竞技赛事器材和物资的回收 …… 298

  9.1.4 电子竞技赛事的财务报告 …………………………………………… 298
  9.1.5 电子竞技赛事的总结 ………………………………………………… 299
 9.2 电子竞技赛事运营评价 ……………………………………………………… 299
  9.2.1 电子竞技赛事运营评价的概念与意义 …………………………… 299
  9.2.2 电子竞技赛事运营评价的内容 …………………………………… 300
  9.2.3 电子竞技赛事运营评价的原则与组织过程 ……………………… 301

附录 ◆ 304

参考文献 ◆ 305

第一部分
电子竞技赛事基础

第 1 章

电子竞技与电子竞技赛事

1.1 电子竞技与网络游戏、传统体育

1.1.1 电子竞技的概念

1. 电子竞技的定义

电子竞技(electronic sports,E-sports)是电子游戏达到竞技层面的体育项目。电子竞技运动是以电子游戏为基础、以信息技术为核心、以软硬件设备为器械,在信息技术营造的虚拟环境中、在统一的竞赛规则下公平进行的对抗性运动。电子竞技正在成为一种全新的体育运动。电子竞技运动可以锻炼和提高参与者的思维能力、反应能力、心与眼及四肢的协调能力和意志力,并培养团队精神。电子竞技也是一种职业,2003年11月18日,国家体育总局正式批准将电子竞技列为第99个正式体育竞赛项目;2008年,国家体育总局将电子竞技改批为第78个正式体育竞赛项目。

广义上,电子竞技运动的表现形式既包括商业化的电子竞技赛事,也包括平常的"玩电子竞技游戏",因为两者都借助了电子设备,且都具有人与人之间的对抗性。狭义上,电子竞技一般指电子竞技赛事和以电子竞技赛事为核心的上下游产业链。

2. 电子竞技的特征

电子竞技运动有两个基本特征——电子和竞技。

"电子"是其方式和手段,指这项运动是借助信息技术和各种软硬件以及由其营造的环境进行的,这类似于传统体育项目中的器材和场地。在电子竞技运动中,"对抗方式"通过信息技术实现,这也是电子竞技与传统体育运动的不同之处。

联合国教科文组织(UNESCO)拟定的竞技运动宣言是:凡具有游戏性质且出于与他人比赛或自我奋斗形式的一切身体活动,都称为竞技运动。如果活动具有比赛性质,则比赛必须在优良的运动员风度下进行,缺乏公平竞争的运动不是真正的竞技运动。在竞技运动宣言及电子竞技运动中,"竞技"指体育的本质特性,即对抗。作为一个体育项目,对抗是最基本的特征。电子竞技运动有多种分类和项目,但核心一定是对抗和公平比赛。

1.1.2 电子竞技与网络游戏

电子竞技和网络游戏都属于广义的电子游戏的范畴。严格地说,电子竞技运动与网络

游戏是两个不同的概念,两者从性质、环境、规则等各方面都有很大的差异。

1. 性质不同

电子竞技是体育项目,网络游戏是娱乐项目,这是二者最本质的区别。对抗性和竞技性是电子竞技的特点,它有着可定量、可重复、可精确比较的体育比赛特征,方式是对抗和比赛,作为一项运动项目,其具有高度的技巧性、规律性,选手的技战术水平必须通过严格的训练和实践提高。网络游戏则是在一个虚拟的世界中以追求感受为目的而进行的模拟或角色扮演,相对而言并不重视或者需要游戏的技巧。

2. 网络环境不同

从技术层面上看,二者依托的网络环境或载体不同,网络游戏是完全建立在互联网上的,离开了互联网,根本无法存在。而电子竞技运动依赖的是局域网,甚至可以使用两台计算机直接连接,互联网只是电子竞技运动进行训练或娱乐的一种手段。

3. 比赛规则不同

电子竞技有明确统一的比赛规则,最大的特点是严格的时间和回合限制,在规则下,人与人对抗比拼的更多的是以思维能力、反应能力为代表的能力与技战术。电子竞技的规则是体育规则,是强制性的,规则的制定毫无商业目的,只为创造一个相对公平的竞技环境。而网络游戏缺乏明确统一的比赛规则,仅由游戏厂商制定,并根据不同厂商的商业目的而变化。在网络游戏的规则下,人与人、人与机比拼的更多的是游戏时间、游戏装备,这些都是依靠外力得到的东西,并非人本身。

4. 比赛结果不同

电子竞技比赛是运动员之间秉承着公正公平的体育精神的竞赛,通过人与人之间的智力和体力对抗决出胜负;而网络游戏主要是人机之间或人与人之间的交流互动,不一定需要通过人与人的对抗评判结果,这也是电子竞技有别于网络游戏的主要特征。

5. 营利手段和运营方式不同

网络游戏在很大程度上受到软件商的约束,游戏开发商负责开发游戏,运营商负责运营,玩家按照游戏时间付费,营利后由开发商和运营商按一定比例分成。而电子竞技基本上不受游戏软件的制约,游戏开发商负责开发游戏,并委托发行公司发行,玩家通过一次性付费购买游戏(部分游戏免费),便可进行电子竞技的娱乐和比赛。这样,电子竞技比赛的组织者能否获得利润便与游戏的开发商与发行商没有了直接关系,这也造成二者在平台构建和与平台的关系上有较大不同。

电子竞技运动与网络游戏虽然不同,但两者的本质及其产业都是信息技术的产物。不论对项目还是对产业,网络游戏基础对电子竞技运动的发展大有裨益,而电子竞技运动的健康发展对网络游戏的发展同样有着促进和推动作用。

需要注意的是,电子竞技运动与网络游戏之间的壁垒并不是绝对不能打破的,当网络游戏在厂商的调整下去除等级、装备等外力对人物战斗力的影响后,变成了玩家依靠反应能力、思维能力与其他玩家对抗的游戏模式时,这种网络游戏模式也能称为电子竞技运动(广义上),而厂商调整规则的行为则被看作对游戏的电子竞技化。

1.1.3 电子竞技与传统体育

1. 电子竞技与传统体育的共性

电子竞技与传统体育两者都属于体育运动,在竞技体育的大多数方面都有着高度的一致性——为了战胜对手,取得优异成绩,最大限度地发挥和提高个人或集体在智力、体力、心理等方面的潜力而进行的科学、系统的训练和竞赛。

(1)两者同为竞技体育,激烈的竞争是电子竞技与传统体育共有的本质特征,都有对抗性和竞赛性。运动员需要通过日常刻苦、枯燥的训练提高自己对比赛器械的操作速度、反应和配合等综合能力和素质,依靠技巧和战术水平的发挥在对抗中取得胜利。

(2)电子竞技与传统体育都具有规范性。现代竞技运动为保障运动员充分发挥技战术,制定了大量规则以维护比赛的正常进行。同时,运动员的技战术训练也建立在规范要求的基础之上。

(3)电子竞技与传统体育都具有公平性、公开性。公平性指竞技运动不偏袒任何参赛者,对比赛项目、时间、运动员参赛资格等都进行了明确规定,并要求比赛相关主体遵守共同的行为规范;公开性使体育具有更强的传播能力和更大的影响力,促进了运动技战术的交流和竞争,保障赛事公平地推进。

(4)电子竞技与传统体育都是社会历史的产物,两者的发展与国家和地区的政治、经济、文化教育、科学技术等密切相关。

(5)电子竞技与传统体育同样具有明确的功利目的,胜利伴随着多种形式的收益。而且,比赛结果产生于对抗之中,并经过社会承认,结果的产生直接而迅速,不容置辩。

(6)电子竞技与传统体育都具有娱乐性、观赏性。对参与者来说,胜利参与都可以获得心理满足;对观赏者来说,为喜欢的俱乐部或选手加油助威可以获得轻松、自由的感受。

2. 电子竞技与传统体育的区别

(1)方式和手段不同。任何一项传统体育运动都需要相应的场地,如篮球运动需要篮球场,足球运动需要足球场,田径需要跑道、沙坑等;在电子竞技运动中,这一切都是通过信息技术、各种软硬件、互联网以及由其营造的环境实现的,这是电子竞技运动有别于传统体育的根本特征。

(2)参赛项目的生命力长短不同。传统的体育赛事项目有着超过百年的历史,现今仍在延续;而电子竞技赛事的比赛项目更新极快,很少有某款电子竞技游戏可以在比赛项目中存在超过10年。

(3)赛事的掌权方不同。电子竞技的IP① 与传统体育项目的IP不同:电子竞技游戏

---

① IP是intellectual property的缩写,全称为intellectual property right,即知识产权,特指具有长期生命力和商业价值的跨媒介内容运营;一个具有开发价值的IP至少包含4个层级,称为IP引擎,分别是价值观、普世元素、故事和呈现形式。

是某公司独自打造的,它的 IP 是私有的;而传统体育源自于人类文明,它的 IP 是共有的。所以传统体育赛事的组织者通常拥有绝对的权威和掌控力;而在电子竞技赛事中,掌权的是 IP 持有方——游戏厂商。大型赛事组织者需要取得 IP 持有方的授权及技术支持,否则赛事无法进行。

(4)团队组建的地域限制程度不同。传统体育赛事的团队的组建需要统一的地点,所有参赛者需要聚集到同一场地进行面对面的竞赛。而电子竞技赛事是通过网络开展的,除大型赛事外,参赛者基本不需要聚集到某地,只要能够联网即可参加比赛。可以说,电子竞技赛事团队的组建基本不受地域限制。

(5)对参赛者的体力要求不同。传统体育赛事运动对运动员的体力要求很高,电子竞技赛事对选手的体力要求较低。

(6)观众年龄分布不同。传统体育赛事观众的年龄多集中在 25~50 岁,电子竞技赛事的观众更年轻,多集中在 15~40 岁。

1.2 电子竞技赛事

1.2.1 电子竞技赛事的定义

电子竞技赛事通常是指在竞赛规程和规则的约定下以电子竞技为主题,以竞赛为方式,以技能展示、交流和锦标为目的的集众性活动,它是电子竞技运动员进行对抗的载体。

1.2.2 电子竞技赛事的分类

1. 电子竞技游戏的类型

所有电子竞技赛事都是基于游戏展开的,电子竞技赛事离不开电子竞技游戏。目前,国内电子竞技游戏的门类已经非常丰富,主要类别有 MOBA 类、FPS 类、RTS 类、TCG 类、TPS 类、SPG 类、FTG 类和休闲类等。

1) MOBA 类

MOBA(multiplayer online battle arena)指多人在线战术竞技游戏。这类游戏是以竞技场为游戏场景的多人在线即时战略游戏,具有无须付费、公平竞技和即时对抗的特点。游戏中,玩家通常被分为两队,一名玩家控制一队中的一个角色,以击垮对方队伍的阵地建筑为胜利条件,它强调团队协作基础上的对抗,个人的表现和队伍的运营同等重要。由于这类游戏的对抗激烈,能给人酣畅淋漓的观赛体验,因此 MOBA 类游戏在电子竞技赛事中占有重要地位。

现在较为流行的 MOBA 类游戏见表 1-1。

2) FPS 类

FPS(first-person shooter)指第一人称射击类游戏,是通过玩家的主观视角进行的射击游戏。玩家从显示设备模拟出的主角的视点观察物体并进行射击、运动、跳跃、对话等活动,整个游戏过程主要使用枪械或其他远程武器进行战斗。这类游戏具有主动性和真实感,主要考验玩家的反应能力、团队配合能力以及战术运用。

表 1-1　MOBA 类游戏

游戏名称	中国游戏运营商	游戏开发商
《英雄联盟》(LOL)	腾讯	美国拳头公司(Riot Games)
《刀塔 2》(DOTA2)	完美世界	美国 V 社(Valve)
《虚荣》	巨人网络	美国 Super Evil Megacorp
《自由之战》	盖娅互娱	中国逗屋网络
《风暴英雄》	网之易	美国暴雪娱乐(Blizzard)
《英雄三国》	网易	中国网易
《梦三国》	杭州电魂	中国杭州电魂
《天翼决》	圣光天翼	中国圣光天翼
《300 英雄》	中青宝	中国跳跃网络
《三国争霸》	起凡游戏	中国起凡游戏
《王者荣耀》	腾讯	中国腾讯

现在较为流行的 FPS 类游戏见表 1-2。

表 1-2　FPS 类游戏

游戏名称	中国游戏运营商	游戏开发商
《反恐精英》(CS)	完美世界	美国 V 社(Valve)
《穿越火线》(CF)	腾讯	韩国 Smile Gate
《胜利之日》(DOD)	无	美国 V 社(Valve)
《使命召唤》(COD)	腾讯	美国动视暴雪(Activision)
《彩虹六号》	腾讯	法国育碧(Ubi)
《战地》	无	美国艺电 EA DICE
《毁灭战士》(Doom)	无	美国 IDsoftware
《全民枪战》	英雄互娱	中国畅游云端
《守望先锋》	网易	美国暴雪娱乐(Blizzard)

3) RTS 类

RTS(real-time strategy)指即时战略游戏,属于策略游戏的一种。游戏是即时进行的,不是策略游戏中多见的回合制。这类游戏考验的是玩家的全局战略布置、宏观战术、细节操作、反应能力。

现在较为流行的 RTS 类游戏见表 1-3。

表 1-3　RTS 类游戏

游戏名称	中国游戏运营商	游戏开发商
《星际争霸》	网易	美国暴雪娱乐(Blizzard)
《魔兽争霸》	网易	美国暴雪娱乐(Blizzard)

续表

游戏名称	中国游戏运营商	游戏开发商
《命令与征服》	无	美国 Westwood Studios
《帝国时代》	无	美国微软全效工作室
《红色警戒》	无	美国艺电（EA）

4）TCG 类

TCG（trading card game）指集换式卡牌游戏，或简称 CCG（collectible card game），这类游戏以收集卡牌为基础，玩家需要通过购买随机包装的补充包收集卡牌，然后根据自己的策略灵活使用不同的卡牌构筑符合规则的套牌以进行游戏。这类游戏强调策略，玩家根据规则在将卡片变化或组合后进行双人对战。通常情况下，这些卡牌都有一定的价值，玩家之间可以交易、交换自己的卡牌。

现在较为流行的 TCG 类游戏见表 1-4。

表 1-4 TCG 类游戏

游戏名称	中国游戏运营商	游戏开发商
《炉石传说》	无	美国暴雪娱乐（Blizzard）
《皇室战争》	腾讯	芬兰 Supercell

5）TPS 类

TPS（third-person shooter）指第三人称射击游戏，属于射击游戏的一种。与第一人称射击游戏的区别在于，第一人称射击游戏在屏幕上只显示主角的视野，而第三人称射击游戏更加强调动作感，主角在游戏屏幕上是可见的。这类游戏有利于玩家观察角色的受伤情况、周围事物以及弹道。

现在较为流行的 TPS 类游戏见表 1-5。

表 1-5 TPS 类游戏

游戏名称	中国游戏运营商	游戏开发商
《坦克世界》	空中网	白俄罗斯、英国 Wargaming
《绝地求生》	腾讯	韩国 PUBG
《巅峰战舰》	英雄互娱	中国英雄互娱

6）SPG 类

SPG（sports game）指体育竞技类游戏，指模拟各种体育运动的游戏，种类繁多，模拟度高。这类游戏考验运动员对传统体育项目是否掌握以及键位操作是否合理。

现在较为流行的 SPG 类游戏见表 1-6。

7）FTG 类

FTG（fighting game）指格斗类游戏。FTG 类游戏是从动作类游戏脱胎分化出来的，由玩家操纵各种角色与计算机或另一玩家控制的角色进行一对一的决斗。这类游戏的场景设

表 1-6　SPG 类游戏

游戏名称	中国游戏运营商	游戏开发商
《FIFA》	腾讯	韩国 NEOWIZ＋美国艺电（EA）
《NBA Live》	英雄互娱	美国艺电（EA）
《实况足球》	手游代理为网易	日本科乐美（KONAMI）
《NHL 冰球》	无	美国艺电（EAP）

定简单，场景、人物、操控等也比较单一，但操作难度较大，主要依靠玩家迅速的判断和微操作取胜，十分考验玩家的个人能力。

现在较为流行的 FTG 类游戏见表 1-7。

表 1-7　FTG 类游戏

游戏名称	中国游戏运营商	游戏开发商
《拳皇》	无	日本 SNK
《街霸》	无	日本 CAPCOM
《铁拳》	无	日本 Namco

8）休闲类

休闲类游戏的种类丰富，现在较为流行的休闲类游戏有对战类、竞速类、棋牌类、益智类、音舞类等，详见表 1-8。

表 1-8　休闲类游戏

游戏类型	游戏名称	中国游戏运营商	游戏开发商
对战类	《球球大作战》	巨人网络	中国巨人网络
竞速类	《跑跑卡丁车》	盛大	韩国纳克森（NEXON）
棋牌类	《欢乐斗地主》	腾讯	中国腾讯
益智类	《俄罗斯方块》	无	日本任天堂
音舞类	《劲舞团》	久游网	韩国 O2Media

2. 电子竞技赛事类型

电子竞技赛事的分类方式多种多样，目前对电子竞技赛事的分类主要按照主办方、游戏平台、比赛地点等方式进行。

1）第一方赛事与第三方赛事

与传统体育赛事的分类方式区别较大的是，电子竞技赛事根据主办方的不同可以分为第一方赛事和第三方赛事。

第一方赛事指由游戏官方厂商举办的赛事，又称官方赛事。第一方赛事多为单项赛，可以直接面对游戏玩家进行宣传，宣传难度较小，它的赛事规划更加注重竞技性及公平性。综合类官方赛事有暴雪嘉年华等；单项官方赛事有 LPL、KPL 等。

第三方赛事指由游戏官方厂商外的第三方举办的赛事,包括综合性赛事或单项游戏赛事。由于不能直接有效地在游戏内进行推广或传播,因此此类赛事的宣传难度较大,而且赛事规划的外界影响因素较多,赛事规划需要更加全面的考虑。但第三方赛事的比赛类型多样,团队需要对赛程和赛制的制定有丰富的经验,赛事的举办效率与质量较高。综合类第三方赛事有 WESG、NESO、WCG 等;单项第三方赛事有斗鱼绝地求生黄金大奖赛、龙珠 LKP 赛等。

第一方赛事与第三方赛事的对比见表 1-9。

表 1-9 第一方赛事与第三方赛事的对比

项目	类型	
	第一方赛事	第三方赛事
赛事奖金	奖金丰厚,其单项奖金池很高	综合奖金额度高,其单项奖金池比第一方赛事低
游戏种类	游戏种类单一,以游戏厂商的电子竞技游戏为主	游戏种类丰富,几乎包含当红的所有电子竞技游戏
用户成本	赛事多为游戏内年度盛事,用户积极参与,成本低	赛事在用户的培养上需要更多的时间与成本
用户覆盖面	用户多来自同一款游戏,大多数是游戏产品的核心用户,黏性较高	由于游戏种类丰富,能吸引不同领域的用户参与赛事,覆盖领域广泛
赛事持久性	凭借赛事明星效应与媒体的大力推广,知名度较高;与游戏本身相关性高,若游戏遇冷,则赛事容易没落	赛事项目灵活性大,可以根据时下热门竞技产品调整比赛赛制,市场热度保持期长,容易形成长效品牌
资金链构成	资金链比较单一,一般由厂商或单个投资商投放资金,主要目的是对游戏产品的推广与用户覆盖,其赛事类型趋向比较正式	资金链比较复杂,由厂商、投资方赞助商或广告主共同组成,第三方赛事一般表现为多项赛事,主要目的是进行用户的大面积覆盖,打造品牌形象

2)PC 端电子竞技赛事与移动端电子竞技赛事

根据游戏平台的不同,电子竞技赛事可分为 PC 端电子竞技赛事和移动端电子竞技赛事。两种比赛方式有着不同的受众人群,形成了电子竞技比赛的两大方式。

① PC 端电子竞技赛事。PC 即 personal computer,直译为个人电脑。PC 端指计算机端,可以是笔记本计算机或台式计算机。PC 端电子竞技赛事指依托计算机设备进行的电子竞技对抗比赛。

② 移动端电子竞技赛事。移动端指平板电脑、智能手机、PSP 等电子设备。移动端电子竞技赛事指借助手机、平板电脑、PSP 等移动游戏设备作为载体而进行的电子竞技对抗比赛。

3)线上赛事与线下赛事

由于电子竞技赛事中游戏的特殊性,也催生了两种电子竞技专属的赛事类型,根据比赛地点分为线上赛事和线下赛事。

线上赛事指在网络上,双方选手不在同一地点进行比赛的电子竞技赛事。线上赛事这种比赛形式并不意味着不需要线下场地。例如,在需要直播且配有解说时,依旧需要在线下搭建解说台及录音室。但比赛类型的划分还是以选手的比赛地点作为依据的。2018年举办的绝地求生线上赛——全民贺岁杯就是典型的线上赛事。在全民贺岁杯中出现的"外挂疑云"问题也是线上赛事一直存在的问题。由于线上赛事的监管难度大，比赛的公平性难以保证，所以如何在现有条件下保证比赛的公平性是线上赛事运营的一大难点。

线下赛事指双方选手在同一地点进行比赛的电子竞技赛事。在同等规模的比赛中，线下赛事的管理及运营难度要大于线上赛事，因为线下赛事还涉及比赛场地、设备、选手管理等。在线下赛事这个大分类下，又可以细分为室内赛事和室外赛事。室内赛事一般是在体育馆、大中型演播室内举行，根据赛事规模和赛事需求的不同，对场馆也有不同的要求。室外赛事较为少见，由于对天气的要求较高，场地搭建难度也较高，一般是对地点的要求较高，有强烈目的性的比赛才会在室外举行。

此外，电子竞技赛事分类还能按照赛事项目数量、游戏类型、参赛选手、赛事性质、赛事规模等进行分类，此处不再一一介绍，具体可参见表1-10。

表1-10 电子竞技赛事分类

分类方式	类别名称	类别简介	赛事示例
主办方	第一方电子竞技赛事	由游戏厂商举办的赛事，手握游戏版权，又称官方赛事	Ti6国际邀请赛
	第三方电子竞技赛事	由游戏厂商外的其他机构举办的赛事	阿里体育WESG
游戏平台	PC端电子竞技赛事	依托PC端进行的电子竞技对抗比赛	LOL职业联赛
	移动端电子竞技赛事	依托移动端进行的电子竞技对抗比赛	王者荣耀职业联赛
比赛地点	线上电子竞技赛事	在线上举行比赛的赛事	熊猫PSL星联赛
	线下电子竞技赛事	在线下举行比赛的赛事	绝地求生PGI邀请赛
赛事项目数量	单项电子竞技赛事	赛事项目只包括一款游戏	DOTA2职业联赛
	综合性电子竞技赛事	赛事项目包括多款游戏	IGL国际游戏联盟大赛
游戏类型	MOBA类电子竞技赛事	比赛项目只含MOBA类游戏	英雄联盟职业联赛
	FPS类电子竞技赛事	比赛项目只含FPS类游戏	全民枪战英雄联赛
	TCG类电子竞技赛事	比赛项目只含TCG类游戏	炉石传说黄金联赛
	RTS类电子竞技赛事	比赛项目只含RTS类游戏	星际争霸职业联赛
	TPS类电子竞技赛事	比赛项目只含TPS类游戏	巅峰战舰英雄联赛
	FTG类电子竞技赛事	比赛项目只含FTG类游戏	U联赛
	SPG类电子竞技赛事	比赛项目只含SPG类游戏	FIFA OL 3职业联赛
	休闲类电子竞技赛事	比赛项目只含休闲类游戏	Efun手游大奖赛
参赛选手	职业电子竞技赛事	参赛选手为职业选手	英雄联盟职业联赛
	业余电子竞技赛事	参赛选手为半职业选手、业余爱好者	王者荣耀城市赛

续表

分类方式	类别名称	类别简介	赛事示例
赛事性质	地推赛	带有商业目的,如推广产品、推广品牌	联通杯王者荣耀电子竞技大赛
	职业赛	游戏厂商主办或授权限定职业选手为参赛选手的赛事	王者荣耀职业联赛
	地域赛	由特定地域人员参赛的赛事	四川省电子竞技联赛
	邀请赛	不进行报名或者选拔,受主办方邀请从而获得参赛资格的比赛	DOTA2 国际邀请赛
	选拔赛	从报名的参赛人员中逐层选拔至最后一队的比赛	炉石传说黄金公开赛
	训练赛	在休赛期间,职业战队相互约定时间与场次进行训练的比赛	EDG 训练赛
	教学赛	以教学某项能力为目的的比赛	××教学赛
	表演赛	以展现选手或选手能力为目的的比赛	亚运会电子竞技表演赛
	水友赛	以趣味为目的的非正式比赛	华为 P20 电子竞技水友赛
赛事规模	国际性电子竞技赛事	在两个洲以上设置了赛区并邀请选手参赛的赛事	WCA 世界电子竞技大赛
	洲际性电子竞技赛事	在洲内设置了赛事并邀请选手参赛的赛事	ENC 电子竞技欧洲杯
	国家级电子竞技赛事	在一个国家的多个地区设置了赛事并邀请选手参赛的赛事	NEST 全国电子竞技大赛
	地区性电子竞技赛事	在一个地区内设置了赛事并邀请选手参赛的赛事	西南电子竞技联赛
	地方性电子竞技赛事	在一个省、城市等地方设置赛事并邀请选手参赛的赛事	王者荣耀城市赛成都站

一个赛事往往不是单独属于一个类别的,大多数情况下,一个赛事会同时具有多个类别的属性,每个属性都从不同侧面诠释了比赛的特点。分类的意义是利用标签化的特征让比赛容易定义,对细化比赛的招商方案和执行方案有指导作用;从传播的角度来看,标签式的提炼也更利于比赛的传播,能让观众迅速记住比赛。

1.2.3 电子竞技赛事在电子竞技产业中的地位

现在,电子竞技产业正在逐渐成为体育产业版图中重要的一部分,产业链(图 1-1)也在不断完善,主要包含游戏运营、赛事运营、传播媒体三大环节。现今人们对娱乐的需求是多样化的,而电子竞技产业不断发展的核心在于产业内容迎合了人们的泛娱乐需求,电子竞技产业的产业内容主要由赛事与以综艺及直播为主的娱乐构成。

随着优质赛事 IP 的不断涌现及其商业价值的不断提高,电子竞技产业也形成了以优质赛事 IP 为核心,覆盖游戏运营、赛事运营、传播媒体三大环节的泛娱乐型产业。通过优质赛

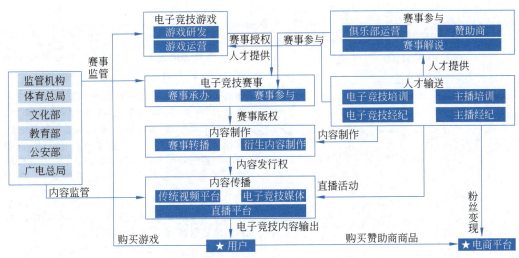

图 1-1 中国电子竞技产业链

事输出核心内容,附加故事性及综艺性,将电子竞技选手包装为电子竞技明星,明星选手依靠赛事赢取关注,通过传播媒体增强粉丝黏性,粉丝流量又将反哺赛事 IP,而获得关注的赛事 IP 也延长了游戏的寿命。

在整个电子竞技产业中,赛事是核心承载资源,是桥梁,具有承上启下的作用。赛事可以对游戏产品进行赋能,为产品进行生态打造,使其更有生命力,从而反哺产品的用户黏性、生命周期等运营优势。赛事可以为传播平台提供大量用户流量,丰富内容深度,提高市场竞争力。

1.3 电子竞技赛事的时代环境

1.3.1 政治环境——政策扶持,高度认可

在 2003—2017 年的 14 年间,国家对电子竞技的态度逐渐缓和,政策监管逐渐开放,从限制转为鼓励,不断支持电子竞技产业发展。2018 年至今更是从竞技运动、文化与旅游结合、"5G+"模式等角度为电子竞技产业发展提供了积极培育、支持开发、资源对接、业态引导等政策扶持(表 1-11)。

表 1-11 电子竞技相关政策

时间	部门	文件名称	政策要点
2003 年 11 月	国家体育总局	——	将电子竞技设为我国第 99 个正式体育项目
2006 年 9 月	国家体育总局	《电子竞技运动项目的管理规定》	具体包括《全国电子竞技竞赛管理办法》(试行)、《全国电子竞技裁判员管理办法》(试行)、《全国电子竞技运动员注册与交流管理办法》(试行)、《全国电子竞技运动员积分制度实施办法》(试行)、《全国电子竞技竞赛规则》

续表

时间	部门	文件名称	政策要点
2008年	国家体育总局	——	整合、合并我国现有体育项目,重新定义电子竞技为我国第78个体育运动项目
2015年7月	国家体育总局	《电子竞技赛事管理暂行规定》	非信息中心主办的国际性和全国性电子竞技赛事,包括商业性、群众性、公益性电子竞技赛事,一律不需要审批,合法的法律主体可自行依法组织和举办此类赛事。信息中心可以从技术、规则等方面进行指导和服务,按双方认可的标准收取技术咨询服务等费用,签订相关协议,并进行备案
2016年4月	国家发展和改革委员会	《关于印发促进消费带动转型升级行动方案的通知》	开展电子竞技游戏游艺赛事活动。加强组织协调和监督管理,在做好知识产权保护和对青少年引导的前提下,以企业为主体,举办全国性或国际性电子竞技游戏游艺赛事活动
2016年5月	国家体育总局	《体育产业发展"十三五"规划》	丰富体育产品市场。以冰雪、山地户外、水上、汽摩、航空、电子竞技等运动项目为重点,引导具有消费引领性的健身休闲项目发展
2016年9月	教育部	《普通高等学校高等职业教育(专科)专业目录》	增补"电子竞技运动与管理"专业,专业代码为670411,属于教育与体育大类下的体育类
2016年9月	文化部	《关于推动文化娱乐行业转型升级的意见》	鼓励娱乐场所丰富经营业态。鼓励游戏游艺场所增设电子竞技等服务项目,鼓励在大型商业综合设施设立电子竞技等多种经营业务的城市文化娱乐综合体。顺应"互联网+"发展趋势,鼓励娱乐场所与互联网结合发展,实现场内场外、线上线下互动,增强娱乐场所体验式服务,不断拓展新型文化产业业态
2016年10月	国务院办公厅	《关于加快发展健身休闲产业的指导意见》	提出推动电子竞技项目健康发展,培育相关专业培训市场
2017年4月	文化部	《文化部"十三五"时期文化产业发展规划》	推动支持发展体育竞赛表演、电子竞技等新业态融合发展;推进游戏产业结构升级,促进移动游戏、电子竞技、游戏直播、虚拟现实游戏等新业态发展;鼓励和引导上网服务场所与电子竞技、游戏游艺、网络教育、电子商务等领域的跨界融合
2017年12月	上海市人民政府	《关于加快本市文化创意产业创新发展的若干意见》"上海文创五十条"	加快全球电竞之都建设。鼓励投资建设电竞赛事场馆,重点支持建设或改建可承办国际顶级电竞赛事的专业场馆1至2个,规划建设若干特色体验馆。发展电竞产业集聚区,做强本土电竞赛事品牌,支持国际顶级电竞赛事落户。促进电竞比赛、交易、直播、培训发展,加快品牌建设和衍生品市场开发,打造完整生态圈,为国内著名电竞企业落户扎根营造良好环境

续表

时间	部门	文件名称	政策要点
2018年9月	国务院办公厅	《完善促进消费体制机制实施方案（2018—2020年）》	积极培育冰雪运动、山地户外运动、水上运动、航空运动、汽车摩托车运动、电子竞技运动等体育消费新业态
2020年9月	国务院	《中国（湖南）自由贸易试验区总体方案》	加强湘粤港澳四地文化创意产业合作，实现文化创意产业优势资源对接。积极打造全球领先的5G视频和电子竞技产业基地
2020年12月	文化和旅游部	《关于进一步优化营商环境推动互联网上网服务行业规范发展的通知》	支持上网服务场所开发商务培训、拓展训练、电子竞技、旅游推广、快递寄存、线下体验等新服务，为周边社区及企事业单位提供"众创空间"、电子商务等项目，上网服务场所兼营其他服务项目的，应当依法依规办理相关手续。实施上网服务行业从业人员技能提升行动，开展职业技能培训，按规定落实培训补贴
2021年7月	工业和信息化部等十部门	《5G应用"扬帆"行动计划（2021—2023年）》	打造AR/VR业务支撑平台和云化内容聚合分发平台，推动与5G结合的社交、演播观影、电子竞技、数字艺术等互动内容产业发展
2021年7月	文化和旅游部	《"十四五"文化和旅游市场发展规划》	加强对体验式演艺、沉浸式娱乐、在线演出、在线艺术品拍卖、自助式上网、电子竞技酒店、电子竞技娱乐赛事等新业态新模式及综合性文化娱乐场所的引导、管理和服务，培育新型文化市场主体

在政策落地上，政府部门不仅加强了对电子竞技行业的引导和规范，而且带头举办了WCA、CMEG、NEST等大型电子竞技赛事，加强了对电子竞技行业的管理，对电子竞技赛事产生了巨大示范效应，推动了电子竞技赛事的发展。2017年，英雄联盟全球总决赛（S7）在鸟巢举办，这是中国引进世界性顶级电子竞技赛事的开端，鸟巢中从天而降的AR远古巨龙（游戏CG）战胜了2017年NBA总决赛，获得2018年体育艾美奖最佳直播画面设计奖。自此，各地政府部门更是在引进顶级赛事方面着力，2019年第九届DOTA2国际邀请赛（Ti9）与2020年英雄联盟全球总决赛（S10）分别引进落地上海。2020年12月16日，亚奥理事会宣布电子竞技项目成为亚运会正式比赛项目，第十九届杭州亚运会上的电子竞技项目将成为阶段性的高峰代表赛事。

表1-12为国家在支持电子竞技发展过程中举办的相关赛事。

表1-12 国家在支持电子竞技发展过程中举办的相关赛事

时间	相关事件	具体内容
2009年	国家体育总局体育信息中心成立了电子竞技项目部	由国家体育总局体育信息中心成立的电子竞技项目部正式接管中国电子竞技项目的相关管理工作
2013年3月	电子竞技国家队成立	体育总局决定组建一支电子竞技项目的17人国家队，其中选手12名，教练3名，领队1名，翻译1名。在9个参赛项目总计143人的中国代表团中，电子竞技队在人数规模上排名第四，超越了很多传统体育项目

续表

时间	相关事件	具体内容
2015年9月	全国高校电子竞技联赛（CUEL）	CUEL由国家体育总局信息中心主办。此次联赛涵盖全国十个分赛区，吸引了超过100所高校参加
2015年11月	全国电子竞技公开赛（NESO）	NESO由国家体育总局体育信息中心及上海体总会主办。大赛采用全运会模式的赛制，以省市为单位角逐代表最高荣耀的团队冠军奖杯，是我国电子竞技体育发展战略的重要组成部分
2015年12月	世界电子竞技大赛（WCA）	WCA是由银川市政府和银川圣地国际游戏共同举办的全球性电子竞技赛事。WCA创办于2014年，永久举办地为中国宁夏回族自治区银川市，比赛覆盖278天
2016年2月	中国文化娱乐行业协会成立电子游戏竞技分会	中国文化娱乐行业协会电子游戏竞技分会成立大会在北京召开，中娱协秘书长孔明介绍了协会2015年工作情况及2016年工作计划。此举措有利于行业自律和行业协同，共同拓展行业业务范围，有利于统计整理行业问题，为监管政策的制定及修改提供市场化证据
2016年3月	CMEG发布会	国家体育总局表示目前正在研究探索开放电子竞技赛事竞猜的相关事宜。一旦赛事竞猜得以全面开放，将使得电子竞技产业链进一步丰富，并成为电子竞技继游戏产品、赛事平台，以及视频直播和转播之后的又一盈利点，如果全面开放，将为电子竞技产业增加约37亿元的收入规模
2016年4月	义乌国际电子竞技大赛（IET）	IET由浙江省体育局、义乌市人民政府主办，浙江省电子竞技协会、义乌市文广新局（体育局）承办，下设《英雄联盟》《FIFA Online3》《CS:GO》三个项目
2016年4月	全国移动电子竞技大赛（CMEG）	CMEG是国家体育总局体育信息中心联合大唐电信举办的首届官方大型综合性移动电子竞技赛事。大赛以移动电子竞技运动及产业健康发展为中心，引导规范移动电子竞技发展秩序，不断提升移动电子竞技产业规模及产业竞争力，大力促进我国移动电子竞技发展水平
2016年7月	全国电子竞技大赛（NEST）	NEST是由国家体育总局体育信息中心主办，面向我国广大电子竞技爱好者的专业电子竞技综合性赛事，从2013年开始举办，旨在为广大电子竞技爱好者和专业选手打造公平、公正、公开的竞争与交流平台，塑造中国电子竞技综合类赛事的专业品牌
2016年7月	2016全球电子竞技高峰论坛	是近年来最高级别的电子竞技行业会议，并且将对多项重要行业议题进行讨论。参会人员包括国际电子竞技联盟（IeSF）43个成员国的主要官员，全球顶级电子竞技企业、电子竞技管理机构、体育事务和运营机构、媒体和电子竞技明星等，总人数预计超过100名
2016年7月	中国电子竞技嘉年华宣布启动	由国家体育总局主办，嘉年华期间将推出全球华人电子竞技挑战赛、全民电视电子竞技大赛、电子竞技产品展示、电子竞技产业高峰论坛、电子竞技产业规范标准圆桌会议、电子竞技大集、电子竞技互动音乐节等大型主题活动
2016年12月	首届CHINATOP国家杯电子竞技大赛开幕	由国家体育总局主办的"2016首届CHINATOP国家杯电子竞技大赛"在深圳南山区开幕，标志着电子竞技从此拥有"国字号"赛事。大赛组委会优选了当前火爆的五款电子竞技游戏：《DOTA2》《魔兽争霸3》《炉石传说》《皇室战争》《CS:GO》，并邀请了世界级电子竞技职业选手参赛，设立了总额近400万元的赛事奖金

续表

时 间	相 关 事 件	具 体 内 容
2018年6月	第十八届雅加达亚运会电子竞技表演项目	2018年8月18日,电子竞技中国代表队将参加2018年雅加达亚运会表演赛,参与《英雄联盟》《Arena of Valor》《皇室战争》三个游戏项目的角逐
2019年8月	Ti9在上海举办	全球知名电子竞技赛事第九届DOTA2国际邀请赛第一次离开欧美,落地中国。本次赛事奖金已达到3309万美元,再次刷新全球电子竞技赛事奖金纪录
2020年9月	S10在上海举办	2020年全球总决赛从9月25日开始全程在上海举办,其中决赛于10月31日在上海浦东足球场举行,共22支队伍角逐冠军。赛事支持6312名观众入场,自从宣布后,共有超过320万人报名预约
2021年9月	亚奥理事会宣布电子竞技作为第十九届亚运会竞赛项目	实现了在亚运领域从表演到竞技的跨越。第十九届亚运会入选的8个电子竞技项目分别是《AoV亚运会版》(王者荣耀)、《DOTA2》《梦三国2》《EA SPORTS FIFA》《炉石传说》《英雄联盟》《和平精英亚运版》《街霸5》

另外,国家对电子竞技赛事的正面报道也逐渐增加。2016年2月25日,中央电视台《朝闻天下》节目首次正面报道电子竞技,从游戏厂商、业内专家、电子竞技爱好者等多个层面,对其代表人物进行了专访;9月2日,《人民日报》刊登了专门介绍电子竞技的文章《用鼠标键盘进行的体育项目》,文中将电子竞技与传统体育项目围棋、台球进行类比,厘清了"电子竞技是不是体育"的争议与迷思。国家在社会舆论方面的引导十分有利于改变大众对"电子竞技就是打游戏"的错误认识,并极大地提升了电子竞技在主流媒体中的地位。

1.3.2 经济环境——经济提升,拉动消费

网络游戏产业正在逐步成为我国重要的经济文化产业,并且整体趋于稳定。电子竞技产业的成熟与发展同网络、金融、体育等各个行业密切相关。近年来,这些相关行业的飞速发展与人们观念的巨大转变为我国数字体育产业的腾飞奠定了坚实基础。

我国宏观经济增长良好稳定,整体居民人均可支配收入的提高提升了国民的娱乐生活消费能力。电子竞技作为重要的文化娱乐消费行为之一,其收入也随之提升。据中国互联网络信息中心(CNNIC)数据显示,中国互联网用户规模在2017年超过8亿人。人们日益坚实的物质基础和提升生活质量的需求释放出了巨大的文化产品购买欲望,娱乐消费需求与消费能力的不断上升带动了电子竞技产业的飞速发展。

电子竞技广告营销、赛事营销、电子竞技明星的泛娱乐化使电子竞技成为了市场热点,受到了资本市场的热捧,许多业内外巨头纷纷投资电子竞技领域。

1.3.3 社会环境——社会认可,渐成主流

随着经济发展与社会包容性的增强,大众媒体对电子竞技的偏见逐渐消除,电子竞技以正面形象步入了人们的视野,逐渐被人们关注、接受,并获得了社会的认可。

现今,受网络游戏影响的85后、90后,以及更加年轻的一代人已经成长为社会中最活

跃的互联网用户群体,对电子竞技有着极高的情怀。随着计算机技术和智能设备的普及与应用,以及互联网的普及,人们接收到的信息范围之广、程度之深都达到了前所未有的程度。电子竞技产业的用户群体逐渐成熟,影响力逐渐增强,日渐成为主流文化。

电子竞技集科技、竞技、娱乐和时尚于一体,迎合了人们低消费、易参与、强互动的娱乐需求,以及人们在闲暇之余对电子竞技游戏的黏性需求。各行各业对电子竞技拓展的泛娱乐趋势或加入或布局,各个领域都出现了弘扬电子竞技体育的生态。

1.3.4 技术环境——技术创新,融合促进

移动通信技术、云计算技术以及智能终端等互联网技术的快速发展和普及为电子竞技产业的发展提供了技术保障。移动互联网宽带提升,运营商为推广新技术主动下调资费价格;部分国内虚拟运营商已经全面被5G覆盖,智能移动终端设备升级换代,迎来新一轮价格下调,既为电子竞技用户提供了更宽松的体验环境,也为开发出更多的人机交互、社交场景等娱乐功能及模式、增强电子竞技赛事播出画面的表现力和丰富电子竞技的内容带来了更多机遇。

硬件设施的发展及视频技术的日益成熟增强了电子竞技的视觉体验,使场景化体验更丰富,电子竞技游戏的研发也越来越精品化,内容技术愈加成熟,竞技效能持续放大。

电子竞技赛事的价值与发展趋势

1.4.1 电子竞技赛事的价值

1. 经济价值

随着电子竞技赛事的日益成熟,其创造的经济价值也受到了人们的重视。对商家来说,电子竞技赛事具有多维度的营销价值,这是由于其本身具有内容重塑与粉丝效应的优势,特别是移动端电子竞技赛事具有多样化的特点及优势;对游戏产业、赛事赞助商来说,在品牌营销、品牌影响力、内容推广、渠道下沉、促销等多方面都有提升价值;对赛事举办地来说,高水平的电子竞技赛事可以吸引大量观众前来观赛,产生的消费行为能促进当地旅游业、餐饮业的发展。同时,赛事的举办对运动场馆、比赛设备、服装、应援物资等的需求对制造业来说也是不可多得的机遇。可以说,电子竞技赛事是经济发展的新源泉。

2. 社会价值

电子竞技赛事的举办是电子竞技的重要宣传手段。就电子竞技赛事内涵来说,其追求卓越、超越自我、团队协作、公平竞争等精神与传统体育赛事的精神是一致的。随着电子竞技赛事的不断完善,其对丰富和发展体育运动项目、拓展体育精神有着独特的作用。同时,电子竞技还满足了人们多元化的体育健身需求,可以培养青少年的思维能力、反应能力、团队精神、协调能力、组织能力,引导青少年全面健康发展,使参与者更好地适应当代信息社会的环境。电子竞技赛事的规范、健康发展会不断丰富和拓展电子竞技文化,为社会发展传递正能量。

3. 文化价值

电子竞技赛事为选手提供了竞技的平台,选手之间可以进行技艺的切磋、交流;加强电子竞技爱好者之间以及选手之间的互动有利于加深友谊;国际赛、洲际赛等跨国赛事可以通过国与国之间的电子竞技比赛传递体育竞技精神,提升国家荣誉感、民族自豪感,对促进世界文化的交流与传播具有重要意义。

1.4.2 电子竞技赛事的发展趋势

1. 专业化发展

随着赛事的举办频率不断增加,赛事分级也愈发明显,通过大量的数据分析平台对赛事进行分析与报道,赛事经验的积累、品牌的建立、赛事的筹备、规划等更加专业化;同时,信息技术的高速发展也推动了电子竞技赛事直播的专业化。

2. 联盟化发展

电子竞技行业在不断向传统体育靠拢,而相对较为成熟的联盟化赛事也将成为电子竞技赛事的发展方向。赛事联盟化意味着俱乐部承担的因降级带来的资金风险被无限度降低,风险降低的俱乐部也将在比赛中体现出多样化的尝试,增强游戏的可玩性与趣味性。电子竞技赛事的联盟化也拯救了一些落入低谷的游戏,例如在《守望先锋》采取联盟化的赛事体系后,关注其联盟的人数超过了80万,提升了《守望先锋》在网吧的启动率。可以说,联盟化将是电子竞技赛事发展的一大趋势。

英雄联盟"主客场制"和"联盟化"的公布虽然宣告了"电子竞技联盟化"时代即将来临,但电子竞技联盟化面临的问题比很多业内人士想象的还要复杂得多。前期场馆建设工程的招投标、本地俱乐部运营模式的探索及相关人才梯队的培养、当地的媒体公关资源配置和粉丝经营、赛事举办及转播的人力物料支撑等,每个涉及线下落地执行的环节无一不在考量着电子竞技联盟化的调度和执行能力。

3. 商业化发展

随着商业模式不断深化,广告和赞助商愿意为年轻、优质的电子竞技用户群体加大投入。赛事周边、粉丝经济等推动了赛事自身造血能力的提升。

商业领域的权益合作模式变得更加多元,不少往昔的电子竞技赛事赞助商开始通过购买游戏的赛事权益打造属于自己的赛事 IP。这样的商业化走向进一步丰富了电子竞技赛事的格局,同时也探索了电子竞技与消费品深度合作的商业模式。

此外,包括电商、零售企业、上市公司在内的资本力量纷纷入局电子竞技俱乐部,如苏宁收购 LSPL 战队 TBG 成立 SNG 并进军 LPL,2021 年被微博接手更名为 WBG;京东 JD Esports 开始赞助电子竞技顶级联赛,并收购 QG 英雄联盟分部成立 JDG;由游戏公司 FunPlus(趣加游戏)投资组建的 FPX;滔博运动联合 DAN 俱乐部投资组建的 TES。资本的介入带来的是更雄厚的资金实力、更丰富的市场资源、更完善的生态运营能力,伴随着电子竞技职业联盟化的深入,使原本野蛮生长的电子竞技战队摇身一变,成为更专业的职业俱乐部。

2018年，LPL头部战队EDG完成曜为资本及中偶基金联合领投的近亿元Pre-A轮融资；S8期间，RNG的赞助商多达11个，较之S7期间，数据接近翻番。

电子竞技地产则从文旅方向逐渐扩展，在各个城市进行散点布局，由于联盟化的推进，不少战队俱乐部都拥有了自己的主场，形成了独特的主场馆模式，并打通了场馆、文旅、地产之间的不同运营模式。

2022年9月26日，腾竞体育、EDG电子竞技俱乐部、上海超级合生汇共同达成一致，宣布了将"共同发展EDG上海主场，创建全球电子竞技之都新高度"，共同打造坐落于上海市虹桥前湾的上海超级合生汇。该新电子竞技地标集购物中心、电子竞技产业园、五星级酒店、专业电子竞技赛馆为一体。

通过该新业态形成了多元化"电竞商业＋"的全新产物，从而拉动电子竞技产业消费，打通文旅电子竞技的赛道，探寻电子竞技实体商业化的方式。

2022年9月1日，英雄联盟的JDG京东电子竞技俱乐部发布主场宣传片，落地北京亦庄全新主场——JDG英特尔电子竞技中心，包含电子竞技演播厅、赛训基地和商业中心三大区域，另外配备电子竞技主题广场。其中，作为主场的重要组成部分之一，电子竞技演播厅拥有广电级别专业直转播设备，演唱会级别灯光、音响、大屏，可容纳1500～2000人同时观赛，商业中心则能够提供更丰富的合作项目和合作业态。

4. 泛娱乐化发展

电子竞技赛事和娱乐产业共同面向的年轻用户群体的重合度非常高，两者逐渐呈现出融合趋势，互相借势扩大用户群体，加强影响力，"电子竞技＋明星玩家、网剧、大电影、动画、动漫内容、音乐"的模式已经萌芽，如电子竞技内容形式以真人秀等娱乐形式呈现，电子竞技明星出演娱乐节目，娱乐明星参与电子竞技游戏直播或代言赛事、在赛事现场进行表演等。

5. 全民化发展

电子竞技赛事游戏的种类以及观看渠道的跨终端的多元化将推动电子竞技进一步走向大众。传统电子竞技项目呈现联网化、操作门槛低的趋势；移动电子竞技的兴起使大众观赏和参与赛事的门槛变得更低。如今，线上直播平台更加丰富，移动终端观看赛事更加便捷；未来电视渠道的逐渐开放将拉动更多的电子竞技观众，实现电子竞技赛事的全民化。

第 2 章

电子竞技赛事简史

2.1 电子竞技赛事的起源与演变

2.1.1 萌芽期(1972—1980年):起源于电子游戏的诞生

电子竞技的起源可以追溯到电子游戏诞生的早期。《太空战争》(Space War)虽然不是世界上第一款电子游戏,但却堪称世界上第一款真正意义上的具有娱乐性质的电子游戏,所以比第一款电子游戏《双打网球》(Tennis for Two)更具有代表性。

1972 年 10 月 19 日,美国斯坦福大学的学生被邀请参加名为星际空间战争奥林匹克(Intergalactic Space War Olympics)的《太空战争》的比赛,赢得比赛的学生将免费获得一年的《滚石》(Rolling Stone)杂志。于是,在斯坦福大学人工智能实验室内著名的 PDP-10 型计算机旁开启了有趣的《太空战争》。这款游戏的比赛有比较完善的赛制,分为五人大乱斗与团队比赛两种模式,它是有史可考的最早的电子竞技比赛,堪称电子竞技的起源。

电子游戏向街机游戏的迁移也开启了电子竞技的新世界。

1976 年,美国 Midway 公司推出了第一款具有高分记录的街机游戏——《海狼》(Sea Wolf),玩家在游戏中的得分会显示在屏幕的下方,而曾经的最高分则被记录于当前分数的下面。此后,从《小行星》(Asteroids)到 1979 年的《星火》(Star Fire),这些游戏都在平台上提供了高分榜(通常用首字母缩写展示)。尽管一些游戏能提供面对面的比赛机会,但大部分玩家之间的竞赛并不同步,而是通过街机游戏自身的高分榜竞赛。虽然玩家能在当地街机游戏中相互保持紧密联系,但高分榜在跨时竞争方面是革命性的。观众不再需要当场见证玩家的成就,也不必站在玩家身后才能看到他们的胜利。机器和高分榜为玩家之间的持续竞争提供了平台。

2.1.2 初长期(1980—1990年):伴随着游戏机发展转型

1980 年,雅达利(Atari,第一家电脑游戏机厂商)举办了一场名为太空侵略者锦标赛(The Space Invaders Championship)的大型游戏竞技比赛,使用的游戏是在 1979 年由日本南梦宫游戏公司推出的街机射击类游戏《太空侵略者》。当时,这个锦标赛造成了很大的轰动,吸引的参与者超过了 1 万人。同时,竞技性游戏也逐渐成为了主流的游戏类型,引发了电子竞技界的热潮。

1981年夏天，沃尔特·达伊（Walter Day）在视频游戏经营场所连续玩了四个多月，这期间他玩了100多个视频游戏，每场游戏都会获得高分。1981年11月10日，沃尔特·达伊在爱荷华州奥塔姆瓦开设了自己的街机室，将其命名为双子银河（Twin Galaxies）。1982年2月9日，他把数据库中的记录作为双子银河全国记分牌进行公开发布。此后，他致力于利用自己的组织收集和记录高分、举办备受关注的电玩游戏大师赛（Video Game Masters Tournament）等，并发布最佳玩家的信息，从而维持这个圈子的运转。尽管双子银河从未涉足当下的电子竞技，但这是电子游戏作为一个竞技项目并得到重视的开端，在很大程度上促进了电子竞技的发展。

在高端游戏向更广泛的受众传播的过程中，怎样才能让非玩家群体也能看到电子竞技的相关内容和消息呢？这就要依赖一个重要的媒介——电视。

1982年，世界上首档电子竞技比赛节目《星际游乐园》（Starcade）开播。1982—1984年，美国的TBS电视台共播出133集节目，反响不错。而在早期的推广活动中，沃尔特·达伊也会展示著名的电视节目《不可思议》（That's Incredible）中关于竞技电玩游戏的特别选集。这一系列的节目将不同街机游戏的玩家聚集在一起，通过计算他们在游戏过程中积累的总分数进行比拼。

这些节目不仅展示了这项新兴活动带来的兴奋与快乐，也让人们看到了电玩游戏向易播出、易为观众所接受的方向的转变，展示了20世纪80年代人们是如何尝试将休闲和电子游戏与现存的电视进行整合的。

然而，街机游戏的衰退也伴随着任天堂（Nintendo）娱乐系统及各种以雅达利游戏机为代表的家用游戏机的崛起，竞技游戏也得以调整和适应发展，从现场街机活动转化成了家庭游戏，随之而来的则是游戏竞争格局的变化。

2.1.3 发展期（1990—2000年）：因电子游戏网络化而加速

虽然竞技类街机游戏和游戏机的出现是电子竞技发展的一部分，但网络游戏的崛起才真正让电子竞技找到了自己的优势。互联网为放大小众活动带来了可能性。网络对战是电子竞技历史上的关键一环。

20世纪90年代，电子竞技比赛开始越来越专业化，其中最具标志性的当属1990年任天堂世界锦标赛，它是任天堂在1990年为了宣传自己的家用游戏机（family computer, FC, 俗称红白机）而在美国举办的一场游戏比赛。这场比赛主要分为两个阶段——预选赛和总决赛：3月在29个城市举办预选赛，9月在佛罗里达州奥兰多的环球影城举办总决赛。比赛项目为《超级马里奥兄弟》《Red Racer》和《俄罗斯方块》三款游戏。参赛者要在6分21秒的时间内在《超级马里奥兄弟》中尽快吃到50枚金币，在《Red Racer》中跑完一圈比赛，在《俄罗斯方块》中利用剩下的时间打出尽量高的分数，最终根据三项比赛的总分数决出胜负。这届任天堂世锦赛的设计奠定了后续世锦赛的基本流程，是历史上第一个正式的电子竞技比赛。

1991年，日本、美国开始出现了以《街头霸王》（Street Fighter）等大型电玩格斗类游戏为主的街机对抗比赛，街机格斗文化也通过当时兴起的因特网迅速形成了自己的电子竞技运动社群。

1992年，ID公司发行了一款名为《德军总部3D》（Wolfenstein 3D）的游戏。1993年，这款游戏已经风靡了世界各地,它开创了一种新的游戏方式,以自己的视角探索地图并击杀敌人,这种方式后来被称为第一人称射击游戏。之后推出的《毁灭战士》(Doom)及1996年推出的《雷神之锤》(Quake)等众多经典游戏都推动了第一人称射击游戏的发展。

1995年,美国西木工作室(Westwood Studios)在推出即时战略游戏《命令与征服》(Command & Conquer)的过程中通过局域网技术实现了人与人的同场竞技。随后出现了众多此类游戏,如暴雪公司的《星际争霸》《魔兽争霸》等,美国、欧洲也开始逐渐出现了一些有组织的比赛。这项通过互联网真正实现多人共同进行游戏的技术快速推进了电子竞技的发展。

20世纪90年代末,随着互联网的普及,电子竞技在人们心中的地位已经上升到了另一个高度。这时,ID Software、V社、暴雪等游戏公司开始生产出了许多知名游戏,越来越多的电子竞技比赛组织开始成立,"传统"比赛项目也随之出现。

1996年,电脑游戏赛事Quakecon被一群游戏爱好者推出,它成为了面对面(face-to-face,F2F)竞技游戏的重要战场。最初,Quakecon由社团志愿运营,每年在美国得克萨斯州主办,它让狂热的玩家欢聚一堂,共同参加一场基于局域网的游戏盛会。从第一届开始,游戏竞赛就是这个盛会的一部分。随着Quakecon的发展壮大(每年有多达7000名参与者),国际选手也慕名前来参加。

1997年5月,由软件公司Intergraph出资赞助的第一届电子竞技比赛Red AnnihilaTion吸引了多达2000名参赛者。这场举世闻名的邀请赛的大奖是ID Software的首席程序师及奠基人之一约翰·卡马克(John Carmack)在制作完成《Wolfenstein 3D》后购买的第一辆法拉利赛车——一辆红色的328 GTS。最终,方镛钦(Dennis"Thresh"Fong)[①]获得了本次邀请赛的冠军,后来他在自己的玩家至尊(Gamers Extreme)中展示了这辆属于冠军的法拉利。由于地点、赞助商和奖品皆出类拔萃,这场邀请赛在电子竞技历史上扬名万里,被誉为现代电子竞技比赛的起源。

不久之后,美国得克萨斯州的安吉·穆洛兹(Angel Munoz,电子游戏界领导者之一,被誉为电子竞技界的"教父")开创了一个颇具影响力的组织——职业电子竞技联盟(Cyberathlete Professional League,CPL)。CPL成为了电子竞技领域极具影响力的组织之一,涵盖了一系列冠军头衔,为奖金、赞助和企业合作等设定了新标准,并在电子竞技运动的启动阶段提高了活动水平,如图2-1所示。

1997年6月27日,第一届CPL邀请赛在美国达拉斯举行,约有400名玩家参与比赛。比赛提供了3500美元的现金奖励。这时,穆洛兹开始传播"电子竞技"的概念,他的CPL邀请赛很快就成为了大众媒体报道职业电子游戏的典范。可以说,安吉·穆洛兹帮助许多顶级玩家开启了他们的职业生涯。同时,CPL也成为了竞技游戏面对世界的窗口。国际玩家会从欧洲赶到达拉斯参加比赛。最后,联盟正式扩展到北美洲以外的地区,通过与中国、巴西等国家的合作,在全球范围内开展业务。

而在同时期的亚洲,人们也开始燃起了对电子竞技的热情,其中以韩国最为突出。直到

---

① Thresh是网名,真名为丹尼斯·冯(Dennis Fong),是世界上第一位公认的职业选手,被称为电玩界的"迈克尔·乔丹""在线上最不愿意碰到的玩家",也是世界体育史上最伟大的100名运动员之一。他的游戏风格多变,在所有正式的大型电子游戏比赛中从未输过一场。

图 2-1　职业电子竞技联盟（CPL）

今天，韩国仍是人们公认的电子竞技大国——拥有最好的电子竞技报道、最专业的电子竞技电视频道。

2.1.4　成熟期（2000—2010 年）：呈现出"百花齐放，百家争鸣"的状态

电子竞技萌芽于美国，却花开世界。21 世纪初期，随着电子竞技行业的飞速发展，各种电子竞技赛事开始如雨后春笋般地涌出。很多知名的国际电子竞技赛事大都创立于此时期，电子竞技正处于百花齐放、百家争鸣的阶段，而国际电子竞技联盟也诞生于此时期。

1. 世界电子竞技大赛

世界电子竞技大赛（World Cyber Games，WCG）创立于 2000 年，结束于 2013 年，是由韩国三星公司和韩国政府（文化及旅游部和信息通信部）赞助的国际赛事，被称为电子竞技奥运会。WCG 与 ESWC（电子竞技世界杯）、CPL（职业电子竞技联盟）一起被称为世界三大电子竞技赛事，而 WCG 是三项赛事中规模与影响力最大的。每个参加 WCG 的国家和地区将自行举办预选赛，获胜者可以在主办城市参加全球总决赛，比赛为期 3 天，最终决出各个项目的冠亚季军，并颁发奖牌和奖金，如图 2-2 所示。

图 2-2　世界电子竞技大赛

世界电子竞技大赛一直以"beyond the game"为口号，以推动电子竞技的全球发展为目标，旨在促进人们在网络时代的沟通、互动和交流，促进人类生活的和谐与愉快。

自 2001 年首届世界电子竞技大赛开赛之后，大赛的主办方就将其定位在全球性的电子竞技盛会，是一个以奥林匹克运动会形式筹办的电子运动会，承担着沟通全球顶尖电子竞技运动选手、进行国际交流的责任，成为了新体育形式的开创者。根据世界电子竞技大赛参赛者条款，具有多重国籍者只能参加一个国家预选赛的决赛，违反者会被取消参赛资格。

这场电子奥运会历经 13 年后最终停办。韩国媒体分析，导致 WCG 大赛停办的原因主要有两点：电子竞技市场的竞争日趋激烈和转型手游竞赛的失败。

2017 年 12 月 14 日，《穿越火线》的开发商 Smilegate 宣布买下 WCG 商标，用独立营运的方式举办全球赛事，将于 2018 年在泰国曼谷重启 WCG 比赛，但最终却因不明原因仍未

能重启停办 4 年的 WCG。

2. 电子竞技世界杯

电子竞技世界杯(Electronic Sports World Cup, ESWC)是一个国际职业电子竞技赛事，如图 2-3 所示。ESWC 最初是由法国 Ligarena 公司创建的，该公司以前以 LAN Arena 的名义在法国举办过较小的局域网(LAN)活动。2003 年，Ligarena 将活动规模扩大，ESWC 便诞生了。每年，世界各地的国家预选赛的获胜者都有权在 ESWC 决赛中代表他们的国家参赛，而且总决赛完全面向公众开放，每年现场都会吸引 2~3 万名观众，以及通过其他媒体进行观看的上千万名观众。ESWC 对比赛项目有一个权威要求：经过层层筛选的全球各地区的冠军，给予他们荣誉，让他们成为真正的运动员。

图 2-3 电子竞技世界杯

首届 ESWC 从 2003 年 3 月至 6 月在 28 个国家进行了资格赛，约有 100 万名玩家参加；2003 年 7 月 8 日至 7 月 13 日在法国巴黎西南方的 PoiTiers 市的 Futuroscope 中心公园举行了总决赛。这次全球总决赛共有 28 个国家的 400 名选手参加，可以说这是继 WCG、CPL 后出现的第三大世界性范围的网络竞技赛事。

ESWC 在 2006—2008 年间由于多次拖欠选手奖金而饱受争议，运营公司在 2008 年宣布破产，这个赛事正式结束，前后仅仅正式举办了 6 届。ESWC 在 2009 年被 GamesSoluTion 公司收购，但 GamesSoluTion 宣布不继承 ESWC 之前的债务，并且拒绝支付 2006—2008 年间拖欠的奖金，引发了不小的争议，使得 2009 年的 ESWC 质量大幅缩水，随后的 ESWC 赛事也被人调侃拖欠奖金而名存实亡了。

2012 年，专门从事电子竞技的机构 Oxent 宣布从 GamesSoluTion 公司手中收购 ESWC 品牌的所有权。此后的 ESWC 运营得更加规范，吸引了更多的电子竞技队伍前来参赛，而且奖金发放及时，ESWC 再度成为世界顶级赛事。

3. 世界电子竞技比赛

世界电子竞技比赛(World E-sports Games, WEG)是继 WCG 之后又一项由韩国电子竞技界重金打造的国际顶级电子竞技赛事，是世界上最早的全程转播比赛的国际性电子竞技大会，其主办方是韩国最专业的游戏电视媒体 Ongamenet，比赛全程由 Ongamenet 独家转播，其在 2005 年将 WEG 打造成为了全球最正规的职业化电子竞技赛事之一。大会为了吸引全球电子竞技爱好者的目光，特地邀请了代表世界最高水平的选手前来参赛，在国际上被誉为继 WCG、ESWC、CPL 之后的第四大电子竞技赛事，如图 2-4 所示。

4. NGL 电子竞技赛事

NGL(NETZSTATT Gaming League)是于 2006 年 5 月 3 日由德国电子竞技赛事组织方 Freaks 4U 宣布成立的一个新的电子竞技赛事，包含《反恐精英》和《魔兽 3 冰封王座》两个项目。比赛以俱乐部战队为单位，先进行线上的循环赛，选出线上比赛成绩最好的 4 支队伍进行线下的最终决赛。NGL 联赛共分为两级别比赛，顶级比赛称为 NGL ONE（图 2-5），次级比赛称为 NGL TWO，每赛季都有升降级制度。

图 2-4　世界电子竞技比赛

图 2-5　NGL ONE

该赛事最早可追溯到 1997 年，那时，NETZSTATT 就在德国组织过很多成功的比赛，包括《虚幻竞技场》《CS》《星际争霸》等。从 2005 年开始，Freaks 4U 接管了 NGL 的赛事，并指导该项比赛向更大规模、更专业化的方向前进。

NGL 第一赛季的总决赛于 2006 年 8 月 23 日至 27 日在欧洲最大的电玩盛会——Games ConvenTion 2006 的主会场举行，多支欧洲 CS 豪门以及魔兽著名战队都参加了比赛，争夺总额高达 66000 美元的奖金。

一年后，NGL 就成为了继 ESL 之后欧洲最出色的线上联赛，世界各地的顶级战队纷纷参加到此联赛中。新鲜的赛制、丰厚的奖金、严密的管理让 NGL 成为了吸引力十足的电子竞技联赛。

5. 全球电子竞技大赛

全球电子竞技大赛（KODE5）于 2006 年在德国汉诺威的 CeBIT 会场举办，如图 2-6 所示。KODE5 先以一连串的《反恐精英》与 Quake4 表演赛开场，以吸引观众的眼光，并让观众体会到电子竞技的刺激。首届 KODE5 全球总决赛在中国举办。

图 2-6　全球电子竞技大赛

KODE5 是一个全球电子竞技玩家的 code（指令），这个 code 传达了一个讯息，即全球电子竞技玩家都将秉承着运动家精神，以公正、公开、公平的方式进行全球竞技。"5"代表了世界五大洲，KODE5 横跨 16 个国家。

KODE5 是一个公开的组织，它代表了电子竞技赛事的开放与赛事无国界。任何想参加 KODE5 的人，无论是职业选手还是业余玩家，大家都可以共聚一堂展开竞技。赛事无国界代表了选手不受国籍限制，玩家可以在任何举办 KODE5 赛事的国家参与竞技。

6. 国际电子竞技联盟

2008 年 11 月 13 日，国际电子竞技联盟（International e-Sports Federation，IeSF，图 2-7）在韩国首尔建立总部，并选出了第一任会长，组成了事务局。韩国、德国、比利时、澳大利亚、瑞士、越南等 9 个国家和地区成为了第一批会员。

IeSF 是一个国际电子竞技管理机构，在世界范围内有 47 个联盟成员国及地区，其中包括代表韩国的韩国电子竞技协会（KeSPA）以及代表中国的中国体育信息中心（CSIC）。IeSF 的首要任务是在全世界范围内推广电子竞技，使电子竞技运动迈入国际主流体育社会,并得到国际最权威的体育组织(如世界体育总会、国际奥林匹克委员会)的认可,从而提升电子竞技运动员在传统体育中的地位。秉承着这一原则,IeSF 与国际知名体育组织(如世界体育总会、亚奥理事会、国际体育协会)紧密合作,一直致力于促进电子竞技成为由国际奥林匹克委员会举办的亚洲室内运动会以及亚洲武艺运动会的官方体育赛事。

图 2-7　国际电子竞技联盟

2.1.5　稳定期(2010—2017 年):小至校园,大到国际,电子竞技渐获大众认可

在全球化、信息化、融合化的大时代背景下,随着电子竞技赛事的日益规范化、成熟化,电子竞技已逐渐步入体育范畴,它作为一个竞技体育项目,其影响力正在快速提升,与传统体育项目之间的隔阂也在日渐消除,社会大众也开始倾向于承认电子竞技属于体育运动。各国高校陆续将其纳入教育体系,推广"电子竞技教育",培养更多的电子竞技产业人才,电子竞技的发展已成为各国文体发展的软实力,电子竞技国际格局基本形成。

1. 在各国政府的支持下,电子竞技赛事的体育化日益加强

2013 年 7 月,《英雄联盟》(LOL)的开发商 Riot Games 宣布获得了美国政府的政策许可,允许其他国家的职业玩家以正式工作的形式前往美国参赛。国际选手可以因 LOL 赛事在申请美国签证的过程中被看待为职业体育运动员。美国移民局承认 LOL 职业选手的身份,国际选手可以凭职业体育队员身份办理签证甚至移民。而首位获得工作签证的选手是来自加拿大埃德蒙顿的 Danny Shiphtur Le,他的签证是为参加于 2013 年 10 月 4 日在美国洛杉矶举办的《英雄联盟》第三届世界锦标赛而申请的,签证级别为 P-1A。这种举措间接地肯定了电子竞技赛事在体育界的地位。

2014 年年底,马来西亚政府成立了官方电子竞技组织 e-Sports Malaysia(eSM),这个组织位于国家体育委员会之下,而电子竞技也将正式成为马来西亚的体育项目之一,与传统体育并列。

2015 年 11 月 8 日,法国政府修改了《数字及电子产品管理法》,将电子竞技列入法国政府正式认可的体育项目。法国政府从此将电子竞技视为正式体育运动项目,并表示将"尽可能地宣传其竞技作用,并为可能的负面影响考虑,确保进行及时的疏导以确保这一领域的经济活力"。

2016 年 2 月,国际电子竞技联盟(IeSF)向国际奥委会提交了电子竞技比赛申请入奥的材料和文件。

2017 年,一直被人们误认为"不务正业"的电子竞技终于得到正名。

2017 年 4 月 17 日,亚洲奥林匹克理事会与阿里体育在杭州宣布将电子竞技加入 2017 年亚洲室内武术运动会、2018 年雅加达亚运会和 2023 年杭州亚运会。

2017 年 10 月 28 日,在瑞士洛桑举办的国际奥委会(IOC)第六届峰会上,IOC 代表对当前电子竞技产业的快速发展进行了讨论,同意将其视为一项"运动":"具有竞技性的电子游戏项目,可以被认为是一种体育运动。目前电子竞技选手为比赛付出的准备、日常训练的强度等都可以与传统体育运动员媲美。"

2. 各国电子竞技教育普及化

2014年,美国伊利诺伊州的罗伯特·莫里斯大学(Robert Morris University)正式将电子竞技加入体育部的课程,开设了电子竞技学位,同时为学生提供奖学金。

同年,韩国中央大学(Chung-Ang University)开设了电子竞技专业,经过激烈的招生考核,最终Shy和Ambition通过了考试,成为了大学电子竞技特别专业的第一批学员——2015年中央大学体育学院运动科学学部的新成员。

2016年,日本滋庆学园电子竞技学院的首批学员达到了40多人,于2018年3月毕业。招生第二年有60名学生注册,该电子竞技学院现计划在大阪开设第二个校区,以招收更多学员。

2016年8月,挪威Garnes高中开设了《英雄联盟》《刀塔2》《CS:GO》和《星际争霸2》的课程。这些课程与传统课程一样都分年级讲授,而最终成绩也会计入学生的GPA(绩点)。

同年,内蒙古锡林郭勒职业学院设立了中国首家电子竞技专业课程,教学目标是培养职业运动员。

2017年4月,由亚太大学(Asia Pacific University)和马来西亚电子竞技组织(e-Sports Malaysia)联合创办的首家马来西亚电子竞技学校开学,课程划分以游戏项目为主,主要项目有《刀塔2》《英雄联盟》《CS:GO》和《FIFA Online》等,主要培养职业选手和俱乐部管理、训练师等相关人才。

3. 国际电子竞技群雄逐鹿

随着社会的发展,电子竞技逐渐被拓展和接受。从表2-1中可以看到,全球的电子竞技领域正处于群雄逐鹿的格局:中国在《刀塔2》领域,美国在《使命召唤》《光环》领域,韩国在《英雄联盟》领域,瑞典和加拿大在《CS:GO》领域都处于世界顶尖水平。而实际上,国际顶级赛事也不再局限于欧美韩,在东南亚、澳大利亚等地也新兴出许多后起力量,花开世界的电子竞技正陆续结出喜人的果实。

表2-1 各国奖金总额及职业选手数量

国家	奖金总额(美元)	最高奖金游戏项目	职业选手数量
中国	52 266 435.74	《刀塔2》	1829
美国	46 909 614.66	《使命召唤》《光环》	7484
韩国	44 232 905.90	《星际争霸》《英雄联盟》	1885
瑞典	18 945 467.84	《刀塔2》《CS:GO》	1550
加拿大	10 366 238.67	《刀塔2》《CS:GO》《神之浩劫》	1237

2.1.6 爆发期(2017年至今):从国际赛事到入亚,我国电子竞技城市化

1. 国际赛事获奖

2018年8月26日至29日,在第十八届雅加达亚运会电子竞技项目表演赛上,中国代

表队参与了三项比赛——《Arena of Valor》《皇室战争》和《英雄联盟》，并获得了2金1银的好成绩。

2018年11月3日至4日举行的暴雪嘉年华《炉石传说》赛事中，中国代表队夺得本届炉石世界杯的冠军，在淘汰赛阶段，中国队分别以3∶0的比分战胜了挪威队和巴西队夺得冠军，为中国队夺得首个世界级的冠军奖杯。

2018年11月3日，在《英雄联盟》S8全球总决赛中，IG战队以3∶0战胜欧洲赛区的FNC战队，在韩国仁川文鹤体育场捧起了召唤师奖杯。这是LPL赛区的战队首次在全球总决赛上获得冠军，零封战胜对手，一夜之间让社交媒体沸腾。

2019年11月10日，在《英雄联盟》S9全球总决赛中，FPX以3∶0的大比分击败了来自欧洲赛区的西班牙战队G2，夺得英雄联盟S9总决赛的冠军。

2019年11月3日《炉石传说》特级大师赛总决赛中，两位国服选手以两战全胜的战绩从小组赛中突围，进入四强。最后，被玩家昵称为狮酱的中国女选手VKLiooon获得冠军。

2021年11月6日，在《英雄联盟》S11全球总决赛中，EDG对战韩国战队DK，经过5小时的5轮比赛，EDG最终以3∶2的比分击败DK，赢得S11总冠军。

2. 电子竞技入亚

国际电子竞技联合会曾在2013年尝试制定规则并申请入奥，但以失败告终。而亚洲电子竞技联合会(Asian e-Sports Federation，AeSF)则推动了2022年电子竞技入亚。

2019年12月16日，在国际奥委会的支持下，全球电子竞技联合会(Global Esports Federation，GEF)在新加坡宣告成立，GEF作为全球电竞运动的国际组织，一直致力于制定更加规范、严谨、健康的国际准则，促进电子竞技在国际体育官方组织获得更大程度的认同。

2020年6月24日，亚洲奥林匹克理事会(Olympic Council of Asia)与全球电子竞技联合会建立战略合作关系，携手促进和推动亚洲电子竞技的发展。

2020年12月16日，亚奥理事会宣布电子竞技项目成为亚运会正式比赛项目，并正式纳入杭州亚运会比赛项目。中国杭州电子竞技中心是国内首个承接亚运会赛事的专业电子竞技项目场馆。

3. 我国电子竞技城市化

电子竞技城市化的两个层面分别是政策层面与联盟化带来的主场落地层面。

2017年4月，借助国家发展和改革委员会此前发布的《关于开展特色小镇培育工作的通知》，重庆忠县宣布建设电子竞技小镇；2017年12月，重庆忠县发布了《忠县人民政府办公室关于促进电竞产业发展的若干政策意见》，被称为"黄金19条"，提出要促进电子竞技产业发展，扩大电子竞技产业规模，引进和培养专业的电子竞技人才等内容；2017年12月23日，忠县承办了CMEG(全国移动电子竞技大赛)总决赛。

2017年12月14日，上海市加快文化创意产业创新发展大会举行，发布《关于加快本市文化创意产业创新发展的若干意见》(简称文创五十条)，提出建设"全国电竞之都"。

作为新一线城市，西安也大力布局电子竞技。2018年8月印发了《西安市电竞游戏产业发展规划(2018—2021年)》。作为西安发展电子竞技产业的重镇，西安曲江新区出台了《关于支持电竞游戏产业发展的若干政策》，设立30亿元的产业发展基金，支持从事电子竞技、游戏、"文化＋互联网"产业相关业务的企业。此外，西安西咸新区泾河新城也在2022年3月发布支持电子竞技游戏产业发展的若干政策，并提出电子竞技企业可获年度奖励、补贴累计最高7000万元。

北京市政府一直十分重视电子竞技产业的发展。2020年发布的《北京市推进全国文化中心建设中长期规划（2019年—2035年）》，以网络游戏精品研发中心、新技术应用中心、游戏社会化推进中心、游戏理论研究中心、电子竞技产业品牌中心为支撑，加快建成产业体系健全、要素市场完善、营商环境一流、产业链条完备的网络游戏之都。集中推出"电竞北京2020"的三大重磅活动，举办北京国际电子竞技创新发展大会、"电竞之光"展览交易会、2020王者荣耀世界冠军杯总决赛，并在大会中发布了《关于支持数字文化产业发展的若干措施（电竞产业篇）》（海淀）、《石景山区促进游戏产业发展实施办法》《北京经济技术开发区游戏产业政策》等，通过真金白银的投入与政策引导支持电子竞技产业的发展。

2020年5月12日，成都市体育局举行新闻发布会，对外发布成都市人民政府办公厅印发的《关于推进"电竞＋"产业发展的实施意见》，依托成都在电子信息、软件研发等高科技产业和智能经济、创意经济、数字经济等新经济领域的发展优势和资源整合能力，对电子竞技产业发展进行全面布局，通过推动"电竞＋文创""电竞＋科技""电竞＋旅游""电竞＋娱乐"等多产业融合发展，将成都建设成为"电子竞技文化之都"。

2022年9月23日，深圳市文化广电旅游局发布《深圳市关于建设国际电竞之都的若干措施（征求意见稿）》。从6方面提出了深入推进电子竞技产业发展、建设国际电竞之都的举措，共15条具体内容。

2022年11月24日，杭州市人民政府日前在其官网公开发布《关于推进新时代杭州动漫游戏和电竞产业高质量发展的若干意见》（下称意见）。根据意见，杭州目标到2025年，初步建成国际动漫之都、电竞名城，全市动漫游戏和电子竞技产业年度总营收超过600亿元。

2022年3月27日，武汉市人民政府网站上公布了以《国际新文化电竞中心开工，武汉光谷培育百亿电竞"生态圈"》为题的新闻稿。由武汉文投集团投资建设的武汉光谷国际新文化电子竞技中心项目在高新二路举行奠基仪式。该项目以电子竞技数娱地标、动漫游戏总部街区和影视文娱地标为三大主题，致力于打造以专业电子竞技场馆为核心、集聚电子竞技全产业链的现代数字文化产业园区。

在政府对于各个城市给予优厚政策，对电子竞技发展环境进行优化的同时，电子竞技行业也逐渐开始了联盟化与城市名片的进程。

2017年4月30日，英雄联盟职业联赛宣布两大改革，分别是联盟化与主客场体制。努力推进联盟化的同时需要每个俱乐部在所属城市拥有一座主场。这也一并推进了电子竞技城市化的发展。同年9月，LPL正式公布3个主场城市分别为成都、杭州、重庆。

2018年4月28日，LPL在春季总决赛前的媒体发布会上，腾讯英雄联盟、拳头中国和WE、RNG、JDG俱乐部代表联合正式发布了第二批联盟主客场信息：WE落户西安主场，主场地址位于西安曲江新区；RNG俱乐部落户北京主场，主场地址位于北京五棵松；JDG俱乐部于2019年LPL春季赛开始落户北京主场。2020年9月1日，V5宣布落户深圳主场；2022年9月13日，EDG宣布英雄联盟主场正式落户上海。

2020年1月5日，《王者荣耀》KPL联盟官方宣布将于2020年逐步推进六大城市的俱乐部主场落地，分别是重庆·QGhappy、南京·Hero久竞、上海·EDG.M、广州·XQ、武汉·eStarPro 和成都·AG 超玩会。2020 年 5 月 25 日,西安·WE、杭州·LGD 大鹅主场落地;2021 年 1 月 4 日,北京·WB.TS 主场落地;2021 年 4 月 16 日,深圳·DYG 主场落地;2021 年 9 月 5 日,济南·RW 侠主场落地;2022 年 9 月 26 日,佛山·GK 主场落地。

电子竞技作为新兴的体育赛事,同时也是一种新兴的文化活动,正在被更多的人接受和认可。从国际赛事夺冠到电子竞技入亚,国家政策的支持是电子竞技行业崛起的坚实后盾,中国的电子竞技产业已步入快车道,职业电子竞技联盟化、电子竞技城市名片、全民电子竞技运动正在蓬勃发展。5G、AI、VR 技术的不断探索创兴也提升了电子竞技赛事的观赏性和交互性。中国电子竞技通过二十年的摸索和积累,电子竞技的产业价值已得到认可,中国已成为世界上最具发展潜力的电子竞技市场,中国电子竞技也迎来了黄金时代与爆发期。

2.2 世界电子竞技赛事的发展

2.2.1 美国电子竞技赛事的发展

1. 街机游戏比赛与家用游戏机比赛

美国的电子竞技赛事可以追溯到 20 世纪 70 年代的街机比赛。虽然这类比赛多是玩家的集会,与现在的电子竞技相去甚远,但是这些街机比赛的游戏竞技性却为北美洲电子竞技的早期萌芽埋下了种子。

1980 年 5 月,南宫梦在街机平台发布了《吃豆人》游戏,由于这款游戏画风新颖、玩法独特,很快就受到了玩家的喜爱,成为 20 世纪 80 年代极受欢迎的街机游戏之一,也成为了经典之作。

1983 年,美国国家游戏团队创建,开启了以团队名义参加比赛的序幕。

1985 年,比利·米切尔(Billy Mitchell)以一个街机玩家的身份被全世界认识,他在游戏《吃豆人》和《大金刚》的 6 场比赛中连续得到最高分,创造了当时的吉尼斯世界纪录。

20 世纪 80 年代中期,FC 开启了一个新的电玩时代。

1986 年,当时还是 FC 的第三世代,美国 ABC 电视台直播了一场智力竞赛节目,两位少年通过 FC 游戏机进行比赛,比拼各自的聪明才智。虽然这是一次简单的智力竞赛,但它在电子竞技史上却有着重要的意义,曾被视为电子竞技的开端。

1990 年,任天堂为宣传自己的 FC 在美国举办了任天堂世锦赛。这场比赛的设计奠定了后续世锦赛的基本流程,也是历史上第一个正式的电子竞技比赛。

2. 电子竞技赛事与职业联盟

20 世纪 90 年代初期,由于电子竞技技术受到制约、电子竞技选手受到限制,信息的沟通和交流还不够广泛与迅速,这一时期的电子竞技赛事很少。随着家用计算机的兴起,出现了《Doom》这个 FPS 类里程碑式的游戏。

1993 年 12 月,IDsoftware 公司发行了游戏《Doom》,出现了多人"死亡"对战游戏,开创了 FPS 类游戏的"死亡竞赛"模式。随着《Doom 1》的出现,聊天室里充斥着游戏玩家的作战声,他们联网组队厮杀,电子竞技的线上比赛开始萌芽。

1994年10月,《Doom 2》的面市很快便取代了《Doom 1》的位置。DWANGO① 开设了他们的服务,用户可以通过电话线免费连接他们的拨号服务器。在北美洲各地拥有超过20组服务器的 DWANGO 成为了最早的游戏聚集地。

1995年,微软公司为宣传推广刚发布的 Windows 95 操作系统,赞助了当时还处于雏形的电子竞技赛事 Deathmatch 95②。Deathmatch 95 是一个当时规模较大的线下游戏比赛,内容以《Doom 2》为主,不过整个比赛一共有三款游戏:《Doom》《Doom 2》和《HereTic》。其赛程是报名参赛的选手首先要在当地的 Dwango Server 上争夺地区的出线权,最终突围的22名选手才能进入决赛,他们被邀请到美国华盛顿参加总决赛。这次比赛中,魔法师Thresh 以 8:0 的比分战胜牧师 Romine,取得了最后的胜利,获得了价值超过1万美元的计算机,并受到了 CNET 电视台的采访。

1996年,美国著名的共有娱乐网(Total Entertainment Network,TEN)在计算机硬件厂商和电信服务商的赞助下承办了一些电子竞技比赛,并组建了第一个职业电子联盟——电子竞技职业联盟(Professional Garners League,PGL)。PGL 诞生后,其规模之大、参赛人数之多和奖金之高都是当时其他同类型比赛无法比拟的,因此 PGL 也成为了北美玩家最高荣誉的象征。PGL 第一赛季的参赛人数约为 6000 人。最终,Thresh 以 6:2 的比分战胜RepTile,赢得 7500 美元的奖金和一台最新款的 AMD K6-2 CPU 计算机。

1997年6月,安吉·穆洛兹创建了另一个职业电子竞技联盟 CPL,这个联盟是世界上第一个把计算机游戏竞赛作为一种游戏比赛运动的组织,是美国电子竞技的主要推动者,推动了电子竞技的职业化。

1997年10月31日,在美国达拉斯的一栋名为 InfoMart 的建筑里,安吉·穆洛兹与CPL 组织建立了 The Foremost Roundup of Advanced Gamers(优秀玩家大集合),简称The FRAG,这是 CPL 组织的电子竞技史上的第一个大型现场比赛,所有参赛者和参与者都认为 The FRAG 很成功,CPL 后来如日中天的辉煌都源自这个现在看起来微不足道的小比赛。在评价这个赛事时,Angel 说:"The FRAG 是一个很好的范例,我们尝试把我们的概念贯通在电子游戏竞技的标准化上。举例来说,The FRAG 是第一次使用相同电脑的比赛,第一次引入不同比赛的场地,第一次有产品展览专柜,第一次被称为一项运动。从这次开始,我们开创了一个对电子竞技的全新概念,永远地改变了一个产业的面貌。"

1998年7月,CPL 组织再次在美国达拉斯的 InfoMart 举办了第二个现场赛事,这次赛事被正式称为 CPL。在这届 CPL 上,CPL 组织第一次特别为业余玩家设立了 BYOC 区域(bring your own computer),顾名思义就是玩家可以自带机器参赛,CPL 为他们提供了专门的网络设备和比赛服务器等。所有这些都奠定了日后 CPL 大获成功并逐渐成为全球最顶尖的电子竞技赛事与组织的基础。

1999年,CPL 的影响越来越大,其名望甚至超过了当时的 WCG,已经成为覆盖五大洲的全球性竞技联赛,同时在 30 个国家被批准为专业的游戏竞技联赛组织。PGL 则逐渐淡

---

① DWANGO(拨号广域网游戏操作)是一个大型游戏的 BBS,全称为 dial up wide area network gaming operations(线上游戏对战服务),其服务器遍布美国和加拿大的各大城市。

② Deathmatch 95 是早期国际性电子游戏大赛之一,也是规模较大的赛事之一。

出人们的视野。但不幸的是,CPL缺乏造血能力,需要外部资金的持续输血才能维持运营。2008年3月,CPL因为财务问题停办,直到2011年才重新运营,而在这期间,MLG迅速崛起,很快就占领了北美市场,成为了北美地区规模最大的职业联盟,如图2-8所示。

2002年9月,Sundance DiGiovanni和Mike Sepso创立了职业游戏大联盟(Major League Gaming,MLG),总部位于美国纽约,它不仅是北

图2-8 职业游戏大联盟

美电子竞技界的顶级电子竞技联赛,也是全球规模最大的专业视频游戏联盟。

为了提高计算机和游戏机的游戏比赛热度,加强竞技性和观赏性,MLG还参与电视节目制作和游戏开发。2009年8月18日,MLG收购了Agora Games。为方便直播,MLG比赛只在一个主会场进行,会场有两个主舞台。比赛为期三天,会从早到晚不停挑选重要比赛在主舞台进行,直播也会有"红色"和"蓝色"两个流,分别播放两个舞台的情况。根据以往的经验,MLG的直播无须缓冲且画质极其清晰。

MLG的目标是将电子竞技转变为更可行的主流竞技。之前,MLG只专注于FPS类游戏和格斗类游戏,但在2010年,MLG选择了《星际争霸》和《英雄联盟》作为比赛项目,开始专注于RTS类游戏与MOBA类游戏。

3. 美国校园里的电子竞技赛事

电子竞技在美国大学校园已经遍地开花,但美国并没有像亚欧国家那样大力开展电子竞技教育,而是选择举办大学电子竞技赛事,提供奖金鼓励学生亲身参与电子竞技运动。现在,许多高校开始模仿NCAA[①]模式,越来越多的大学为电子竞技敞开了大门,他们开始承认拥有电子竞技选手身份的学生为运动员,并为参加电子竞技赛事的大学生发放运动奖学金,还专门在大学里修建电子竞技馆。不仅校园电子竞技赛事逐渐增多,其奖金金额也在不断上升,赢得一场重大比赛有时可以为学生赚取数年的学费,目前已有数百所美国大学参与了电子竞技赛事。

2009年,大学星际联盟(Collegiate Star League,CSL)在美国普林斯顿大学创立。CSL是一个面向美国和加拿大高校在校生的联赛,从成立之初的25支队伍发展到现在的数百支队伍,其规模在不断扩大。CSL是北美最大的高校电子竞技联盟,目前有8个电子竞技项目,分别是《英雄联盟》《DOTA2》《CS:GO》《星际争霸2》《守望先锋》《炉石传说》《Madden NFL》(PC端电子竞技)和《虚荣》(移动端电子竞技)。

2014年2月,Riot Games举办了第一届北美大学生锦标赛(North American Collegiate Championship),类似于该公司的人气对战游戏《英雄联盟》的四强决赛。比赛场地设在Riot Games在曼哈顿的一个电子竞技室,观众席上人声鼎沸。一支由五名华盛顿大学学生组成的团队最终赢得了比赛。在高峰期,有16.9万人在线观看了这场比赛。作为奖金,团队中的每个成员都获得了7500美元的奖学金。

---

① NCAA(National Collegiate Athletic Association)是美国大学体育协会,成员包含千余所来自加拿大和美国的高校,每年有23项大学生体育联赛。

2014年9月,芝加哥的罗伯特·莫里斯大学组建了一支LOL校队,校方根据学生玩LOL的经验给予奖学金奖励。这是北美地区第一次有大学将LOL放到校运会项目中,校队还将参加北美地区的英雄联盟大学联赛。同时,LOL校队和其他项目的校队享受同样的待遇,包括教练、专业的人员配置、训练教学等。据《纽约时报》的消息,首批LOL校队的优秀学生玩家的体育奖学金总数已超过50万美元。

2015年,密苏里州的Maryville大学也为电子竞技项目设立了奖学金,不久后,Maryville大学的LOL战队就在CSL中夺冠。这样的大学生电子竞技赛事锻炼的不仅是选手,除了5位参赛选手是大学生以外,队内还有一位名叫Kenneth Lam的大三学生,他致力于提高团队成绩、满足团队需求,他的工作有些类似于电子竞技俱乐部的教练兼领队。

2016年,加利福尼亚大学尔湾分校(University of California Irvine,UCI)开始为电子竞技项目设立奖学金,并且特地在大学里修建了电子竞技馆。电子竞技馆由拳头公司投资、配备最高的电脑外设配置、参照韩国网吧的风格设计出来的一个占地3500平方米、拥有80台顶配PC的电子竞技基地,如图2-9所示。开馆当天,UCI电子竞技馆的门口挤满了围观的学生和媒体记者。

图2-9 UCI电子竞技基地效果图

2017年1月30日,美国名校十大联盟(Big Ten Conference)①第一次举办电子竞技比赛,在其高校联赛中引入《英雄联盟》电子竞技比赛。除了在互联网上直播比赛之外,福克斯有线电视网(Fox)和十大联盟旗下的十大联盟电视网(Big Ten Network)也直播了十大联盟《英雄联盟》电子竞技比赛中的部分精彩赛事。

同年,犹他大学成为了全美体育教育界中著名的"五巨头(Power Five)"高校中第一所开设电子竞技体育奖学金的大学,获得赞助的首支大学电子竞技队伍将参加LOL大学联赛,他们将逐步扩展该奖学金项目支持的电子竞技选手,并将部分奖学金扩展到全额奖学金,并逐步增加名额。

2018年,美国宾夕法尼亚州的哈里斯堡大学(Harrisburg University)组建了一支校园电子竞技队伍,学校为《炉石传说》《英雄联盟》和《守望先锋》项目的16名电子竞技选手准备了全额奖学金,让他们为将来的大学电子竞技赛事打下基础。

2.2.2 欧洲电子竞技赛事的发展

1. SK Gaming俱乐部

SK Gaming(原名为Schroet Kommando)俱乐部(简称SK)成立于1997年,是源起德国的职业电子竞技组织,被公认为电子竞技世界极为成功的战队之一,它是欧洲电子竞技行业的元老,也是玩家的豪门俱乐部,它在新世纪欧洲电子竞技的起航中扮演了开拓者的角色,如图2-10所示。

---

① 十大联盟(又译大十联盟),创立于1896年,是以体育为中心的美国大学联盟,它是美国大学体育联合会下属的大学体育联盟之一,属于级别最高的一级分区联赛(Division Ⅰ),实际成员现有14个,且成员还在不断增加。

1997年6月19日，在德国中西部的鲁尔区的奥伯豪森，7个年轻人创立了名为 Schroet Kommando 的雷神之锤战队。由于在玩 Quake 死亡竞赛时一位 SK 的创始人在捡到双管猎枪时常会喊出"Schroet（炮弹碎片）"，所以他们把这个词混合在了俱乐部的名字里，叫作 Schroet Kommando，即弹片突击队。从此该组织开始更多地使用他们的缩写（SK），直到最终更名为 SK Gaming。

图 2-10　SK Gaming 俱乐部

SK 参加的第一个大赛就是当时在瑞士巴塞尔举办的 Swiss Convention 大型线下赛事。当时出场的队员为 Griff、Kane、Speed 及 Goliath，他们最终获得了 Quake World 4vs4 的冠军。

1998年，SK 参加了荷兰最著名的线下赛事 Q Day Ⅲ。在最后的 4vs4 比赛中，他们击败了瑞典的 Disney Devils 队，获得了冠军。1998年10月22日，在 Methos Ultimate Quake Poll 的第二赛季中，大家通过投票认为 Schroet Kommando 是世界上第三出色的 Quake World 战队，整体水平排名第四。

2000年，SK 选手转向了 Quake3 和 Counter-Strike。在 Quake3 战队和 Counter-Strike 战队成立后一个月，SK 又成立了一支女子战队。

2001年9月23日，SK 宣布与瑞典知名战队 Geek Boys 联合成立 CS 分队。当时，Geek Boys 战队是 1999 年 CS-league 赛事以及 2001 年 European Open 赛事的冠军。

2003年2月1日，SK 开始与队员签订合同，5 名队员将按照合约当中的规定为队伍履行自己的义务，合约中规定队员在队伍中的效力时间为 2003 年 2 月至 10 月。SK 成为了第一支与队员签订合同的电子竞技俱乐部。SK 此举模仿了传统行业的俱乐部制度，将选手职业化，将战队职业化，通过劳动合同的形式逐渐形成了电子竞技行业的规范。这一年，SK 几乎在所有比赛中都获得了冠军。

2004年5月18日，因 NoA 战队买断了 Ola "elemeNt" Moum 与 SK.swe 的合同，SK 成为了第一个收取转会费的电子竞技组织。从此战队和俱乐部之间开始有了商业上的合作和交易，资金开始在电子竞技行业内流通。同年12月31日，因奖金分配等问题，CS 分队与管理层之间出现了分歧，CS 分队队员集体拒绝续约，退出 SK 并重新组建了一支传奇战队——睡衣忍者（Ninjas in Pyjamas，NiP）。

2005年，CS 分队的解散让 SK 开始反思如何维持战队与个人之间的利益平衡。就此 SK 吸取教训，逐渐涉及 War 3、SC 2、LOL、DOTA、HON 等多个项目，不断壮大，吸纳人才，更新换代，在扩充业务的同时避免了自身因单个项目的衰落而受损的危险。不久，在 2004 年年底离队的 CS 分队中，除 HP 组合之外的大部分选手在 2005 年年中回到了 SK。当年，SK 接连取得了 CPL 夏季赛和冬季赛的双料冠军，维持着世界霸主的地位。

2006年6月29日，SK 宣布世界排名第一的女子战队 Girls Got Game（GX3）挂上了 SK 的队标，她们在 2005 年 ESWC 总决赛上获得了女子组的冠军。一个月后，SK 又与德国 AOL 展开合作，随着两者之间合同的签订，SK 的经济和装备后盾再次变得强大起来。

2007年，在 NiP 战队因资金和内部问题解散之后，walle 和 Tentpole 加入了 SK，新 SK 在 Intel E 大师赛洛杉矶全球挑战赛中杀出了一条血路，最终获得亚军。随后 SK 接连取得了 KODE5 荷兰站冠军以及 Dream hack 冬季赛亚军的优异成绩。

2008 年,SK 开始投资《魔兽世界》。2008 年年底,SK 收购了德国 X-box 战队。

由于成绩不佳导致战队解散,这也暴露了项目生命周期短暂、顶尖战队竞争残酷等一系列问题。在接下来的十多年中,SK 不断解散重组,战队成员不断更新。

2016—2017 年,SK 成为了第一支获得两项 ESL 冠军的战队,SK 在 2016 年以 2∶0 的比分击败了对手,在 2017 年以 3∶0 的比分赢得了 Cloud 9 冠军。

2017 年,SK 在总决赛的 9 场比赛中赢下了 8 场,唯一的一次失利是在美国拉斯维加斯举办的 Dream Hack 大师赛中以 1∶2 的比分输给了 Virtus.pro。

2018 年 6 月 23 日,SK 原队员宣布与 SK 的合同到期,不再续约,全体队员转投到 Immortals 旗下,成立了全新的 MIBR 战队。

2. 电子竞技联盟

2000 年,电子竞技联盟(Electronic Sports League,ESL)成立,继承了成立于 1997 年的德意志 Clanliga 公司,该公司是从一个在线游戏联盟和一款游戏杂志起家的,同时出租游戏比赛的服务器,如图 2-11 所示。

图 2-11 电子竞技联盟

ESL 总部位于德国科隆,最初通过承办 CPL 旗下欧洲区的一些比赛进入了电子竞技赛事组织的行业。而到今天,ESL 已经发展成为世界上规模最大的电子竞技赛事组织者,吸引了 20 多个国家的选手和战队加盟,并且在俄罗斯、法国、波兰、西班牙、中国和北美等电子竞技发展繁荣的地区建立了 ESL 分部。ESL 与暴雪娱乐、拳头公司、V 社、微软等多家游戏厂商合作,每年举办数千场赛事。任何玩家只要成为会员,就可以参加各种级别的线上赛事。

ESL 旗下比较著名的赛事有 ESL ONE、IEM(英特尔极限大师杯赛)、ESL Pro League(ESL 职业联赛)、EPS(德国电子竞技联赛)、CSCL(欧洲 CS 冠军联赛)、WC3L(世界魔兽争霸联赛)等。ESL 的电子竞技比赛项目非常丰富,几乎囊括了当下流行的所有电子竞技游戏,如《反恐精英》《DOTA2》《战地 4》《光环》《星际争霸 2》《真人快打》《炉石传说》等。

1) ESL 旗下的大型赛事

(1) 英特尔极限大师杯赛。

英特尔极限大师杯赛(Intel Extreme Masters,IEM)是一个包含多个项目的综合性赛事(图 2-12),能够号召全球最优秀的电子竞技战队和选手参赛,是第一个全球规模的电子竞技精英锦标赛,堪称全球规模最大的电子竞技精英锦标赛。IEM 在每年下半年遴选全球少数都市举办分站赛,次年春天举办欧洲总决赛和世界总决赛。IEM 的比赛项目有《反恐精英》《魔兽争霸》《星际争霸 2》《雷神之锤》《英雄联盟》。

图 2-12 英特尔极限大师杯赛

2006 年,英特尔赞助的欧洲赛事在欧洲之外(特别是北美市场)看到了扩张的空间,于是英特尔开始为全球赛事提供资金,与 ESL 合作创立了 IEM 极限大师赛,开始实施以欧洲为基地的全球性赛事。此后,赛事的规模和参赛国家的数量每年都在不断攀升。

2007年,IEM扩大了规模及影响力,除了在欧洲举办赛事外,还增加了美国站和瑞典站,横跨亚洲、美洲和欧洲。

2008年,IEM在美洲、亚洲都设立了分站巡回赛,游戏竞技玩家来自欧洲、美洲以及亚洲的6个国家和地区,真正实现了全球化。

2015年,IEM卡托维兹成为了有史以来收视率最高的赛事。当时,该赛事的出席人数超过了10万人,视频媒体观众超过了100万人。

2017年5月24日,《英雄联盟》官方发布公告,宣称将不再参与IEM赛事。

(2) ESL ONE。

ESL的旗舰品牌是ESL ONE赛事(图2-13),创立于2014年。ESL ONE这个名称基本只用于各种游戏的Major锦标赛,主要比赛项目有《CS:GO》《DOTA2》《Battle field 4》等。

图2-13 ESL ONE

ESL CS:GO已经举办了2014年EMS卡托维兹站、2014年ESL ONE科隆站、2015年ESL ONE卡托维兹站、2015年ESL ONE科隆站、2016年ESL ONE科隆站等赛事。截至2018年8月,ESL已经举办了12个V社职业锦标赛中的5个。

(3) ESL Pro Leagues。

ESL Pro Leagues是实施前期线上海选、后期线下决赛的跨洲际大赛(图2-14)。2016年,ESL将CS:GO职业联赛的奖金提高到了150万美元。

目前,ESL拥有8个官方职业联赛,分别是CS:GO、Rocket League、Gears of War、Guild Wars 2、Halo 5: Guardians、Hearthstone、Mortal Kombat X、Rainbow Six(反恐精英、火箭联盟、战争装备、激战2、光环5、炉石传说、致命拳击手X、彩虹6)。

(4) ESL国际锦标赛。

ESL国际锦标赛是在不同国家举办的地区性ESL职业竞赛(图2-15),是为了在世界各地传播本地电子竞技大赛而设立的,各地区赛事如图2-16所示。

图2-14 ESL Pro Leagues

图2-15 ESL国际锦标赛

其中,ESL MEISTERSCHAFT是德国锦标赛,始于2002年,是最早的区域锦标赛。ESL UK英超联赛是2010年以来最大的ESL区域锦标赛。

ESL国际锦标赛的赛事项目为 *Battlefield 4*、*Counter-Strike*、*DOTA2*、*Halo*、

图 2-16　ESL 国际锦标赛赛事

Hearthstone、Heroes of the Storm、Mortal Kombat、Smite、StarCraft Ⅱ、*World of Tanks、Rainbow Six*（战场 4、反恐精英、刀塔 2、光晕、炉石传说、风暴英雄、致命的康巴特、史密特、星际争霸 2、坦克世界、彩虹 6）。

2）ESL 旗下组织——世界电子竞技协会

2016 年，ESL 宣布正式成立世界电子竞技协会（World ESports Association，WESA），它是全球规模最大的电子竞技组织，旨在规范全球电子竞技氛围（图 2-17）。相比传统的体育协会，WESA 是一个开放、包容的组织，它通过引入选手代表、标准化规则和战队收入共享等元素进一步使电子竞技专业化，其愿景是基于公平、透明和诚信的共享价值观建立一个真实可信的组织，以支持和扩大电子竞技的可持续增长，并在选手、战队和联盟之间共享这种增长。

图 2-17　世界电子竞技协会

WESA 为所有 WESA 认证的赛事都创建了一套标准化的规则和政策，首个被 WESA 认证的赛事是 ESL 职业 CS:GO 联赛，它还规范化管理职业选手，设置了各俱乐部共享收益等制度，其目标是改善目前较为混乱的全球电子竞技生态系统，包括制定一系列针对粉丝、选手与组织的章程等，使战队和选手能够在透明的保护伞下运作，为持有者提供稳定的法律咨询和保护，避免其受到经济不确定性因素的影响。

WESA 从 2016 年的 8 个创始会员发展到 2018 年的 14 个，协会在不断壮大。

8 个创始会员分别为英国的 FnaTic、乌克兰的 Natus Vincere、法国的 EnVyUs、波兰的 Virtus.pro、法国的 G2 Esports、欧洲的 FaZe Clan、德国的 MouseSports、瑞典的 Ninjas in Pyjamas。

WESA 现在的会员如图 2-18 所示。

3. 电子竞技奥运会

2016 年 4 月，英国文化部部长 Ed Vaizey 在伦敦游戏节上宣布，在国际奥委会（IOC）的

图 2-18　2018 年世界电子竞技协会的 14 个会员

指导下正式成立国际电子游戏委员会(The International eGames Committee,IEGC),并将与 2016 年里约热内卢奥运会同时同地举办首届电子竞技奥运会,如图 2-19 所示。

图 2-19　2016 年电子竞技奥运会会徽

IEGC 是由英国政府支持的非营利性国际组织,它的目标是促进电子竞技运动的发展。比赛时间遵循奥运会举办规律,每四年举办一次,在每届奥运会的主办国与奥运会同城举行。比赛不设奖金池,而是按照奥运会赛制颁发奖牌,并按照相关规定进行兴奋剂等药物的检查。要求运动员的年龄在 18 岁以上,性别不限。

首届电子竞技奥运会的初始参赛国为巴西、英国、美国和加拿大。比赛时长为两天,第一天的项目是《神之浩劫》,这是一款知名度并不算高的 MOBA 类竞技游戏,第二天的项目是《任天堂明星大乱斗》,这是一款集结了任天堂旗下明星游戏人物的格斗类游戏。

与目前的大多数电子竞技赛事相比,虽然电子竞技奥运会没有显示出特别的优势,但这届电子竞技奥运会毕竟是人类历史上首次以奥运名义举办的游戏类综合竞技赛事,拥有国际奥委会的支持,并可以以国家的名义参赛。IEGC 表示期待以后能有更多的国家派出运动员参赛,该赛事还将参照奥运会制定细节和运动员管理办法,在非奥运会期间,成员国也可以自己举办相关的电子竞技赛事。相信电子竞技奥运会会不断发展、越办越好。

4. 英国的电子竞技教育

在欧洲,许多国家缺少对于电子竞技行业及其从业者的相关法规,对于电子竞技工作者的权利与义务也没有明确的界定。但在英国,电子竞技的氛围却相当浓厚,尤其是电子竞技教育方面，英国在全球遥遥领先，许多大学都开设了针对电子竞技行业的课程，为电子竞技行业培养出了诸多优秀的电子竞技管理人才。

2017年5月，斯坦福郡大学（Staffordshire University）成为了英国第一所授予学生电子竞技学士学位的大学，其设立的电子竞技本科专业的学制为3年，主要教授学生如何组织自己的赛事，整体方向是电子竞技商务，其学术范围包括市场营销、游戏设计、互动媒体技术、赛事管理等。

2018年，约克大学（University of York）与ESL签订了课程合作协议（图2-20），合作创建了两个课程：第一个课程隶属互动媒体专业，涉及创造互动体验的设计和技术方面，同时会添加人文元素，让学生理解电子竞技文化；第二个课程隶属电影与电视制作专业，涵盖了电子竞技制作、讲故事和吸引观众的技术层面，在这方面，ESL能够提供非常多的帮助与指导，学生在上完课之后也将创作一些作品，如果他们想在电子竞技行业中就业，就能获得一个良好的开端。

图2-20　约克大学与ESL合作开课

ESL英国首席运营官Rob Black在一份声明中提到：通过和约克大学的合作，我们将已有的经验和其他优质课程结合了起来，未来，学校负责培养人才，我们会为学生提供电子竞技行业中的工作环境，并传授我们的经验与技能。

此外，约克大学还出资研发、建造了相关的实验室，为涉及电子竞技项目的博士生提供帮助和支持。

除了在大学开设电子竞技专业课程外，英国的电子竞技教育也在逐渐向小学靠近。

2017年，英国电子竞技联盟（British Esports Association，BEA）[①]（图2-21）在伦敦马迪亚谷图书馆（Madia Vale Library）举办了一场名为"小学生电子竞技教育试点计划"的活动。活动时间为6月20日至7月11日，参与者是来自伦敦西部的帕丁顿小学的8～14岁的小学生，活动的合作伙伴是威斯敏斯特城市委员会（Westminster City Council）。

在活动中，志愿者会为小学生讲解一些基本的电子竞技知识，例如什么是电子竞技、如何进行电子竞技项目的解说、《火箭联盟》游戏的基本操作、怎样与队友沟通交流等。另外，活动中还有父母与小学生共同游戏的互动环节，这不仅增进了亲情，也让父母了解了电子竞技，让他们懂得如何引导孩子进行健康的电子竞技运动。活动结束后，每位小学生都会获得由英国电子竞技联盟颁发的证书和衣服。

图2-21　英国电子竞技联盟

[①] 英国电子竞技联盟创立于2016年6月，是一个非营利性组织，总部位于松林制片厂，它是英国国家管理机构的一部分，与英国文化、媒体与体育部门合作，积极发展基层电子竞技赛事，共同打造职业生态圈，为英国培养电子竞技人才，提供专业人才和设施，为英国冠军创造摇篮，推动英国电子竞技行业的发展。

2.2.3 韩国电子竞技赛事的发展

1.《星际争霸》与电子竞技赛事

20世纪90年代,韩国兴起了一种类似于网吧的场所——PC Room。如果说PC Room是韩国电子竞技的萌芽场所,那么《星际争霸》就是韩国电子竞技的种子。PC Room的所有者会举办一些游戏项目的公开比赛,这可以称为韩国电子竞技赛事的雏形。这些游戏项目包括《星际争霸》《魔兽争霸2》《彩虹6》《FIFA》系列等。虽然各种游戏项目层出不穷,但《星际争霸》在韩国的电子竞技领域中却是不可动摇的王牌,一度被称为韩国的"国技"。

1997年12月,韩国最早的本土电子竞技赛事产生了,比赛的名字叫作KPGL(Korea Pro Gamers League),是在韩国一家很有知名度的PC Room中举办的。随后,另外一家PC Room——Netclub紧接着又举办了一次电子竞技比赛。然后,Bzttletop也开始举办比赛(其举办的赛事后来成为了韩国三大职业联赛之一)。这一系列赛事的出现让电子竞技在韩国年轻人中开始广泛流行。

20世纪90年代末期,为摆脱因亚洲金融危机而引起的经济萧条,韩国政府对国民经济产业结构模式进行了大规模的改革,开始重点发展以IT、影视、动漫等产业为基底的"软"工业,减少对于传统资源出口产业的依赖。韩国大规模地建设全国范围的宽带网络,网费的平民化及网速的提升让韩国的网吧产业迅速兴起,也为电子游戏在韩国的迅速扩张提供了契机。

1998年2月,暴雪公司的《星际争霸》在发行后立刻在韩国的青少年中火爆起来,他们纷纷离开桌球台和游戏厅,转向了网吧。于是,暴雪的官方战网(Battle.Net,BN)上出现了越来越多的韩国人。1998年7月,韩国人已经占据了BN排名前1000位中的大部分位置,《星际争霸》迅速成为韩国职业游戏联赛的主打游戏。

1998年12月,玩家申周暎[①]在暴雪《星际争霸》排位赛中取得优胜。不久,申周暎又在美国职业联盟(PGL)完成了注册,成为韩国电子竞技史上的第一位职业选手。

但韩国早期的职业选手不仅没有所属的俱乐部,也不能通过职业协会或电子竞技相关组织进行注册,他们只能以个人身份参加各地举办的大小比赛,依靠奖金维持生计。随着《星际争霸》的普及与产业价值的提升,职业选手开始拥有更多的出路,他们被聘请到网吧驻店训练玩家。从这时开始,电子竞技以独特的形式在韩国深入民心,《星际争霸》的比赛也越来越热闹。

1999年的StarLeague《星际争霸》比赛,在互联网发展得并不是十分理想的年代,该赛事采取了线下赛制,并由电视台全程转播。这次《星际争霸》比赛正式打开了韩国乃至整个电子竞技职业联赛的发展进程,成功为日后繁荣的韩国星际职业联赛摸清了道路。电子游戏第一次以"电子竞技"为概念被搬上了电视荧屏。

2000年,由于大型赛事的强势,很多中小型赛事开始消亡。这一年,韩国电子竞技赛事

---

① 申周暎为假名,源于一位他喜欢的女孩,其本名为朴昌俊。

形成了三足鼎立的格局。KIGL、PKO和KGL[①]这三大赛事占据了韩国电子竞技赛事市场的绝大份额,总共有40支职业队伍参加。

2003年,MSL个人联赛与SPL战队联赛先后开始举办,并在之后的10年中形成了一大战队联赛和两大个人联赛的韩国星际职业联赛盛世。

2004年,韩国举办了《星际争霸》职业联赛总决赛,近10万名观众前往釜山的广安里海滩参加这一庆典。

2005年,在釜山进行的Pro League决赛的观众人数达到了12万名,成为了世界电子竞技史上集合最多观众的比赛。而在这一年的任何时候,韩国都有至少一个、最多四个电视频道在播放《星际争霸》的比赛。

同年,Pro League职业联赛(图2-22)把2003年3月开始进行的OGN职业联赛和MBC职业联赛组合,发展为单一联赛,成为整个职业游戏团队都能参与的一个韩国最具规模的全年综合团体联赛。

图2-22 Pro League(SPL)

2006年,合并后的Pro League以Sky Pro League的名字拉开大幕。这次比赛从2006年4月29日开始,一直持续到7月29日,这也是韩国电子竞技史上极为成功的赛事之一。

2007年,韩国海军也宣布成立了自己的《星际争霸》战队Aegis。

2008年,《星际争霸》的赛事盛况却停止了。受世界金融危机的影响,全世界的电子竞技赛事赞助商不断减少,电子竞技大赛的数量也开始减少,韩国联赛也出现了假赛、战队解散等问题。

2010年4月中旬,网络上出现了一张疑似经营电子竞技非法赌博网站的运营者写的文章,指出电子竞技比赛胜负被操控,呼吁大家不要押注。同年5月6日,首尔中央检察院公布了调查结果并逮捕了相关人员。除了在役选手以外,退役选手、比赛解说等多名电子竞技相关人士卷入其中,涉及人物网络复杂、规模庞大,是韩国电子竞技首次揭发的假赛案。本次假赛案涉及地下非法电子竞技赌博组织且涉案金额较大,是韩国电子竞技有史以来性质最为恶劣的负面事件,也是韩国乃至世界电子竞技史上无法抹去的污点。

假赛案后,SPL先后有9支战队退出参赛并解散。2010/2011赛季,由于部分参赛战队解散,SPL首次缩水,由12支参赛战队减少为8支。

2011年年底,拳头公司开发的MOBA类对战游戏《英雄联盟》登陆韩国,不久便得到了玩家的认可与喜爱。仅用了两年时间,韩国的《英雄联盟》就完成了从零起步到称霸世界的伟业。由此,《英雄联盟》取代了《星际争霸》的位置,成为了韩国电子竞技的一大骄傲。

而《星际争霸》却在这些年里逐渐衰落,游戏载体和理念严重老化,新作后继无力,上手门槛过高,假赛事件仍然屡见不鲜,选手纷纷转型至其他项目,相关赛事也大量解体。

2012年,当时的暴雪还没有实行WCS赛区锁区的规定,很多韩国选手开始关注海外的高奖金比赛,大量顶尖的《星际争霸2》职业选手跑到韩国之外的赛区"抢钱"。像MC、

---

① KIGL(Korea Internet Game League)由Bzttletop主办。PKO(Progamer Korea Open)由PKO公司主办(PKO已经从Land of East中独立出来)。KGL(Korea proGamer League)由Egames公司主办(Egames是KGL之前的主办方,已经从Goldbank中脱离出来)。

Parting、Taeja 等则直接加入了国外战队。最终,韩国选手在全世界抢夺比赛奖金的行为被暴雪用锁区的政策制止,但却引发了 Life 的假赛事件。

2013 年,Pro League 赛季结束后,再次有参赛战队解散,SPL 进入举办危机。最终,KeSPA 宣布与 eSF 合作,MVP、IM、Prime 三支 eSF 旗下的战队转入 KeSPA 联盟,SPL 勉强得以凑齐 8 支战队继续开展新赛季。

就这样,韩国《星际争霸》的圈子越来越小,逐渐走向了边缘化。

2016 年 10 月 18 日,韩国电子竞技协会 KeSPA 发布公告:创办运营 14 年之久的韩国职业战队联赛(SPL)"寿终正寝";SKT、KT、三星、MVP、CJ 五支战队的《星际争霸2》分部正式解散。作为该事件的发酵,大量《星际争霸》职业选手也在不久后宣布退役或转型。

韩国的《星际争霸》时代从此落下帷幕。

2. 电子竞技媒体与电视职业联赛

韩国举办的职业星际比赛是由电视台全权负责策划运营的。这些比赛的赛制公平合理又引人入胜,不仅选手全力发挥并产生名局,而且赛事也成为了电视台最主要且最受欢迎的节目。于是赛事本身、电视台、选手的名气都在不断扩大,赞助商也看到了巨大的商机,进而投入了更多资金,电子竞技职业化也逐渐被更多人认可和接纳,形成了一个健康的良性循环。在这个圈子里,同时作为赛事的组织者和传播者的电视台扮演着最重要的角色。

Game-Q 是韩国成名最早的游戏电视频道,它曾成功举办了许多《星际争霸》赛事节目,有着高超的视频加工技术,是第一家实现画面在选手第一视角和解说视角之间任意切换的电视台,也正是因为第一视角画面会把选手辛苦训练的操作和战术套路全盘托出,职业选手纷纷开始抵制这种转播,希望可以保护自己的独门技巧。

虽然 Game-Q 举办了各类邀请赛、明星赛及冠军锦标赛,但仍无法与赛制日趋成熟、赞助商源源不断的 OSL 相抗衡。由于选手的抵制和自身的经营问题,如昙花一现般的 Game-Q 最终还是倒闭了,而随之崛起的是韩国两大游戏电视频道——OnGameNet 和 MBCGame(本节只介绍 OnGameNet,图 2-23)。

1997 年,韩国动漫频道 Tooniverse 播放了游戏相关节目 Game Plus,成为有线电视史上第一个制作和播出游戏节目的电视台。

1999 年 10 月 2 日,Tooniverse 举办的首届星际争霸联赛(Progamer Korea Open,PKO)(这是举办较早的专业星际争霸锦标赛之一,最终成为 OSL 系列的第一届)在韩国首尔正式开幕。这次比赛共有 16 位选手参加,赛事非常成功,取得了收视大捷。同时,这届 PKO 也使韩国职业联赛逐渐开始正式运作。

图 2-23　OnGameNet

2000 年 2 月,OnMedia 媒体集团旗下的专业游戏频道 Ongamenetwork 设立;韩国著名的通信公司 Hanaro 宣布赞助星际职业联赛,Hanaro Tongshin OnGameNet Starleague(第二届 OSL)开始直播。同时,PKO 也有了新的名称:Ongamenet StarLeague(简称 OSL)。OSL 在韩国乃至世界电子竞技史上都可以说是运营最早、最成功的电子竞技职业联赛。OSL 最初是每年举办一季,从 2001 年开始扩大到每年三季,赛季一般在 4 月、8 月、12 月开幕,每个赛季持续2~3个月。

2000年7月,OnGameNet首届星际争霸联赛Freechal Starleague开始直播;同月24日,OnGameNet电视台(OGN)以独立、专业的游戏电视台的姿态正式成立,标志着游戏领域有了自己的传播媒体。OGN有四个联赛等级,拥有非常完善的联赛体制——OSL(OGN StarLeague)(顶级星际联赛)、OGN Duel League(二级星际联赛)、OGN Challenge League(三级星际联赛)、Challenge League Prelim(四级星际联赛)。

从此开始,OGN正式设立"王者之路(Royal Road)"专题节目,因为进入这个节目的选手必须是第一次打进OSL就获得冠军的人,机会只有一次,所以走入"王者之路"成为了无数职业选手毕生的梦想。

2001年5月,在Hanbitsoft OSL决赛上,BoxeR赢得了第一个OSL冠军。同年6月举办的Coca-Cola Starleague(可口可乐OSL)在游戏播放史上是首次在露天体育场进行比赛。比赛一直持续到9月,BoxeR连续赢得了2个OSL冠军。

2004年8月,由OGN主办的WEG 2004中韩对抗赛在北京红馆举行。中国数千名玩家从全国各地来到现场观看国家级的电子竞技对抗赛;而OGN则在北京对韩国本土观众进行了全程视频直播。

2005年,OGN把与WEG的合作转到了自己的母公司ON Media旗下的Qwiny进行报道,WEG就此与OGN道别。而这时,WCG却与OGN携手打造了WCG 2005韩国预选赛,OGN也首次将非本公司策划的电子竞技赛事列入节目播出单当中。

2010年,经公司业务合并后,OGN正式归属于CJ E&M①。

2011年12月,《英雄联盟》韩服开启公测,改变了OGN一向以《星际争霸》为主的比赛项目。

OGN开始举办《英雄联盟》的正规职业联赛,取名为League of Legends Champions(英雄联盟冠军联赛),又称LOL the Champions,每年举办春、夏、冬三个赛季的赛事,堪称韩国最高水平的英雄联盟职业联赛。

2012年年初,英雄联盟冠军联赛的"热身联赛"——LOL invitational作为季前赛开启,因刚刚度过LOL公测期,职业战队数量相对稀少,从1月到2月总共只举办了5天的比赛。因为LOL invitational是邀请赛,所以当时邀请到了北美的CLG.NA战队以及中国的WE战队,结果却是韩国的MIG战队获得了冠军。这次赛事之后,LOL the Champions才正式开启2012年春季赛的比赛。

2013年,举办了34届的OSL停止运作。

2014年,拳头公司要求统一全球赛制进度,LOL the Champions被取消冬季赛。

图2-24 英雄联盟韩国职业联赛

2015年1月,OGN LOL the Champions正式更名为英雄联盟韩国职业联赛(LOL Champions Korea,LCK),如图2-24所示。

2016年1月25日,风暴英雄超级联赛(Heroes of the Storm Super League)正式开赛;同年9月18日,OGN宣

---

① CJ E&M株式会社(CJ Entertainment&Media)是韩国最大的娱乐媒体公司,旗下业务覆盖电影、电视、音乐、演出、媒体、游戏等娱乐文化事业的各个层面,现已全面发展成为全球范围内极具竞争力的娱乐传媒集团之一。

布举办守望先锋职业联赛(APEX),组建一个包含28支队伍的守望先锋联赛,第一季度从10月7日正式开赛。此联赛让韩国成为全世界首个组建守望先锋常规联赛的国家,由暴雪官方授权确认。而在APEX联赛上,OGN采用了AR技术,这也是电子竞技播放史上的首次。

2017年11月9日,OGN发布预告片宣布将在2018年举办绝地求生联赛(PUBG Survival Series,PSS)。

3. 韩国职业电子竞技协会

韩国职业电子竞技协会(Korea e-Sports Association,KeSPA)于1999年正式成立(图2-25),在2000年获得韩国政府扶持,隶属于韩国旅游文化观光局,它是韩国奥委会和国际电子竞技联合会的成员,由三星、LG、KT等多个执行委员会成员组成。现在,KeSPA进行《星际争霸2》《英雄联盟》《星际争霸》等20多款游戏的电子竞技行业相关管理服务。

图2-25 韩国职业电子竞技协会

KeSPA是韩国唯一一个受政府支持的电子竞技协会,充当着管理者的角色,直接对韩国的电子竞技行业进行管理,其职责覆盖了韩国电子竞技的全部。KeSPA以中间人的身份连接俱乐部、选手、赛事组织方;又以主人公的身份联合直播电视媒体举办联赛以及组织韩国选手参加国际比赛。KeSPA不但管理战队和俱乐部,还管理娱乐游戏电视频道,如OGN、MBC、GOMtv和Pandora TV等。KeSPA还确定了韩国电子竞技的选秀模式和联赛体系,帮助政府在监督各个环节的同时保证俱乐部和选手的商业利益。此外,KeSPA还承担着发掘和培养新人的重任,为职业选手提供资格证明、争取权益。

1) KeSPA赛事体系

早在1999年,KeSPA便制定了战略框架(图2-26),把选手的收入控制在了合理的范围内,以电视台作为赛事传播核心,建立了一套十分残酷的赛事体系,这也是韩国选手的敬业程度极高的原因,因为他们只能通过打好比赛这一条路获取更多的回报。

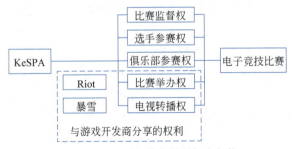

图2-26 KeSPA的垄断型权力架构

KePSA与两大赛事主办方OGN和MBC展开了合作,分别在2000年和2003年举办了韩国两大顶级星际争霸个人联赛OSL与MSL,随后两者分别成立了OSL和MSL两大联赛体系。职业选手如果要参加这两个联赛,就必须先通过测试,在KeSPA注册成为

ProGamer才能参加预选赛。而KeSPA依托自己第三方机构的定位,定期发布旗下职业选手的排名,所以在随后的几年中,KeSPA的排名一直是评判职业选手水平的权威参考。

在KeSPA联赛体系方面,以LCK联赛为例,其每个季赛都有两个阶段:常规赛和季后赛。常规赛排名前五的队伍会进入季后赛,角逐韩国联赛冠军。这种赛制可以说是KeSPA对电子竞技赛事的贡献。

在电子竞技野蛮生长的年代,KeSPA体系的存在是韩国电子竞技得以高速发展的最大保障。KeSPA的政府背景既保证了电子竞技这一新生事物在全社会的认可程度,也保证了对职业选手的至高监管力度。这两项恰到好处地推进了电子竞技职业化的整体进程,保证了内容产出的根本。

2)KeSPA的选秀比赛

KeSPA的选秀比赛最早是SPL。SPL联赛的选秀从2005年3月24日开始,每年春(3月)、秋(8月)举办两次。参加选秀的玩家必须持有职业选手执照,他们大多是从下一级的勇气联赛晋级上来的,偶尔也有战队弃将借此机会重新进入联赛。从勇气联赛而来的选手经历了每月由上千名玩家分成的每组64~128人的大战,最终只有前8名才有资格参加选秀。《星际争霸》最后的三皇都是选秀出来的。

SPL停止后,KeSPA又举办了新秀选拔大会——英雄联盟选拔赛,组织职业战队教练团对拥有游戏才能但没有加入职业战队的业余玩家进行考察和面试。

韩国的电子竞技联赛非常正规,职业联赛更加职业化,所有职业和半职业选手的资料全部登记在韩国电子竞技的官方网站上,这也为韩国职业俱乐部挑选人才提供了便利。在韩国,要想成为一名电子竞技职业选手,就必须经历"业余—半职业—职业"的流程。

而星际争霸联赛作为韩国最重要的电子竞技职业联赛,其受关注的程度也是最高的,所以星际争霸联赛的选秀也是最规范、最严格的。能够获得KeSPA认可的半职业选手的资格在韩国已经是非常了不起的事情了,即使将来不能够获得职业选手的资格,半职业选手资格证书在玩家未来选择大学时也是一个重要的筹码。这样的半职业选手和中国的体育特长生或者文艺特长生一样,会受到韩国各个大学的优待,成绩特别突出的选手甚至可以免试入学并拿到奖学金。

3)KeSPA的选手利益

KeSPA在管理电子竞技选手方面很好地保证了他们的利益。

(1)保证选手收入。

早在2014年,KeSPA与拳头公司和OGN一起发布了一份新闻稿,主要是针对韩国电子竞技职业选手福利的新政策,其中就包括职业电子竞技选手的最低工资。而且KeSPA受政府支持,拥有很大的话语权,使得协会旗下的赛事在赚钱后可以将钱落实到各大电子竞技俱乐部。电子竞技俱乐部有了收入来源,就可以保障选手的收入。

(2)培养选手的职业素养。

韩国的大学在多年前就开设了电子竞技相关专业,但规模不大,也没有专业的"电子竞技大学"。于是,KeSPA承担了电子竞技教育与宣传的工作,每年举办两次选手职业素养教育大会,培养电子竞技选手(职业与业余)的职业素养,要求所有登记在册的职业选手参加,对选手的职业礼仪和规范进行培训。

KeSPA的电子竞技职业素养教育大会在韩国已有十几年的历史,其教育对象的范围在不断扩大,针对职业选手的教育内容主要包括网络犯罪预防和反不正当竞争、签订海外活动合同的注意事项、如何通过直播平台提高自身价值及电子竞技主要新闻等主题。

(3) 为退役选手提供工作选择。

KeSPA 为顶级电子竞技选手提供了良好的后续教育和职位选项,让选手在退役之后能够全身而退。

在韩国,退役选手的工作选择有很多,他们有做演艺明星的,有做主播的。但大部分选手会选择到公司上班或从事其他行业,特别优秀的选手也会成功转型为战队教练。

对于退役后渴望重返校园的选手,KeSPA 也给予了他们一项特殊的福利——自 2014 年起,每年将提供若干名额专门保送他们进入大学学习。

2.2.4　东南亚电子竞技赛事的发展

1. 东南亚游戏与电子竞技市场

根据 Newzoo 的研究,东南亚正在成为电子竞技发展最快的地区,据统计,整个东南亚地区拥有超过 3500 万电子竞技爱好者,其中 280 万人居住在越南,200 万人居住在印度尼西亚。这一现象的主要原因是东南亚的新增移动用户较多。在 Newzoo 的全球游戏市场报告中,东南亚的手游玩家达到了 1.42 亿,共创造大约 14 亿美元的游戏收入。在 2015—2019 年间,该区域手游市场的年复合增长率为 45.3%,游戏收入也达到了 40 亿美元。在 2020 年第一季度,东南亚地区游戏市场发展势头迅猛。泰国、印度尼西亚、马来西亚、新加坡、菲律宾和越南这六个国家的手游下载量飙升至 18.2 亿次,同比增长 45.6%,成为全球下载量最高的市场。

2015—2019 年,东南亚电子竞技爱好者的数量以 36.1%(全球最高)的年复合增长率持续增长,到 2019 年达到 1980 万。同一时期,拉丁美洲电子竞技爱好者数量的年复合增长率为 24.7%,而全球年复合增长率平均值仅为 19.1%。

在东南亚六个主要市场国中,泰国、新加坡、马来西亚包揽了 70% 的东南亚市场,而这三个国家都有一个普遍的特性:本土游戏资源少且玩家数量不少。在其他三个国家中,菲律宾的游戏市场不够理想,但越南和印度尼西亚的玩家数量以肉眼可见的速度疯狂增长,分别是 36.2% 和 27.4%,排名东南亚前二。可见,东南亚市场的人口红利依然存在。[①]

2022 年,市场研究公司 Niko Partners 和科隆亚洲游戏展(Gamescom Asia)联合发布了一份新报告,对东南亚游戏市场的现状进行了概述。报告称,2022 年亚洲 PC 和手游玩家数量有望达到 14.7 亿,游戏市场营收或将达到 820 亿美元,在全球市场总收入中占比约 55%。在亚洲,虽然中国、日本和韩国等传统游戏大国占据着主导地位,但新加坡、马来西亚、泰国、越南、印度尼西亚和菲律宾这六个东南亚国家也拥有 2.7 亿名玩家(占比 19%),市场营收预计将达到 50 亿美元,约占亚洲游戏市场总收入的 6%。该报告还指出,东南亚也是全球增长速度较快的游戏市场之一:2020—2025 年,东南亚游戏市场营收的年均复合增长率预计将达到 8.6%。一系列宏观经济因素推动了东南亚游戏市场的快速增长,包括东南

---

① 鸿梦电竞.浅谈东南亚各国电竞产业的发展[EB/OL]https://www.163.com/dy/article/GMP3HHL50552DAI8.html, 2021-10-20.

亚国家的互联网基础设施改进、当地政府和跨国公司加大对游戏行业的投资、东南亚人口可支配收入增加等。

在东南亚地区,电子竞技市场快速发展,正在成为主流娱乐中的一部分。Niko Partners 称,60%以上的东南亚玩家被电子竞技赛事吸引。而从在雅加达举办的 2018 年亚运会开始,电子竞技项目数次登陆东南亚重大体育赛事的舞台,包括 2019 年在菲律宾进行的东南亚运动会、2021 年在越南进行的东南亚运动会,以及柬埔寨将于 2023 年举办的东南亚运动会等。此外,2022 年世界电子竞技锦标赛也将在巴厘岛举行。

Niko Partners 在报告中提到,在东南亚地区,电子竞技是不少玩家赚取酬金的途径。值得注意的是,在东南亚地区的所有玩家中,女性占比约为 40%。不过,在新加坡和印度尼西亚等国家,男女玩家所占比例之间的差距小得多。报告还提到,在整个东南亚手游市场,男性和女性玩家占比几乎持平,再次证明了手游对于不同性别的玩家都具有吸引力,也彰显了东南亚游戏市场的独特用户性别分布[①]。

2. 我国的游戏与电子竞技出海

2022 年 1 月,北京大学文化产业研究院发布了《中国文化产业年度报告(2022)》,其中"数字文化出海力度加大"是"2021 年文化产业十大特征"的重要特征之一。三七互娱、米哈游、腾讯游戏和灵犀互娱等厂商在"文化出海"背景下纷纷加大了海外市场的投资[②]。

以由沐瞳科技研发及发行的 MOBA 类手机游戏《无尽对决》(Mobile Legends)为例,该游戏曾在全球 13 个国家得到 App Store 畅销排行第 1 的成绩,其中包括菲律宾、马来西亚、印度尼西亚、新加坡等国家,充分证明了其在东南亚的影响力。《无尽对决》是全球首个支持全球同服、各国玩家对战的 MOBA 类手游,玩家匹配时显示各自所在国家的国旗,并且会优先让同一国家的玩家组队。《无尽对决》可在一个版本里支持 30 多种语言显示,并允许用户自由切换。另外,在该游戏中,为针对不同国家的文化设计了不同区域的特色英雄,例如菲律宾的 LapuLapu、印度尼西亚的金刚神,这作为文化或语言卖点极具吸引力。

《无尽对决》目前在缅甸的月活跃用户数超过 300 万人,是缅甸用户量最大的手游。同时,MPL 是缅甸第一个大型电子竞技联赛,赛季总奖金池达到 3 万美元,由缅甸电信国际有限公司冠名赞助。MPL 缅甸赛第一赛季 S1 共有超过 800 支战队报名,常规赛累计在线观看量超过 800 万人次。

东南亚地区游戏市场有着自己独特的特点,但是因为东南亚国家经济状况不同,基础建设也不同,所以要想在市场中站稳脚跟,具体战略的执行便有所不同。中国游戏和电子竞技正在通过"出海"重构东南亚的游戏与电子竞技市场。同时,东南亚的游戏市场与电子竞技行业依旧存在着巨大潜力,这对中国电子竞技企业来说,同在亚洲,更多的文化趋同性能带来的文化贸易机会与挑战将随着市场的发展日益扩大。

[①] 手游那点事.2022 年东南亚 PC 和手游收入将达到 50 亿美元,电竞发展迅速[EB/OL]. https://new.qq.com/rain/a/20220905A0ARBX00,2022-09-05.

[②] 电竞世界.国产手游电竞出海:互联网时代的文化软实力[EB/OL]. https://new.qq.com/rain/a/20220610A0CXV000,2022-06-10.

2.3 中国电子竞技赛事的发展

2.3.1 中国电子竞技赛事的发展简史

1. 20世纪90年代：电子竞技萌芽期

中国电子竞技的起源要从网吧说起，如表2-2所示。

表2-2 中国电子竞技赛事的发展

时　　期		特　　点	重要事件
20世纪90年代	萌芽期	网吧诞生联机对战风靡 PVP电子竞技模式初现 组织举办小型赛事	1995年，中国第一家网吧"3C＋T"在上海成立 1996年，中国第一家正式网吧"威盖特"在上海诞生 1998年，暴雪发布《星际争霸》，RTS对战风靡网吧
2000—2008年	探索期	国际性赛事落户中国 国内电子竞技赛事诞生	2002年，第一届中国电子竞技大会CIG诞生 2004年，第一次在中国举办的世界性游戏大赛——ACON4 2004年，第一届全国电子竞技运动会CEG举办 2005年，第一支国人建立的电竞俱乐部WE诞生，成员Sky李晓峰获得WCG世界总决赛《魔兽争霸3》冠军 2005年，首届StarsWar国际电子竞技明星邀请赛举办 2006年，世界高校电子竞技大赛WUGL举办
2009—2016年	发展期	赛事模式发展多元化 游戏厂商下场举办赛事 官方职业联赛诞生 赛事联盟化初现	2009年，世界电子竞技总决赛WCG落地中国成都 2010年，腾讯游戏竞技平台TGA发布并举办首届赛事 2011年，成立ACE中国电子竞技俱乐部联盟 2013年，英雄联盟职业联赛LPL诞生 2013年，NEST全国电子竞技大赛诞生 2014年，第一届世界电子竞技大赛WCA在银川举办 2014年，NESO全国电子竞技公开赛在青岛举办 2015年，全球首届VR电子竞技大赛WVA2015开赛 2015年，全国高校电子竞技联赛CUEL创办 2016年，全国首届移动电子竞技大赛CMEG开赛 2016年，王者荣耀职业联赛KPL诞生
2017年至今	爆发期	移动端电子竞技崛起 多项世界电竞赛事夺冠 多地电子竞技政策扶持 电子竞技入亚	2017年，CHINA CUP冠军杯在河北省石家庄市举办 2017年，英雄联盟全球总决赛S7在北京鸟巢举办 2018年，中国代表队在国际赛事屡获冠军 2019年，KPL、NEST、LPL入选中国最具赞助价值体育赛事TOP100榜单 2019年，DOTA2国际邀请赛Ti9在上海举办 2019年，和平精英职业联赛PEL举办 2020年，王者荣耀世界冠军杯总决赛在北京举行 2020年，英雄联盟全球总决赛S10在上海举办 2020年，亚奥理事会宣布电子竞技成为第十九届杭州亚运会正式比赛项目

1995年,国内第一家网吧"3C+T"开业,上网费用是15～25元/小时,这在当时可谓天价,很少有人能支付得起;而且网速缓慢,只能支持浏览网页。然而,即使在这样的条件下,网吧还是快速地为经营者带来了丰厚的利润,越来越多的人开办网吧——中国电子竞技从此有了适合它诞生的土壤。

1998年,美国总统克林顿访华,他参观了上海的3C+T网吧,为网吧做了一次正面宣传。这个时期的网吧,网速也有了一定的提升,已经可以支持一些简单的网络游戏,而国内的第一支《星际争霸》战队——Power of China(中国力量)也是在这一年成立的。

1999年,网吧在国内得到了更好的发展,逐渐开始普及,不仅网速提高了,网费也开始下降,上网一小时只需要几元钱,电子竞技萌芽的土壤越来越肥沃。《星际争霸》《反恐精英》等第一批电子竞技游戏逐渐走进中国玩家群体,越来越流行。玩家开始自主地在网吧举办一些私人比赛。这个时期的比赛没有详细的赛事规则,也没有高额的奖金,仅仅依靠玩家的一腔热血。但不得不承认,中国电子竞技已经开始萌芽。

2. 2000—2008年:电子竞技探索期

2000年前后,中国的电子竞技赛事尚处于局域网时代,受限于游戏类型与网络速度,大部分赛事不得不在线下进行。在这期间,虽然国内的电子竞技战队数量开始增加,但电子竞技俱乐部尚未成型,战队大多是松散的,缺乏统一的管理,杂乱的赛事、规则和赛制的不规范导致比赛的公正性和权威性得不到保证,中国的电子竞技市场尚处于一种自发而无序的状态,充满了随机性,一系列的问题使这项新兴运动发展得十分缓慢。

2000年1月,《星际争霸》在国内举办了第一次正式的线下赛——由高信达计算机学校赞助、由奥美电子举办的"高信达"杯《星际争霸》比赛在北京举行。当时,中国《星际争霸》第一代大师胡宾国(red-apple)与队友都参加了比赛。最终,[Beijing].M获得了1V1项目的冠军,胡宾国与队友获得了2V2项目的金牌。

2001年,WCG在中国成功落户,经过激烈的国内预选赛,中国共有14名选手取得了前往韩国参加WCG 2001世界总决赛的资格,最终中国队以2金1铜的成绩在奖牌榜上仅次于东道主韩国队,成为首届WCG世界总决赛的团体亚军。

2002年,第一个官方电子竞技大赛——"中国游戏中心杯"首届中国电子竞技大赛(China Internet Gaming,CIG)总决赛在上海信息大厦顺利落幕。决赛项目为《FIFA 2002》《星际争霸》《反恐精英》和网络棋牌类四大电子竞技游戏。这届CIG覆盖了32个省区,最终参加上海总决赛的共有近300名个人及32支战队。大赛的总参赛人数多达12万人,创造了当年的吉尼斯世界纪录。而第二届比赛的媒介有效达到率超过了1亿人次,刷新了赛事参与人数最多的世界纪录。接下来的几届比赛还邀请到了多国的顶尖选手,成为了中国电子竞技赛事国际化的开端。

2003年4月4日,中央电视台创办了以体育类竞技游戏为主要内容的《电子竞技世界》节目,每期节目时长55分钟,仅电子竞技赛事报道和转播的"竞技场"就占据了节目的大部分时间,该栏目成为"电子竞技世界"的重头戏。为规范和普及电子竞技运动,提高中国电子竞技运动水平,同年11月18日,国家体育总局把电子竞技运动列为我国正式开展的第99个体育项目,将其纳入管理轨道。

但不久之后,"蓝极速网吧"事件为电子竞技带来了转折,加之缺少必要的规范和引导,一些学生因为沉迷网络游戏而影响到学习、家庭关系和身心健康的发展,在家长强烈反对网络游戏的浪潮下,国家广电总局于 2004 年 4 月 21 日就电脑网络游戏类节目的问题发布了《关于禁止播出电脑网络游戏类节目的通知》,通知指出,各级广播电视播出机构一律不得开设电脑网络游戏类栏目。"电子竞技世界"仅推出一年即遭遇停播,政府遏制政策的巨石几乎把刚刚开始成长的电子竞技幼苗压断,一时间,电子竞技只能在夹缝中求生存,中国电子竞技的发展举步维艰。

然而,中国电子竞技并没有就此止步,探索的步伐仍在继续前进。

2004 年 4 月至 6 月,首个由中国举办并作为总决赛举办国的全球性电子竞技赛事 ACON4 全球电脑游戏大赛①在全世界掀起了一场不小的中国风暴。ACON4 以《War3》作为唯一的比赛项目,预赛在 19 个国家展开。来自全世界的魔兽选手为了最后的 18 张进军中国上海的总决赛门票而激战。最终,SK.Wizard 夺取冠军,apm70 获得亚军,Sweet 获得季军。

同年,首届全国电子竞技运动会(CEG)开幕,各地队员汇聚北京进行了首届中国电子竞技国家队的选拔赛。第一支电子竞技中国国家队队员名单如下。

- 《反恐精英》:北京 CS 代表队(王丹、张争、张超、张精宇、吴润波)。
- 《魔兽争霸》:周晨、王浩、孙玉伟、苏昊、尹路。
- 《星际争霸》:庄传海、张明璐、庞泰、杜今、马天元。
- 《FIFA 2004》:张卫伟、林晓刚、祝京楠。

2005 年 4 月 21 日,第一支由中国人建立的国际电子竞技俱乐部 World Elite(WE,又称 Team WE)成立(图 2-27)。World Elite 是由国内最具专业性质的电子竞技网站 Replays.Net 组建而成的中国首家职业电子竞技俱乐部,旗下拥有英雄联盟分部、英魂之刃分部等。

图 2-27 WE 电子竞技俱乐部

同年,中国历史上第一个国家级电子竞技赛事组委会(CEG)做出了一个出人意料的决定——与腾讯携手,将"QQ 游戏"作为休闲类游戏项目的唯一指定比赛平台。这个看上去简单而朴实的合作却在当时吸引了 121 万名玩家参赛,创造了中国电子竞技赛事参赛人数的最高纪录,让那些电子竞技狂在迷茫中看到了希望。CEG 相比其他赛事,其赛制跨度大,选手每月都有收入保证。从这个角度来看,中国从此拥有了真正的电子竞技职业选手和职业赛事。

2006 年 1 月,第二届 Stars War 在上海长宁国际体操中心举行,两天的比赛共吸引 1 万人次的观众到现场观看,25 万个独立 IP 的网络直播,收看人数达到 300 万人,创造了中国现场观众人数最多的纪录,并掀起了明星邀请赛网络直播的新热潮。

2008 年,就在中国电子竞技的整体趋势转好时,美国次贷危机引发了全球金融危机,国内多家俱乐部受其影响,出现了入不敷出的状况。国内的一些小型比赛逐渐停办,大型赛事也只能勉强支撑,中国电子竞技遭遇到了前所未有的寒冬。

---

① ACON4 全球电脑游戏大赛的全称是 ABIT Contest 2004,由升技电脑、东风悦达起亚、英特尔、ATI、金士顿、西部数据、优派、《微型计算机》杂志、新浪游戏主办,由罗技、Coolermaster、浩方科技协办。

2008年,以Sky为首的10名电子竞技选手被选为北京奥运会火炬手。国家体育总局在体育项目重组中将电子竞技重新定义为第78号体育运动项目,政府对电子竞技的态度正在逐渐改变。

3. 2009—2016年:电子竞技发展期

2008—2010年,虽然中国电子竞技赛事的质量下滑严重,电子竞技几乎跌到谷底,但这仍然无法阻挡中国电子竞技的发展。

2009年11月,WCG世界总决赛在四川成都举办,这也是WCG第一次在中国举办世界总决赛。比赛为期5天,设立了《魔兽争霸》《反恐精英》等12个比赛项目,总奖金高达到28万美元,65个国家和地区的600多名选手参与其中,观看比赛的观众更是超过了历届的规模,受到了WCG官方的称赞。

2010年后,国内互联网快速发展,网络游戏产业爆发,网民数量飞速增长,社会各界开始关注电子竞技,无数投资人纷纷挤入电子竞技市场,我国的电子竞技产业得到了空前发展。游戏厂商逐渐收回赛事举办权,并与政府、体育主管部门、内容制作方共同打造第一方赛事。第一方赛事飞速发展,规模不断扩大,在奖金数额、专业化程度上逐渐超越第三方赛事,成为主流。

在这期间,腾讯逐渐成为电子竞技行业的领导者,其独立赛事对中国电子竞技的发展功不可没。腾讯既是游戏开发商,也是游戏运营商,并通过并购的方式获得了全球游戏资源,例如,开发了游戏《英雄联盟》的美国 Riot Games 公司。除了热门的 MOBA 类游戏《英雄联盟》以外,腾讯通过研发、收购和代理的方式,还拥有了《穿越火线》《地下城与勇士》《FIFA》《王者荣耀》以及全国最大的休闲棋牌类游戏对战平台。

2012年,腾讯举办的TGA 2012大奖赛汇集了国内的最强战队,如 WE、iG、皇族、华义等,甚至邀请了M5作为表演嘉宾,可谓噱头十足。成立不久的皇族战队在本届比赛上大放异彩,不仅在半决赛中逆袭iG战队,更是在总决赛中赢下WE战队1局,这支新兴战队最终抱得亚军归,一战成名。而WE战队通过精湛的表现最终还是不负众望地获得了冠军。TGA大奖赛上各大国内战队的争雄也让中国的LOL焕发出全新的风采。

2013年1月29日,第一届英雄联盟职业联赛(LPL)季前赛开战,作为国内最高水准的英雄联盟赛事,LPL就此诞生。iG、OMG、WE、PE、皇族、TL、WOA、Spider 八支队伍脱颖而出,获得了第一届LPL的参赛资格,LPL高达170万元的总奖金池也创造了当时的纪录。

2014年2月,WCG主办单位宣布将不再举办WCG年度总决赛。银川市政府从政策、市场、社会环境等多方面都有利于电子竞技行业发展的现状中看到了打造新兴产业的商机,经数月筹划了WCA。2014年9月,银川市委、市政府批准设立银川市产业基金管理有限公司,对旗下的文化产业基金注资3.03亿元,成立了银川圣地国际游戏投资有限公司,并于当年与韩国WCG赛事主办方达成协议,继承了WCG的主要资源和精神的WCA就此诞生。首届WCA吸引了全球29个国家和地区的选手参加,创造了世界电子竞技史上参赛选手覆盖范围最广、数量最多的纪录。

2016年,第一方电子竞技赛事的频次和规模都有了很大提高。以《英雄联盟》赛事为例,官方已经在职业联赛的基础上增加了全民、职业分级和高校等面向多个受众群体的细分类别,并形成了包括城市英雄争霸赛、LSPL甲级联赛、LPL顶级职业联赛、德玛西亚杯、高校挑战赛的全方位联赛体系,在一年的时间内输出了近200场比赛内容。此外,《DOTA2》《炉石传说》《守望先锋》《反恐精英》同样作为热门赛事也通过锦标赛、邀请赛的模式将赛事举办频次和规模提升了近一倍。

2016年12月16日,由国家体育总局主办、黑色时空(北京)体育有限公司承办、深圳市南山区宣传部(文体局)协办的首届CHINA TOP国家杯电子竞技大赛在深圳市南山文体中心开赛,吸引了来自中国、美洲、欧洲、亚太四大赛区的八支顶级战队、12位电子竞技豪强。本届大赛拉开了由官方主办的首个世界级电子竞技赛事的序幕,标志着中国电子竞技从此拥有了"国字号"赛事。

早在2014年10月,WCA就将移动端电子竞技的概念付诸行动,《刀塔传奇》作为手游比赛项目,使手游玩家第一次踏上了中国电子竞技大赛的舞台。2015年更是中国移动端电子竞技蓬勃发展的一年,据不完全统计,2015年移动端电子竞技的大小赛事有近百场,万人级别的赛事超过10场。2015年4月,第一届QGC赛事将"轻电子竞技"的概念引入大众视野;同年7月,《自由之战》职业联赛(FPL)以首个手游职业竞技赛的身份登场;同年10月24日,中国移动端电子竞技联盟成立;同年11月20日,《虚荣》首届中国邀请赛(VCI)拉开了战幕。

2016年是移动端电子竞技的时代,2016年也被称为中国的移动端电子竞技元年。

2016年3月19日,由国家体育总局体育信息中心与大唐电信联合主办的首个国家级移动端电子竞技赛事——全国移动端电子竞技大赛(CMEG 2016)拉开帷幕。在赛事启动的同时,国家体育总局体育信息中心与45家优秀企业和单位宣布成立中国移动端电子竞技产业联盟,这是我国移动端电子竞技产业的首个具有官方性质的行业组织。

2016年7月23日,CMEG 2016总决赛在贵阳市国际会议展览中心拉开了帷幕,《穿越火线》《王者荣耀》《虚荣》《全民枪战》《拳皇97高清版》《三国杀》《电子竞技捕鱼千炮版》7个正式比赛项目的四支队伍为最后的冠军展开了角逐。《全民坦克大战》《球球大作战》以及《炉石传说》表演赛更是引爆全场。首届CMEG的报名人数突破百万,线上晋级赛直播的观看人数超过3000万,赛事奖金高达500万元。无论是赛事规模、受欢迎程度还是比赛奖金,本次大赛都堪称规模巨大。

2016年9月17日,《王者荣耀》职业联赛(King Pro League,KPL)诞生了,它是《王者荣耀》"嗨!电子竞技"体系中级别最高的全国性专业赛事,代表着《王者荣耀》最顶尖战力之间的对决。KPL每年有春季赛和秋季赛两个赛季,每个赛季分为常规赛、季后赛及总决赛三部分。首届KPL由荣耀V8冠名赞助,分为入围赛、常规赛、季后赛及总决赛四部分。总奖金高达185万元,创下了移动端电子竞技赛事奖金的新纪录。

2016年10月22日,第一届《穿越火线:枪战王者》超级联赛(CFMSL)的总决赛在上海星球影棚激情开战。同年,英雄互娱的HPL英雄联赛、巨人网络的《球球大作战》首届职业联赛(BPL)、塔坦杯精英挑战赛、BGF全球总决赛、《部落冲突》传奇部落邀请赛(LCI)、《部落冲突:皇室战争》邀请赛(CI)及大师赛(CM)、上海锦标赛、传奇公开赛(CLO)等赛事均顺利举办。

2016年12月18日,首届KPL总决赛在上海市浦东新区世博中心举行。《王者荣耀》联动广州、深圳、成都、杭州、福州五大城市影院进行KPL总决赛中AG超玩会与仙阁战队的冠亚军争夺战的直播。与此同时,五大城市的高校体育馆也组织了高校学生观看决赛。

当时的影院观赛活动并没有刻意组织或大力宣传，但还是达到了场场爆满的状态。

4. 2017年至今：电子竞技爆发期

电子竞技随着时代稳步发展，产业逐渐完善。在各地政府的政策扶持下逐渐进入大众视野，热度不断攀升，成为发展快速的新兴产业之一，电子竞技进入了真正的黄金时代。在移动互联网的热潮下，移动端电子竞技产业发展迅猛，以KPL、CFM、PEL等赛事为代表的移动端游戏也冲出重围，相比传统PC端电子竞技赛事，移动端受众更多，节奏更快，观看方式也多样化更便捷。移动电子竞技已占据产业的半壁江山。

随着地方赛事和游戏厂商赛事IP的持续举办，国际性电子竞技赛事也同样开启了新的篇章。2017年3月17日，CHINA CUP冠军杯由国家体育总局体育信息中心主办，在河北省石家庄市河北体育馆正式拉开帷幕，是一项面向国际《CS：GO》职业选手的国际专业电子竞技赛事。3支来自CSL2016的冠亚季军队伍代表中国分别与来自丹麦、新加坡、瑞典的队伍上演为期3天的巅峰对决，争夺最终的《CS：GO》国际荣耀。

同年，由拳头游戏举办的2017英雄联盟全球总决赛落地中国，从武汉的入围赛、小组赛阶段开始，然后移师广州进行四分之一决赛，再到上海进行半决赛。最终，决赛在北京的国家体育场"鸟巢"举行。纽约时间2018年5月8日，在美国纽约州纽约林肯中心举行的第三十九届体育艾美奖上，本次赛事获得了创造与技术工艺单元的最佳直播画面设计奖，而获奖画面就摄自S7总决赛的鸟巢决赛现场。

2019年8月20日至25日，第九届DOTA2国际邀请赛（Ti9）在上海梅赛德斯奔驰中心举办。全球最具知名度、奖金最高的电子竞技赛事第一次离开欧美，落户中国。中国电子竞技成为世界的焦点，引来亿万电竞迷的关注。

2020年受疫情影响，全球各项电子竞技赛事均取消或者延期，或者转为线上观赛，虽然电子竞技赛事的举办并不受地域空间的限制，但无法线下观赛依然对电子竞技行业造成了不小的冲击。2020年9月25日至10月31日，2020英雄联盟全球总决赛（S10）在上海如期举办，上海这座城市也化身巨大的"城市峡谷"，举办了一系列线下特色观赛、电子竞技嘉年华活动，在各支战队激烈角逐的同时，以电子竞技为核心的周边经济也一并得到了激活。

借助AR技术，远古巨龙盘旋在上海东方明珠塔上，赛事现场结合XR技术将虚拟背景与现实赛场结合。随着S10赛事的成功落地和进行，既彰显了上海打造全球电竞之都的决心和魄力，这座城市强大的软硬件实力也得以体现。S10不仅仅是一届逆流而上成功举办的赛事，相比过去，更意味着《英雄联盟》赛事品牌的一次升级。而对于未来的赛事举办地而言，上海的办赛经验就是一个绝佳的模板。

2020年12月16日，亚奥理事会宣布电子竞技项目成为亚运会正式比赛项目，并参与第十九届杭州亚运会。这是继第十八届雅加达亚运会作为表演项目入选后，电子竞技首次作为正式项目再次入亚，无疑是电子竞技创造历史的重要时刻。

在疫情的阴霾中，依然有大型第三方赛事坚持举办。例如，由国家体育总局信息中心主办的NEST全国电子竞技大赛在2021年采取7天预选、3天决赛的方式；2021年则采用了线上办赛的方式完成，2022年总决赛在福建晋江举行。TGA腾讯电子竞技运动会不仅2020年在北京成功举办，更是在2021年升级了电子竞技城市计划，在山西晋中完成赛事，并在2022年于杭州电子竞技中心完成了冬季总决赛，为亚运会电子竞技场馆进行了全面

"热身"。

艾瑞咨询曾在报告中写道:"疫情下很多传统体育赛事停摆,我们估算过传统体育赛事停赛的损失量级在十亿级以上。同时,很多的传统体育赛事开始尝试电子竞技,他们并不一定是想要通过电子竞技赛事创收,而是想在赛事停摆的情况下,通过线上的形式维持自己的热度,NBA 和西甲都创办了自己的线上赛事,这对于电子竞技和体育在未来更进一步的融合是很好的尝试。"

2022 年 8 月 5 日,国内首个虚拟体育综合赛事——首届上海虚拟体育公开赛(SVS)正式举办。这不仅是中国虚拟体育发展道路上的一次积极探索,更是全球虚拟体育领域里程碑式的赛事。11 月 16 日,国际奥委会宣布:首届奥林匹克电子竞技周(Olympic Esports Week,OEW)将于 2023 年 6 月 22 日至 25 日落地新加坡。这一决定也证明了国际奥委会在全球范围内进一步推广虚拟体育发展的决心。电子竞技入亚、奥组委举办虚拟体育赛事影响着电子竞技赛事的创新方向,并丰富了数字文化形态。

2.3.2 电子竞技走入校园

随着经济水平的提升以及移动互联网的迅速普及,电子竞技发展迅速,电子竞技赛事开始走进校园,大学电子竞技赛事逐渐兴起。

2003 年,北京高校电子竞技联盟(Beijing University E-sports Union,BJUEU)成立了,它是一个由北京各高校的电子竞技爱好者自发组成的旨在为北京高校电子竞技运动爱好者提供服务的协会组织,主要负责连接和沟通北京各高校的电子竞技运动爱好者、举办相关活动、在高校范围内推广电子竞技运动。BJUEU 曾经承办了 CPL 2004 中国教育网赛区,协办了 2004 CLG 全国高校城际联赛北京赛区及 2004 CIG 全国高校城际联赛总决赛。

2004 年 10 月,全国高校电子竞技联赛(NUGL)开赛,它开创了高校电子竞技的先河,以分站赛的形式带动比赛。NUGL 包含很多具有高校特色的文化气息,例如一对一对抗比赛、华容道的比赛、高校特有的宣传手法。最终,大赛冠军为西南科技大学,中国农业大学和西安欧亚学院分别获得亚军和季军。

首届 NUGL 是有史以来规模最大、覆盖最广、水平最高、奖励最具吸引力、赛事最正规、组织最科学、赛事最公正、基础设施最完善、选手待遇最体贴、参与机构最多的电子竞技赛事。本次比赛由《中国青年报》·青年体育主办,主办方直接将比赛信息投放到高校,让各校团委学生会直接组织学生参与本次大赛,同时进行了高校游戏文学大赛,使传统文化与游戏文化产生了激情碰撞。

2006 年 12 月 9 日,首届世界大学生电子竞技大赛(WUGL)中国区总决赛在武汉大学医学部体育馆拉开了战幕。《CS》项目最终的四强为西安外事学院 Century 战队(冠军)、沈阳体育学院 ST 战队(亚军)、武汉大学 WHU 战队(季军)、北大方正软件技术学院 Passion Performance 战队(殿军)。《魔兽》项目的冠、亚军分别为徐自凯、谢楠。

2009 年 9 月,第一届 GTL 全国高校 DOTA 联赛在全国范围内拉开战幕,共计 215 所高校、1865 支战队、9748 人参加了大赛,赛事获得了巨大成功,第二届赛事的规模则扩大了两倍,全国有 5300 多支高校战队参加,第三届则有 700 多所高校、12000 余支战队参赛。随着赛事规模的不断扩大,第六届 GTL 已覆盖全国超过 1000 所院校,有 15000 多支队伍参赛,成为最受欢迎、最具人气的全国高校电子竞技盛会。

2013年5月,首届《英雄联盟》全国高校挑战赛正式启动,包括北京大学、清华大学、复旦大学等全国八大赛区高校在内的近百名学生参与了这一赛事。经过近半年的角逐,11月17日,湖南大学和福建闽江学院站上了决胜巅峰。最终,福建闽江学院以大比分2∶0的成绩赢得了冠军。

2015年9月24日,由国家体育总局信息中心主办、北京大誉世纪文化有限公司承办的全国高校电子竞技联赛(CUEL)的新闻发布会召开,揭开了一场全国性的高校官方电子竞技赛事的序幕。同年11月14日,首届CUEL暨湖南首届高校电子竞技联赛开幕式在湖南广播电视大学体育艺术中心举行。这届CUEL通过北京、上海、广东、江苏、浙江、安徽、山东、湖南、湖北、福建十大赛区的选拔,将全国高校优秀电子竞技人才汇聚到了全国总决赛,丰富了我国电子竞技运动的赛事体系,优化了青年人才的培养模式,进而推动了我国电子竞技产业的稳步、规范发展。

2016年,第一届中国大学生电子竞技联赛(UCG)成功举办,比赛项目为《DOTA2》《英雄联盟》《炉石传说》,赛制为晋级制,依次是全国高校线上公开赛、校园海选赛、校园区域赛、全国总决赛。此外,首届UCG还设立了百万电子竞技助学金,既为大学生电子竞技爱好者提供了展示自我的舞台,又为其提供了巨额的助学金,让杰出的大学生电子竞技爱好者拥有了铸造梦想的机会。

随着电子竞技的蓬勃发展,电子竞技教育的课题也被多次提及,中国政府和高校已经开始创新实践,期望为正在崛起的电子竞技产业输送充足的人才,电子竞技正式进入我国的高等教育领域。

2016年8月18日,内蒙古锡林郭勒职业学院电子竞技馆落成仪式在锡林浩特市举行,这是国内首个电子竞技专业,学制为2年且能直升大专,为学生提供电子竞技文化和电子竞技职业技能的教育。

2016年9月6日,教育部发布了《普通高等学校高等职业教育(专科)专业目录》的增补专业目录,增补了13个专业,其中就包括"电子竞技运动与管理"专业,从更高层面上对电子竞技行业给予了支持,该专业自2017年起执行。政策给电子竞技专业人才的培养开辟了通道。随后,一系列高校纷纷开设电子竞技相关专业,从高等教育层面填补了这一空白,与电子竞技直接相关的核心课程,不少学校也选择紧密依靠业界。

2017年1月,中国传媒大学南广学院宣布设立电子竞技本科专业,归入艺术类,并公布入学考试情况和部分考题。随后中国传媒大学增设专业"数字媒体艺术(数字娱乐方向)",旨在培养游戏策划和电子竞技运营与节目制作人才,并于2017年2月14日开始自主招生。

2017年3月,世界电子竞技大赛和电子竞技教育共同创建的WCA国际电子竞技学院(WCA International Esports College)正式成立,它是中国互联网上网服务行业协会培训中心唯一指定的电子竞技职业培训机构。WCA国际电子竞技学院致力于完善和构筑WCA电子竞技教育生态,推动中国电子竞技教育事业,助力中国电子竞技产业的健康和可持续发展。2017年6月,WCA国际电子竞技学院开启报名招生。

2.3.3 星光璀璨的电子竞技健儿

21世纪初,电子竞技环境不成熟,比赛项目较少,赛事举办不专业,成熟的国际性第三方赛事纷纷落户中国,掀起了电子竞技热潮。其中,最早进入中国的电子竞技比赛是

WCG,它不仅在影响力上逐年扩大,而且其中国赛区也在逐年增加——2001年8个,2002年11个,2003年12个,2004年15个……

随着赛事的不断增多,中国选手的竞技技术也日益增强,电子竞技的国际赛场上一直都有中国电子竞技健儿的雄姿。

2001年,在韩国首尔举办的WCG世界总决赛上,MTY马天元和Deep韦奇迪夺得《星际争霸》2V2项目的冠军,打破了中国在WCG上零金牌的尴尬局面,两位选手高举五星红旗站在颁奖台上的场面对中国电子竞技的发展起到了很大的推动作用,如图2-28所示。

2004年,RocketBoy孟阳在美国达拉斯举办的CPL冬季锦标赛中夺得了《DOOM3》(毁灭战士3)的世界冠军,是中国电子竞技史上第一个单人项目的世界冠军,由此掀开了中国电子竞技史的新篇章。在随后的几年里,这个冠军一直鼓舞着中国电子竞技选手的斗志,孟阳也被誉为"亚洲第一枪神""中国FPS第一人"。

2005年5月2日,中国女子《反恐精英》战队Swan5在CPL世界巡回赛西班牙站女子大师赛中以全胜的成绩获得了冠军,这是中国电子竞技史上第一个女子《反恐精英》项目的世界冠军。

2005年冬天,Sky李晓峰在WCG的舞台上夺得了《War3》(魔兽争霸3)项目的冠军,这是中国电子竞技史上第一个WCG单人冠军,这个冠军的意义非比寻常,它第一次将中国国旗插在了WCG《魔兽争霸3》项目的舞台上,改变了很多人对于电子竞技的片面印象。次年,李晓峰在WCG蝉联冠军,取得了傲人的成绩,也成为唯一一个入选WCG名人堂①的中国人,与其他世界知名电子竞技选手享受同等荣誉,被誉为"中国电子竞技第一人",如图2-29所示。

图2-28 马天元和韦奇迪高举五星红旗

图2-29 身披国旗的"人皇"Sky李晓峰

2005年12月,于北京首钢体育馆举办的世界电子竞技比赛(WEG)总决赛上,wNv战队成功逆转,战胜了韩国Project_kr战队,缔造了中国《CS》的传奇时刻,夺得了第一个《CS》项目的冠军。2006年wNv战队再次夺得WEG大师杯的冠军,战队排名也跃居世界第一。wNv战队成为中国首个夺得世界顶级赛事团体项目冠军的队伍。而这支堪称当时最强的《CS》战队中的Alex、Sakula、Jungle等ID不仅让国人引以为傲,也成为了世界各国玩家的偶像,wNv俱乐部甚至一度在欧洲签下整支队伍并冠以wNv.EU之名。Alex(卞正伟)、

---

① WCG名人堂是为表彰和纪念在WCG中取得过优异成绩的选手或队伍而设立的,只有曾经在WCG世界总决赛中取得过两次或两次以上冠军的选手或队伍才能够入选。

Sakula(吴润波)、Jungle(杨克非)、TK(马性驹)、Mikk(蒲江)用他们的血泪和汗水把中国荣耀深深地刻在了《CS》的历史上,如图 2-30 所示。

2007 年,在 ACG(WCG 的亚洲赛区比赛)上,中国 GL 战队战胜了马来西亚 CT 战队夺冠(图 2-31)。这次夺冠是国内的《DOTA》战队第一次走出国门并取得荣耀,这次比赛也让世界的目光开始关注中国 DOTA。也是这一年,在 WCG 世界总决赛中,沙俊春(PJ)获得了《星际争霸》项目的亚军,打破了韩国在《星际争霸》上的垄断。

图 2-30　wNv.gaming 战队

图 2-31　GL 战队

一个接一个的中国选手在国际舞台上不断夺得电子竞技冠军,这在电子竞技发展的缓慢期无异于是注入了一针强心剂。

2008 年,EHome 战队获得了 ACG 的《DOTA》项目冠军。

2009 年,在成都新世纪会展中心举办的 WCG 总决赛中,中国选手塔魔 Infi 与兽王 Fly100% 争夺《魔兽争霸 3》项目的冠军,这也是 WCG 历史上首次在《魔兽争霸》项目中出现来自同一国家的选手同时进入决赛。

2010 年 7 月,在法国巴黎的迪士尼乐园举办的 ESWC 世界总决赛中,E-HOME 与 DTS 会师,最终 E-HOME 以 1∶0 的比分结束了比赛,夺得了 ESWC 2010 年世界总决赛《DOTA》项目的冠军,这也是中国选手第一次获得《DOTA》比赛的世界冠军。

2010 年 10 月 4 日,WCG 世界总决赛在美国洛杉矶落幕,中国《FIFA》项目选手杨正(Zola)获得亚军,这是中国在 2011 年之前在世界上取得的最好成绩。

2012 年 9 月 3 日,iG 战队在西雅图 DOTA2 国际邀请赛(Ti2)中战胜了 Ti1 冠军 Navi 战队夺得冠军盾,中国引以为傲的"DOTA 世界第一"称号再次回归,如图 2-32 所示。

2012 年 12 月 3 日,第五届 IGN 职业联赛(IPL5)[1]正式落下帷幕,WE 战队[2]以 3∶1 的总比分战胜 Fnatic 战队,夺得了 IPL5《英雄联盟》项目的总冠军,这是中国战队在《英雄联盟》国际比赛中取得的第一个世界冠军,如图 2-33 所示。

也是这一年的 12 月,在昆山国际会展中心举办的 WCG 世界总决赛中,中国队在《魔兽

---

[1]　IPL5 是第五届 IGN 职业联赛的简称。IPL(IGN Pro League)是由美国 IGN 公司主办的电子竞技大赛,包括《LOL》《星际 2》等项目。

[2]　WE 战队全称为 Team World Elite 战队,于 2005 年 4 月成立,是由原华人世界最大且最具专业性质的电子竞技网站 Replays.NET 组建而成的中国首家职业电子竞技俱乐部。

图 2-32 Ti2 中夺冠的 iG 战队

图 2-33 夺冠的 WE 战队

争霸3》项目中包揽前三名(冠军为 Ted、亚军为 Fly100％、季军为 Sky,其中 Ted 是《魔兽争霸3》有史以来的第一个亡灵族冠军);在《DOTA2》项目中,iG、DK 战队包揽冠、亚军;iG 战队斩获《CF》项目冠军;在《星际争霸2》项目中,iG.MacSed 获得季军。最终,中国队以3金2银2铜的绝对优势创造历史,首次捧起 WCG 国家杯,并获得了10万美元的团体冠军奖金。

2014年2月5日,时任 WCG 首席执行官的李秀垠通过官方邮件对外宣布,WCG 组委会将不再举办任何赛事,包括 WCG 世界总决赛,WCG 从此正式停办。长达14年的 WCG 对于中国电子竞技赛事来说可谓一段发展史,13个冠军、11个亚军是中国电子竞技战队征战 WCG 的辉煌成绩。

2017年4月4日,第二届 DOTA2 亚洲邀请赛(DOTA2 Asia Championships,DAC)决赛在上海落幕,中国 iG 战队以3∶0的比分战胜外国劲旅 OG 战队夺得冠军,整个赛事多次得到中央电视台的报道。

2018年8月26日,第十八届亚运会电子竞技表演赛《王者荣耀国际版》(AoV)决赛结束,中国队以仅失一小局的成绩摘下了电子竞技表演赛的首金,这是电子竞技运动首次进入亚运会,中国队在这个历史性的时刻拿下了亚运会首金。8月29日,在电子竞技表演项目《英雄联盟》总决赛中,中国队以3∶1的比分战胜劲敌韩国队夺得金牌,如图2-34所示。

值得一提的是,雅加达亚运会《英雄联盟》项目国家队队长简自豪(Uzi)凭借出色的个人能力和线上强力的压制力成为出色的 ADC 代表,也成为广大电子竞技观众熟知的选手。他获得的个人荣誉众多,其中包括2014年、2017年、2018年、2019年 LPL 年度最佳 ADC;

图 2-34　2018 年雅加达亚运会上中国队举旗庆祝夺冠

2014 年 LPL 年度 MVP；2016 年、2017 年全明星赛 solo 冠军和最受欢迎选手。

2018 年 11 月 3 日，在韩国仁川举办的英雄联盟 S8 全球总决赛上，中国战队 iG 以 3∶0 拿下 FNC，获得本届英雄联盟全球总决赛的冠军。夺冠阵容中的中国选手有高振宁（Ning）、喻文波（JackeyLove）、王柳羿（Baolan）三人，这是 LPL 赛区拿到的第一个全球总冠军，具有里程碑的意义，如图 2-35 所示。

图 2-35　2018 年 iG 战队在韩国仁川举办的英雄联盟 S8 总决赛中夺冠

2019 年 11 月 10 日，在英雄联盟 S9 全球总决赛中，FPX 战队以 3∶0 的比分击败西班牙战队 G2，夺得英雄联盟 S9 总决赛的冠军。夺冠阵容中的中国选手有高天亮（Tian）、林炜翔（Lwx）、刘青松（Crisp）（图 2-36）。

2019 年 11 月 3 日，在暴雪嘉年华 2019 活动中的《炉石传说》特级大师赛总决赛中，两位中国选手以两战全胜的战绩从小组赛中突围，进入四强。最后，我国选手李晓萌（VKLiooon）获得冠军。这不仅是暴雪嘉年华历史上的第一个《炉石传说》个人赛冠军，更是该项目历史上的第一个女性冠军（图 2-37）。

2021 年 11 月 7 日，在英雄联盟 S11 全球总决赛中，EDG 战队以 3∶2 的比分击败韩国 DK 战队，赢得 S11 总冠军（图 2-38）。夺冠阵容中的中国选手有李炫君（Flandre）、赵礼杰（Jiejie）、田野（Meiko）。

图 2-36　2019 年 FPX 战队在法国巴黎举办的英雄联盟 S9 总决赛中夺冠

图 2-37　首位女性《炉石传说》冠军选手 VKLiooon

图 2-38　2021 年 EDG 战队在冰岛雷克雅未克举办的英雄联盟 S11 总决赛中夺冠

2.4 大型电子竞技赛事简介

在电子竞技行业逐渐步入正轨和国家大力支持的背景下,职业赛事和业余赛事都进入了发展的成熟期,赛事种类也愈加丰富。本节对国内外大型赛事进行简要介绍,对于本章前几节涉及的赛事,本节将不再重复。

2.4.1 国际性电子竞技赛事简介

1. 国际电子竞技明星邀请赛

国际电子竞技明星邀请赛(StarsWar,SW)创立于2005年,是由中华全国体育总会审批通过的正规赛事,是暴雪娱乐认证的全球第五项电子竞技赛事,也是全球首个《星际争霸2》国际线下赛事(图2-39)。该项赛事由著名电子竞技站点TATA族(Tatazu.com)、希玛(上海)文化传播有限公司主办,并由技嘉科技冠名赞助。一直以来,SW都以创新精神在电子竞技赛事领域独树一帜,并不断将其他领域的元素引入电子竞技,致力于给所有电子竞技爱好者完全不同的快乐体验。

图2-39 国际电子竞技明星邀请赛

2007年后,经过2008年和2009年的全球金融风暴的洗礼,停办两年的SW于2010年重新开始。

2. 国际数字娱乐嘉年华

国际数字娱乐嘉年华(International E-culture Festival,IEF)是全球首个由多个国家政府共同发起的跨国界数字娱乐盛会,是全球唯一的数字娱乐与数字体育综合赛事品牌,也是历史最悠久的国际电子竞技赛事,参赛国家覆盖亚洲、美洲、欧洲等地。IEF的前身是2005年中韩电子竞技大赛(简称CKCG 2005),是中韩两国政府首次联合发起的青少年数字娱乐盛会,是落实《青少年交流协议》的具体措施之一,2006年更名为国际数字娱乐嘉年华,如图2-40所示。

国际数字娱乐嘉年华是一项国际性青少年数字娱乐活动,它既是信息技术与传统娱乐活动、体育活动的完美融合,也把娱乐活动、竞技活动从线下扩展到了线上、从现实世界延伸到了虚拟世界,IEF集国际性、知识性、娱乐性、教育性于一体,是属于各国青少年自己的跨越语言、文化和国界的一项数字娱乐盛事。

图2-40 国际数字娱乐嘉年华

国际数字娱乐嘉年华以电子竞技聚集人气,同时将网络歌曲大赛、街舞大赛、机器人比赛、网络动漫比赛、数字擂台挑战赛、电子竞技国际论坛完美融合。青少年是数字网络时代最具活力、最具推动力的参与者,IEF的主旨是通过异彩纷呈、契合青少年喜好的数字竞技娱乐赛事潜移默化地倡导绿色健康的数字化生活方式。

3. 世界巡回赛

世界巡回赛（World Series of Video Games，WSVG）由美国游戏公司 Games Media Properties 于 2006 年创立，是一项国际性的专业电子竞技比赛，是世界上第一个结合多项电子竞技赛事的电脑及电视游戏比赛，也是全世界规模最大的电子游戏节，在电子竞技产业中占据领导地位，其冠军堪称电子竞技领域真正的世界冠军，如图 2-41 所示。

图 2-41　世界巡回赛

WSVG 通过与 CPL、Lanwar 和 Dreamhack 等全球重要的电子竞技赛事的合作制定了一套统一的规章和规则，将电子竞技提升为一项专业的体育竞技赛事和职业赛事。

2007 年 9 月 12 日，WSVG 宣布不再制作世界系列的视频游戏，剩下的三个活动（洛杉矶站、伦敦站和瑞典站）也全部取消。

取消后，WSVG 于 2014 年 8 月由世界系列公司重新推出。

4. 暴雪嘉年华

暴雪嘉年华（BlizzCon）是美国电子游戏品牌暴雪娱乐于每年举办的年度游戏盛会（图 2-42），旨在推广其出品的主要游戏：《魔兽世界》《魔兽争霸》《星际争霸》《暗黑破坏神》《炉石传说》《风暴英雄》《守望先锋》。

暴雪嘉年华活动期间的赛事成为受到暴雪玩家关注的核心赛事，例如 2019 暴雪嘉年华于 11 月 2 日至 3 日期间举办，赛事包括《守望先锋世界杯》《炉石传说特级大师赛》全球总决赛、《魔兽世界史诗钥石地下城全球锦标赛》《魔兽世界竞技场世界锦标赛》全球总决赛、《星际争霸Ⅱ世界锦标赛》全球总决赛。除此之外，暴雪嘉年华活动还包括公布旗下游戏的新内容、预告新游戏的推出及开发人员的现场互动问答、玩家画作、视频制作、配乐制作、CosPlay 等各种竞赛。

图 2-42　暴雪嘉年华

首届暴雪嘉年华在 2005 年 10 月于美国加利福尼亚州安纳汉市的安纳汉会议中心举行。2006 年与 2012 年两年并未举行。2020 年、2021 年的暴雪嘉年华均由于疫情原因被取消，改为在线虚拟活动 BlizzConline。

5. 国际电子竞技锦标赛

国际电子竞技锦标赛（International Electronic Sports Tournament，IEST）创立于 2006 年，是由国家电子竞技运动权威管理部门中华全国体育总会（国家体委）审核批准，由全球第三大 PC 厂商联想集团主办，定位为面向全球的国际性电子竞技大赛，旨在创立基于中国的

图 2-43　IEST 2006—2007 年 Logo 的变化

高规格、高水平国际性电子竞技赛事（图 2-43）。IEST 将奥林匹克精神与电子竞技运动相结合，为广大电子竞技选手和爱好者提供了一个良好的、专业的展示舞台，让中国电子竞技运动与国际接轨，并在全球范围内推动了电子竞技运动和数字文化的蓬勃发展。IEST 作为第一个完全由中国人自主创办的国际顶级电子竞技赛事，首届即获得了来自媒体、大众的支持和肯定，从众多电子竞技赛事品牌中脱颖而出，一跃成为 2006 年最成功的电子竞技赛事。

2007 年，IEST 赛事规模的不断壮大与选手的热烈响应让 IEST 迅速成为了全球性顶级电子竞技赛事。之后，IEST 一直深受中国乃至世界电子竞技爱好者的关注，其从地方分赛区预选到中国总决赛再到世界总决赛的一套完整的选拔方案和专业的赛事流程也让比赛显得含金量十足。但遗憾的是，由于各方面的原因，IEST 2010 将不再举办。

6. 世界电子竞技大赛

世界电子竞技大赛（World E-sports Masters，WEM）是由杭州市人民政府打造的全球电子竞技赛事，以 PC 游戏、移动端手游作为比赛项目，致力于推动全球电子竞技赛事文化产业的蓬勃发展，如图 2-44 所示。

2006 年，杭州成功举办了第一届电子竞技大师赛，此后的 WEM 2009 以及 WEM 2010 都为世界电子竞技赛事的推广做出了重大贡献。

2012 年，第四届 WEM 大师赛邀请了来自中国、韩国、德国、美国、新加坡、瑞典、加拿大等多个国家的顶尖电子竞技战队与选手参赛，比赛奖金高达 12 万美元。

7. 全球星际争霸 2 联赛

全球星际争霸 2 联赛（Global StarCraft II League，GSL）是由韩国 GomTV 电视台举办的电子竞技职业联赛（图 2-45），旗下比赛有 GSL 赞助赛联赛、超级锦标赛、世界冠军赛、

图 2-44　世界电子竞技大赛

图 2-45　全球星际争霸 2 联赛

GSTL 战队联赛、暴雪杯赛等。

GomTV 电视台从 2010 年 9 月开始举办 GSL，每月都举行正规比赛和世界冠军赛，并采用等级制度让选手进行良性竞争，年末进行活动赛，决出真正的冠军。GomTV 电视台强大的全球视频直播服务可以让全世界玩家观看比赛。GSL 一直以来都是被韩国职业选手完全统治的赛事，从 2013 年开始为 WCS 系列赛提供赛事积分并沿用至今。

8. 英雄联盟全球总决赛

英雄联盟全球总决赛（League Of Legends World Championship）创立于 2011 年（图 2-46），是《英雄联盟》一年一度最盛大的比赛，全球总决赛是所有《英雄联盟》比赛项目中荣誉最高、含金量最高、竞技水平最高、知名度最高的比赛，全球总决赛一般在每年 9 月或 10 月举行。

图 2-46　英雄联盟全球总决赛

全球总决赛与季中冠军赛、全明星赛三项赛事被并称为《英雄联盟》全球三大赛。

参赛者均是来自各大赛区的顶尖战队，只有在每年的职业联赛中表现出色的队伍才有资格参赛，每个赛区根据规模和水平决定其在总决赛当中的名额，全球 14 个赛区分别是韩国 LCK 赛区、中国 LPL 赛区、中国 LMS(LMS 联赛)赛区、欧洲 LCS(LCS.EU)赛区、北美 LCS(LCS.NA)赛区、独联体 LCL 赛区、巴西 CBLOL 赛区、东南亚 GPL 赛区、北美洲 LLN 赛区、南美洲 CLS 赛区、土耳其 TCL 赛区、大洋洲 OPL 赛区、日本 LJL 赛区、越南 VCS 赛区。

英雄联盟 S7 全球总决赛荣获 2017 年电子竞技产业奖(Esports Industry Awards)的年度电子竞技赛事奖，《英雄联盟》的开发商美国拳头游戏公司也荣获当年的年度厂商奖。

2018 年 2 月 21 日，据《英雄联盟》官方微博消息，越南从东南亚赛区中分离出来，已经晋升成为了一个独立的赛区，并且在参加季中冠军赛和全球总决赛等国际赛事时拥有固定的入围赛阶段名额。

9. DOTA2 国际邀请赛

DOTA2 国际邀请赛（The International DOTA2 Championships，TI）创立于 2011 年（图 2-47），是一个全球性的电子竞技赛事，每年举办一届，由 Valve CorporaTion（V 社）主办，奖杯为 V 社特制的冠军盾牌，每届冠军队伍及队员都会被记录在游戏泉水的冠军盾中。

DOTA2 国际邀请赛的奖金屡创新高，Ti8 的总奖金超越了 Ti7，高达 24 787 916 美元，

图 2-47　DOTA2 国际邀请赛

再度刷新了电子竞技单项赛事的奖金纪录。

从 2011 年以来，DOTA2 国际邀请赛的奖金数额和赛事质量都是电子竞技赛事中的标杆，是规模最大和奖金额度最高的国际性高水准比赛。

10. 反恐精英全球攻势锦标赛

CS：GO Major Championships 通常称为 Major（图 2-48），是维尔福集团（Valve）赞助的《反恐精英：全球攻势》（Counter-Strike：Global Offensive，CS：GO）锦标赛，奖池至少为 100 万美元（之前为 25 万美元），它于 2013 年在 Dream Hack Winter 上首次以此种形式出现。维尔福集团是被中国玩家称为 V 社的分发平台 Steam 的开发者，是游戏《半条命》《反恐精英》《DOTA2》的版权方。

图 2-48　CS：GO Major

Valve 从比赛影响力、奖金、职业执行力等多个角度筛选。一旦某个大赛或赛事组织方被维尔福集团认证为 Majors，即可使用 Major 相关的称号用来宣传。例如，2022 年 PGL 在斯德哥尔摩 Major 之后，又一次成为 Major 的赛事主办方，PGL 电竞（PGL eSports）来自罗马尼亚的布加勒斯特，从 2016 年的马尼拉 Major 开始，不断开始获得 Majors 的组织权。

在赛制方面，战队需要先报名参加各地区的 Major 预选赛，夺冠晋级后的前两名还要参加 Major 线下预选赛，最后在 Major 预选赛中获得前八名的成绩才可以进入正赛。

Major 还利用游戏的运营为赛事增加流量，例如，玩家在游戏内观看比赛可以获得锦标赛的纪念。武器甚至由箱子掉落时的比赛地图决定，这不仅提升了玩家观看的驱动力，还增加了随机性赋予的趣味性。

11. 绝地求生全球邀请赛

绝地求生全球邀请赛（PUBG Global Invitational，PGI）是蓝洞公司官方举办的首个《绝地求生》世界级比赛（图 2-49），于 2018 年 7 月 25 日至 29 日在德国柏林梅赛德斯奔驰文化中心举行。比赛包括第一人称视角（FPP）模式和第三人称视角（TPP）模式，最终韩国战队 Gen.G 获得 TPP 模式冠军，中国 OMG 战队获得 FPP 模式冠军。

12. 守望先锋联赛

守望先锋联赛（Overwatch League，OWL）是全球首个以城市战队为单位的大型电子竞技联赛（图 2-50），守望先锋联赛于 2016 年 11 月 4 日在暴雪嘉年华上宣布成立，Nate Nanzer 为联赛第一任主席。联赛第一赛季只有 12 支战队，而在第二赛季则增加到了 20 支。守望先锋联赛的 20 支战队分为太平洋赛区和大西洋赛区，每个赛区由 10 支战队组成。

赛制分为季前赛、常规赛、季后赛、总决赛及全明星周末，这与 NBA 赛制有诸多相似之处。第一赛季的奖金高达 100 万美元。

图 2-49 绝地求生全球邀请赛

图 2-50 守望先锋联赛

2020 年赛季，守望先锋季后赛分为两大赛区，其中 13 支战队归属北美赛区，其余 7 支战队划归亚洲赛区。各战队根据常规赛、锦标赛及夏季挑战赛中的综合成绩排名决定种子战队及轮空战队。季后赛赛制定为末位淘汰制，两大赛区同时线上开赛。在首轮的比赛中将淘汰各自赛区成绩排名末位的两支战队。季后赛第二轮的比赛决出最终四强进入总决赛。在经过线上季后赛的竞争后，北美赛区的两支战队将前往亚洲参加线下举办的总决赛。

13. 世界电子竞技大赛

世界电子竞技大赛（World Cyber Games，WCG）是一个全球性电子竞技赛事（图 2-51），也被称为电脑游戏文化节。该项赛事由韩国国际电子营销公司（Internation Cyber Marketing，ICM）主办，自 2006 年起由三星和微软提供赞助。WCG 的官方口号为"超越游戏（Beyond the Game）"，这同时也是 WCG 官方主题歌名。

世界电子竞技大赛创立于 2000 年，并于 2001 年举办首届。受奥运会影响，WCG 同样设有选手村，并从 2004 年开始，每年更换举办城市。WCG 是每年规模最大的电子竞技盛会，每年吸引着百万余人参观，全世界的玩家齐聚一堂共享这一竞技平台。每个参加国家和地区将自行举办分组预选赛，并选送最优秀的选手代表参赛。2009 年，600 余名选手在中国成都展开对抗。2010 年的比赛在美国洛杉矶举办，2011 年则回到韩国釜山举办，2012 年在中国昆山市举办。

图 2-51 WCG 世界电子竞技大赛

电子竞技也跟随着信息时代迅速转变，特别是高度依赖开发商的赞助和管理，而已经不敌厂商自行筹办电子竞技比赛的WCG大会，在现任WCG首席执行官李秀垠于2014年2月5日通过官方邮件对外宣布"WCG组委会将不再举办任何赛事"之后告一段落。一时间叱咤风云的经典电子竞技大赛宣告结束。直到2017年3月29日，在线游戏开发商SmileGate宣布向三星正式取得WCG商标授权，未来将以独立营运的方式重办赛事。

2019年世界电子竞技大赛于2019年7月18日至21日在中国西安举行。2022年12月14日，WCG在社交媒体上发文称，将在2022年12月开启新的征程，总决赛则将在2023年7月进行。

14. 英特尔极限大师赛

全球最大的半导体芯片制造商英特尔赞助并独家冠名的英特尔极限大师赛（Intel Extreme Masters）简称IEM（图2-52），是欧洲著名电子竞技组织ESL（Electronic Sports League，电子竞技联盟）旗下的品牌赛事。从2006年开始，已经成为一项世界著名赛事，开始实施以欧洲为基地的全球性赛事。每年下半年遴选全球少数都市举办分站赛，次年春天在德国举办欧洲总决赛和世界总决赛。2007年，其规模及影响力继续扩大，加入了美国站和瑞典站，横跨亚洲、美洲和欧洲。2008年是该赛事活动首个真正全球化的赛事年，来自欧洲、美洲以及亚洲6个国家和地区的选手参与了11个月的赛程。2008年第三届英特尔极限大师赛亚洲区决赛由中韩两国共同举办，并于2008年在中国成都举行赛事。

图2-52 英特尔极限大师赛

比赛项目包括电子竞技项目的《反恐精英》（CS:GO）、《魔兽争霸》（War3）、《星际争霸2》（SC2）和《雷神之锤》（QuakeLive），以及《英雄联盟》（LOL），还有近期吸引眼球的《绝地求生》（PUBG）。值得一提的是，《反恐精英》项目世界总决赛冠军奖金为5万美元，《星际争霸2》项目世界总决赛冠军奖金为10万美元，而根据IEM奖金分配制度，亚军将颗粒无收。

2013年，IEM在7月25日来到中国上海China Joy现场。

15. 世界电子竞技大赛

世界电子竞技大赛（World Cyber Arena，WCA）是由银川市政府、银川圣地国际游戏投资有限公司在2014年创立的（图2-53），是一项全球性的电子竞技赛事。首届WCA以"英雄的竞技场，玩家的寻梦地（Hero's Arena，Player's Dreamland）"为口号，网罗全球最热门

图2-53 世界电子竞技大赛

的游戏作为比赛项目。2017年,WCA已经成为全球化第三方赛事的风向标,其赛区包括中国赛区、亚太赛区、美洲赛区、欧洲赛区、中东赛区五大赛区,多项目、多类型的赛事让更多的电子竞技热爱者加入电子竞技比赛之中。

世界电子竞技大赛正在不断完善、创新,正逐步向体育、文化以及经济交流的多重使者身份转型,并在多个领域创造了第一:第一个奥运化赛程的综合电子竞技赛事;第一次将国产电子竞技赛事品牌带上全球舞台;第一个打造以电子竞技为主的集音乐、动漫、文学、影视内容于一体的综合娱乐电子竞技生态圈;建立了第一个国际电子竞技学院等。

可以说,WCA的创立肩负起了文化开拓者的使命,填补了WCG停办后的空白,继续发扬世界电子竞技大赛的竞技体育精神,推动中外电子竞技文化和经验的交流,引领着中国电子竞技力量在世界舞台上的强势崛起。

16. 世界电子竞技运动会

世界电子竞技运动会(World Electronic Sports Games,WESG)创立于2016年,是阿里体育打造的一项世界级赛会制电子竞技赛事(图2-54)。知名电子竞技赛事运营平台"戏谷电子竞技联盟"荣膺阿里体育授权,委托管理签约电子竞技馆,为阿里打造WESG提供鼎力支持。WESG现在已覆盖全球125个国家和地区。

WESG还制定并发布了一套以奥运会项目为标准,结合电子竞技运动特质的管理规定,包括运动员年龄与国籍的认定、道德礼仪准则、处罚申诉条例等,推动了世界电子竞技运动的良性发展。

图2-54 世界电子竞技运动会

17. 世界高校电子竞技大赛

世界高校电子竞技大赛(World University Games League,WUGL)创立于2006年(图2-55),是由中华全国体育总会指导,中国对外友好协会支持,中国欧盟协会、北京艺都国际传媒有限公司主办,武汉大学、湖南大学、北京大学、东北大学、深圳大学、暨南大学、复旦大学、重庆大学、四川大学、山东大学、南京大学、浙江大学主办,TCL电脑、中信银行、英特尔、智勇团队wNv、武汉大学媒体发展研究

图2-55 世界高校电子竞技大赛

中心协办,中国欧盟友协网、北京数字纵横文化传播有限公司共同承办的大型赛事。大赛旨在通过搭建相互交流、相互沟通、相互学习的国际化竞技平台促进国内高校与国外高校之间的文化交流,引导"交流与合作的、知识与竞技的、文化与休闲的、健康与美的"大学校园生活。

赛事分为世界高校电子竞技大赛国内赛(全国11大赛区)和地区赛、国际赛(欧洲联赛、亚洲联赛、非洲联赛)、精英赛、对抗赛、明星邀请赛、友谊赛等诸多赛事。每年举办一届,每届历时4个月。

2.4.2 国内大型电子竞技赛事简介

1. 全国性电子竞技赛事

1)中国电子竞技大会

中国电子竞技大会(China Internet Gaming,CIG)是由人民邮电报社牵头组织,联合原信息产业部、文化部、体育总局、共青团中央等部门的相关司局共同发起,中国互联网协会、各大电信运营商、新华网等单位参与支持,在国内成立且具有较大规模及影响力的综合数字竞技类盛会(图2-56),是以网络游戏比赛、展览、论坛、峰会、调查为内容的综合性活动,大会官方组委会设在人民邮电报社。CIG定位于半职业电子竞技比赛,旨在推广电子竞技以及助力电信发展。

图2-56 中国电子竞技大会

CIG以群众喜闻乐见的形式开展活动,为网络游戏产业链中上至政府部门、行业协会,下至运营企业、最终消费者提供了一个开放互动、交流推广、合作共赢的平台。CIG是迄今国内规格和级别最高、阵容最强、参与人数最多、覆盖范围最广的国家级电子竞技盛会,它以张扬电子竞技理念、倡导健康益智精神、共建电子竞技联盟为宗旨,致力于规范网络游戏市场,打造"国字号"电子竞技品牌,开创中国电子竞技产业的"奥斯卡金奖"——金手指奖,促进电子竞技产业生态圈的繁荣与发展。在成功举办首届(CIG 2002)、第二届(CIG 2003)、第三届(CIG 2004)、第四届(CIG 2005)以及第五届(CIG 2006)中国电子竞技大会的基础上,CIG将每年定期举办。CIG将继续坚持"开放合作,互利共赢"的宗旨,秉承"绿色游戏、健康生活"的数字娱乐理念,为推进中国以网络游戏为核心的数字娱乐产业的健康协调发展做出贡献。CIG热心公益,愿意借助其在数字娱乐领域的专业所长和在众多青少年中的广泛影响力,以数字奥运为手段,为宣传人文奥运、科技奥运做出贡献。

2)中国电子竞技运动会

中国电子竞技运动会(China Esports Games,CEG)是由中华全国体育总会主办的最具权威性的国家级电子竞技联赛(图2-57),其宗旨是规范和普及电子竞技运动,提高中国电子竞技运动水平,向国际市场推广电子竞技运动,使中国成为全球性的电子竞技市场。CEG首届比赛于2004年6月19日开幕。CEG是中国权威的国家级电子竞技典范赛事,是中国电子竞技运动走上正轨的分水岭,在中国电子竞技产业中发挥着重要的榜样作用。

图2-57 中国电子竞技运动会

3) 中国电子竞技职业选手联赛

中国电子竞技职业选手联赛(ProGamer League,PGL)创办于 2006 年,中国最早的电子竞技赛事之一,是中国电子竞技的一面旗帜(图 2-58)。本赛事由北京数字娱乐产业示范基地主办、华竞互动(北京)科技发展有限公司承办、中华全国体育总会支持,是经中国政府部门正式批准开展的国际性电子竞技职业联赛。从传播伊始,PGL 就涵盖了时下最热门的电子竞技项目及世界顶尖选手,受到了产业及电子竞技爱好者的广泛关注和喜爱。PGL 以线下落地赛事及视频直播为主要传播方式,将电子竞技比赛打造成为数字互动娱乐平台,将游戏产业、IT 产业、体育产业、快消产业及汽车产业等有机融合,向用户传递整体价值。

图 2-58 中国电子竞技职业选手联赛

PGL 首站魔兽天王争霸赛于 2006 年 9 月 5 日在北京举行,邀请到了世界最顶尖的 10 位选手进行为期一周的比赛。该赛事于 2009 年停办。2015 年,PGL 天王回归争霸赛的成功举办标志着 PGL 赛事品牌时隔 6 年后的强势回归。

4) 全国电子竞技大赛

全国电子竞技大赛(National Electronic Sports Tournament,NEST)是由国家体育总局信息中心主办,以宣传电子竞技运动正能量为宗旨,以培养本土电子竞技明星、弘扬电子竞技文化为目的国家级综合类专业赛事,如图 2-59 所示。

图 2-59 全国电子竞技大赛

NEST 自 2013 年举办以来,一直在不遗余力地用最专业的态度打造国家级电子竞技大赛,为电子竞技爱好者打造高端交流平台,树立中国电子竞技综合类赛事的专业品牌。

2015 年的 NEST 赛事首次将移动端电子竞技列为正式比赛项目,让玩家和业内人士看到了政府对移动端电子竞技的支持和重视。

2018 年,全国电子竞技大赛正式推出首支赛事主题曲《雄心无价》,与 2018 年 NEST 的主题"不破不立,无畏之心"相呼应,音乐风格激昂热血,歌词正能量十足,体现了电子竞技赛事不断超越自我的拼搏精神与 NEST 倡导的让电子竞技回归主流的决心。

5) 全国电子竞技公开赛

全国电子竞技公开赛(National Electronic Sports Open,NESO)创立于 2014 年,是由国家体育总局体育信息中心主办,上海网映文化传播股份有限公司(NEOTV)承办,各省、自治区、直辖市、新疆生产建设兵团、计划单列市体育部门组队参加的电子竞技综合性赛事,如图 2-60 所示。

NESO 是国内首个也是唯一一个具有全运会模式的综合电子竞技赛事,以省市为单位角逐代表最高荣耀的团队冠军奖杯,为电子竞技赛事增添了一份厚重的地方荣誉感。大赛的主旨是为全国电子竞技爱好者提供一个公平、公正、公开的竞技平台,面向社会宣传电子竞技运动、传播电子竞技正能量。

6）全国移动电子竞技大赛

全国移动电子竞技大赛（China Mobile Esports Games，CMEG）创立于 2016 年，是由国家体育总局体育信息中心主办的首个官方大型综合性移动端电子竞技赛事（图 2-61），大赛倡导全民参与如绿色健康理念。首届大赛通过线上及线下两种方式进行选拔，分为海选、晋级赛和决赛三个阶段，在全国多个赛区举办落地赛。

图 2-60　全国电子竞技公开赛

图 2-61　全国移动电子竞技大赛

CMEG 定位为全民运动、全民竞技，面向所有电子竞技爱好者开放报名，并选择多款有广泛群众基础的大众游戏作为参赛项目。CMEG 的成立拓展了移动端电子竞技运动的覆盖人群，传递了移动端电子竞技的正能量，填补了我国官方移动端电子竞技赛事的空白。

7）游戏厂商主办电子竞技职业联赛

职业联赛的定义来源于传统体育，参赛成员均以运动为职业，职业联赛的标准英文名为 Professional League。例如，著名的职业联赛 NBA 是美国全国篮球协会（National Basketball Association，NBA）举办的篮球职业联赛。在电子竞技赛事领域，电子竞技职业联赛往往是游戏 IP 拥有者的厂商举办的职业联赛，即所谓的"官方联赛"。该特质是由电子竞技的特殊性决定的，竞技的环境与基础无法脱离游戏项目本身。这与篮球、足球等大众体育项目有着根本的不同。

被广大玩家熟知的国内的电子竞技职业联赛，主要是由游戏厂商主办的赛事，例如英雄联盟职业联赛、王者荣耀职业联赛、穿越火线职业联盟电视联赛、永劫无间职业联赛、和平精英职业联赛等。

英雄联盟职业联赛（League of Legends Pro League，LPL）是中国最高级别的英雄联盟职业比赛，同时也是中国赛区通往每年英雄联盟季中冠军赛和英雄联盟全球总决赛的唯一渠道。每年由春季赛和夏季赛组成，每赛季分为常规赛与季后赛。英雄联盟职业联赛的春季赛冠军会代表 LPL 赛区参加每年 5 月的英雄联盟季中冠军赛。夏季赛冠军将作为 LPL 赛区的一号种子直接保送英雄联盟全球总决赛，全年积分最高的队伍将作为二号种子晋级全球总决赛，顺位下的四支积分较高的队伍将进行预选赛，获胜的队伍将作为三号种子和四号种子获得最后两张全球总决赛门票。

王者荣耀职业联赛（King Pro League，KPL）是王者荣耀最高规格的专业竞技赛事。全年分为春季赛和夏季赛（原秋季赛）两个赛季，每个赛季分为常规赛、季后赛及总决赛三部分。2021 年 8 月 28 日，王者荣耀官方宣布，为了对接全新的王者荣耀世界冠军杯（Arena of Valor World Cup），2022 年起 KPL 联赛将会调整为春季赛和夏季赛。

穿越火线职业联盟电视联赛(Cross Fire Professional League,CFPL)是由腾讯游戏主办、GTV游戏竞技频道承办的大型专业级落地电视联赛,这一顶级赛事以其自身具备的"俱乐部运作""明星打造""专业赛制体系""职业化直播渠道"等特点吸引着包括网游业界、竞界以及媒体的关注。比赛的8支队伍由1支TGA冬季赛冠军俱乐部和WCG中国赛区冠军俱乐部以及前一赛季的前六名种子俱乐部组成,分为常规赛、全明星赛、半决赛和总决赛四部分。

和平精英职业联赛(Peace Elite League,PEL)是和平精英官方举办的最高级别职业联赛,赛程包括预选赛、突围赛、晋级赛与联赛决赛四个阶段,首届PEL于2019年9月正式开启预选赛。2022年3月7日,在2022年和平精英职业联赛的媒体开放日上,据相关人员介绍,PEL将对联赛赛制做出调整。2022年PEL的比赛模式将由第一人称模式转变为第三人称模式,同时将四个赛季调整为春、夏两个赛季。每个赛季分为四个阶段,分别是季前排位赛、常规赛、季后赛、总决赛。每个赛季的常规赛结束后,将会进行为期两周的季后赛,并产生15支队伍进入总决赛。

永劫无间职业联赛(Naraka Bladepoint Pro League,NBPL)是永劫无间的官方赛事,2022年4月21日正式对外公布。2022永劫无间职业联赛全年分为两个赛季。首届永劫无间职业联赛共有24支俱乐部参加,老牌俱乐部WOLVES、JDG、17JL强势加盟,2021永劫无间世界冠军赛战队JTEAM、2021锦鲤杯冠军战队BAODA、2022锦鲤杯冠军战队FPZ.ZQ也纷纷加入。更有海外知名战队ALLIANCE入驻,还有WBG、GG、VENTUS、EWG、OC、KZ、Q9、OUG、YZG、GBL、AOW、XCG、XSG、GD、GYG、NAD、ASES俱乐部共24支战队共同征战永劫无间职业联赛第一赛季。

2. 高校电子竞技赛事

1)全国高校电子竞技联赛

全国高校电子竞技联赛(National University Games League,NUGL)是由国家体育总局体育信息中心主办,面向广大高校电子竞技爱好者的全国性官方电子竞技赛事(图2-62)。全国高校电子竞技联赛组委会于2004年10月11日正式成立,包括赛事执行委员会、传播委员会、商务协会。全国高校电子竞技联赛的总部设在北京,是一个倡导健康游戏,以创造绿色网络环境为指导方针,积极推动业余数字体育运动发展的机构。大赛宗旨是让学生管理和发展自己的赛事,以"超越游戏,超越梦想"为口号,鼓励和领导数字体育运动,从而促进和加强高校之间的友谊,推动数字体育的发展。全国高校电子竞技联赛的日常事

图2-62 全国高校电子竞技联赛

务及管理工作由赛区、院校组委会学生全权处理，总组委会是高校电子竞技联赛的最高仲裁机构。

2）全国高校联赛

全国高校联赛（GIGABYTE Top League，GTL）是由技嘉金牌主板联合国际数字娱乐嘉年华（IEF）共同举办的全国高校电子竞技联赛（图2-63），作为高校学生自己的联赛，整个赛事的执行将由技嘉 Top 联盟的学生完成，旨在激发高校学生的赛事组织潜能，营造良好的高校体育竞技氛围，展现高校学生的竞技风采，同时通过技嘉 Top 联盟实现全国高校学生的互动交流。

3）高校电子竞技联赛

高校电子竞技联赛（Colleges Esports League，CEL）是由杭州听之网络科技有限公司斥重金打造的国内顶级电子竞技赛事（图2-64），于2010年8月举办了首届赛事，力邀世界冠军 remind 以及玉米、海涛等国内著名选手和解说前来现场互动，举办平台是听之网络科技旗下的追逐网，目前国内的 solo 赛事①越来越少，逐渐偏向《DOTA》《真·三国无双》等多人竞技游戏，追逐网针对大学生对《魔兽争霸》的喜爱，也让国内选手拥有了参加大赛的机会，从2010年开始定期举办高校电子竞技联赛，目的在于引导在校学生正确对待电子游戏，引导学生学习相关的电子知识或计算机应用知识。打造高校社团文化精品，更重要的是其加速了学生与学生组织之间从单一沟通方式向多元化沟通方式的转变。

4）全国高校电子竞技联赛

全国高校电子竞技联赛（China Universities Esports League，CUEL）于2015年创立，是由国家体育总局信息中心主办、北京大誉世纪文化有限公司承办的大型电子竞技联赛（图2-65）。CUEL的目的是通过与各省电子竞技协会和相关单位的共同努力，丰富我国电子竞技运动的赛事体系，从中培养和挖掘青年人才，进而推动我国电子竞技产业的稳步、规范发展。大赛集结了全国各高校的电子竞技爱好者，旨在通过打造中国高校顶级赛事建立中国高校电子竞技选手的切磋交流平台，以及打造中国电子竞技新希望的"三位一体"体系，成为国内最受欢迎的高校赛事，给广大高校电子竞技爱好者提供一个展示自我、超越自我的竞技平台。

图2-63　全国高校联赛　　图2-64　高校电子竞技联赛　　图2-65　全国高校电子竞技联赛

---

① solo 赛事指以一对一形式进行的比赛，如《魔兽争霸》的建造模式、《星际争霸》等，《DOTA》和《英雄联盟》中的一对一单中也是一种 solo 模式。solo 模式是对双方技术水平和细节把握能力的最大检验。由于比赛全靠自己，因此 solo 模式可以最充分地体现一名玩家的个人实力。

5）中国大学生电子竞技联赛

中国大学生电子竞技联赛（University Cyber Games，UCG）创立于 2016 年，是中国大学生体育协会唯一官方授权的大学生电子竞技联赛，也是国内目前覆盖规模最大的校园电子竞技专属赛事（图 2-66）。大赛以全国高校战队比拼、主播选秀、中韩对抗赛为核心内容，致力于打造成全球大学生电子竞技联赛，让每一位拥有电子竞技梦想的高校玩家都有机会实现自己的梦想，同时为多才多艺的高校学子提供舞台，一展自己的特长。学生将会经历高校报名、校园预选赛、校园决赛等多重考验，最终进入全国总决赛。

图 2-66　中国大学生电子竞技联赛

首届 UCG 由中国大学生体育协会主办，由康湃思（北京）体育管理有限公司和上海高竞文化传媒有限公司联合推广。联赛首次设置巨额助学金，通过与韩国大学生联合会（ECCA）的合作实现了中韩高校的强强对抗，给广大高校电子竞技爱好者提供了一个展示自我、超越自我的平台。

2.5　电子竞技赛事体系

2.5.1　传统体育赛事体系

体系是指由若干有关事物或某些意识相互联系的系统而构成的一个具有特定功能的有机整体。对于传统体育项目的职业赛事体系，下面以中国篮球为例进行简单说明。

中国篮球职业比赛有两个：中国男子篮球职业联赛（China Basketball Association，CBA）和全国男子篮球联赛（The Men's National Basketball League，NBL）。CBA 与 NBL 的赛制类似，比赛都分为常规赛和季后赛两个阶段，采用主客场赛制，常规赛的前 8 名可以进入季后赛。CBA 与 NBL 并没有固定的升降级制度，而是采用准入制。经过多年发展，从 NBL 升入 CBA 的准入规则非常详细，多达 50 多条，大致而言有以下几大关键点：

- 在升级前必须已经在 NBL 打满 3 年且青年梯队建设完整；
- 成绩位列 NBL 前 3 名，最好能向国家队、国奥队输送一定数量的人才（加分项）；
- 在 CBA 扩军委员会的投票中排名靠前。

中国大学生篮球联赛（CUBA）则是 CBA 和 NBL 的人才摇篮。

2.5.2　电子竞技赛事体系类型

电子竞技赛事体系是指由围绕某款特定游戏的赛事而形成的一个系统，它一般由游戏厂商决定方向，是以游戏本身为核心、以官方职业赛事为主体、以其他赛事为辅助的一套赛事系统。游戏厂商根据游戏的用户数量、游戏厂商的目的偏好、游戏厂商的战略方向等设定游戏的赛事体系。

电子竞技赛事的发展时间并不长，商业化的历史也很短，目前并没有太多成熟的赛事体系，只有在主流游戏中会有相对较为成熟的赛事体系，例如以《英雄联盟》《DOTA2》和《守望先锋》为代表的电子竞技赛事体系。

1. 以《英雄联盟》为代表的电子竞技赛事体系

以《英雄联盟》为代表的电子竞技赛事体系,按举办方可以分为第三方赛事与官方赛事,再下一级的分类则是职业赛事与非职业赛事(图 2-67)。《英雄联盟》是一个全球性游戏,其游戏服务器的划分并不以国家为单位,而是以地区为单位,地区由拳头公司划分。《英雄联盟》的各种国际性赛事也以地区为单位进行比赛,2018 年,《英雄联盟》已经拥有了 14 个赛区。而地区内同一个服务器的比赛则由拳头公司确定具体规则(由于游戏版本、地区政策等各种客观原因,每个地区的内部比赛的规则并不统一)。

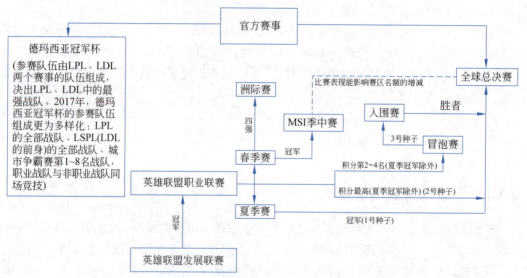

图 2-67 《英雄联盟》2018 年官方职业赛事体系

以《英雄联盟》在中国赛区的赛事体系为例：第三方赛事需要得到《英雄联盟》的开发厂商拳头公司的授权才能举办。近年来,拳头公司的商业战略有所改变,已经较少向第三方公司授予举办《英雄联盟》赛事的资格。第三方赛事目前以 NEST、亚运会为代表,由于拳头公司的授权问题,目前并没有出现较为系统的第三方赛事体系。值得一提的是,NEST 职业组的冠军可以晋级官方赛事德玛西亚冠军杯的八强,这算是第三方赛事搭建起的通往官方赛事的桥梁的代表。

官方赛事在《英雄联盟》的赛事体系中具有较为重要的作用。官方赛事分为职业赛事与非职业赛事,并形成了一个相对完整的赛事系统。在《英雄联盟》的中国赛区中,职业选手需要满足"拳头中国"的注册条件并在"拳头中国"进行职业选手注册。非职业赛事分为全球高校冠军杯邀请赛和城市英雄争霸赛。这两个赛事都是自主报名,参赛选手都为非职业玩家。"拳头中国"也将对城市英雄争霸赛中的选手进行数据记录,表现突出的选手将有机会成为职业选手,登上职业比赛的舞台。职业赛事分为全球总决赛、英雄联盟职业联赛(LPL)、英雄联盟发展联赛(LDL)、洲际赛、MSI 季中赛、德玛西亚冠军杯。LDL 是比 LPL 低一等级的职业联赛,它与 LPL 形成了完整的两级职业赛事体系。2018 年,LDL 开始每年分为春季赛和夏季赛两个赛季,两个赛季中成绩最好的 8 支队伍可晋级年度总决赛,最终决出的冠军将有机会获得晋级 LPL 的资格。德玛西亚冠军杯则是较为特殊的官方赛事，2018 年，它的参赛队伍由 LPL、LDL 两个赛事的队伍组成，决出 LPL、LDL 中的最强战队。2017 年，德玛西亚冠军杯的参赛队伍组成变得更为多样化：LPL 的全部战队、LSPL（LDL 的前身）的全部战队、城市争霸赛第 1~8 名的战队，职业战队与非职业战队同场竞技，搭建起了职业战队与非职业战队的沟通桥梁，填补了《英雄联盟》赛事体系中的空缺部分。LPL 与洲际赛、MSI 季中赛、全球总决赛紧密相关、环环相扣，构成了一个相对完整的职业赛事体系：LPL 赛事分为春季赛和夏季赛，LPL 赛事春季赛的冠军将参加全球 MSI 季中赛，MSI 的成绩会对全球总决赛产生影响。而在全球 MSI 季中赛后，LPL 的春季赛四强将代表本赛区参加洲际系列赛亚洲对抗赛（参赛地区为 LCK、LMS、LPL），争取"亚洲最强"赛区。LPL 的夏季赛冠军将会直接晋级全球总决赛，成为 LPL 赛区的 1 号种子队伍。而在春季赛和夏季赛中累计积分最高的队伍（除夏季赛冠军队伍外）将直接晋级全球总决赛并成为 LPL 赛区的 2 号种子队伍，春季赛和夏季赛中累计积分第 2~4 名（除夏季赛冠军队伍外）的队伍将进行冒泡赛，胜者将成为 LPL 赛区的 3 号种子队伍。全球总决赛根据每个赛区的过往表现及参赛队伍的成绩，每个赛区能够获得的参赛名额及参赛方式也不相同，北美赛区、欧洲赛区、中国赛区、韩国赛区各拥有 3 个参赛名额，其他 9 个赛区各拥有 1 个参赛名额。参赛名额也会受到 MSI 的表现的影响：2017 年，由于 MSI 的优秀表现，GAM 战队为东南亚赛区争取到了一个 2 号种子名额；同时，由于 MSI 的表现不佳，北美 LCS 赛区失去了 1 号种子资格。全球总决赛是官方职业赛事的终点，也是官方职业赛事金字塔构成的顶端，所有官方职业赛事都围绕全球总决赛进行，以全球总决赛为核心，形成了一个相对完整的赛事体系。官方职业赛事金字塔的底部则是由各大赛区的职业联赛及其下一级职业联赛构成的。从商业化的角度看，常规赛的持续时间较长，职业选手和赛事在这段时间内也得以维持长时间的曝光，同时，赛事作为电子竞技内容输出的核心，持续时间较长的赛事也在不断为电子竞技内容产出提供新的素材，相关的电子竞技产业也不断运作，维持了《英雄联盟》良好的电子竞技生态。从赛事本身的角度看，长时间的常规赛也较为正规和公平，极大地降低了运气成分对战队成绩和排名的影响，也有利于战队调整比赛战术和队员状态，提高了比赛的竞技性及观赏性。

  LPL 赛区率先进行了赛事改革，首先是取消了降级制度（在 2017 年春季赛之前积分垫底的 LPL 队伍将与积分最高的 LSPL 队伍进行升降级比赛，胜者获得 LPL 资格），将赛区各个战队进行联盟化，每个战队将拥有自己的比赛场馆，比赛场馆分布在全国各个电子竞技氛围浓厚的城市，形成自己的主场并开始自己的本土化发展。

  这种联盟化、主客场、向传统体育看齐的赛事改革在电子竞技产业中是第一次出现，给中国电子竞技产业注入了动力。对于"拳头中国"来说，希望通过联盟化和联盟席位的设立让战队拥有更长久的经营理念和更长远的经营方式，可以打造一套新的生态系统，这样他们也能够尝试不同的策略，更放心地培养和挖掘新人及战术，在教练层面也可以更放心地执教。在探索的路上，寻找到适合自己的风格和经营方式能够更好地帮助俱乐部在今后获得更好的发展。主场的设置也将电子竞技推向了更多的大众，主客场可以帮助《英雄联盟》的电子竞技赛事深入全国各地的线下，联盟化和主客场都会诞生出更多新的发展机会。对于观众来说，设置主场后不再将观赛地点限于上海，在家门口就可以观赛，大幅提高了观众的线下观赛热情，同时有利于主场所在地的观众对战队产生归属感，提升观众的观赛热情及参与度。对于当地来说，主场的设置有利于当地电子竞技产业的发展，也有利于培养当地的电子竞技氛围，扩大《英雄联盟》赛事的影响力。

总而言之，这次 LPL 的联盟化改革不仅是在赛事体系上向传统体育靠拢，核心在于电子竞技以线上运营为主的运营方式向以线下为主的传统竞技体育进行转化。联盟化带来的是《英雄联盟》的长期发展及商业化的可行性，也使得《英雄联盟》职业赛事体系更加健康；主客场制度带来的是电子竞技线下运营的基础，将电子竞技与地区紧密结合，使得电子竞技拥有了更多的发展机会。

2. 以《DOTA2》为代表的电子竞技赛事体系

以《DOTA2》为代表的电子竞技赛事体系，其赛事包括第三方赛事与官方赛事、职业赛事与非职业赛事（图 2-68）。《DOTA2》开发厂商 Valve（简称 V 社）将全球分为六大赛区：中国区、欧洲区、独联体区、东南亚区、北美区、南美区。在需要分配名额的国际性赛事上，V 社都将以赛区为单位分配名额。《DOTA2》最重要和最受关注的官方赛事国际邀请赛（The International DOTA2 Championships，Ti）目前是全球奖金最高的电子竞技比赛，Ti8 的奖金池高达 2479 万美元，其中冠军的奖金高达 1123 万美元。

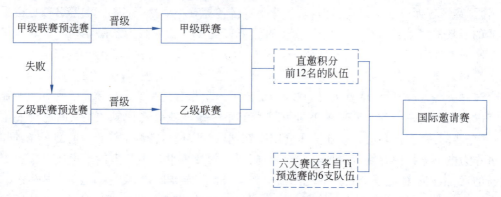

图 2-68　《DOTA2》2018 年赛事体系

与同是 MOBA 类游戏的《英雄联盟》不同，《DOTA2》的第三方赛事与官方赛事之间并非泾渭分明。V 社赞助了一些符合条件的第三方赛事，根据规模分为甲级联赛（Major）和乙级联赛（Minor），战队通过参加甲级联赛及乙级联赛可以获得参加国际邀请赛的 DPC 积分；甲级联赛中同名次的积分与奖金都远多于乙级联赛，而距离国际邀请赛举办的时间越近，获得的积分也就越高。V 社在 2018 年 9 月更改新规则后，甲级联赛与乙级联赛将绑定出现，所有战队首先参与甲级联赛的预选赛，落选的战队再参与乙级联赛的预选赛。可以看出，乙级联赛除了可以给二三线队伍赚取奖金的机会之外，更多的只是在甲级联赛预选赛中失败的队伍晋级甲级联赛的另一种途径。Major 和 Minor 都必须设立六大赛区的预选赛，这一举措无疑让全球《DOTA2》战队有了更多的交手机会，也能促进全球《DOTA2》水平的进一步提高。

Major 总计有 16 支参赛队伍，其中每个赛区至少有 2 个预选赛名额，由 Minor 晋级 1 支队伍，而多余的预选赛名额的分配将由 V 社指定。虽然 Major 及 Minor 属于第三方赛事，但这两种赛事的日程管理却由 V 社直接负责，以避免几个赛事产生冲突。与赛事体系紧密相关的是 V 社创新地将积分与选手绑定，这一举措的本意是维护选手的权益。但由于在 Ti8 里发生了"一个高积分选手的转会轻松地将一个战队送入积分前 8 名并获得了 Ti8 的直邀名额"的事,因此 V 社做出了改变,积分将不再与选手绑定,而是与俱乐部绑定,俱乐部一旦"删除"某个选手,就会失去 20% 的积分。这一举措不仅保护了选手的利益,也使得战队可以更加大胆地进行阵容搭配,选手也有机会进入更适合自己的队伍。

就 2018 年 V 社公布的赛事体系来说,赛事体系第一级并非《英雄联盟》的官方赛事与第三方赛事,而是职业赛事与非职业赛事,这样的新赛事体系也与《英雄联盟》金字塔结构的赛事体系完全不同,《DOTA2》的赛事体系更加扁平化,多个第三方赛事(Major 与 Minor)直接与国际邀请赛挂钩。和拳头公司独掌大权的联赛体系不同,V 社一直在探索和第三方赛事的合作模式,从最初只有一个国际邀请赛到后来的"国际邀请赛+特级锦标赛"制度,再到现在的第三方赛事积分制度。其实这次公布的赛事排位积分可以说是 V 社在近两年探索出的国际邀请赛的合理邀请机制。

总之,《DOTA2》的某些第三方赛事是参与官方重要赛事的唯一途径。这样的赛事规则大大加强了第三方赛事的地位,极大地提高了战队的参赛热情,也使得更多的厂商愿意举办第三方赛事,增强了《DOTA2》赛事的活跃度与新鲜感,也使得电子竞技大环境下的第三方赛事的颓势在《DOTA2》的游戏赛事体系里荡然无存。但是这个全新的赛事体系的弊端也逐渐显露出来,在 2018 年上半年还未优化赛事体系时,频繁的 Major 与 Minor 比赛不仅使战队疲于应对过长的赛事期,也使观众的注意力被分散,赛事观看率逐渐降低,观赛热情也不再高涨,怎样应对这个难题将是 V 社接下来对赛事体系进行改革的重要目标。

除了这些被 V 社赞助的第三方赛事以外,V 社对第三方赛事的授权也显得格外宽松,游戏官网里就有专门的赛事报备页面,以方便赛事主办方申请 V 社对赛事的授权,而游戏客户端里也有专门的赛事页面,这个页面收录了所有报备过的赛事,根据规模与类型分为业余组、职业组、顶级组三个类别,以方便观众及选手及时报名、观看赛事;游戏客户端的赛事页也是第三方赛事,尤其是小型第三方赛事的一个重要曝光手段,这也体现了 V 社对第三方赛事的支持态度。

3. 以《守望先锋》为代表的电子竞技赛事体系

以《守望先锋》为代表的电子竞技赛事体系与《英雄联盟》的电子竞技赛事体系比较类似,基本以官方赛事为主。这里将排除暴雪举办的暴雪嘉年华、黄金联赛等系列赛事,只讨论官方赛事职业赛事体系。《守望先锋》的职业赛事有守望先锋职业联赛(OWL)、《守望先锋》下属联赛(OC)、民间战队联赛(OWOD)(图 2-69)。在 OWOD 中排名前四的战队将参与 OC 试训,然后参与 OC 联赛。在 OWL 下属联赛中发挥出色的队伍或者队员将有机会被选中参与 OWL。OWL 分为常规赛和季后赛。在常规赛中,OWL 分为太平洋赛区和大西洋赛区,两个赛区的第一名将直接作为头号种子进入季后赛,其他四支队伍将根据整个赛季的战绩记录(不分赛区)排名决定对阵。两个赛区的常规赛都将在暴雪竞技场线下举行。尽管《守望先锋》在全球多地拥有服务器,但 OWL 的分队也包含了各地队伍,如太平洋赛区:达拉斯燃料队、洛杉矶角斗士队、洛杉矶英勇队、旧金山震动队、首尔王朝队、上海龙之队;大西洋赛区:波士顿崛起队、佛罗里达狂欢队、休斯敦神枪手队、伦敦喷火战斗机队、纽约九霄天擎队、费城融合队。这 12 支战队中有 9 支战队来自北美,仅有 3 支战队来自非北美地区。不仅如此,虽然 OWL 拥有线下比赛场地,但所有联赛队伍都集中在位于北美的暴雪竞技场,在其他地区的宣传资源也较为少见,线下的影响力也只限于北美。

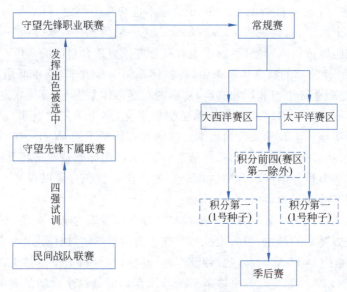

图 2-69 《守望先锋》官方职业赛事体系

暴雪明确表示将在下一赛季将引入主客场制度,这一赛季的赛事体系可以视作主客场制度的预热产物。从战队名字中的地区来看,这个赛事体系是为主客场制度进行准备的,但由于各种客观原因,线下比赛却只在一个地点进行,这又与主客场制度的核心有所违背,显得这个赛事体系并不完整。但可以理解的是,《守望先锋》出现的时间较短,缺少赛事基础,在短时间内建立主客场制度并不现实,这个赛事体系作为主客场制度的基础可看作不得已为之的一个选择。

《绝地求生》也是近年来崛起的主流游戏,由于游戏需要约 80 个人同时竞技,因此线下赛事的执行难度较高,线上赛事又难以有效监管,仅仅出现了 PGI 邀请赛这样的官方赛事,目前还未出现完整的职业赛事体系。

电子竞技赛事与传统体育赛事不同的是,电子竞技的比赛项目是有归属人的,但传统体育赛事的比赛项目没有归属人,这也造成了电子竞技比赛有第三方赛事和官方赛事之分。拥有游戏版权的游戏厂商的利益也与比赛项目的受欢迎程度紧紧相连,赛事作为游戏的一大内容输出,游戏的赛事体系也尤为重要。赛事体系根据游戏的受众情况、厂商需求有所变化:《英雄联盟》《守望先锋》的赛事体系就以官方赛事为主,游戏的职业赛事也都由官方赛事组成。《DOTA2》的赛事体系则以官方赛事为核心,以第三方赛事为基石,游戏的主要职业赛事由第三方赛事组成。不同的赛事体系也造就了游戏在赛事市场上的不同待遇,愿意主办一个电子竞技比赛的第三方企业在《DOTA2》游戏上很容易拿到授权,但在《英雄联盟》《守望先锋》上就截然不同了。将赛事主办权攥在手里的拳头和暴雪对职业赛事的掌控力远高于乐于与第三方赛事合作的 V 社,在赛事运营、直/转播、赛事质量、场馆搭建等方面,官方赛事都较为稳定。总而言之,没有最好的赛事体系,只有最合适的赛事体系。

2.5.3　电子竞技赛事联盟体系[①]

电子竞技赛事联盟化借鉴了传统体育赛事的联盟化模式，搭建了一个由赛事主办方和各个俱乐部共同构成的商业利益共同体。共同承担风险包括运营经费的分配、利润的分配、选手工资帽的制定、转会机制的规则等。

美国的 NBA、中国的 CBA 等联赛都沿袭着联盟化的制度。只是对于电子竞技来说，目前面对的是从"非联盟化"到"联盟化"的转向，所以该词在国内被媒体广泛使用。[②]

NBA 的发起者为联盟化理论进行了奠基：其一，俱乐部拥有者要具有一定规模，有足够的财力支持俱乐部运营；其二，用合理收入保证选手全身心投入训练与比赛，不为生计困扰，但也会限制不合理的薪酬，例如设置"工资帽"；其三，一名选手只能为一家俱乐部效力并要求签订严格的合同，并对于转会价格有所限制，以防恶性竞争；其四，联盟要建立选手储备制度，以保证现役选手无法比赛时，俱乐部的整体实力不受损失。

联盟作为一个商业组织，与将盈利作为目的的独立法人俱乐部形成一个整体，保证所有俱乐部的合理收益、选手的合理薪酬和内容制作，帮助观众获得愉快的观看体验。通过这一商业化的品牌打包使联盟的整体商业价值得到保障。

电子竞技行业通过联盟化不断靠拢现代体育的商业化模式，而相对较为成熟的联盟化赛事也将成为电子竞技赛事的发展方向。而赛事联盟化废除降级制度，意味着俱乐部承担的因降级带来的资金风险被无限度降低，这也让资本的入局变得更加积极。英雄联盟职业联赛目前的赛制与 NBA 的联赛席位制相似，各个赛区的联赛，如英雄联盟职业联赛、英雄联盟韩国冠军联赛。联赛中的战队席位为永久买断，并且可转让。

电子竞技赛事的联盟化也"拯救"了一些落入低谷的游戏。在《守望先锋》采取联盟化的赛事体系后，关注《守望先锋》的人数超过了 80 万，也提升了《守望先锋》的网吧启动率。可以想象的是，联盟化将是电子竞技赛事发展的一大趋势。

从商业模式与品牌运营的角度来看，不少入局电子竞技的传统企业都是多元化的，而运营电竞战队创造的商业价值不仅仅是电子竞技俱乐部或者其品牌本身。2020 年末能兴入局 LPL，从能兴的电子竞技领域布局就可见一斑。能兴作为中国男子篮球职业联赛参与者不仅拥有广州龙狮队且已新三板上市完成，还拥有东方体育旗下的足球队与篮球队、法乙球队索肖俱乐部，并于 2018 年购买《守望先锋》联赛席位，建立广州冲锋队。在地产方面，能兴拥有广州天河体育馆的运营权、2019 年 LPL 春季赛决赛的举办场地佛山国际体育文化演艺中心的产权。能兴在相关披露文档中自述：加入电子竞技产业一是能放大能兴自有资源的协同效应，带动集团文体娱乐板块的发展，二是能扩大旗下的电子竞技产业矩阵，强化集团的电子竞技品牌，并最终打造出属于岭南的独特电子竞技社区文化。

无独有偶，作为被称为知名二次元媒体平台的视频网站 Bilibili 也在竞技体育与电子竞技方面有所布局，成为 CBA 上海大鲨鱼篮球俱乐部 2016 年的冠名赞助商，收购《英雄联盟》战队 IMay 并将其更名为 BLG，即 Bilibili Gaming，成立《守望先锋》战队 Spark，并已融资

[①] 常方圆.电子竞技品牌管理[M].上海：同济大学出版社，2022.
[②] 中新网.电竞赛事联盟化，带来金钱、冠军和送不出的怪味豆[EB/OL] https://baijiahao.baidu.com/s?id=1668495280518107560，2022-06-04.

1.8亿元，2019年以8亿元的高价拍得英雄联盟全球总决赛(S10~S12赛季)中国地区的三年独家直播版权。

能兴的电子竞技战队与电子竞技地产之间的资源协同、Bilibili的媒体平台与电子竞技战队之间的资源共享都展现了目前入局电子竞技领域的企业思维。品牌的关联、资源的协同都是企业需要思考的内容。

电子竞技拥有与体育竞技非常接近的产业形态，两者同样的观赏性为观众提供了娱乐价值。在电子竞技赛事联盟化向类似NBA、CBA的联盟化逐渐靠拢时，传统竞技体育的资本视角开始入局电子竞技，或者说布局电子竞技。对于年轻的用户群体和未来的娱乐倾向，新鲜的商业赛道成为喜闻乐见的投资方向。

除了俱乐部企业化的本身，对于俱乐部权益售卖的标准化也逐渐向体育、互联网商业靠拢。JDG京东俱乐部就在普遍的战队合作商业权益的基础上，配合自身的电商资源打出了漂亮的组合牌，并结合场地推出一系列深度商业化的电子竞技品牌商业权益合作模式，这对于不少还需要具体洽谈商业权益，甚至需要甲方列出权益想法的俱乐部来说，是商业运作模式上的碾压。

电子竞技赛事目前的形态正在逐渐向传统体育项目靠拢，这是目前大部分媒体对电子竞技赛事模式变化趋势的主流看法。在许多电子竞技职业赛事联盟化的基础上，电子竞技俱乐部正在打造主场城市文化，这与足球、篮球的职业联盟赛事类似，并且将电子竞技俱乐部的品牌与城市名片进行链接。

游戏媒体Newzoo曾针对电子竞技市场展开预测：所有主要的电子竞技城市都依赖旅游业，电子竞技在年轻人中很受欢迎。西班牙的伊维萨岛是全球年轻人的旅游胜地，为此我们预计，伊维萨岛将利用当地的电子竞技活动宣传自己。如今，电子竞技的实体化变得尤为重要——越来越多的度假村和城市投资该领域，例如各地政府争相成为"电竞城市"，又如大型酒店服务公司新濠博亚娱乐开设了旗下第一家电子竞技场馆。

城市作为电子竞技赛事联盟化的重要载体之一，在世界各地政府政策的推动下，从职业电子竞技类型转变为大众化电子竞技类型，以更高的办赛规格、精彩内容的呈现吸引着更多的电子竞技观众。而统一的联盟制度，让全国各地的参赛选手、俱乐部通过地区、城市、国家的选拔制度脱颖而出，来到世界的舞台，为全球的电子竞技爱好者呈现更为精彩的顶级赛事。

2.5.4 电子竞技赛事的转会及青训

在现有的电子竞技赛事体系中，转会制度与青训制度也是必不可少的一环。

1. 转会规则

目前，各个电子竞技项目的转会规则之间存在差异，厂商主要根据全年的比赛计划确定转会窗口期。每年的转会规则以及时间都有可能出现一些调整。本节以较为成熟的LPL和《DOTA2》甲级、乙级联赛的转会规则为例进行介绍。

1) LPL的转会规则

LPL俱乐部之间的转会行为和手续要务必于当季转会窗口关闭前以书面形式完成，逾期后LPL官方将不予受理。俱乐部之间的选手转会规则如下。

(1) 数量。各联赛或赛季的选手交易没有最大总数的限制。但是根据 3.2 节[1]，队伍不得与另一支队伍（包括 LPL 及 LSPL 的队伍）交易 2 名以上在该赛季上场 40% 或以上场次的正式选手。

(2) 次数。一名选手在一个转会期内只能转会一次，并且在同一赛季中最多只能代表一家俱乐部参赛。参赛选手名单依据报名信息决定。

(3) 时间选择。交易最早可在转会期开始日期进行，不能迟于交易截止日期后进行。转会期指 LPL 官方提前公布的时间窗口，在该时段内俱乐部被允许进行转会操作。2016 年春季转会期是 4 月 25 日至 5 月 16 日，冬季转会期是 11 月 22 日至 12 月 18 日。

(4) 全球反挖角以及反干涉政策。在选手合同未完结之前，俱乐部只能通过该选手所属的俱乐部和经纪人进行交易协商，任何私下与选手沟通转会事宜的行为将被视为违反全球反挖角以及反干涉政策。详情请参阅《全球反挖角以及反干涉政策》[2]。

(5) 地区间选手交易。根据区域选手身份的资格要求，中国赛区内的选手之间可以互相交易。韩国、北美、欧洲、东南亚和拉丁美洲（或 LPL 区域中不包含的其他地区）的选手不可以交易。但是，根据区域选手身份的资格要求，这些选手可以按照自由选手的定义作为自由选手，此类选手的转会应遵从自由选手签约的规定。

(6) 没有受保护的选手。作为汇总表（选手大名单）的一部分，队伍需要宣布其部分受保护的选手。但是，队伍和选手可以协商其自己的"不交易"或"不指派"协约，如果协约生效并且切实可行，这些选手将不可交易。不存在 LPL 认可的"特权选手"（没有自由选手资格且只能通过交易或退休更改队伍的选手）。

(7) 交易资格。队伍只能交易其选手大名单中的选手；LPL 不会批准交易潜在和/或未签约的选手。

(8) 联赛许可。交易申请必须由队伍提前以书面形式提交给 LPL，并在生效前获得 LPL 的书面批准。交易申请许可流程包括 LPL 确认交易发生在第 4 章[3]指定的已批准交易时间范围内，并且符合所有资格和其他规则。

(9) 交易申请必须使用附录 A 中的交易许可申请表提出，并且必须包含以下信息。

① 涉及的所有队伍的名称。

② 涉及的所有战队经理（GM）的姓名。

③ 涉及的所有选手的姓名和位置。涉及的所有选手的首发选手/替补选手/储备选手的身份。

④ 交易说明。

⑤ 作为交易的一部分，包括一支队伍支付给另一支队伍的任何报酬金额。

⑥ 交易要求的生效日期。

(10) 交易或一系列交易涉及的各队伍的 GM 必须签署交易许可申请表。未签署的交易许可申请表不会被 LPL 受理。

(11) 如果队伍尝试交易受选手服务协议（授予选手交易许可权）约束的选手，此选手也

---

[1] 参见附录 I。

[2] 参见附录。

[3] 参见附录。

必须签署交易许可申请表。

（12）选手合同有效期内的转会仅限于俱乐部之间的交易关系。选手所属俱乐部有权拒绝选手个人及第三方个人（公司）的转会谈判。

（13）生效日期。在 LPL 批准后，交易即视为立即有效，除非交易许可申请表明确指定较晚的生效日期。但是在任何情况下，特定联赛期间内任何交易的生效日期都不得迟于此联赛的交易截止日期。

相比《英雄联盟》，作为赛事运营时间更悠久的电子竞技游戏《DOTA2》的转会规则更多的是通过 Q&A 的形式进行表述。

2)《DOTA2》甲级和乙级联赛的转会规则

转会登记页面为 http://www.dota2.com/majorsregistration/home/。

第一阶段结束时间：2018 年 1 月 22 日 17：00：00（太平洋时间）。

第二阶段结束时间：2018 年 2 月 5 日 17：00：00（太平洋时间）。

常见问题如下。

第一阶段（离队期）。

战队经理可以将上一个登记期的战队重新登记。

战队经理可以重新邀请原战队的选手加入战队或将他们移除。

选手可以查看并接受原战队的邀请。

选手可以选择离开原战队。

第一阶段结束时，任何未被原战队邀请的选手会从原战队中被移除。

第二阶段（入队期）。

选手无法离队。

战队经理可以登记新战队。

战队经理可以邀请任何可用选手加入战队。

选手可以查看并接受邀请。

第二阶段结束时，所有未被接受的邀请均会撤销，战队阵容锁定。

Q：选手需要做什么？
A：您需要在选手页面进行登记。
Q：如果我以前登记过，现在还需要重新登记吗？
A：是的，选手在每个登记期都需要登记。
Q：战队经理需要做什么？
A：您需要重新登记自己管理的现有战队（第一阶段），或者在客户端创建一支新战队并进行登记（第二阶段）。登记后您需要在第二阶段结束前邀请已登记的选手加入您的战队，您的战队阵容可以容纳五名选手。
Q：从某战队中移除的选手还能再次被邀请吗？
A：可以，可在第二阶段邀请任何已登记且未接受邀请的选手。
Q：登记何时开始？
A：第一阶段现已开始。上方可以看到第一阶段和第二阶段的结束时间。

Q：登记是否同时适用于甲级和乙级联赛？

A：是的。

Q：阵容下一次解锁是什么时候？

A：下一个登记期将在2018年国际邀请赛结束后启动。

Q：选手可以在接受邀请之后离开战队吗？

A：不可以，一旦选手接受了邀请，他们就会在本登记期间被锁定在该战队的阵容中。

Q：可以有替补选手吗？

A：替补选手不属于登记过程的一部分。在甲级或乙级联赛中使用替补选手可能会导致积分惩罚（请参见甲级和乙级联赛常见问题）。

Q：登记期期间使用替补有什么规定？

A：登记期（第二阶段结束前）期间替补选手参与比赛没有惩罚。

Q：如果我们需要在阵容锁定后更改阵容怎么办？

A：队伍的参赛阵容与登记的阵容差别很大将导致积分惩罚，与使用替补选手类似（请参见甲级和乙级联赛常见问题）。

Q：入队邀请可以撤销吗？

A：可以，但前提是该选手尚未接受邀请。一旦选手接受了邀请，就不能从该战队中移除。

Q：一位选手可以受邀参加多个战队吗？

A：可以，但是他们只能接受其中一个战队的邀请。

Q：我们是否需要在截止日期之前更新客户端内的战队信息？

A：不需要，我们会在第二阶段结束时更新客户端内的战队信息，与登记名单一致。

（《DOTA2》官网的Q&A）

2. 青训制度

从传统体育到电子竞技的理想层面来说，俱乐部要想实现持续发展，对新人的培养和输送至关重要，完善培养制度和梯队制度是实现"造血"的根本。从现实层面来说，俱乐部每年会为队员转会付出成百上千万的资金成本，如果俱乐部内部有一套健全的选拔体系，则不仅可以解决自身的人员更替问题，还能够向其他队伍输出队员为俱乐部创收。

国内顶尖电子竞技俱乐部青训选拔体系的建立已经趋近完备，坐拥大量粉丝的官方微博会定期发布公告招收青训队员，俱乐部会为这些年轻人提供良好的训练和住宿条件。青训队员必须严格遵守俱乐部的规章制度，实行残酷的淘汰机制，能留下来的选手基本已经具备了成为职业选手的优良品质。反观国内二三线队伍，他们既没有知名度，也没有雄厚的经济实力搭建青训体系，自己不能"造血"而又在不断"出血"，久而久之电子竞技俱乐部就容易形成金字塔分布，这对整个行业的发展也是不利的。在保证俱乐部与选手权利的情况下，应尽可能多地挖掘青训选拔的方法，以弥补二三线队伍"造血"不足的情况。

青训队员的选拔一般会重点考核两方面：第一，选手对于游戏的理解和操作；第二，选手自身的道德品质和沟通能力。

俱乐部一般会在休赛期通过官方微博、微信公众号、官方主页等媒介发布招募信息，对年龄、游戏水平、擅长位置等信息进行筛选，挑选入围的选手进入俱乐部训练营。在教练的安排下进行随机分组对抗训练、对线训练、战术套路等，通过几个月到一年的高强度、高压力试训不断淘汰不合适的人选。教练组也会刻意地雕塑这些年轻选手，朝着适合俱乐部选拔的方面发展。

最有代表性的联赛当属 VPGAME 对战平台运营的 CDEC[①] 联赛，级别从低到高依次为 CDEC 预备赛、CDEC 精英赛、CDEC 大师赛。报名门槛很低，只要选手晋级到 CDEC 大师赛并且表现出色，就可以直接进入 LGD 的青训队伍。这种联赛的选拔方式包含各种城市联赛和校园联赛，各俱乐部也会关注这种小型比赛，并且从中挑选脱颖而出的新兴选手。

除了以上两种最为常见的选拔方式外，俱乐部还会拓展一些渠道以增加青训的选拔方式。

① 熟人推荐。俱乐部工作人员推荐认识的选手进入青训队伍。

② 转电子竞技项目。之前已经在其他电子竞技项目中获得一定成绩，由于自身发展因素转到其他项目的青训队中（OW 职业转 PUBG 职业）。

③ 挖掘民间大神。经常在高分局露脸的玩家，俱乐部会主动与其取得联系。

④ 论坛神贴。一些潜力选手会在论坛、贴吧发布一些新颖的攻略，也有一些选手会在论坛、贴吧发布自己的冲分经历，俱乐部发现后会主动联系这些选手进入队伍试训等。

附录：

1.3.2节　名单要求

在整个 LPL 赛季期间，每支队伍都必须始终有一名经理（GM）、一名主教练、在首发阵容中的五名选手（首发选手）和至少一名替补选手（替补选手）。首发选手和替补选手共同组成上场名单。任何个人不得同时担任两个或两个以上的上述角色。汇总表（简称选手大名单）中的所有选手在前一年的最高排名必须为钻3或更高级别。

所有正式选手与其效力的队伍之间必须有书面合同。一名 LPL 正式选手只允许为其签约的 LPL 队伍效力。一名选手不得同时为一个以上的组织效力，因此不得列于多支队伍的名单中。为验证这些选手是否已正式签约，各队伍必须为其希望指定为签约的各选手提交选手服务协议汇总表（简称选手大名单），当中包括首发选手、替补选手及储备选手。所有名单的变动可按第4章中的描述进行。

选手大名单将显示在 LPL 官方网站上，并将在队伍正确提交文件后更新。当选手确认签约后，该名单的变动会在网站公布。此网站中的名单将被视为在合理的期限内可以应用的最新名单。名单资格仍由 LPL 官方自行裁定。

任何队伍不得同时将过去两个赛季在 LPL 联赛和/或任何赛区的职业联赛及甲级职业联赛（包括入围赛，在中国区则特指城市英雄争霸赛）中参赛的不同队伍中任一首发阵容的两名以上选手列于名单中。从甲级职业联赛晋级的队伍在 LPL 联赛第一场比赛

---

① CDEC 全称为 China DOTA Elite Community（中国 DOTA 精英联盟），由前 IHPA（In-House Pro Alliance，高端 IH 联盟）更名而来。

中,必须有获得晋级 LPL 名额的正式名单中的至少 3 名正式选手参赛。正式选手指在一个赛季中代表队伍参加 40% 及以上联赛场次的选手。

2. 全球反挖角以及反干涉政策

任何队伍成员及相关机构均不得寻求、引诱或者雇用已与其他队伍有合约关系的正式选手及教练,也不可以鼓励其他队伍的正式选手及教练违约甚至终止合约。任何被视为有此意向的对话都会被视为违规。为避免疑惑,任何有关合同关系的讨论,无论是否关系到现有合同状态或是现实合同终止后未来潜在的雇用可能,一概视作违规。任何希望接洽已和其他队伍有合同关系的选手和教练的队伍,都必须通过联系合同持有队伍的管理层进行。在全球各地联赛的正式选手及教练的合同到期日均能够在《全球合同数据库》中找到。但在队伍与选手或教练签署了《可接触声明书》之后,全球反挖角以及反干涉政策将不再在该选手或教练身上适用。

3. 第 4 章(参阅《英雄联盟》官网)《决定选手替换的自主权利》

http://lol.qq.com/webplat/info/news_version3/152/4585/4586/m3238/201601/423921.shtml。

第二部分
电子竞技赛事职业道德

第 3 章

电子竞技赛事职业道德

3.1 职业道德的概念与意义

3.1.1 职业道德的定义

职业道德是指在一定职业活动中应遵循的、体现一定职业特征的、调整一定职业关系的职业行为准则和规范。不同的职业人员在特定的职业活动中形成了特殊的职业关系,包括职业主体与职业服务对象之间的关系、职业团体之间的关系、同一职业团体内部人与人之间的关系,以及职业劳动者、职业团体与国家之间的关系,它通过人们的信念、习惯和社会舆论而起作用,成为人们评判是非、辨别好坏的标准和尺度,从而促使人们不断增强职业道德观念,不断提高服务水平。

3.1.2 职业道德的内容

职业道德的主要内容为爱岗敬业、办事公道、诚实守信、遵纪守法、尊重产权、客观公正。

爱岗敬业、办事公道是电子竞技从业人员应具备的一种崇高精神,是求真务实、优质服务、勤奋奉献的前提和基础。电子竞技从业人员首先要安心工作、热爱工作、献身从事的行业,把自己远大的理想和追求落到工作实处,在工作岗位上做出非凡的贡献。电子竞技从业人员有了尊职敬业的精神,就能在实际工作中积极进取、忘我工作,把好工作质量关,对工作认真负责,同时认真分析工作中的不足和积累经验。

诚实守信、遵纪守法是电子竞技从业人员职业道德的核心。诚实守信是中华民族的传统美德,遵纪守法是每个公民应尽的义务。不参与假赛和赌博、依法办事是电子竞技从业者的觉悟、良知和道德。拒绝对比赛结果在任何形式上进行操控,对参赛选手、观众、自我道德负责。

尊重产权、客观公正是电子竞技从业人员职业道德的灵魂。在电子竞技赛事中,比赛项目都为游戏,而使用游戏进行比赛需要经过游戏厂商的许可。在电子竞技赛事的运营中应注重知识产权,不使用没有授权许可的素材也是现今非常重要的职业道德。保持客观公正的精神,在电子竞技赛事中设置相对公平的赛制及赛事规则是赛事运营的重要工作。

3.1.3 职业道德的意义

职业道德是社会道德体系的重要组成部分,一方面具有社会道德的一般作用,另一方面又具有自身的特殊作用。

1. 有利于提高社会道德水平

职业道德是整个社会道德的主要内容。电子竞技工作者的职业道德是社会道德在电子竞技行业的具体化。电子竞技工作者应加强职业道德建设、提升职业道德水平，这样做不仅有利于电子竞技行业自身的发展，而且关系到整个社会道德水平的提高。所以，电子竞技工作者具备优良的道德对促进社会道德水平的提高具有重要意义。

2. 有利于调节电子竞技从业人员之间的关系

职业道德的基本职能是调节职能，一方面可以调节从业人员内部的关系，即运用职业道德规范约束职业内部人员的行为，促进职业内部人员的团结与合作，如职业道德规范要求各行各业的从业人员都要团结、互助、爱岗、敬业、齐心协力地为发展本行业、本职业服务；另一方面，职业道德又可以调节从业人员和服务对象之间的关系，如职业道德规定了赛事运营人员要怎样对工作、选手和观众负责等。

3. 有利于维护和提高电子竞技行业的社会信誉

电子竞技行业的信誉就是电子竞技的形象、信用和声誉，是电子竞技行业及其赛事与服务在社会公众中的信任程度，提高信誉主要依靠电子竞技赛事的质量和服务的质量，而电子竞技工作人员的高职业道德水平是产品质量和服务质量的有效保证。若电子竞技工作人员的职业道德水平不高，就很难推出优质的赛事和提供优质的服务。电子竞技行业是新兴行业，每个电子竞技从业者对电子竞技行业的形象塑造都至关重要，一个专业的具有职业道德与素养的电子竞技从业者的形象可以潜移默化地改善社会对电子竞技行业的误解与偏见。作为电子竞技赛事运营者，富有职业素养的工作形象是塑造赛事品牌的一大助力。所以，电子竞技工作人员的职业道德建设是维护和提高电子竞技行业的社会信誉、促进电子竞技行业兴盛发达的必不可少的前提条件。

4. 保障电子竞技市场的健康发展

电子竞技的发展有赖于高的经济效益，而高的经济效益源于高的电子竞技从业者的素质。从业者的素质主要包含知识、能力、责任心三方面，其中责任心是最重要的。而职业道德水平高的从业者的责任心是极强的。所以在市场经济条件下，具有良好职业道德的电子竞技从业者应按照职业道德规范要求参与电子竞技行业市场活动，防范和减少不规范行为对市场环境、市场主体、市场运行机制等的干扰和破坏。因此，加强电子竞技从业者的职业道德建设是电子竞技市场健康有序运行和发展的保障。

3.2 电子竞技赛事运营的工作态度

3.2.1 对待工作

电子竞技从业人员应保持积极向上的工作态度，热爱本职工作，在工作中应勤于思考、认真总结、保持自信、处事冷静稳健,对工作秉持着认真负责的态度,自觉遵守工作纪律,杜绝利用工作之便贪污受贿或谋取私利,自觉抵制各种精神污染,不议论客户和同事的私事,不夹杂个人情绪进行工作。

对赛事主办方认真负责,乐于倾听与交流。与同事积极沟通,交流工作进度,了解赛事进程。同事之间应互相关心和帮助、团结协助、和睦相处,形成良好的集体氛围。讲文明,有礼貌,树立并维护个人和公司的良好形象。

3.2.2 对待选手

电子竞技赛事运营方应保证公平、公正、公开地对待每一位参赛选手,做到不偏不倚、一视同仁。要以既定规则进行有理有据的判决,不应以自身情绪、个人看法以及外界压力区别对待选手,不应徇私枉法,必须坚持自己的原则和底线。

要人性化地对待每一位选手,保护选手隐私,从多方面保证选手的竞技感受,细心考虑选手需求,在不违背规则的情况下尊重选手的个人意愿,最大可能地为选手提供便利。

3.2.3 对待观众

对于观众,一定要设身处地地为其着想,认真听取观众的建议及意见,尊重每一位观众。在赛事进行期间,要引导观众遵守赛场纪律,也要引导观众情绪,防止发生冲突。同时,安全防护工作一定要面面俱到,对各种意外情况要有充足的应急准备,如紧急疏散等。安全措施要保证快速有效。

3.3 电子竞技赛事运营的职业素养

3.3.1 关注新闻,了解资讯

电子竞技行业从业者必须时刻关注行业动态,包括电子竞技赛事、行业新闻、政策动态、热点事件、大咖分享等。每天对行业资讯保持热度会培养从业者的大局观、行业敏感度、分析和理解能力。

除了对电子竞技行业持续深入的关注和思考以外,还要对体育行业的动态关注。电子竞技行业的动态必须关注,这关乎赛事的策划方向,游戏项目的电子竞技发展规划则有利于产品发展规划。目前,电子竞技行业正逐渐向传统体育行业看齐,向正规化、专业化进行转变,对体育行业的关注有利于开拓电子竞技从业者的电子竞技思维。

电子竞技赛事运营者应每天花费一定时间了解行业最新资讯,每天保持热度。让从业者的思维与行业内的其他人士通过文章、新闻等载体隔空交流,不仅可以学会从多角度、多方位看待事情的能力,还能大幅提升从业者的综合能力。

3.3.2 工作反思,赛事总结

总结是综合提升的过程,不仅是反思工作、找出问题并改正的过程,更是对自己的总结能力和反思能力的再次提升。知道个人思维的局限性才是反思的根本。电子竞技行业在高速发展,电子竞技赛事涉及各类人员,容易出现突发事件,需要电子竞技从业人员有很好的总结和反思能力,从而快速做出正确的决定。

在每周或者每个项目阶段做个人工作总结,总结个人在某一阶段出现的问题,提出可能的解决方案,在今后避免问题或者践行解决方案。

做赛事复盘总结。一次赛事落地以后,必须做一次复盘总结。通过结果分析赛事中存在的问题并总结经验,这样做有利于提升赛事运营者对赛事的把控能力,也会为后续工作形成参考。

3.3.3 严守秘密,顾全大局

在履行自己职责的同时要树立保密观念,保守商业秘密,不外泄资料。在突发事件的处理上要以大局为重。严守秘密,不将选手和观众的资料外泄,不对外发布企业内部信息是电子竞技从业人员的自我修养。顾全大局是电子竞技从业人员的工作方针,不将私人情绪代入工作,事事以大局为先。

3.3.4 勤于思考,乐于创新

电子竞技赛事运营者是赛事的策划者,是电子竞技赛事重要的头脑中心,应该做到勤于思考、乐于创新,不故步自封。对每次的赛事策划要多加思考,不墨守成规,力争每次赛事都给观众带来新鲜感。为了多了解行业活动趋势,电子竞技赛事运营人员应有意识地参与各类展会、赛事,学习各类活动的优势,思考如何做到"人无我有,人有我优",为创新活动打下基础。只有勤学、多看各类不同的赛事,开启创新思路,才能做出新鲜、有活力的赛事活动策划。

第三部分
电子竞技赛事运营

第 4 章

电子竞技赛事运营综述

4.1 电子竞技赛事运营的概念与内容

4.1.1 赛事运营的定义

赛事运营是指商业性组织利用资源要素,将输入(如人、财务、技术等)转化为输出(经济效益)的过程。从狭义上来说,它是一个电子竞技行业的岗位名称,是整个电子竞技赛事项目的管理者和执行者,也是赛事与各方(游戏厂商、赞助商、战队、解说、表演嘉宾等)的服务者,负责整个赛事的流程。

赛事运营能力直接决定了电子竞技赛事的影响力和盈利状况。只有将电子竞技赛事运营好,整个电子竞技产业才会有优质的内容输出,才会产生源源不断的资金流入以支撑整个电子竞技行业的持续发展。电子竞技运动的竞赛性质决定了其以电子竞技赛事为核心,而电子竞技赛事则以赛事运营为核心。

4.1.2 赛事运营的内容

赛事运营主要由赛事策划、赛事推广、赛事招商、赛事执行四部分构成。其中,赛事策划是赛事运营的基础。一个电子竞技比赛的落地和执行都是建立在一份完整的赛事策划上的,而一份完整的赛事策划方案又包含赛事内容、赛事成本控制、赛事推广方案、赛事招商方案、赛事执行方案等。一般情况下,一个赛事运营的工作内容包括具体赛事策划、流程和风险的把控、现场协调、人员和项目的统筹等,具体如下(图4-1)。

① 策划赛事内容,制定赛制、赛程,并能协调各参赛单位及人员。
② 制定赛事推广方案的大方向,并协助赛事推广活动的组织、策划及执行。
③ 配合商务制定招商计划,并根据实际情况调整招商计划。
④ 做电子竞技赛事的前期协助筹备、中期督导执行、后期评估。
⑤ 监控赛事项目的实施情况,及时根据赛事的要求和变化提出解决方案,并向赛事组委会提供合理建议。
⑥ 合理实施各项计划统筹,掌握各分赛区的工作进度及方向。
⑦ 与赛事执行人员进行细致的沟通,减少因沟通不足而引起的执行偏差。
⑧ 解决现场活动中出现的问题,灵活应对突发事件。

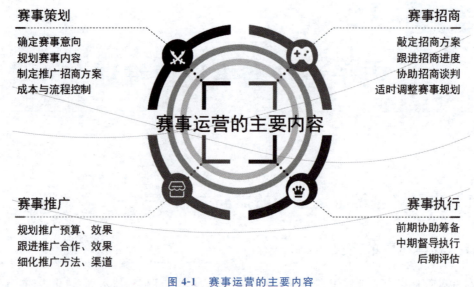

图 4-1　赛事运营的主要内容

4.2　电子竞技赛事运营的流程与工作内容

4.2.1　赛事运营的流程

一个赛事的举行首先由主办方发起意向，对整个赛事提出战略规划，对赛事的规模、时间、内容有大致的拟定，例如 3 月份在高校范围内选拔《王者荣耀》的电子竞技选手，或者 8 月份举行上海对武汉的地区对抗赛等。

赛事运营者根据战略规划策划赛事，并制定赛制与比赛规则、赛事推广方案等。在与主办方达成意向后，赛事承办方将完成对赛事的申办（包括比赛项目的赛事权、线下比赛的备案、场馆的报批等）。在策划赛事的同时，运营人员要配合商务人员进行招商方案的策划，对赛事进行招商。

在赛事招商结束后及赛事推广开始之前（具体时间可根据赛事规模进行调整），赛事运营人员要规划一份完整的赛事执行方案。根据具体的执行方案开始落地宣传、推广，推广要贯穿比赛前、比赛中和比赛完全结束。

在这段赛事开始推广到赛事完全结束的时间中，赛事运营方要统筹各个部门的工作进度，在监控赛事实施情况的同时，要根据赛事的具体变化灵活地调整推广的方式和方法，为赛事运营提供合理建议。

其中，在赛事正式开始前建立完整的执行人员管理机制也是赛事运营工作的一部分。赛事正式开始后，赛事运营人员需要与赛事执行人员积极沟通，及时、灵活地处理赛事执行时出现的问题，避免比赛被过度耽搁。赛事运营的流程如图 4-2 所示。

4.2.2　赛事运营流程对应的工作内容

电子竞技赛事运营的工作内容见表 4-1。

第 4 章 电子竞技赛事运营综述

图 4-2　赛事运营的流程

表 4-1　电子竞技赛事运营在赛事流程中的工作内容

电子竞技赛事的流程节点	赛事运营的工作内容
举办赛事意向	反复沟通，确定主办方基本的赛事规划与要求
赛事策划	① 策划赛事内容，制定赛制、赛程 ② 制定基本的推广方案 ③ 计算赛事成本 ④ 对赛事进行可行性研究 ⑤ 编制风险评估报告 ⑥ 配合商务人员完成对赛事的申办
赛事招商	① 配合商务人员编写招商方案 ② 配合商务人员对赛事进行招商
赛事筹备	① 对赛事的推广进行筹备 ② 对赛事的物料、场地设施进行筹备 ③ 建立后勤管理制度、人员管理制度 ④ 统筹各部门的进度计划 ⑤ 编写赛事的详细执行方案
赛事推广	配合宣传人员对赛事进行推广
赛事举办	① 执行本次赛事 ② 对赛事的后勤进行保障 ③ 与执行人员进行沟通 ④ 把控赛事的正常进行
赛事总结	① 对本次赛事进行数据分析 ② 总结赛事出现的问题并进行优化

4.3　电子竞技赛事的运营模式

4.3.1　赛事运营模式的分类

　　电子竞技赛事的运营模式主要分为第一方主导的赛事和第三方主导的赛事两大类。
　　第一方主导的赛事主要指游戏厂商主导的赛事，即由游戏项目的开发商（也称游戏厂商）主办的电子竞技赛事。这种赛事一般也称官方赛事。
　　第三方主导的赛事是指由除游戏厂商外的其他机构主办的电子竞技赛事。第三方主导的赛事虽然并不由游戏厂商主办，但依旧需要取得游戏厂商的授权，才能在赛事中使用某款游戏作为比赛项目。

4.3.2 赛事运营模式的分析

1. 第一方主导的赛事运营

第一方主导的赛事以游戏为中心,一切为游戏服务,赛事本身的地位反在其次。游戏厂商通过举办赛事吸引更多的电子竞技玩家,继续提高游戏热度,带动和拢聚人气,延长自身游戏的寿命周期,增加用户黏性。

得益于第一方赛事的推广渠道较为精准、可以在游戏内直接投放赛事信息以及拥有官方赛事品牌这样的天然优势,第一方主导的赛事的用户关注度、用户认可度、选手参与度普遍较高。所以,拥有较高"三度"的第一方赛事发展得十分迅速,奖金投入也较高。较高的奖金投入不仅会吸引用户关注,也促进了选手的良性竞争,增加了比赛的观赏性,构成了第一方赛事的良性循环。一个关注度高、观赛体验好的第一方赛事也可以被运营成一个较为独立的IP①,较少依靠游戏本身带来关注度,更多的是将关注度和潜在用户反哺给游戏。《DOTA2》的国际邀请赛(Ti)就是一个教科书式的赛事反哺游戏的例子:在MOBA类游戏竞争激烈的时代,《DOTA2》由于操作难度较高、上手难度高、竞品游戏的冲击等客观原因,活跃用户数量逐年减少,但由于Ti的高奖金及特殊的募集奖金方式(使游戏用户产生比赛参与感),Ti的影响力并没有随着游戏活跃用户的减少而变小,每当Ti举办时,《DOTA2》的关注度也会随之上升。由图4-3可见,在Ti举办时,其搜索量远高于《DOTA2》,《DOTA2》的搜索量也高于平时。

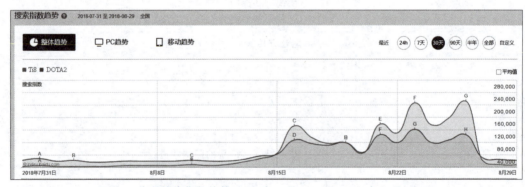

图 4-3　全国搜索指数趋势(2018 年 7 月 31 日至 2018 年 8 月 29 日)

总体来说,第一方主导赛事的主要优势有以下几点。

① 拓宽参赛人群范围,吸引更多用户。如同腾讯游戏电子竞技平台,不仅囊括职业玩家,还给半职业玩家、业余玩家提供参赛机会,并根据比赛的难易度设立了相应的奖金数额,所有参赛者都可以在平台上一展身手。如《英雄联盟》的线上冠军锦标赛通过网络渠道运营,不需要消耗大量成本就可以有效地拓宽参赛人群的范围,所有用户都可以加入。

---

① IP 是 intellectual property 的缩写,直译为"知识产权",全称为 intellectualproperty right,特指具有长期生命力和商业价值的跨媒介内容运营。一个具有可开发价值的 IP 至少包含 4 个层级,称为 IP 引擎,它们分别是价值观、普世元素、故事和呈现形式。

② 第一方赛事较有公信力，且由于许多第一方赛事的游戏采用某款虚拟产品盈利抽成作为奖金的方式，奖金总额较为可观，对于参赛选手相当具有吸引力。

③ 第一方赛事的游戏项目都是本公司旗下的产品，他们会在游戏里进行推广、招募以及跟进宣传后续赛事。在游戏用户中，第一方主导的赛事曝光量较大。而此举同时助推了游戏厂商自身游戏的发展与市场热度，提高了游戏项目的知名度，扩大了覆盖范围。

④ 游戏厂商需要通过赛事维持游戏的关注度和活力，第一方主导的赛事周期较长，举办时间也较为固定，选手也相对比较固定，流失率较低。周期较长的第一方主导赛事能够培养用户的忠诚度，尽可能地延长游戏寿命。

⑤ 第一方主导的赛事，以 Ti 为例，不仅可以宣传游戏，对于厂商本身来说，还有利于游戏厂商与被赛事吸引来的其他内容制作商、赛事执行方等企业的互利共赢，形成一个完整的产业链，推动整个行业的健康发展。

2. 第三方主导的赛事运营

1) 传统第三方赛事

与第一方赛事的目的不同，第三方运营赛事则是希望把赛事本身打造成 IP，一切以赛事为中心。而随着第一方赛事的崛起，传统第三方赛事的生存空间变得更加逼仄，许多劣势已显现出来，逐渐式微。

① 第三方主导赛事的资金由广告商、赞助方支持，主要盈利手段在于门票、版权及周边广告，形式较为单一。由于赛事的举办极度依赖赞助商，因此一旦资金链出现问题或赞助公司调整发展战略，第三方赛事的举办就很容易受到波及甚至停办。如"电子竞技奥运"WCG 的停办在很大程度上是因为三星集团的撤资。

② 第三方赛事由于宣传方式等的局限，对于参赛选手、观赛群众来说，其赛制不够透明，关注度也远远小于游戏厂商主导的赛事。作为对比，LPL、Ti 等由游戏厂商主导的赛事却往往具有庞大的群众基础，而且赛制公平、公正、透明度高，比赛场地、选手住宿环境、赛事的直转播设备等配套设置也都是顶级的。

③ 由于各种原因造成的不透明性，也没有有效的手段获取较高的比赛关注度，受众面较小，第三方赛事的含金量较低。

2) 现代第三方赛事

现代第三方赛事为传统的第三方赛事找到了一条比较宽阔的发展之路，在很大程度上弥补了传统第三方赛事的弊端。

① 阿里体育主办的 WESG 是典型的第三方赛事。赞助依然是 WESG 的主要资金来源，但在赞助方中，海口政府也给予了第二届 WESG 巨大的支持，有了地区政府的背书，WESG 的资金问题不仅得到了一定的缓解，公信力也在一定程度上得到了提升。

② 国家主导的赛事是较为特殊的一种第三方赛事，主办方为政府，这不仅解决了赛事的资金问题，赛事的含金量与公信力也提升许多，赛事的品牌力量和关注度也逐年上升：2014 年，NEST 的最高同时在线人数达到了近 200 万人，每日观看人数突破了 1000 万人；2015 年，NEST 的最高同时在线人数超过了 300 万人，每日观看人数突破了 2000 万人；2016 年，NEST 的最高同时在线人数超过了 500 万人，总观看人数突破了 4500 万人；2017 年，NEST 的单日最高同时在线人数超过了 600 万人，总观看人数突破了 6000 万人。优秀

的赛事体系和广大的赛事覆盖面使NEST汇聚各方粉丝,赛事收视率屡创新高。

③ 游戏厂商主导的赛事以游戏为核心,国家主导的赛事则是以产业发展为核心,在国家主导赛事的举办地能够促进当地的电子竞技产业发展和经济发展,树立城市形象。国家主导的赛事就像一个以赛事为卖点的引线,为经济发展和产业转型升级注入了新的活力。

以NEST为例,NEST的《LOL》项目的冠军队伍将直接进入德玛西亚冠军杯的八强。当国家主导的赛事有能力打通与游戏厂商主导的赛事的界限时,国家主导的赛事的公信力与含金量也将显著上升。对于职业选手来说,通过国家主导的赛事直通游戏厂商主导的赛事将极大地节省精力及时间,这也有利于增强职业选手的竞争意识与提高他们的参赛积极性。对于观众来说,在国家主导的赛事中,参赛队伍之间的激烈比赛也更具有观赏性。

2018年,雅加达亚运会的电子竞技表演赛体现了国家主导赛事有别于普通第三方赛事的一点,国家主导赛事带来的是对整个行业的社会正面影响以及对电子竞技行业体育化的正面影响,这些都是第一方游戏厂商主导赛事难以企及的。

电子竞技赛事的参与人员及职责

4.4.1 赛事主办方

电子竞技赛事主办方是进行电子竞技赛事运营和管理的主体。电子竞技赛事主办方可以是一个组织、企业或者机构。一般而言,电子竞技赛事的主办方都是赛事的所有权人,赛事主办方也决定了电子竞技赛事的赛事定位、赛事项目、比赛规则、赛事举办时间、赛事举办方式、赛事举办地点、赛事发展方向等一系列与赛事相关的重大问题。例如,腾讯的TGA大奖赛的赛事主办方首先决定TGA大奖赛的定位是腾讯游戏为广大玩家打造的一场覆盖全年的大型综合性体育竞技盛会;又依据赛事定位决定了TGA大奖赛的举办周期及时间、整个TGA大奖赛的举办城市等重要工作。

电子竞技赛事主办方一般不直接执行电子竞技赛事的前期筹备,例如场馆搭建等具体工作,而是由赛事执行方负责具体工作的落地。赛事主办方主要负责赛事的申办、统筹各执行单位的工作及监管执行单位的流程。在赛事中,一般只有一两个主办方。

4.4.2 赛事执行方

赛事执行方是进行电子竞技赛事的执行与落地的主体。赛事执行方主要负责赛事的具体落地、运营等工作,例如在英雄联盟甲级职业联赛中,场馆的搭建、比赛的裁决、比赛的导播、比赛的直转播、场馆的选手管理、观众的管理等大部分赛事执行工作都是由赛事执行方完成的。在一个赛事中,赛事执行方可以有多个,每个执行方只负责一部分赛事的落地,共同运营一个赛事。其中,项目导演与电子竞技裁判在赛事中起着重要作用,下面单独进行介绍。

1. 电子竞技赛事项目导演

电子竞技赛事项目导演是赛事的组织者和领导者之一,是把电子竞技赛事搬上荧屏的总负责人,这就要求项目导演拥有以下知识与能力。

① 熟知电子竞技赛事,对电子竞技游戏有较深入的了解。
② 清楚舞台直播、转播环节,能快速调整以应对现场紧急情况。
③ 有较强的表达、理解能力,有良好的跨部门沟通能力,善于协调资源等。
④ 对舞美、AV、灯光设备有较强的理解,能够主导设计整体舞美方案。
⑤ 对导播系统有较强的理解,有良好的镜头感,能根据需求确定舞台机位。

电子竞技赛事项目导演的主要职责有以下几点。

① 负责电子竞技赛事的内容策划和制作,根据项目需求制定赛事主题,带领项目组策划赛事的竞标方案和执行方案,完成整体赛事转播方案(包括VCR类、现场表演和流程类、文案撰写等)。
② 根据赛事主题提出赛事转播舞美需求,协助视觉部门制定赛事整体视觉设计,包括赛事KV、舞美设计、大屏素材、直播包装等,把控现场效果。
③ 统筹协调内部资源,根据赛程、赛制协助导播组制定赛事转播方案,包括机位、数据、OB、回放、赛事解说评论等,保证项目整体品质。
④ 收集观众以及业内动态,制定长远的赛事转播方向。

2. 电子竞技裁判

电子竞技裁判作为赛事的仲裁人,需要在较短的时间内做出最合理的判罚,以保证赛事的公平性和专业性,确保赛事有条不紊地进行。因此,裁判需要熟悉赛事的赛程、赛制和比赛执判尺度,拥有较高水准的电子竞技经验,掌握一定的外语沟通技能。

在比赛之前,裁判需要调试机器和设备,以确保选手能正常进行比赛,负责与其他团队一起确保比赛准时开始,在赛事前根据清单对上场选手进行检查,为选手准备所有官方提供的外设,如电脑、耳机等。面对首次参赛的选手,裁判需要向其介绍基本的参赛规范等。

在比赛过程中,裁判要将比赛区隔离出来,避免观众对选手产生干扰。裁判需近距离观看选手比赛,监视选手行为,对选手、队伍的违规行为做出处罚。若在团队项目的对抗中出现矛盾和分歧,裁判需要出面协调,维护赛场的和谐。现场一旦出现任何事故,如游戏bug、外设问题等,裁判要立即根据情况进行调节。

电子竞技裁判职责

1. 总裁判长职责

(1) 全面负责竞赛中的裁判工作。
(2) 负责赛前检查落实比赛场地、器材、设备以及参赛选手竞赛适应性演练等事宜。
(3) 制定竞赛程序和工作计划,明确各裁判员的分工。
(4) 主持裁判会议,根据规则、规程精神,负责对竞赛中的疑难问题进行解释。
(5) 组织、安排并监督裁判员的抽签工作。
(6) 竞赛中,负责指挥各裁判员进行赛场裁判、监督、记录工作,负责协调执行过程中出现的争议,并有权做出最后决定。
(7) 发现裁判员、参赛选手有违反竞赛规则或严重违纪行为,有权进行处罚。

(8) 审核、签署和宣布比赛成绩。
(9) 负责做好裁判总结工作。
(10) 召开赛前裁判会议，对竞赛规则和竞赛要求进行说明。
(11) 对各裁判员的执裁工作予以记录。

2. 裁判员职责

(1) 精通本次电子竞技竞赛的规则及其他有关规定，认真学习竞赛规程。
(2) 尊重并服从总裁判长的指挥，有责任将竞赛中出现的问题及时上报，提出合理建议。
(3) 按竞赛规则的要求进行场上执裁。
(4) 不得随意向运动员传递有关的裁判内部信息。
(5) 裁判员的工作由裁判组统一安排调动，本人不得提出特殊执裁要求。
(6) 严格遵守裁判员守则和赛会各项有关规定。
(7) 比赛后及时做好总结工作。
(8) 赛前核查比赛设备，核对参赛运动员身份。
(9) 每次赛前将执裁场地比赛用机的软、硬件恢复为标准状态。
(10) 按照总裁判长的指挥，负责记录竞赛的成绩，汇总后上报总裁判长。
(11) 完成裁判组交办的其他任务。

对裁判的具体要求可参见本书附录"全国电子竞技裁判员管理办法（试行）"。

4.4.3 赛事战队或选手

赛事战队及选手是赛事不可或缺的一部分。选手及战队的身份也会随着赛事的定位而发生改变。例如，英雄联盟职业联赛中，参赛选手受到一定限制，一般为在主办方拳头公司注册过的职业选手，而在TGA大奖赛中，对参赛选手没有特殊要求。

在赛事中，选手需要遵守比赛规则，其中有的规则不仅体现在比赛时，也体现在赛事期间，例如选手在赛事期间进行盗窃、抢劫等犯罪活动，选手也将被主办方处罚。又如，LPL规定队伍成员不得参与任何被不成文法、法例以及条例禁止的以及会导致或者可能会被拥有合法管辖权的法庭认定为有罪的活动。同时，除了赛事主办方应对选手的行为做出明确的规则约束外，赛事执行方也应对选手的行为进行管理，除了管理选手的不正确行为，还应引导选手遵守赛事流程，例如进行比赛、赛后采访等。

对选手的具体要求可参见本书附录"全国电子竞技运动员注册与交流管理办法（试行）"。

4.4.4 其他参与人员

1. 赛事主持人

美丽大方或英俊帅气的主持人会为比赛增色不少，甚至会成为官方宣传的亮点。电子竞技赛事主持人在比赛现场进行主持的同时，还需要根据比赛项目的特点和观众的心理、情绪的需求努力营造现场氛围。电子竞技赛事的主持人需要具备以下良好的综合素质与能力。
① 对电子竞技有深刻的理解与热爱。
② 懂得各种电子竞技游戏,有较为精深的专业知识及信息积累。
③ 有很好的口才,有赛事现场解说、评论及随机应变的能力。
④ 具有电子竞技的语言应用技能和电视设备的操作能力。
⑤ 具有较强的计算机和外语应用能力。
电子竞技赛事主持人的主要职责有以下几点。
① 制作、执行节目计划。
② 撰写主持词。
③ 主持现场赛事。

2. 电子竞技解说员

电子竞技解说员是指对电子竞技比赛的相关活动进行解说的人员。与传统体育解说员类似,都是指通过语言、画面和文字等手段对一切与电子竞技比赛相关的活动进行描述、分析、评论、预测和烘托等的一种播音形式,同时指从事电子竞技解说的人员。

一个合格的电子竞技解说员需要具备以下能力。
① 具有一定的游戏专业性,熟悉游戏背景,了解游戏背景知识。
② 掌握基本的播音主持专业技巧。
③ 了解和掌握解说一场比赛的基本方法。

3. 赞助商

赞助商是指为电子竞技赛事或电子竞技战队提供经费、商业资源、实物、相关服务等支持的企业或机构。对电子竞技赛事进行赞助的赞助商将在赛事中获得如下权利:品牌露出、冠名权、在赛事中为赞助品牌进行商业宣传等。由 Newzoo 发布的 2017 年全球电子竞技报告中的数据可以看出,电子竞技迷中的男性观众约占 70%,其中有一半人的年龄为 25~35 岁。这样较为集中及鲜明的人群画像使得电子竞技赛事的赞助商在特定人群中提高品牌知名度、树立品牌形象的商业目的事半功倍。但随着电子竞技的大众化、体育化、泛娱乐化,电子竞技迷的受众也不断扩大,受众的成分也越来越多样,这也使得赞助商的种类不再局限于现有的产业。

4.5 电子竞技赛事运营组织与职责

电子竞技赛事的成功运营离不开管理组织,管理组织通过计划、组织和控制,运用财力、物力、人力和信息等资源向社会提供电子竞技赛事。而不同性质和规模的电子竞技赛事,其运营管理组织的分类与职责也不尽相同。总体来说,电子竞技赛事管理组织一般分为四个部门:商务部、宣传部、竞赛部和后勤部。

4.5.1　商务部职责

电子竞技赛事运营的商务是指一切与电子竞技赛事服务、交易等相关的商业事务。商务部的主要职责是财务管理与市场开发。

1. 财务管理

财务组具体负责电子竞技赛事的资金筹集、使用、核算及管理等工作。电子竞技赛事财务管理工作必须贯彻勤俭节约的方针,同时利用市场经济规律多渠道筹集资金,提高竞赛经费的使用效益,保障竞赛圆满、顺利进行。

财务管理的主要内容有预算管理、收入管理、开支管理、决算管理。预算管理是指财务组根据竞赛规模、参赛人数、赛期等开支因素以及收入情况编制经费预算等。收入管理包括项目中心核拨竞赛经费、政府拨款、企业赞助、众筹收入、电视和网络的直转播权收入、门票收入及其他与电子竞技赛事相关的收入管理。开支管理指控制开支范围,保证开支标准严格符合国家有关规定,遵守节俭、高效的原则,严禁一切铺张浪费和攀比行为。决算管理是对预算经费执行情况的总结,财务组要在竞赛结束后1个月内做出财务决算。

2. 市场开发

市场开发指商务部在拥有各种赛事资源的情况下,通过平等交换的市场行为为电子竞技赛事的举办提供支持及增加效益的过程,它是电子竞技赛事的主要经济来源。一般情况下,市场开发是指为赛事提供经费、设备和相关服务等,包括赛事的招商、赛事品牌的开发和利用,也是为赛事的利益相关者提供回报的一个手段。

市场开发的主要工作内容有制定市场开发的工作目标、策划及实施方案;综合协调市场开发工作,授权有关部门具体负责市场开发的业务工作;负责电子竞技赛事各种资源的统筹,筹集赛事资金,吸引参赛者、观众、赞助商参与赛事,办理各项招商赞助和捐赠事宜等,负责赞助客户的回报执行服务工作;负责赛事的维权和法律事务的协调工作。

4.5.2　宣传部职责

宣传部是电子竞技赛事运营的重要部门,通过组织、管理、依托各种媒体,选择有效载体或举办宣传活动,宣传和报道赛事的相关信息,提高社会人员对赛事的关注度和参与度,增强赛事的影响力,扩大赛事的影响范围,弘扬赛事正能量,树立良好的电子竞技赛事品牌形象;通过与赛事运营其他部门的联系搭建交流的桥梁,通知各部门的工作安排,协调各部门之间的合作,筑建宣传与沟通平台,加强赛事运营各部门之间的沟通,提高赛事的运营质量。

宣传部的主要工作内容有制作赛事宣传的工作计划、策划及宣传方案,做好赛前、赛中、赛后的宣传以及赛事结束后的赛事工作总结。

4.5.3　竞赛部职责

竞赛部是电子竞技赛事竞赛组织活动得以开展的组织依托和竞赛组织管理的关键部门,它以服务电子竞技赛事、坚持统筹协调为原则,综合人力、物力、财力等各方面因素组织电子竞技赛事。一般情况下,竞赛部门的组织构成与赛事的性质、规模、资金等各方面都有关联,所以该部门没有固定模式,但其设置必须合理,组织内部要分工明确、配置齐全、沟通顺畅。

竞赛部的主要工作内容分为赛前工作、赛中工作和赛后工作。赛前工作包括建立竞赛工作的运转制度和工作制度;制定电子竞技赛事方案与规程;拟定工作岗位,制定岗位职责,安排人员分工;参与比赛场馆的建设或改造、场地布置,采购或租赁设备设施;编制赛事文件或手册。赛中工作包括组织赛事的开幕式;竞赛活动管理,与其他三个部门协调工作,为参赛者、观众、赞助商、媒体等利益相关者提供服务;确保赛事中的每个比赛项目在统一规范的行为准则下顺利进行。赛后工作包括组织赛事的闭幕式;归还、回收设备设施;对电子竞技赛事进行赛后总结与评价。

竞赛部一般有以下分工。
① 项目管理组:统筹竞赛机构的计划、组织、管理、实施等工作。
② 导演组:负责赛事总导演、现场导演、内容导演。
③ 导播组:负责竞赛技术、导播、流媒体、字幕、音控、回放、放像。
④ 制片组:负责外场管理、后台管理、兼职管理、酒店管理、媒体管理、接待管理。
⑤ 赛事组:负责战队管理、解说管理、裁判管理、OB导播。
⑥ 编导组:负责互动内容、主持管理、采访内容。
⑦ 后期组:负责赛事包装、后期。
⑧ 商务组:负责赞助商、媒体、嘉宾、厂商资源的对接。
⑨ 舞美组:负责搭建管理、场地协调、舞美调整。

4.5.4 后勤部职责

后勤部的主要工作是为电子竞技赛事活动的正常进行提供服务。后勤工作又称总务工作,是指从物资、卫生、技术、运输等各方面保障赛事需要的勤务。

后勤部的主要工作内容包括赛事参与人员的接待服务、赛事的交通运输、赛事的安全和医疗管理、赛事的物资管理等。后勤工作贯穿电子竞技赛事的始终,为赛事提供物质基础,提升赛事的经济效益,提高赛事的运营效率,是赛事运营中不可或缺的一个组成部分。

第 5 章

电子竞技赛事策划

5.1 电子竞技赛事策划的概念与构成

5.1.1 赛事策划的定义

电子竞技赛事策划是指通过收集、整理和解析相关赛事资料,以举办电子竞技赛事为目的,依据公平、创新、人文、营销、传播等原理,分析背景条件、确定策略、选择方案、整合资源、制定执行计划的过程,它既是一种科学决策及管理的方法,也是一种创造性的活动。

5.1.2 赛事策划的原则

电子竞技赛事的策划遵循五大原则:目的性、系统性、动态性、完整性、相对稳定性。

1. 目的性

电子竞技赛事策划都是围绕赛事的目的进行的。在策划电子竞技赛事之前,必须有一个明确的目的,根据这个目的策划赛事的各个板块,目的也是赛事每个板块内容的基准和统领。

2. 系统性

电子竞技赛事策划是由多个板块构成的:赛事背景、比赛规划、场地规划、推广计划、赛事成本等。每个板块既独立又和总策划息息相关、共同作用。每个板块都需要统一的方向,使得各个部分互相协调,组成有机的整体。

3. 动态性

电子竞技赛事从策划到执行是一个比较漫长的过程,在这段时间里,可能因为一些因素而发生与计划不符的情况,在执行赛事策划时,应根据外部和内部因素的变化对赛事策划进行动态改动,使赛事策划适应现有的大环境与实际情况。

4. 完整性

在制定赛事策划时,需要全面考虑赛事运营的各方面,为可能出现的沟通问题和风险留有一定的处理余地。如果在赛事策划时遗漏了某项工作,执行时再进行临时安排,则容易打乱各个部门的计划,十分不利于赛事项目的统筹。

5. 相对稳定性

赛事策划具有动态性,但也需要具有相对稳定性,避免过大的变动。赛事策划是一个基础,所有部门的组织工作都在这个基础上准备与执行。如果赛事策划经常出现较大的变动,则既不利于赛事项目的进行,也不利于赛事计划的安排,容易使部门之间的权责混乱,导致赛事统筹难度大幅增加。

5.1.3 赛事策划的构成

一个完整的赛事策划应包含赛事的整体背景、比赛规划(比赛的形式、时间、地点、赛制)、赛事时间线、比赛奖金池、场地规划、推广计划、赛事成本。

赛事策划是基础,招商方案和执行方案都是建立在这个基础上的。同时,赛事策划也是一个基本对内方案,对接工作的其他部门的同事可以通过赛事策划掌握赛事的基本情况,统一举办赛事的目标,是接下来统筹工作的最重要的沟通工具。

在一个完整的赛事策划方案中,可以将赛事策划方案分为基本概况、比赛规划、节点规划、项目规划、赛事规则五大部分(图5-1)。

另外,由于赛事策划的基础性,所以在制作赛事策划的PPT时,应额外注重PPT的观赏性,可以没有额外的切换动画,但应做到简洁美观,整个策划PPT的风格应保持一致。

图 5-1 赛事策划方案的构成要素

5.2 电子竞技赛事的基本概况

赛事策划内容一般以PPT的形式呈现,在基本概况中,一般分为赛事背景、赛事目的、赛事主题、赛事看点四部分,这四部分是赛事基本信息的重要组成部分,语句应简洁明了,在长段语句中,重点词汇可以用其他色彩标注出来。

5.2.1　赛事背景

赛事背景包含比赛的主办方、协办方、承办方以及合作单位的背景介绍,也可以包含一些优势资源的介绍等。

赛事背景作为整个赛事策划的基础,同时是招商的一大要点。不单单是介绍,更需要融入整个比赛策划,尤其是优势资源,需要与整个策划相结合。

赛事背景可理解为赛事的幕后力量,一般分为企业、政府和核心资源。这里又可以分成两大类,即商业背景和政府背景。之所以需要政府背景,是因为电子竞技和其他赛事活动一样,如果有政府的背书和站台,就会更具有公信力,尤其是电子竞技曾在很长一段时间里不被主流层面接受,一旦有了政府的背书,对赛事以及招商层面都会产生巨大的积极作用。而商业背景则是指大中型的具有品牌价值的公司的商业背书。

【案例】　全国电子竞技选秀赛(NED)将由成都文广新局和七煌电子竞技学院联合主办(图 5-2),以"寻找中国电子竞技新力量"为主题,定位为全国性的大众竞技盛会,在举办高质量赛事的同时,还肩负了优秀玩家职业化培养的责任,为所有富有梦想的电子竞技爱好者提供最有效、最便捷、最公正的全民性选秀赛事,成为平民玩家进军职业电子竞技的一条快速通路。

图 5-2　2017 全国电子竞技选秀赛赛事背景

5.2.2　赛事目的

赛事目的是举办比赛的主旨,一般目的包括选拔职业选手、培养本土电子竞技明星、弘扬电子竞技文化等。赛事目的可能是多方面的,例如,腾讯主办的 TGA 大奖赛的目的之一是整合腾讯系各类游戏的赛事。而国家体育局主办的 NEST 的目的则是弘扬电子竞技文化与培养本土电子竞技明星。

赛事目的作为赛事策划的方向标,为整个赛事定下了基调,一切规划都围绕赛事目的进行,赛事目的会影响整个赛事的定位。如果赛事目的是商业推广,则赛事规划应更加具有观赏性;如果赛事目的是职业竞技,则赛事规划应更加注重公平性。

【案例1】 京东妹子杯全国争霸赛覆盖北京、广州、郑州、上海、成都、武汉、青岛7个电子竞技氛围浓郁的城市,以开放式报名的方式网聚民间女子电子竞技高手,以健康友好为前提,为广大女子电子竞技爱好者提供了一个竞技交流、展现自己的舞台,倡导健康积极的电子竞技观念。通过本次比赛,在弘扬女子电子竞技体育精神、营造绿色健康的游戏环境的同时,还能帮助中国女子电子竞技取得更好、更快的发展。

【案例2】 如图 5-3 所示。

图 5-3 京东战队巡回赛的赛事目的

5.2.3 赛事主题

赛事主题是以 slogan 为首的赛事宣传基调,除了 slogan 以外,还有主题色、主题曲、主题风格等。

赛事主题作为宣传的核心元素,是外部人员对赛事的初步印象,赛事整体氛围也靠赛事主题打造。赛事主题会随着赛事规划的完善而改变,但主基调不应做出太大的改变,以免与赛事本身的气质产生冲突。

例如:S7 的中文 slogan 为"英雄,志逐传奇",主题色为金、灰蓝配色。赛事氛围主要以对抗、逐梦为主,赛事宣传片也体现了这个主题,如图 5-4 所示。

图 5-4 S7 的赛事主题

5.2.4 赛事看点

赛事看点是赛事中能够作为宣传主力的点,作为宣传赛事的插入点,应用最短的时间调动外部人员的注意力,加深赛事印象。赛事目的的特殊性、赛事规模的大小、参赛者的特殊性、奖金池等均可作为赛事看点。一般来说,赛事看点需要 2~4 个才能最大限度地吸引参赛及观赛人员。例如,京东妹子杯的看点为全女子竞技、女子职业战队、全国争霸。

5.2.5 赛事介绍

介绍赛事的往届或相似案例,以参赛、观赛、辐射人群、合作媒体等具有吸引力的数据为主,最好图文结合。赛事介绍与赛事背景、赛事目的相比更加贴近赛事本身的整体介绍,并不聚焦于某一点,而是看重赛事整体的赛制、影响、亮点数据等。赛事介绍的格式并不拘泥于形式,也并不是赛事策划的必要组成条件,它是使观看策划的人群快速了解赛事基本策划方向的基础。赛事介绍一般包括赛事简介、赛事特色、往届赛事的案例数据或特色事件等。赛事介绍应包含赛事的全称、简称、创立时间、主办方、举办周期、赛事性质、举办地等赛事的基本信息,赛事介绍的目的是贴合实际情况,用简短的语句介绍赛事,最好能突出赛事特点及性质。

【案例】 DOTA2 国际邀请赛创立于 2011 年,是一个全球性的电子竞技赛事(图 5-5),每年举办一届,由 V 社主办,奖杯为 V 社特制的冠军盾牌,每届冠军队伍及人员将被记录在游戏泉水的冠军盾中。

图 5-5　第二届 DOTA2 国际邀请赛

每年在美国西雅图(除 Ti1 在德国科隆举办外)举办一届,是规模最大和奖金额度最高的国际性高水准《DOTA2》比赛。Ti5 千万美元的总奖金让《DOTA2》登上了舆论高峰,而 Ti6 的总奖金更是超过了 2000 万美元,影响超前,仅冠军就能独揽超过 900 万美元的奖金。

在案例中,第一段赛事介绍用简短的语句说明了赛事的状况,表明了赛事的名称、简称、首次举办时间、举办周期、主办方、比赛性质及作为赛事特色的奖杯——盾牌;第二段赛事则主要介绍了赛事的关注热点——奖金,并通过数据回顾了往届赛事的奖金情况。

5.2.6 游戏介绍

在某些对外的赛事策划中,根据观看策划的人群的不同,游戏介绍也是重要的组成部分。游戏介绍是指对本次比赛涉及的比赛项目进行介绍。游戏介绍不是必需品,当观看策划的人群不了解这次比赛的项目时,游戏介绍就需要表明本次赛事选择某款游戏作为项目的原因。当观看策划的人群是主办方或赞助商时,在用明确的数据介绍某款游戏的优势与重点玩法时,也需要贴合赛事举办方或赞助方的需求着重介绍游戏优势。例如,当观看策划的人群是以女性用户为主的赞助商时,游戏介绍中应突出这款游戏内女性玩家的数量和女性玩家的占比,从而显示女性玩家对这款游戏的关注度。

【案例】 如图 5-6 所示。

图 5-6 《王者荣耀》游戏介绍

该案例中使用的数据较多,在赞助商或者主办方比较在意的用户方面列出了《王者荣耀》较有吸引力的亮点数据,并用词组对数据内容进行了概括,充分考虑了赞助商或主办方的阅读习惯。

 比赛规划

5.3.1 比赛形式的选择

电子竞技的比赛形式主要分为三种:线上赛、线下赛、线上赛+线下赛,如图 5-7 所示。

比赛方式的选择在大多数情况下是与比赛规模和比赛预算挂钩的,比赛性质也是影响因素之一。当参赛选手遍布范围较广而赛事规模较小时,会采用线上赛的形式,以节约成本、缩短赛程,但这也加大了赛事的执裁与运营难度,一些对战平台通常采用线上赛的形式进行比赛。线下赛的采用分为两种情况:一种是赛事规模较小,但参赛选手较为集中的比赛;另一种是参赛选手较分散,但赛事规模较大、预算较充足的比赛。前者的代表为各类网吧赛、城市赛、高校赛等带有一定地域性质的比赛,后者的代表为 LPL、KPL 等预算较充足且对公平性要求较高的比赛。线上赛+线下赛的比赛方式是很多中等规模的赛事的选择,前期通过线上赛进行海选,后期通过较为公平的线下赛决出冠军,在公平性与成本之间找到了平衡。但这种比赛方式需要在线上赛与线下赛之间留出足够的时间,以便参赛选手安排

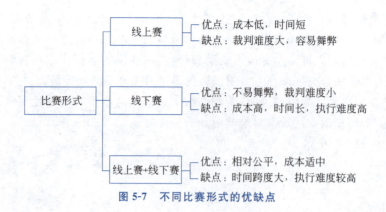

图 5-7 不同比赛形式的优缺点

日程,这也导致这种比赛方式的赛程较长,运营难度较大。一些中等规模的《绝地求生》赛事较多采用线上赛+线下赛的模式,除此之外,《DOTA2》的 Major 类赛事也采用线上赛+线下赛的模式。

5.3.2 时间、地点的选择

1. 时间的选择

赛事日期指比赛持续的时间段,不包含赛事推广的时间。

一般而言,赛事日期是根据观众、参赛选手、政策三大角度选定的,不同比赛的侧重点不同。

例如,LPL 的参赛选手为职业选手,赛事日期的设置较少考虑参赛选手,只需要避开国家重大会议及大型节假日。

而以高校学生为主要参赛选手的 NESO,其赛事日期的设置会避开期末考试周,重要赛事将放在周末,以吸引观众、增加观看量。

2. 地点的选择

赛事地点在不同形式的比赛中有不同的体现,线上比赛指使用的赛事工具,线下比赛指比赛地点。

线上比赛的赛事工具有多种选择,主要由比赛及游戏性质决定。

线下比赛的地点应综合考虑可容纳人数、交通便利程度、租赁费用、赛事执行难度等因素。在一个赛事策划里,至少需要两个可选择的比赛地点,并在各方面进行对比。比赛地点一般会受内部因素的影响,例如某个合作方有优质资源、当地政府对比赛地点有资源支持等。例如,海口市市政府给予了 WESG 大力支持,WESG 的总决赛便选择在海口市举办。

5.3.3 比赛赛制、局数

1. 比赛赛制的概念与原则

1)赛制的定义与分类

比赛赛制是指从比赛开始直至比赛结束的过程中为合理比较参赛者的运动水平、公平排定参赛者的比赛名次而采取的组织和编排方式及完成竞赛的方法,又称竞赛制度,简称赛制,如图 5-8 所示。

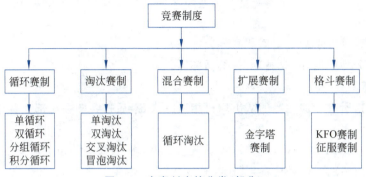

图 5-8 竞赛制度的分类(部分)

常用的竞赛制度有循环赛制、淘汰赛制、混合赛制、扩展赛制、格斗赛制等。

除此之外,还需要了解比赛轮次及场次。比赛轮次是指可同时对战的比赛次数。比赛场次是指所有参赛队伍比拼到夺冠所需进行的比赛次数。而轮次表则是指每个轮次中战队的具体对战情况。

2) 竞赛的基本原则

① 竞赛中获取最大限度机会均等的条件。
- 通过竞赛规程的制定、竞赛制定的选择、科学合理的抽签及编排等,尽量使参加竞赛的各方都能获得机会均等、条件同等的比赛。
- 规则内容要适用于符合参赛的各方,裁判员的执法尺度应完全一致。

② 竞赛的结果应基本符合参赛者的水平。

2. 赛制分类简介

1) 循环赛制

循环赛是指每个队伍都能和其他队伍比赛一次或两次,最后按成绩(净胜分数)计算名次。这种竞赛方法比较合理、客观和公平,有利于各队相互学习和交流经验。

循环赛制是使所有参赛队伍(或同组的所有队伍)轮流对抗一次,都有相遇的机会,最后根据各队的胜负场次的积分决定名次。

循环赛的各个参赛者(队)的名次需要在整个比赛结束并统计各自的积分后才能最终全部确定,所以一旦开赛就不能增减参赛者,否则会影响各参赛者的成绩的计算。

(1) 循环赛制的特点

优点:参赛队伍机会均等,实战和相互观摩学习的机会多,能准确反映参赛队伍之间真正的技术水平,能客观地排定参赛队伍的名次,比赛结果的偶然性较小。

缺点:①比赛的总时间长,占用场地和时间多,当参赛队伍较多时,直接采用大循环有一定的困难,应用范围具有一定的局限性;②较难合理安排比赛的顺序,容易在比赛时间、间隙、地点、场次和比赛条件等方面出现不均衡现象;③当有两个或两个以上的队伍的胜负场数相同且得失分相等时,较难根据不同项目的特点科学地决定最后的名次排定。

循环赛的每场比赛除了产生当事双方的成绩以外,还可能影响第三方的名次,这就为产生各种涉及人情、关系、利益的比赛埋下了隐患,可能影响比赛的公平、公正。由此可见,循环赛是种封闭、易受干扰的比赛制度。为避免循环赛在运行时可能出现的麻烦,可选用排位赛制度替代。

(2)循环赛制的分类

循环赛制分为单循环、双循环、分组循环等。

① 单循环。

单循环是指所有参加比赛的队伍均只相遇一次,最后按各队在全部比赛中的积分、得失分率排列名次。

比赛场次:$X=N×(N-1)÷2$(X 为比赛场数,N 为参赛队伍数)。

如 8 支队伍参加单循环比赛,其比赛总场数 $X=8×(8-1)÷2=28$。

比赛轮次:参赛队伍数量为奇数,轮次=队数;

参赛队伍数量为偶数,轮次=队数-1。

如 9 支队伍参加单循环比赛,其比赛轮次为 9 轮;

如 8 支队伍参加单循环比赛,其比赛轮次为 8-1=7 轮。

轮次表排列:无论参赛队伍数量是奇数还是偶数,一律按双数编排;

当队伍为单数时,引入 0 号,遇 0 轮空。

轮次表(对战)制作:确定轮数;根据单数或偶数编号分边准备排序;首先确定第一轮 U 形对阵;1 或 0 不动,其他位置按照顺时针(或逆时针)完成对战表。

以 6 支战队为例,对战表编排见表 5-1。

表 5-1 单循环赛 6 支战队的对战编排表

第一轮	第二轮	第三轮	第四轮	第五轮
1-6	1-5	1-4	1-3	1-2
2-5	6-4	5-3	4-2	3-6
3-4	2-3	6-2	5-6	4-5

② 双循环。

双循环是指所有参加比赛的队伍均能相遇两次,最后按各队在两个循环的全部比赛中的积分、得失分率排名。如果参赛队伍少或者需要创造更多的比赛机会,则通常采用双循环的比赛方法。

双循环各项参数均为单循环的倍数。

比赛场数:$X=2N×(N-1)÷2$(X 为比赛场数,N 为参赛队伍数)。

如 8 支队伍参加双循环比赛,其比赛总场数 $X=8×(8-1)=56$。

比赛轮次:当 N 是奇数时,$X=2N$;

当 N 是偶数时,$X=2×(N-1)$(X 为比赛轮次,N 为参赛队伍数)。

如 9 支队伍参加双循环比赛,其比赛轮次为 18 轮;

如 8 支队伍参加双循环比赛,其比赛轮次为 14 轮。

轮次表排列:和单循环类似,无论参赛队伍的数量是奇数还是偶数,一律按双数编排;

当队伍为单数时,引入 0 号,遇 0 轮空。

轮次(对战)表制作:确定第一循环对战表;按照第一循环的逆顺序编排第二循环对战表。

以 6 支战队为例,双循环对战表编排见表 5-2。

表 5-2 双循环赛 6 支战队的对战编排表

第一循环对战表				
第一轮	第二轮	第三轮	第四轮	第五轮
1-6	1-5	1-4	1-3	1-2
2-5	6-4	5-3	4-2	3-6
3-4	2-3	6-2	5-6	4-5
第二循环对战表				
第一轮	第二轮	第三轮	第四轮	第五轮
1-2	1-3	1-4	1-5	1-6
3-6	4-2	5-3	6-4	2-5
4-5	5-6	6-2	2-3	3-4

③ 分组循环赛。

分组循环赛是指当参赛人员或参赛队伍比较多时,可以通过分组的方法在各组内进行单循环或双循环。一般事先确定种子选手或种子队,使种子选手或种子队分入各组,以免强手或强队集中。

轮次表(对战表)制作:首先抽签分组;分组后再使用单循环或双循环对战表编排法,当奇数队伍偶数分组时,同样采取 0 字编排法。

表 5-3 为 16 支队伍随机分组的分组表。

表 5-3 分组循环赛 16 支队伍的随机分组表

第一组	第二组	第三组	第四组
1	2	3	4
8	7	6	5
9	10	11	12
16	15	14	13

④ 积分循环制。

积分循环制又称瑞士制,其基本原则是避免种子选手在比赛一开始就交锋、淘汰,是目前比较科学合理、用得最多的一种赛制。

积分循环制是公平的,是在循环制和淘汰制的基础上制定的。随机公平地编排第一轮比赛(一般由抽签决定),接着开始比赛,当某轮比赛结束后,可以得到所有比赛选手的总积分,根据总积分的高低把比赛选手由高到低排序,接着是高分对阵高分,低分对阵低分,上一轮对阵过的在下一轮就不会相遇,如此循环,直到所有轮次结束。

积分循环制的特点如下:

- 下一轮比赛的对阵表需由上一轮的比赛成绩决定,即编排第二轮对阵表时需要知道第一轮的成绩,编排第三轮对阵表时需要知道第二轮的成绩,以此类推;
- 相对高分对阵相对高分,相对低分对阵相对低分,保证比赛的平衡性;
- 不淘汰选手,所有选手都有资格参与全部轮次的比赛,符合"友谊第一,比赛第二"的原则;
- 每轮比赛可以只由一场比赛构成,即一场定胜负,不采用三局两胜制等制度,节省了大量的时间。

(3) 积分循环制对战表的编排

每轮的比赛编排都是根据总积分进行的,而总积分就是前面所有轮次积分的总和,体现的是选手的实力。也就是说,安排积分相近的两个选手的比赛(当前名次相近的选手的比赛)就等于安排实力相近的两个选手的比赛,避免了强者对阵弱者的尴尬局面(避免了实力悬殊的比赛的出现)。

例如,

第一轮:8支队伍随机抽签对阵。

第二轮:4支1∶0胜出的队伍抽签比赛;4支0∶1失利的队伍抽签比赛。

第三轮:2支2∶0胜出的队伍比赛;4支1∶1平分的队伍抽签比赛;2支0∶2失利的队伍比赛。

具体轮次:$2^{(x-1)} \leqslant y \leqslant 2^x$($x$代表轮次,$y$代表参赛人数)。

2) 淘汰赛制

淘汰赛制是一种竞赛形式,每场比赛的负方将与竞赛的冠军或锦标无缘,但不表示负方在出局后再没有比赛,部分竞赛的负方仍需为排名角逐"名次赛"。

(1) 淘汰赛制的特点

① 比赛的容量大,能在最短的时间内和较少的场地条件下安排大量选手进行比赛。

② 比赛具有强烈的对抗性。

(2) 淘汰赛制的分类

① 单淘汰赛。

单淘汰赛是指参与比赛的队伍按照编排的对战表进行比赛,胜者进入下一轮,负者被淘汰,直到淘汰到最后一队,如图5-9所示。

轮次:$X = \sqrt[2]{N}$(X为轮次,N为比赛队伍数量)。

如8支队伍参赛,其轮次$=\sqrt[2]{8}=3$。

如果N无法被直接开根号,则轮次为X最接近的较大整数。

如15支队伍参赛,其轮次$=\sqrt[2]{15}\approx 4$。

比赛场数=参赛者(队)数-1。

轮空:当队伍数量非2的倍数时,使用淘汰赛制会产生轮空。

编排原则:保证第二轮的队伍数量是2的倍数;确定第一轮轮空的队伍数量;编排时引入0,遇0则轮空。

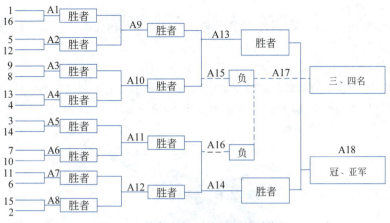

图 5-9 单淘汰赛 16 支队伍的对战图

轮空数＝N 最接近的较大的 2 的平方数－N（N 为参赛队数）。

比如当 N＝12 时，轮空数＝16－12＝4。

轮空表的编排：计算轮空数 X；给队伍编号；随机找出 X 支队伍为轮空队伍。

② 双败淘汰赛。

双败淘汰赛是指参赛者失败两次即退出比赛，直至产生最后的胜者的竞赛方法。双败淘汰赛有很多形式，常用的有冠亚军淘汰赛、双败淘汰赛。双败淘汰赛把队伍根据每场比赛的结果分为胜者组与败者组，在经过第一轮的对抗之后，胜者进入胜者组，败者进入败者组，在之后的比赛中，在胜者组中失败一场后再进入败者组，在败者组中失败一场后会被直接淘汰，如图 5-10 所示。

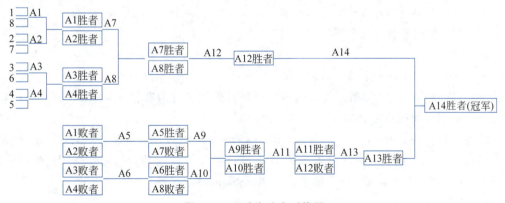

图 5-10 双败淘汰赛对战图

比赛总场数 $X＝2×(N－1)$（X 为完成比赛的总场数，N 为参赛队伍数量）。

双败淘汰赛的轮次分为胜者组和败者组：

胜者组轮次＝N（N 为单套赛轮数）；

败者组轮次＝$(N－1)×2$；

总轮数＝$N＋(N－1)×2＝3N－2$。

③ 交叉淘汰赛。

交叉淘汰赛是指让上一阶段比赛中不同名次的选手互相交叉进行比赛,胜者继续比赛,负者立即被淘汰。

常见于第一阶段比赛将参赛者分为 A、B 两个组进行单循环并决出小组全部名次。

第二阶段中 A、B 组的前 2 名进行交叉比赛,即 A 组第 1 名对 B 组第 2 名,B 组第 1 名对 A 组第 2 名,两场比赛的胜者决出冠军,负者被淘汰(或决出 3、4 名),如图 5-11 所示。

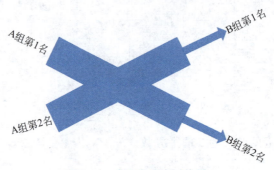

图 5-11　交叉淘汰赛对战图

④ 冒泡赛。

冒泡赛是电子竞技中常见的一种比赛模式,一般指比赛中的前几名已经确定进入半决赛,而后几名为了争取半决赛资格而进行的比赛。其比赛方式是最后一名由下而上依次对上一名发起挑战,形如水中冒泡,故称冒泡赛。《DOTA2》《LOL》都曾采用过此赛制。

具体比赛方式如下。

第一轮:倒数第 1 名 VS 倒数第 2 名。

第二轮:第一轮胜者 VS 倒数第 3 名。

第三轮:第二轮胜者 VS 倒数第 4 名。

以此类推。

最后一轮:上一轮胜者 VS 最后一队。

例如,2018 年 S8 LPL 第三种子队伍的选拔就采用了冒泡赛模式,根据 2018 年春季赛及夏季赛的积分情况决定冒泡赛的比赛名次。

常规赛排名第 4 的 EDG 与排名第 3 的 JDG 进行了 BO3 淘汰赛的较量,败者 JDG 被淘汰出局,胜者 EDG 和常规赛排名第 2 的 RW 进行第二轮冒泡赛,最终败者 RW 被淘汰出局,EDG 将代表 LPL 作为第三支种子队伍出征 S8 世界总决赛。

3) 混合赛制

混合赛制(又称混合赛)是指将循环赛、冒泡赛、淘汰赛等交叉使用的竞赛方法。比赛分为两个或多个阶段进行,每个阶段采用的赛制有所不同。

(1) 混合赛制的特点

混合赛制综合了循环赛和淘汰赛的优点,弥补了两者的不足,有利于参赛者互相交流,最大限度地减少了比赛胜负的偶然性。同时,随着比赛的进程,比赛会逐步进入高潮,精彩激烈。

(2) 混合赛制的分类

① 循环淘汰。

由于参赛者较多,又要尽量保证比赛的合理性和公平性,可首先分组进行单循环,排定各小组名次,录取规定的小组名次进入下一阶段的淘汰赛,直到决出名次。这种赛制使得比赛场数较多,队伍的曝光率增加,比赛机会较多,同时使比赛结果更加合理,受到的场外因素的干扰较少。现在大多数电子竞技职业联赛都采用循环淘汰制度,例如《英雄联盟》中国赛区职业联赛(LPL)、《英雄联盟》韩国赛区职业联赛(LCK)、《守望先锋》职业联赛(OWL)、《王者荣耀》职业联赛(KPL)等。

② 淘汰循环。

在参赛选手过多,但赛事又无法支撑过长的时间时,可首先进行淘汰赛,淘汰一定数目的队伍后再进行循环赛。这种赛制使水平较高的队伍有了更多的比赛机会,循环赛的比赛也更加具有观赏性。目前采用这种赛制的赛事并不多。

4) 扩展赛制

扩展赛制是指比赛可以无限期地延续下去且不受时间跨度影响的竞赛方式。扩展赛制有金字塔赛制、梯形赛制、水平轮转赛制等。

(1) 扩展赛制的特点

① 竞赛可以无限进行下去,但组织者可以根据实际情况规定一个期限,或者定期发布领先者以及比赛情况。

② 每名参赛者的比赛场次不受限制,对比赛的管理要求不高。

③ 没有一名参赛者会被淘汰,但选择比赛对手的随意性比较大,比赛的最后排名可能不准确。

(2) 扩展赛制的分类

① 金字塔赛制。

金字塔赛制是指将选手按实力的高低从上到下、从左到右填充金字塔并进行比赛的一种赛制,如图 5-12 所示。

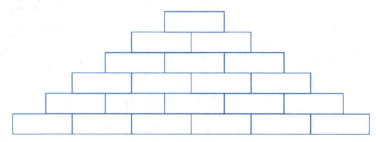

图 5-12 金字塔赛制中的金字塔形状

金字塔赛制的方法。比赛前参赛者通过随机抽签或根据参赛者的实际水平将其安排到金字塔的一个格子内,安排的规则是从上到下、从左到右实力逐渐降低。比赛开始后,参赛者可以向纵向向金字塔中位置较高的参赛者发起挑战,也可以横向向金字塔中同一层的其他参赛者发起挑战,获胜后互相交换位置,在规定的时间内,以金字塔内的位置高低排定名次。

金字塔赛制的特点。由选手自己安排挑战,赛事主办方只负责决定时间。挑战的规则由主办方制定,可采用下面任意一种方式:只能挑战上一层;必须在同一层获胜1场后才能挑战上一层;可挑战左侧或上一层的选手,赢了就占据对手的位置(高位次不变),因此每层最左侧的选手只能挑战上一层;不能拒绝挑战,否则会被除名。

② 梯子赛制。

梯子赛制也称梯形赛制,是指将选手按实力的高低从上到下填充梯子形状的格子并进行比赛的一种赛制。

梯形赛制的方法。比赛前参赛者通过随机抽签或根据参赛者的实际水平将其安排到梯子形状的一个格子内,安排的规则是从上到下实力逐渐降低。比赛开始后,参赛者可以向纵向位置较高的参赛者发起挑战,获胜后互相交换位置,在规定的时间内以梯子形状内的位置高低排定名次。

5) 格斗赛制

(1) 格斗赛制的定义与特点

格斗类及卡牌类游戏较为特殊,是一个玩家操控多种角色、组合、职业进行一对一比拼的游戏,常用的赛制称为格斗赛制。格斗赛制适用于具有多职业、多组合、多角色差异的比赛,如《炉石传说》《拳皇》《火影忍者online》等卡牌类游戏和格斗类游戏。

格斗赛制的特点。一般赛制的比赛对象都是战队或者玩家,但是格斗赛制不仅用于战队或玩家,也适用于游戏内玩家操纵的角色。在格斗赛制中,如果完成一局游戏项目的时间较长,则会导致比赛的总时间难以把控。

(2) 格斗赛制的分类

① KOF赛制。

KOF即the king of fighters的简称。KOF赛制在游戏内的比赛方法是各选手准备3个不同职业的牌组进行对战,胜者不能更换牌组,败者可以更换未被击败过的牌组,当某一方击败另一方的全部职业牌组后,即可取得比赛胜利,如图5-13所示。

图5-13 KOF赛制对战图

(注:框内数字为比分)

这种赛制容易出现"1穿3"的局面,对选手使用某个牌组或人物的实力能够有更深刻的展现。

KOF赛制的比赛方法。两个或多个对战战队各自出战同样数量的选手进行一对一对抗,取得胜利的选手将继续迎战下一名选手,直到其中一支战队没有选手可以出战。

② 征服赛制。

征服赛制是指参赛双方需预先准备若干套卡组一一进行对战,获胜方的卡组不可再次使用,失败方可以选择更换卡组或使用其他卡组,直到有一方的所有卡组均取得过至少一次胜利,该选手即可获得本次比赛的胜利。

该模式首先运用于 2015 年暴雪嘉年华的《炉石传说》赛事,即 BO5 的征服赛制,具体如下:
- 比赛赛制为 BO5,率先获得 3 场对局胜利者赢得比赛;
- 每名选手必须事先提交三副不同职业的卡组;
- 赢得比赛的选手,其每副卡组都必须且只能赢得一场对局;
- 当一名选手使用一副卡组取得了一场对局的胜利后,不得再使用这副获胜过的卡组;
- 当场对局的败者在下一局中可以更换卡组,也可以不更换卡组;
- 比赛进行时,双方都会被告知对手的哪些职业是可用的,但不会被告知对手下一局会选择哪个职业,直到比赛开始。

在游戏中,征服赛制相比 KOF 赛制的职业选择更加多样化,对观众而言,比赛更具有观赏性;对参赛选手而言,征服赛制更具有挑战性,需要掌握多种牌组或者人物,也更加考验选手的综合实力。

征服赛制的比赛方法。两个对战战队各自出战同样数量的选手进行一对一对抗,取得胜利的选手将被换下不再上场,同一战队的另一名选手继续迎战对方战队的选手,直到其中一个战队的所有选手都取得一次胜利。

3. 赛制设置要点

一般而言,大型赛事都会结合采用两种以上的赛制,不会使用单一赛制,这样可以尽可能地避免某种单一赛制的弊端。赛事运营需要了解每个赛制的特点,掌握各个赛制的优缺点,设置贴合赛事实际情况的赛制。

在一场比赛中,为了增加比赛的公平性及观赏性,常常使用混合赛制代替单一赛制。不同赛制的适用情况并不相同,根据实际情况与赛事需求设置合适的赛制十分重要。不同赛制需要的参赛队伍、比赛时间、比赛场数也各不相同,见表 5-4。

表 5-4 常用单一赛制分析表

赛制类型	赛制优点	赛制缺点	常用大赛
单败淘汰赛	最常见的赛事类型,快速便捷,每场比赛都需要参赛队伍全力以赴,杜绝放水现象,提升赛事精彩程度	一场定输赢,种子队或因比赛状态慢热而遭到淘汰	TGA 大奖赛
双败淘汰赛	败者仍有机会晋级下一轮,降低外因造成的爆冷概率	比赛流程比单败淘汰赛制长了一倍,场次过多	DOTA2 西雅图邀请赛
积分循环赛	无须队伍数量是 2 的平方,适合时间跨度较长的联赛,最大程度减少爆冷	强弱差距明显的比赛略显鸡肋,可能会出现假赛等违反竞技原则的现象	LPL/KPL 常规赛
冒泡赛	赛程长度适中,高顺位队伍有绝对优势,低顺位队伍也有夺冠的可能性	需要和其他赛制进行结合	LPL 季后赛
金字塔赛	选手主动性强,对战队伍实力不会相差太多,比赛竞技性较强	需要的队伍数量较多,过于依赖选手的主观挑战,主办方对对战方的把控力度低	

续表

赛制类型	赛制优点	赛制缺点	常用大赛
梯子赛	比赛运营成本较低,主办方运营难度较低	队伍数量不能过多,过于依赖选手的主观挑战,实力差距大的比赛观赏性较低	
KOF赛制	对战队来说,必须有一个实力较为强劲的选手才能保证胜利	比赛时间难以把控	
征服赛制	对战队来说,需要选手实力都较为均衡	比赛时间难以把控	

例如,英雄联盟2018年LPL春季赛采用的是循环赛+单败淘汰赛两种混合赛制。循环赛虽然拉长了赛事时间,但也保证了相对公平,而春季赛季后赛采用的单败淘汰赛则缩短了赛程,增强了赛事的竞技性与激烈性,尽可能在观众关注度较高的短时间内决出胜负。而在《DOTA2》的年度赛事Ti上,前六届Ti都采用了双败淘汰赛制+其他赛制的混合赛制。但从Ti7开始,V社也开始逐渐在《DOTA2》的Major赛事中尝试单败淘汰赛制。从同一个项目的大型赛事的纵向比较中可以看出,就算基本状况相同,赛事的赛制也可以有多样化的选择,这都是根据时代、环境以及不断变化的需求决定的。没有完美的赛制设定,只有更贴合实际需求的赛制设定。

4. 比赛局数

比赛局数是指每场比赛进行游戏的总局数数量,一般称为BOX,X为局数的具体数字。

BO1是指一场定胜负,胜负的不确定性也较高。同时,BO1的比赛时间也比较好把控,一般在60分钟内。

BO2则是连赛两场,一般在循环积分赛中较为常见。和BO1一样,BO2也很便于把控时间,更重要的是,在MOBA类游戏中,BO2被认为是最公平的比赛赛制。在职业比赛中,蓝色方由于在Ban人和选人上都有优势,再加上地图的优势,胜率往往比红色方高很多。在BO2的比赛中,每方都有一次当蓝色方的机会,所以从理论上来说没有一支队伍会有劣势,而且在BO2中爆冷的机会更小。BO2带来了一种版本优势,因为在《英雄联盟》比赛中,如何调整队伍的状态以针对对面的战术是很重要的,BO2的间隔往往只有10~15分钟。BO2还引进了一个打破平局的系统:连赢两局可以得到3分,两方各赢一局可以各得1分,连输两局得0分。如果一支战队在两个BO2中分别获得了2:0和0:2的成绩,而另一支战队则是两个1:1,前一支战队的分数就会高于后者。

BO3是最常见的三局两胜制,相对于BO1、BO2的比赛时间来说,BO3较难把控比赛的时长,比赛时间的落差也较大,所用时间为45~200分钟。在MOBA类游戏中,BO3的每局间隔时间为5~15分钟。BO3的适用范围比较广,不仅适用于积分赛,也适用于各类淘汰赛。相比BO5,BO3的优势在于时长适中,给选手与观众带来的疲倦感较轻。

BO5是五局三胜制。时间更难把控,所以BO5一般用于比较正式、重要的比赛中,在常规赛中比较少见(常规赛的赛程编排较为紧密,BO5所用时间较长,难以控制下一场比赛的开始时间)。

循环赛、冒泡赛等一般是 BO1,其余赛事一般为 BO3,比较重要的场次,例如四强赛、冠军赛、季军赛等会采用 BO5。比较特殊的是一些 FPS 类游戏,例如《守望先锋》,因为一局游戏的时长较短,因此为了保证观赏性及公平性,会在重要的场次中采用 BO7。

5.3.4 奖金池

奖金池指比赛的奖励设定,即每个名次应该获得的奖励及总奖励的数额。奖金池应根据赛事规模进行设定,当奖金池数额较大时,也可作为宣传亮点。在不同类型的比赛中,奖金池所占的重要程度不同。奖金池应根据比赛目标做出调整。例如在强调赛区与赛区对抗的 MSI 和洲际赛中,奖金池的宣传力度并不大,奖金设置的也不是特别高,这两个赛事最重要的看点并不是赢取大数额的奖金,而是在于观众与选手共同打造的赛区荣誉感。

DOTA2 国际邀请赛的奖金池一直是全球电子竞技比赛中最高的,奖金池在 Ti8 中已经高达 2553 万美元,如图 5-14 所示。

图 5-14 DOTA2 国际邀请赛奖金池

作为第三方赛事奖金较高的 WESG,其总奖金池在 2017 年就达到了 550 万美元。

相对于奖金数额较大的杯赛和邀请赛,联赛的奖金数额一般较低。2017 年,LPL 夏季赛的奖金池为 350 万元,不到 S7 全球总决赛 2460 万元奖金池的 1/6。

5.3.5 报名时间、方式

1. 报名时间

报名时间一般至少为两周,可以根据赛事规模进行调整;赛事规模越大,报名时间越长,但不可过长,一般最长为两个月。报名时间过长会导致参赛选手失去比赛兴趣,也会使宣传周期过长,容易引起群众的疲惫感。报名时间需要和赛事规模、赛事定位进行匹配。

2. 报名方式

报名方式多种多样,有直接通过官网登录进行报名,有通过 QQ 群进行报名,也有通过第三方赛事平台进行报名等。报名方式的选择也需要匹配赛事定位,例如面向普通业余选手的比赛,其报名方式应简单直接,尽量减少报名的操作步骤,以避免无谓的客服成本及选手流失。

报名表的设计也应考虑比赛特性。报名表需要包含一些游戏及个人基本信息,例如姓名、年龄、户籍、联系方式、QQ 号、游戏 ID 等,在一些具有特殊要求的比赛中,报名表可能还需要包含段位、个人/战队、游戏大区、游戏位置等。例如,在某些需要主办方对选手进行组队的比赛中,在报名表中需要选手填写至少两个擅长的游戏位置。

5.4 节点规划

将重要事件发生的时间点依照先后顺序串联在同一条线上,这条线称为时间线。在赛事策划中,常用的有赛事时间线和推广时间线。

时间线有助于快速了解策划安排的时间,呈现形式直观,使得策划安排较为清晰,这也是后续编排详细时间表的重要参考对象。由于赛事策划是服务于观看策划的人员的,所以描述事件的文字要简洁清晰,重要事件应使用特殊颜色标注。

5.4.1 赛事时间线

赛事时间线是指把整个赛事的策划、推广、招商、报名、开赛、决赛等事件的时间点按照发生顺序依次罗列成线。赛事时间线主要包括一些事件开始发生的时间点,帮助人们理解赛事的整体时间规划,便于下一步更详细的日程安排,如图 5-15 所示。

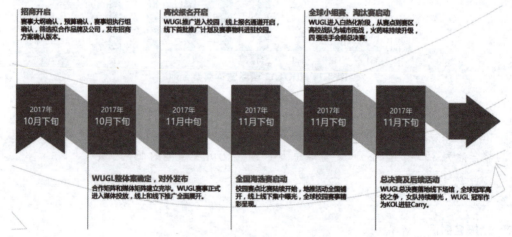

图 5-15 赛事日程安排

在"线上+线下"的赛事模式中,线下比赛时间至少需要比线上比赛延后一周到两周,延后时间应根据赛事覆盖范围的扩大而变长。例如省级赛事的线下比赛时间应比最后一场线上比赛延后 5~7 天,而国内赛事的线下比赛时间应比最后一场线上比赛延后 7~14 天。

比赛进行的时间点也是极为重要的。例如,一般业余选手的比赛时间应设置在下午 6 点以后,避开参赛选手可能的日程冲突,工作日的比赛时间最早不得超过下午 5 点,最晚不得超过晚上 11 点。周五的比赛可以延长到晚上 12 点,周末可以全天候设置比赛,但重要的比赛场次(如四强赛、冠军赛等)的比赛时间应设置在周末或者节假日,具体时间应设置在下午。

简单来说,比赛时间的设置不仅应考虑参赛选手的时间,也需要考虑观众的收看习惯。

5.4.2 推广时间线

与赛事时间线相似的是推广时间线,它是指将赛事的推广动作的各个时间点罗列在一条线上。赛事时间线注重的是赛事整体动作,而推广时间线注重的则是推广赛事的流程与发生的时间,例如开始筹备推广物料的时间点、线上推广开始的时间点,如图 5-16 所示。

图 5-16 推广时间线

5.4.3 对战日历

对战日历是用日历的形式将比赛日用重点颜色标注出来,和时间线的表现形式异曲同工,呈现方式简单明了,将比赛日的安排直观地表现在日历中,赛事策划人员能对比赛的日程安排、持续时间、重要比赛的时间有一个明确清晰的认知,如图 5-17 所示。

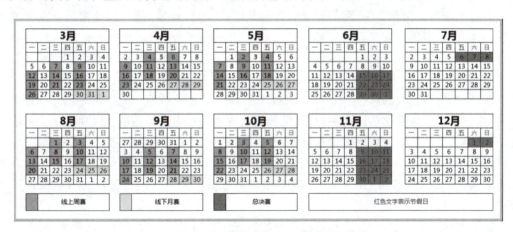

图 5-17 对战日历(2018 年日历)

5.5 项目规划

5.5.1 比赛场地规划

赛事的场地规划首先应确定场地规格,根据不同的赛事规格确定不同的场地。一般而言,线上赛的场地一般是一个用于直播的摄影棚,线下赛则需要根据赛事规模及预算选择搭建舞台或者电子竞技馆等。

以 TGA 赛事为例,在只需要直播的线上赛事(TGA 大奖赛周赛)中,摄影棚是最佳的选择,场地搭建费用预计约为 30 万元;而在以 TGA 大奖赛月赛为代表的需要线下搭建舞台的中小型赛事中,在线下会展中心或体育场馆搭建舞台的费用预计为 30 万～300 万元;而较高级别的大型赛事的场馆费用预计为 300 万元以上,选地则是专业的电子竞技场馆或者大型体育场馆,如图 5-18 所示。

图 5-18　TGA 赛事的 3 种比赛场地类型

在需要观众现场观赛的线下比赛中,场馆的地理位置及周边配套设施也是需要考虑的重要因素。

周边配套设施包括但不限于交通设施、停车位、餐饮等,考虑到观众的便利程度,场馆位置不能过于偏僻。例如 2018 年的英雄联盟洲际赛,由于各种客观原因,场馆选址在大连体育中心体育场,周围没有配套的商圈及餐饮,出行也较为不便,选手反映场馆附近没有便利店,观赛完毕的观众也难以坐上回程的汽车,给前来的选手及观众带来了很大的不便。

场地租赁成本也是场地规划中的一大重要因素。

在进行场地的功能分区之前,首先需要了解场地的场馆数据,包括层高、纵深、舞台尺寸、场馆容量等。再根据场馆的平面图,贴合赛事规模初步布局场馆的各个功能区。一般而言,一个中小型的线下赛事一般设置有舞台区、对战区(选手仓)、直转播区、选手休息室、化妆间、观众席、解说室、采访区等。而规模较大的线下比赛的区域分布会根据比赛项目在各个功能区进行扩充及细分(图 5-19)。赛事项目和规模不同,所设功能区也不同,在此不再赘述。

在赛事执行方案中,在初步布局功能分区后,还需要对场馆内部的舞台、视觉、间距尺寸进行较为细致的规划。这些内容将在第 8 章中体现,此处不再展开。

5.5.2　推广计划

推广计划需要简洁地描述赛事的推广战略方向,其中包括推广时间线、计划合作的媒体、在媒体上计划展开的活动、推广时涉及的设计方向及示例、推广效果预计等。

1. 参与媒体

合作的媒体矩阵包括直播平台、资讯平台、社交平台等,其中 KOL 也可以算作媒体矩

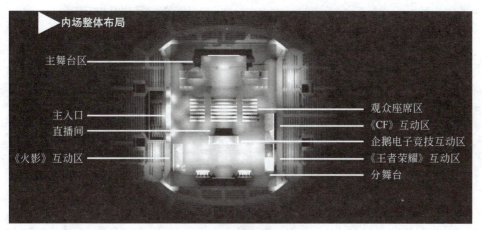

图 5-19 内场整体布局

阵的一员。在策划中,为了更直观地表现合作媒体,一般会使用媒体的 Logo。

2. 推广活动

在不同的传播平台上设计不同的营销活动、营销活动开展的时间点、持续的时间、营销活动的内容,这些都是媒体推广活动的构成部分。具体内容将在第 7 章展开讲述。

3. 推广物料设计

推广计划涉及推广时所用到的海报、宣传单、周边产品等,这些物料的设计方向及模拟设计样式都应在推广计划中展示出来。

4. 推广效果

这里的推广效果指的是在预计的推广计划中,线上及线下营销活动的预计辐射人群、参与活动人群等数据。推广活动内容后一般会预测本次活动的推广效果,推广效果一般不会独立成页。

5.5.3 物料清单

在一个赛事策划中,应根据赛事策划、赛事推广的情况列出在赛事执行时所需的物料清单,为赛事的进一步推动做好准备。物料清单包含赛事所需的方方面面的物资,小到插排,大到摄像机,都需要考虑进去。物料清单是赛事执行推进表的基础之一,在物料需求的基础上,赛事执行时需要规划物料设计、购买、安置的时间,所以物料清单应尽可能详细。但一般而言,物料清单不会出现在对外的赛事策划中,只会出现一些有特色、有竞争力的物料说明。例如在一个线下赛事中,比赛设备更受到冠名商的关注,在赛事策划中规划了较为高档的比赛设备,策划 PPT 就需要将这部分硬件设备及其优势展示出来,如图 5-20 所示。

需要注意的是,赛事策划本身并不是一成不变的模板,而是一个根据自身优势及需求随机应变的创造性行为。打个比方,如果说上文提到的所有赛事策划因素都是一件件衣服,那么赛事策划就是一个搭配造型、扬长避短的过程,什么样的场合穿什么样的衣服,而不是把

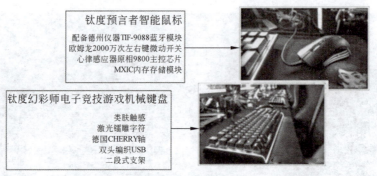

图 5-20　硬件设备

所有的衣服都往身上套。除此之外,赛事策划还可以根据自身优势增添因素,例如自身的媒体资源较多,那么便可以着重介绍自身的媒体资源对于赛事的帮助。总体来说,赛事策划是科学使用资源、安排赛事活动、制定策划方案的一种创造性活动。

5.5.4　成本预算

1. 赛事成本构成

1）赛事成本

作为赛事运营人员,在策划赛事后应对整个赛事涉及的各项费用进行简单的估算,为商务人员进行招商打下基础,同时也奠定了赛事的费用规模。在赛事招商中,成本预测和招商报价密不可分,通过互相核对和检验确保最终报价的合理性。成本预测是指在招商报价时,商务人员根据赛事的规模、特点,结合企业现有的资源、人力、物力等因素预先对赛事未来的成本水平做出科学的估算。成本预测有助于减少决策的盲目性,使管理者易于选择最优方案,做出正确决策。但是,如果成本预算价格偏低,招商报价会相应降低,利润空间减少;相反,如果成本预算偏高,招商报价会相应提高,缺少竞争力。因此,赛事成本分析是赛事运营中非常重要的一个环节。

2）赛事成本构成

赛事成本有多种分类标准,可以根据不同的目的使用不同分类标准的赛事成本,但不管分类情况如何,赛事成本的总数应该是不变的。

赛事成本的分类方式主要有:根据赛事成本要素、根据赛事成本性质、根据成本发生与业务量的关系。赛事成本一般采用根据赛事成本要素分类,但在不同情况下,也会采用根据赛事成本性质及根据成本发生与业务量的关系这两种分类方法。

（1）根据赛事成本要素分类的赛事成本。

在对一个赛事的成本进行分析时,应把各类成本根据使用目的进行分类。首先需要根据赛事的比赛形式分开做分析,例如一个"线上+线下"的赛事一般分为线上赛事成本、线下赛事成本、推广成本。在线下赛事成本里根据各个使用用途对各大成本再次分类,例如人力成本、执行成本、舞台成本等。在这种综合性赛事中,推广成本是另外计算的,且推广成本也分为线上推广和线下推广两部分。

一个单独的线下赛事的成本主要包括推广费用、服务器费用(比赛服账号的费用或租用服务器的费用)、赛事工具费用、人力成本、舞美费用、场地费用、氛围布置费用、演职人员费用、交通及住宿费用、奖金池、备用金。

在使用成本目的对赛事成本进行分类时,在一个线下赛事的成本构成比例中,舞美与场地费用应占30%左右,人员与后勤费用应占40%左右,宣传与技术费用应占30%左右,如图5-21所示。

推广费用包括线上和线下两部分,具体费用构成由具体推广方法决定,在此不再赘述。

赛事成本是全面的、准确的,为了在不同的赛事里不遗漏任何费用,需要首先按照比赛形式分开分析,在不同的比赛形式里再按照比赛成本的使用用途再做分析,在同一使用用途的费用里,按照费用发生的时间顺序逐一分析,这种方法保证了赛事成本预测的完整性与全面性。

图 5-21　电子竞技赛事成本分解

根据赛事成本要素分类的赛事成本简单明了,每项活动产生的费用简单清楚,便于赛事运营人员了解各个活动项目的成本。

(2) 根据赛事成本性质分类的赛事成本。

从财务角度来看,赛事成本可按性质分为直接成本和间接成本。

某项赛事的直接成本可以直接归属于赛事组织或实施的成本,包括赛事直接的物料费用、场地费用、申办费用及人工费用等。人工费用主要包括在赛事执行时发生的人工费用,例如裁判的工资奖金、执行人员的工资奖金、选手的食宿费用、赛事保安的工资等。

赛事的间接成本是指不能直接归属于某一个部门或者项目的成本,包括管理成本、保险费等。管理成本指赛事管理人员、推广营销人员的人工费用和办公费用等。

将赛事成本分为直接成本和间接成本便于采用不同的方法控制赛事成本。对于直接成本,可采用改进赛事执行方式方法、降低采购费用等方法降低成本。对于间接成本,可采用优化工作流程及制度、增强管理等方法降低成本。

(3) 根据成本发生与业务量的关系分类的赛事成本。

赛事成本可根据成本与业务量的关系分为变动成本和固定成本。

赛事的固定成本是指在一定业务量范围内,成本不会随着业务量的变动而变动,即保持不变的成本。对于一项赛事而言,一些与观众人数、赞助商数量、参赛选手数量没有直接关系的成本都应算作固定成本。比赛的申办费用、赛事组织管理费用、风险控制的费用都属于固定成本。

赛事的变动成本是指在一定业务量范围内,成本会随着业务量的变动而变动的成本。电子竞技赛事的变动成本会随着观众人数、参赛选手数量、比赛轮次、比赛举办的次数等的变化而变化。例如,在一场独立赛事中,参赛选手的数量将会影响赛事的参赛人员的食宿费用,这部分费用就属于变动成本。如果举办多次比赛,那么业务量就变为了赛事举办次数,这时的变动成本就是每举办一次赛事所增加的全部成本。

2. 赛事成本预测实务

1) 赛事成本预测格式

由于赛事成本预测中的数字较多,因此一般使用 Excel 进行制作,建议使用 Excel 中的函数功能辅助表格的完成,范例见表 5-5。

在预算表中,备用金指企业拨付给内部用款单位或职工个人作为零星开支的备用款项。值得一提的是,预算表中的备用金一般不应超过合同价的 10%。在电子竞技赛事预算中,备用金一般用于紧急事件、人员交通成本、技术性问题、客户临时需求等无法提前预知是否发生及其金额的款项。

表 5-5　赛事成本预测表

序号	类别	项　目	单价	数量	天数	费用	备注
1	场馆租赁					¥0.00	
		小计				¥0.00	
2	场地舞美视觉	舞美设计				¥0.00	场地舞美
		视频				¥0.00	
		大屏素材				¥0.00	
		小计				¥0.00	
3	场地基建	租赁费用				¥0.00	
		灯光、音响、大屏				¥0.00	
		水、电费				¥0.00	
		网费				¥0.00	
		小计				¥0.00	
4	设备采购	固定设备采购				¥0.00	技术与执行
		小计				¥0.00	
5	设备租赁	直播设备租赁				¥0.00	
		通话设备租赁				¥0.00	
		额外设备租赁				¥0.00	
		小计				¥0.00	
6	物料采购	服装采购				¥0.00	技术与执行
		现场小型制作物				¥0.00	
		采访区				¥0.00	
		电池				¥0.00	
		插排				¥0.00	
		互动道具				¥0.00	
		其他				¥0.00	
		小计				¥0.00	

续表

序号	类别	项 目	单价	数量	天数	费用	备注
7	人员成本	CP 技术支持				¥0.00	人员成本
		兼职团队(包括摄像)				¥0.00	
		赛事化妆团队				¥0.00	
		特殊需求 CP 执行人员成本(小计)				¥0.00	
		灯光				¥0.00	
		大屏				¥0.00	
		音频				¥0.00	
		IT、网络维护				¥0.00	
		电脑维护				¥0.00	
		场馆管理				¥0.00	
		保安				¥0.00	
		内部执行人员成本(小计)				¥0.00	
		导演				¥0.00	
		导播				¥0.00	
		执行				¥0.00	
		项目 CP 外聘成本(小计)				¥0.00	
		小计				¥0.00	
8	餐饮	工作人员餐饮				¥0.00	后勤
		选手餐饮				¥0.00	
		公共招待				¥0.00	
		小计				¥0.00	
9	交通	人员交通				¥0.00	后勤
		设备运输				¥0.00	
		额外交通				¥0.00	
		小计				¥0.00	
10	住宿	工作人员				¥0.00	
		额外住宿				¥0.00	
		小计				¥0.00	

续表

序号	类别	项目	单价	数量	天数	费用	备注
11	项目宣传	公关传播费用				¥0.00	推广与宣传
		材料制作费用				¥0.00	
		视频拍摄费用				¥0.00	
		人员成本				¥0.00	
		餐饮交通				¥0.00	
		地面推广				¥0.00	
		资源置换				¥0.00	
		发行与直播				¥0.00	
		小计				¥0.00	
12	备用金	备用金				¥0.00	
		小计				¥0.00	
		小计成本				¥0.00	
		税费				¥0.00	
		合计成本				¥0.00	
		合同价				¥0.00	
		利润				¥0.00	
		利润率					

2）预算与决算

决算指在项目结束后，项目从筹建到结束过程中使用的全部实际费用。预算一定要大于或等于决算。也就是说，在赛事筹建及落地的过程中的实际花费一定不能超过预算。决算与预算都是重要的项目管理手段，通过决算与预算之间的对比可以反映预算编制是否合理，还可以反映赛事在落地执行时的情况。这样的对比有利于赛事项目组进行自我审查，找出造成决算与预算之间产生差异的原因，以及赛事落地时产生的问题。另外，决算与预算之间的差异价值不能归结为业务新的盈利点。

5.6 风险管理

5.6.1 赛事风险的概念与特点

1. 电子竞技赛事风险的概念

电子竞技赛事是一项复杂的社会活动，影响因素众多，在组织和筹办的过程中会面临自然、社会、经济等许多不确定性因素或事件，可能导致赛事不能顺利举办、不能达到预期的目标、举办过程中发生人员伤亡等一系列损失,所有不确定性因素或事件都是电子竞技赛事的风险。如突发停电、观众踩踏、机器卡顿、火灾或其他自然因素,这些无法提前预测的因素会使赛事偏离预期的轨道,并对赛事造成一定损失。这些无法提前预测的因素统称为电子竞技赛事风险。

2. 电子竞技赛事风险的特点

1) 客观存在的必然性

赛事风险是客观存在且不以人的意志为转移的,无论是自然界的物质运动还是社会发展的规律,都是由事物的内外部因素共同作用的,由客观规律决定。通过对以往举办的电子竞技赛事进行分析和研究发现,部分赛事风险的发生是能够避免的,但不是全部。所以只能在一定时间和空间内改变风险存在和可能发生的条件,降低风险的发生概率,减少损失程度,控制风险的发展范围,但不能也不可能完全消除赛事风险。

2) 具体风险的偶然性

具体电子竞技赛事风险的发生是偶然的、潜在的,风险是否发生、风险发生的时间和程度都是不确定的。只有具备风险发生的条件才会发生相应的风险事故和造成巨大损失。所以,任何电子竞技赛事都会由于其不确定因素的影响而存在多种多样的风险,而这些风险的存在又会给赛事的成功举办带来诸多不利影响。

3) 风险存在的普遍性

风险是事物向不利方向发展的可能性,是事物与生俱来的属性,它存在于一切事物之中,并贯穿于整个事物的发展过程。没有无风险的事物,也没有脱离事物而存在的风险。所以风险是无处不在、无时不有的,它存在于人类社会的各方面,电子竞技赛事也不能例外,因此电子竞技赛事风险具有普遍性。

4) 风险发生的可变性

电子竞技赛事风险的发生是相对的、可以变化的,具有可变性。在一定条件下,电子竞技赛事风险可以通过有效的风险识别、风险评估与风险转化防范和规避。之所以举办电子竞技赛事时会出现巨大损失,往往和举办主体的预测以及风险意识和风险转化措施的不力有关。

5) 风险发生的关联性

风险的发生不仅与风险事件本身所处的时间和环境有关,而且与人类的相关决策和行为具有紧密的联系。不同的组织者由于其自身的条件、能力和所处的环境的不同,对同一电子竞技赛事风险事故的态度与处理方式是不一样的;而同一组织者由于决策或组织措施的不同,也会面临不同的风险结果。

5.6.2 赛事风险的类型

1) 收益损失风险

主要包括与赛事组委会达成协议的客户、供应商或赞助商因破产、爽约或不履行义务等原因使协议被取消,组委会收入不能实现的风险;赞助商经费赞助承诺的履行方式发生变化的损失;因部分国家抵制赛事、赛事安排发生变化或赛事取消而导致赛事的视频转播收入、门票收入和广告收入的损失。这些原因会引起赛事中断并造成因部分或全部取消整个赛事而产生的退费损失风险。这种风险是大型电子竞技赛事组织者的最大风险,一旦赛事部分或全部取消,则会产生连锁反应,导致重大损失。

2) 财产损失风险

主要包括赛事期间由赛事运营人员负责管理的与电子竞技赛事有关的建筑物(如电子竞技场馆、网吧等)的损坏风险;赛事筹备至结束期间各类自有财产的丢失、火灾、爆炸、故意破坏、设备损坏(如计算机系统及辅助设备、比赛器械、电视电话、办公室、医学设备等)及相关财务风险(不包括自然损耗);赛事中相关财务被盗窃、欺诈、挪用的风险;赛事进行过程中运输工具与运输货物的事故损失风险等,这些损失大部分都是意外损失。

3) 人身意外伤害风险

主要指与赛事有关的人员的医疗费用、护理费、误工费及遣返费用等。从电子竞技赛事筹备到结束的整个过程中,因安全管理措施不完善或不可预知因素导致组委会及相关工作人员出现人身意外伤害。可能出现人身意外伤害风险的人员包括赛事主办方工作人员、赛事服务志愿者、参赛人员、新闻媒体人员以及观赛观众等。

4) 意外责任赔偿风险

从赛事筹备到赛事结束之后的一段时期内,都会存在很多与赛事相关的责任风险。这类风险主要包括因赛事组织者管理决策失误而导致的损失,以及因诸多不可预知的偶然因素而导致的非决策失误损失。

5) 其他特殊风险

除了上述主要风险外,还存在一些因特殊情况而导致的使赛事无法如期进行或中断的风险,选手退赛风险、技术风险、工程延误风险、交通风险、自然灾害风险、收入不能实现风险(媒体转播权、门票、赞助、商品)、额外花费风险(意外支出导致机动费用严重不足)等会给赛事组织造成各种损失和人员伤亡的风险。

5.6.3 赛事风险管理的概念与意义

1. 电子竞技赛事风险管理的概念

赛事风险管理是指对电子竞技赛事在筹备和举办过程中的各种风险进行规划、识别、评估和控制,在此基础上优化组合各种风险管理技术,对风险实施有效的控制并妥善地处理风险带来的损失,以达到将赛事风险对他人、社会及赛事自身造成的伤害和损失降低到最低限度的过程,以保证比赛的顺利进行。

2. 电子竞技赛事风险管理的意义

电子竞技赛事的风险管理是非常重要的,其对赛事的发展具有重要意义。

1) 有利于制定有效的战略计划

建立电子竞技赛事风险管理体系,确定风险管理的制度、流程、策略和计划,确保在风险发生时能够理智、冷静、胸有成竹地应对。

2) 有利于更好地控制成本

预防与控制电子竞技赛事风险是实现赛事成本最低化的最简便的方法。赛事运营组织者可以根据赛事的特征识别整个运作过程中存在的风险,并对可能导致风险的因素进行控制,有针对性地采取应对措施,从而达到避免或降低风险的目的。

3) 控制赛事风险,使损失最小化

电子竞技赛事风险一旦发生,可以通过风险应对计划和相关措施阻止风险的负面影响、升级或者范围蔓延。

4) 在赛事风险中求发展

电子竞技赛事风险管理的最高境界就是总结经验教训,让赛事在风险发生时能积极应对,将风险视为发展机会,在风险消除后更上一层楼。

5) 有利于加强赛事运营工作者的社会责任

赛事运营管理机构作为社会一员,应当承担社会责任,赛事运营管理机构卓有成效的风险管理将促进社会的安定与进步,反之则可能使赛事风险成为社会负担,给社会带来不可估量的危害。

5.6.4 赛事风险管理的过程

风险管理的过程一般包括五个环节:风险规划、风险识别、风险评估、风险处理和风险监控,如图5-22所示。

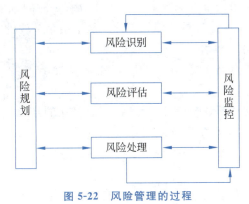

图 5-22 风险管理的过程

1. 风险规划

风险规划主要是指制定赛事风险管理的一整套计划,包括确定风险管理的成员,结合影响风险管理的各个因素确定行动方案,选择合适的风险管理方法,确定风险判断依据、跟踪形式和具体的时间计划等。一般在大型赛事正式启动以后,就应在风险管理专家、保险经纪公司和专业保险公司的参与下制定赛事的风险管理计划,即在赛事风险识别和评估的基础上,按照风险的大小和性质制定相应的措施以应对和响应各种可能遇到的风险。

2. 风险识别

风险识别是赛事风险管理的基础工作,是指将赛事风险因子要素进行归类并查找出来,从而确定风险的来源和产生条件,并描述风险特征及确定哪些风险有可能影响比赛。主要采用的识别方法有德尔菲法、工作分解结构法、检查表法和头脑风暴法等。

1）德尔菲法

德尔菲法也称专家调查法,是指由赛事组织者组成一个专门的预测机构,其中包括若干专家和赛事组织者,按照规定的程序背靠背地征询专家对未来风险的意见或者判断,然后进行风险预测。

德尔菲法本质上是一种反馈匿名函询法。在进行风险识别时,赛事风险调查人员通过邮件或者信函的形式向专家提供风险资料,由专家根据实际情况提出解决意见（专家采用匿名发表意见的方式,专家之间不得互相讨论,不发生横向联系,只能与调查人员发生关系）,调查人员对意见进行整理、归纳、统计,再匿名反馈给各专家,再次征求意见,再集中,再反馈；反复循环,直至形成统一意见。

德尔菲法的优点是简便易行,具有一定的科学性和实用性,既可以避免会议讨论时产生的随声附和、固执己见等弊端,又可以较快速地收集大家发表的意见,所得结论具有综合性,得出的意见也具有客观性。

2）工作分解结构法

工作分解结构法是指将整个赛事系统按照内容、功能或职责等标准进行分解,划分为若干比较简单、独立的小单元,再从中分析可能存在的风险及潜在的损失威胁。

电子竞技赛事可以从不同维度对赛事进行工作分解。时间维度可分为赛前、赛中和赛后三个阶段；职责划分维度可分为不同部门。分别从这两个维度进一步划分,保证每个时间点的所有单元都分工明确。

工作分解结构法的优点是权责明确、一目了然、不增加工作量。

3）检查表法

检查表是赛事风险的清单,检查表法即是指根据以往的经验把可能构成赛事风险的因素排列成一览表,将赛事的具体情况与之对照以识别风险。检查表法的弊端是会限制工作人员在风险识别过程中的想象力,因为是基于已观察到的情况,所以会令工作人员错过未观察到的风险。

检查表法的优点是非专家人员也可以使用,有助于确保常见问题不会被遗忘。

4）头脑风暴法

头脑风暴法又称集思广益法,是指通过会议的形式让组织者及参会人员在轻松愉悦的气氛中,通过语言交流的形式,让每个人都能无所顾忌地提出自己的观点,集思广益,从而做出决策。

头脑风暴法的优点是能全面了解风险可能发生的情况,以发现被遗漏或被忽视的风险,有利于提高各部门的协同能力。

3. 风险评估

风险评估是指在风险识别的基础上运用各种风险分析技术估计和评价电子竞技赛事中风险发生的概率、风险后果的严重程度及风险影响范围的大小等,即对风险给电子竞技赛事的财产、利益、资源等各方面造成的影响和损失进行量化评估。

赛事风险评估的主要任务如下：

① 分析赛事风险存在和发生的时间（赛事举办过程中的哪个阶段或环节）；

② 评估风险发生的概率和可能带来的负面影响；

③ 划分风险级别，根据风险的轻重缓急区别对待；
④ 确定组织承受风险的能力。

主要的赛事风险评估方法有风险矩阵法、风险因素分析法、情景分析法等。

1）风险矩阵法

风险矩阵法又称风险矩阵图，是一种能够把赛事风险发生的可能性和严重程度综合定性的风险评估分析方法，是一种将风险可视化的工具。

赛事风险的严重性（风险等级）依损失程度而定，可以分为低风险、中等风险和高风险。构建风险矩阵图，横坐标为风险等级，纵坐标为风险可能性，评估矩阵可分为 $5\times5=25$ 个方块，每个方块代表一定风险事件发生的可能性和等级，如图 5-23 所示。

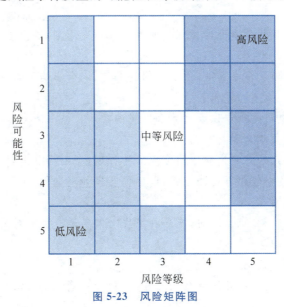

图 5-23　风险矩阵图

风险矩阵法的具体步骤如下：
① 识别风险，列出需要评估的风险状态；
② 判定风险，根据规定的定义为每个风险状态选择一个风险等级；
③ 估计风险，对应每个识别的风险状态，估计其发生的可能性；
④ 评估风险，根据②、③的结果，在矩阵图中找到对应的交点，得出风险结论。

2）风险因素分析法

风险因素分析法是指对可能导致风险发生的因素进行评价分析，从而确定风险发生概率的风险评估方法。其一般思路是：调查风险源→识别风险转化条件→确定转化条件是否具备→估计风险发生的后果→风险评价。

3）情景分析法

情景分析法是指通过分析未来可能发生的各种情景及其可能产生的影响，识别潜在的风险因素、预测风险的范围及结果，从而评价风险的一种方法。用情景分析法进行预测不仅能得出具体的预测结果，还能得到未来不同发展情景的可行性以及需要采取的应对措施，为管理者的决策提供依据。但情景分析法是在存在较大不确定性的情况下展开分析的，可能缺乏充分的基础，数据可能具有随机性，也可能无法发现一些不切实际的结果。

附：简化版风险评估方案

> 本赛事在建设实施、管理等方面存在着资金筹措、市场及管理等风险因素。
> 1. 资金筹措风险
> 赛事能否成功举办的关键因素之一是在筹备期间展位费用能否如数、如期筹措。厂商入驻赛事的数量也会影响展位费用的收纳，从而影响公司的盈利。
> 2. 市场风险
> 国家政策、行业环境等诸多因素的变化增加了电子竞技赛事的不确定性。
> 3. 资金管理风险
> 募集资金投资项目从赛事开始筹划到交付将有一定周期，资金管理有一定风险。
> 4. 执行风险
> 实施赛事的策划涉及多个团队，团队之间的调度、配合影响因素较多，可能造成赛事策划与落地差距较大。
> 针对上述风险，我司将采取以下对策加以规避。
> 1. 资金筹措风险规避对策
> 从赛事合作确立开始就制定周密的资金筹措计划，个别环节出现问题要做到有思想准备和应对措施，准备几个较为可行的方案，以确保赛事如期进行。
> 2. 市场风险规避对策
> 我司将仔细研究政策、市场风向，充分利用现有信息渠道加强对政策、市场反馈信息的研究和整理。
> 3. 资金管理风险规避对策
> 我司将加强公司管理，明确资金存取流程，做到每一笔进项来源可查，每一笔支出用途可查。
> 4. 执行风险规避对策
> 在赛事执行期间，我司各部门需统一方向，与外部团队加强沟通，将策划要求传达到位。
> 风险评估结论：
> 综上所述，本项目研究内容设计完整、合理，建设思路清晰，目标任务明确，方案合理可行。在规划设计、选址位置等方面都比较科学合理，经费预算合理，其社会效益可观。

4. 风险处理

风险处理是指赛事组织者对电子竞技赛事运营中的风险进行识别、评估后，根据实际情况做出相应的风险应对决策，制定合理、具体的风险管理计划，进行目标管理以降低或规避赛事运营中可能发生的风险。

风险处理的方法一般有风险回避法、风险转移法、风险损失控制法和风险保留承担法。

1）风险回避法

风险回避法是指在赛事举办之前，通过系统分析和借鉴以往举办此类型赛事的经验直接避免某项风险发生的一种风险处理方式,即放弃赛事或拒绝承担某种风险以回避风险损失。这是一种消极的手段,为回避风险,通常要放弃赛事的某个项目或环节,甚至是整个赛事,也可能避免了某一风险,但又产生了新的风险。所以风险回避法一般适用于特定风险所致的损失频率和损失幅度相当高或应用其他风险管理技术的成本超过其效益的情况。

2)风险转移法

风险转移法是指赛事管理者借助协议或者合同将具有风险的活动、损失的责任或财务后果有意识地转移给他人承担,以此控制风险、减少损失。主要有两种途径:一是通过购买保险进行转移,赛事管理者通过购买保险将赛事风险转移给保险公司承担;二是非保险的风险转移,如赛事组织者担心项目超出预算,可以将赛事外包给其他承包商以转移风险。

3)风险损失控制法

风险损失控制法是指赛事组织者通过预测风险的存在而采取相应的措施和应急预案以抑制其损失频率、缩小其损失幅度,使风险不发生或因风险造成的负面影响与损失降到最低。制定损失控制的措施必须以定量风险评价的结果为依据,才能确保损失控制措施具有针对性,以取得预期的控制效果。进行风险评价时要特别注意间接损失和隐蔽损失。

4)风险保留承担法

风险保留承担法是指在赛事实施过程中,当某种风险不可避免或者此类风险的收益大于风险带来的损失时,赛事管理者自愿保留承担的方法。这种方法适用于损失频率低、损失程度小的风险。

5. 风险监控

风险监控是指在电子竞技赛事的整个筹办过程中,以风险管理计划为依据监督赛事风险的发生情况以及风险措施的落实情况,即风险事件发生后的系列决策与行动,包括启动风险应变方案、监控风险发展趋势与防范新的风险、修改及保证风险管理计划的实施。

赛事风险监控的主要任务如下:

① 监视赛事风险的发生、发展与控制状况;

② 检查赛事风险的应对策略是否合理有效,监控机制是否正常运行;

③ 不断总结风险经验,识别新的赛事风险并制定相应的对策。

5.7 赛事规则

5.7.1 赛事规则的概念与原则

1. 赛事规则的概念

赛事规则主要是指针对选手、为比赛服务的,是赛事运行、运作规律遵循的法则,它不仅可以提高比赛的公平性,还可以让比赛更有目的性、竞技性,让比赛对抗更激烈、更具观赏性,是赛事必不可少的指导性文件。规则与比赛、战术就像生产力与生产关系一样,是相辅相成、相互依赖、相互促进的。规则通过肯定、否定、允许或不允许保证比赛的正常进行,促进电子竞技的健康发展。

由于电子竞技赛事的特殊性（依托于某款游戏），因此随着游戏版本的更新、游戏 bug 的确定等，赛事规则也需要随时更新。

赛事规则由赛前规则、赛中规则、赛后规则三部分组成。制定规则时，需要考虑各种有争议或者可能引起争议的情况。

2. 制定规则的指导原则

1）公平

这是修改规则的基础。规则应对比赛双方都是公平的。例如篮球比赛是双方在等同的时间、空间、人数的条件下进行篮球意识、技战术及身体素质的较量。

2）均衡

均衡（或平衡）是指两个战队必须保持平衡。如果一场比赛中的某一方很容易得分或很难得分，那么都会使比赛变得呆板、不精彩，比赛的魅力将会丢失。

3）定义

规则的定义要言简意明，文字确切。

4）编纂

规则要避免重复，做到前后一致，不得自相矛盾。

5）简短

规则要简短扼要，避免使人很难领会。

6）例外

规则正面做了许多规定，如果没有例外规定（注解），规则也很难实行，例外是为了保证正面规则的实施。

7）安全

规则要保证人身安全，保证比赛在良好的环境与气氛中顺利进行。

8）权力

必须给裁判员权力，让其在比赛中有权威地胜任工作、执行规则。

9）连续

规则要使比赛尽可能地减少中断的次数，从而保证比赛的连续进行，使比赛更紧凑、更精彩。

10）无利

规则要使比赛的任何一方都不能从违反规则中得到好处，从而使比赛公平合理地进行。

要在以上十大原则下制定比赛规则，并根据赛事的性质及特点做出适当调整，从而保证比赛规则的可行性及公平性。

5.7.2 线上赛事通用规则

在设置线上规则时，应充分考虑线上赛事的裁判难度较大、管束难的特点，再结合赛事需求、游戏特性等制定规则。

下面以《英雄联盟》第三方线上赛事为例制定规则。

1. 赛前注意事项

① 所有参赛选手一旦报名赛事,即代表已同意并遵守赛事条款,同意遵守裁判员的裁决,并承认最终的比赛结果。

② 请选手赛前调试好比赛设备,确保比赛设备在比赛过程中可以正常使用,如在比赛过程中因比赛设备出现问题而导致比赛无法进行,将由选手自行负责。

③ 队长即为队伍的联系人,队长的决定代表整支队伍的决定,出现任何问题,裁判员只会与队长协调,其他队员与裁判员的任何商议均被视为无效。

④ 比赛报到后战队不可更换成员,若发现代打情况,则取消该战队的比赛资格,对代打人员和原比赛人员做终身禁赛处理。

⑤ 报名账号与比赛账号需保持一致,若发现账号不一致,则与该账号对应的选手被视为代打,做终身禁赛处理。

⑥ 比赛日报到后轮空者,该轮比赛按获胜方结算。

⑦ 比赛开始前,双方确认对手是否符合规定,经双方确认无误后方可开始比赛,若有异议可以随时联系裁判员;比赛一旦开始,则视为双方同意比赛规则且无异议。

⑧ 若对手在开赛 10 分钟后仍未出现,则可上传凭证,经裁判员核实后直接获得胜利。

2. 赛中注意事项

① 比赛过程中严禁使用影响比赛平衡的第三方软件和插件,一经核实,该场比赛判负,情节严重者将被取消参赛资格。

② 参赛选手在英雄禁选阶段如果退出游戏,则可以重新加入房间,按照之前的禁选重新禁选,不得变更,如果在此阶段同一队伍退出游戏两次,则直接认定该队弃权。

③ 比赛时如有选手意外掉线或出现其他意外情况,若比赛满足以下所有条件,则比赛可以重新开始:

- 比赛开始时间不到 2 分钟;
- 双方都未对野怪、小兵、防御塔、对方英雄使用过任何技能;
- 双方都未到达对方的野区和河道。

④ 重赛时,选手需要选择相同的英雄、符文、天赋以及召唤师技能,如有违反,则直接判负。

⑤ 若出现服务器问题或者多位选手同时掉线等其他意外情况,选手应保留当时的截图和游戏信息等,双方可在协商后联系裁判员择日重赛,若无法达成协商,则需遵从裁判员的判定结果。

⑥ 比赛过程中若由于选手个人因素(如身体条件)而导致无法正常比赛,该选手可选择放弃本场比赛或继续比赛,放弃比赛将被视为败方。

⑦ 比赛过程中,双方选手不得出现侮辱、干扰、诽谤、挑衅的言论及行为。若一方违反,另外一方需提交违规截图作为证明。裁判员可以做出警告处罚,情节严重者将被判负或禁止参与比赛。

⑧ 比赛过程中选手不可在公共频道发表与游戏无关的言论,裁判员可以根据选手的违规程度对其做出该场比赛判负、取消比赛资格、禁赛等处罚。

⑨ 当比赛过程中出现争议时,战队应无条件服从裁判员的判罚。若认为判罚不公,可自行保留相应证据,并于该场比赛结束后 24 小时内通过客服进行投诉,官方将在 7 个工作日内给予答复。

⑩ 禁止采用任何不正当手段获取胜利,一经发现,取消该选手的所有比赛资格。不正当手段包括但不限于:使用外挂、利用 bug 获胜、与对方选手商议比赛结果等。

⑪ 参赛选手若发生不符合比赛精神的行为(如消极比赛、假赛、牵涉现金利益等),裁判员有权做出相应的裁决。

⑫ 比赛过程中若选手恶意利用赛事规则,裁判员可根据情况予以处罚。

⑬ 战队在累计受到两次犯规警告后将失去本次赛事的比赛资格。

3. 赛后注意事项

① 如果参赛选手质疑对方使用外挂等影响游戏的手段,请在比赛结束后联系游戏官方进行裁定,主办方会依照官方裁定做出对应的判决。

② 所有凭证截图请用"拍照"键(Print Screen)进行记录,不得裁剪,因凭证无时间记录而造成的判定问题由战队自行负责。

③ 违规、恶意上传比赛凭证者,一经核实,即刻取消参赛资格;情节严重者将受到禁赛处理。

④ 其他特殊情况应本着友好协商的方式进行处理,如果需要仲裁,请联系裁判员,请保留适当的截图作为证据,一切判罚将以截图作为参考。

⑤ 赛事申诉或相关问题请于该场比赛结束后 24 小时内申报,逾时不接受任何改判或问题申诉。

5.7.3 线下赛事通用规则

线下赛事不易舞弊,但由于线下因素复杂、情况多变,需要考虑的情况更多。

下面以一个《LOL》线下第三方赛事为例制定赛事规则。

1. 比赛开始

1) 签到时间

参赛选手在所有比赛开始前 30 分钟一定要签到,一支战队的所有队员(5 名队员,不包含不参赛队员)必须都签到才算完成签到。如果在比赛开始前 30 分钟战队未完成签到,则直接视为弃权。

2) 签到地点

前往线下赛各阶段相应比赛赛区的签到处进行签到。

3) 开房设定

通过对战列表在游戏中互相添加好友,由对战上方战队依赛事设定将对战房间开好并邀请对手。

4) 签到须知

线下赛选手在签到时请携带本人身份证和一张 1 寸近期照片,以便工作人员确认选手身份。

5) 选边和禁用

第一轮由对战列表上方的战队首先选边,由蓝方阵营首先禁用英雄;第二轮通过系统抽签决定哪一方首先选边,由蓝方阵营首先禁用英雄。

2. 突发情况

1) 断线的处理

① 意外断线:是指由于系统、网络、计算机、电源出现问题而导致的比赛选手与游戏失去连接。

处理:因线下赛赛点多为网咖、电子竞技馆和省体育馆,网络环境较好,若因游戏服务器原因而造成大面积掉线,双方可在协商后联系裁判员择日重赛;如果游戏时间已经超过20分钟,并且主办方认定在一定程度上可以确认某支队伍将会不可避免地落败,则主办方可以直接判定另一方获胜。

② 故意断线:由于选手的行为(如退出游戏)而导致的一名选手与游戏失去连接。任何导致断线的行为都将被认为是故意的,无论这名选手的实际意图是什么。

处理:由裁判员根据当场情况进行判断,故意断线方将被给予判负处理。

2) 故障干扰

① 硬件或软件发生故障(如显示器断电、设备故障或游戏出现问题),选手应立即告知主办方人员,由主办方人员全权处理。

② 若选手身体受到干扰(如受到观众的干扰或桌椅出现了损坏),战队必须立即告知主办方人员,由主办方人员全权处理。

③ 若因客观因素导致比赛中断,双方可在协商后联系裁判员择日重赛;比赛中应本着友好协商的原则,若双方无法达成共识,可联系裁判员解决,双方需遵守裁判员做出的判罚。

3. 获胜判定

游戏结果以游戏系统的判定为主,若有其他特殊情况,则以裁判员的判定为主,选手不得有异议。如果遇到需要重新开始比赛的技术难题,主办方可以直接判定一方队伍获胜。

以下是判定一方获胜的参考标准,为避免歧义,这些标准仅作为参考,在某些情况下,即使游戏没有满足以下参考标准,但某一方即将不可避免地落败(例如在团战后只有一方的ADC存活,便可以判定该ADC有足够的时间推倒对方基地),主办方仍可判定另一方获胜。主办方对此保留最终的决定权和解释权。

① 经济差距:双方的经济差距大于10k。

② 剩余防御塔数目差距:双方剩余防御塔的数量差距大于或等于7个。

③ 剩余召唤水晶数目差距:双方剩余召唤水晶的数量差距大于或等于2个。

④ 人头差距:双方获得的人头的数量差距大于15个。

⑤ 水晶枢纽:摧毁对方的水晶枢纽。

4. 限制条件

1) 设备使用

主办方将提供专业设备以供参赛选手在所有线下赛中专门使用,包括个人计算机与显示器、外设(键盘、鼠标、头戴式耳机、入耳式耳机、麦克风)、桌椅,其中,选手可以自带外设,如果在5分钟的调试时间内无法正常运行自带的外设,则必须使用主办方提供的设备进行比赛。

2) 计算机程序及使用

选手不能在计算机上安装自己的程序,只能使用主办方提供的程序。

① 语音聊天:选手只能使用主办方规定的语音聊天软件,除非官方根据特殊情况决定更改语音聊天方式。主办方将自主决定是否监听队伍的语音聊天。

② 社交媒体与交流:禁止使用主办方的比赛设备在社交媒体或者交流站点上浏览、发言,包括但不限于微博、微信、贴吧、Facebook、Twitter、在线论坛/留言板以及电子邮件等。

③ 非必要设备:无论出于任何原因,都禁止在主办方的比赛设备上连接非必要的设备,例如手机、U盘或音乐播放器等。

④ 台上物品:为确保比赛设备不受干扰,比赛席位中的所有人一律不可携带任何电子设备。

3) 账号使用

① 选手账号名称:请选手自备可用账号(在主办方网站上使用手机号码注册,整个大赛期间不得更换)并绑定游戏账号,并注意两个账号名称应保持一致,账号名称中不得包含侮辱性或有伤社会风气的词汇。

② 战队名称:战队名称中不得包含侮辱性或有伤社会风气的词汇。

4) 选手行为限制

① 比赛时选手不可在公共频道发言。裁判员可以根据违规程度做出口头警告、取消本次比赛资格和禁赛等处罚。

② 比赛时双方战队不得对对方战队成员做出侮辱、干扰、诽谤、挑衅的言论及行为。裁判员可以根据违规程度做出口头警告、取消本次比赛资格和禁赛等处罚。

③ 参赛选手不得以任何直接或间接的方式参与和赛事相关的赌博,一经发现,主办方将保留奖金发放的权利,且选手将被终身禁赛。

主办方拥有以上所有规则的最终解释权。

第6章 电子竞技赛事招商

6.1 招商概念、流程与原则

6.1.1 赛事招商的概念

电子竞技赛事的招商是指电子竞技赛事的运营管理部门根据赛事运营的需要,以积极可行的方式有效地筹集赛事运营所需资金、招揽商户的财务活动,是针对电子竞技赛事而进行的引资行为,能够达到提升商业价值的目的。赛事招商是电子竞技赛事运营的重要环节,是赛事成功举办的重要保障。

赛事招商是一项多部门合作的工作,整个招商过程涉及各方面和环节。在招商活动开展之前,需要预先进行招商筹备,包括制定招商任务计划、确定招商的项目清单等,这些项目清单的确定必须与其他部门相配合。招商的过程也是宣传赛事、寻求合作伙伴的过程,涉及宣传部门的工作。在招商活动的后期,工商、消防、环保、卫生防疫、劳动安全等部门也都会介入项目的审批及有关程序。所以,招商不是一项孤立的、单个部门就能独自完成的工作,它涉及的部门之广、环节之多是招商工作区别于其他工作的特点之一。

6.1.2 赛事招商的流程

赛事招商主要分为三个阶段:招商筹备、招商谈判、总结评估,如图6-1所示。在招商筹备阶段,依次确定公司的招商任务,设定本次的招商计划,再根据招商计划编写招商方案、收集目标赞助商的相关资料。在以上任务逐步完成后,进入招商谈判阶段。招商谈判阶段的工作目标主要为招商谈判及实施赞助,其中招商谈判包含招商时方案的讲解说明、根据赞助商需求对方案进行评估及修改、签订合同、实施赞助时的赞助方式、付费时间表等。总结评估阶段的主要目的是评估本次赞助方式的我方收益,并总结本次赞助方式的不足,以便在下一次招商中提出改进。

6.1.3 赛事招商的原则

赛事招商的核心目标是实现赞助方与被赞助方的双赢。在平等互利的原则下,赞助方为被赞助方(赛事方)按照约定提供赞助,被赞助方则满足赞助方的需求,例如树立品牌形象、提升品牌知名度等。从宏观角度看,只有实现了双赢,才能保证电子竞技赛事持续展开,有利于整个电子竞技行业的健康发展。从赛事方看,实现双赢可以提升自身赛事的商业价

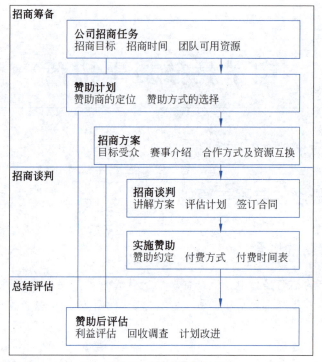

图 6-1　赛事招商流程

值及口碑,为再次顺利举办赛事做出了保证。

为了实现赞助方与赛事方的双赢,在招商时应遵循以下原则。

1. 共同目标原则

赞助方与赛事方双赢的基础之一就是双方品牌的契合度。赛事的内在本质应与赞助方的品牌文化、品牌发展方向相契合,才能将双方的优势发挥至最大。例如 LOL 全球总决赛 S7 的全球冠名商是梅赛德斯-奔驰,S7 的口号是"英雄,志逐传奇",与梅赛德斯-奔驰的品牌形象"心所向,驰以恒"不谋而合,而 S7 的比赛精神也将梅赛德斯-奔驰的品牌形象贯彻了下来。

2. 换位思考原则

赛事赞助其实是一种赞助方与赛事方的合作形式,双方应该是平等互利的。在合作中出现赞助冲突时,换位思考尤为重要。通过对方的需求换位思考对方最本质的利益诉求,通过双方的和解与适当退让共同达成共赢的目标。也就是说,共赢的商业目标需要以招商谈判中的换位思考为基础。

3. 及时沟通原则

赛事的赞助活动是一个长久、持续、多方的活动。由于赛事本身的持续性,赛事的赞助也是一个持续时间较长的活动,而且赛事的赞助行为一般涉及多方。在这样一个长时间的多方参与的行为中,保持及时的沟通协调是很重要的。较为典型的例子是在雅加达亚运会上,国家游泳队名将斩获3金1银,但在第一次领奖时,该运动员并未穿着赞助国家队的安踏运动服上台领奖,与赞助协议中的约定不符,从而使得安踏公司的权益受到了损害。该运动员领奖时穿着的361°运动服既是其个人的赞助商,也是国家游泳队的长期赞助商,该运动员的所作所为符合了361°的赞助权益。安踏则由于在赛前发布公告谴责运动员,并在公告中用词不当,受到了很大的舆论压力,对企业形象造成了一定损害。所以在这种场合,双方及时沟通是非常有必要的,以避免因利益冲突而造成"双输"。

4. 利益共享原则

赛事的赞助行为并不仅仅是双方资源的互换,更是在互相强化对方的品牌价值。在某种层面上,赞助方与赛事方是利益共同体,双方进行互补以拓展品牌的外延,提升双方在赛事辐射群众中的品牌感知,使双方的利益最大化,实现双赢的最终目标。

6.2 招商筹备

赛事招商的筹备流程如图6-2所示。

图6-2 赛事招商的筹备流程

6.2.1 宏观了解招商筹备阶段

赛事招商从本质上来说,是一项时间跨度大、涉及部门广、牵扯环节多的工作。要使这一工作运行有序、达到预期的目标,就需要对招商工作加以筹划准备。只有建立在经过周密、系统、科学的筹备的基础上的招商,才称得上是成功的招商。

招商筹备是进行招商的前期准备工作。在招商筹备的过程中,招商部首先要通过招商调查对招商产品的核心卖点进行分析和提炼,然后确定招商目的和招商对象,选择恰当的招商方式,从而制定合适的招商策略,最后编写招商策划方案,制定招商策划的程序以及做好招商方案的跟踪和反馈工作,使招商工作达到事半功倍的效果。

6.2.2 招商任务与招商计划

1. 招商任务

招商任务的确认是整个招商行动的第一步,在确认了需要完成的任务后,才能在此基础上确认下一步的行动。

招商任务一般包含以下几方面。

1）招商目标

招商目标包括需要赞助方提供的现金目标及物料目标，除此以外，需要赞助商提供的商业资源目标也是招商目标之一。商业资源包括媒体资源、场地资源、人力资源等。例如，有些赛事会设定场地赞助的招商目标，从而减少赛事的场地费用。

2）招商时间

预期的招商完成时间是建立招商行动推进表的基础。首先确定招商完成时间，再倒推招商行动开始的时间节点。招商所需时间根据公司能力、人员能力的不同而不同。一般来说，应将合同的签订时间视为招商的完成时间。

3）配合资源

在开始招商任务之前，首先要确定团队可提供的资源有哪些，可以用于与赞助方进行资源互换的资源有哪些。这些都是招商方案及谈判的基础。

2. 招商计划

招商计划主要是目标赞助商的定位和赞助方式的选择。

1）目标赞助商的定位

寻找潜在赞助商是招商计划的第一步。首先需要确定本次电子竞技赛事的定位，即可能的受众人群，再根据受众及定位寻找与受众或潜在受众较为重合的赞助商类别。在与受众和本次赛事较为契合的赞助商中，将品牌形象与本次赛事较为符合的赞助商确定为潜在赞助商。

2）赞助方式的选择

赛事赞助方式分为现金赞助、物料赞助、资源赞助，其中资源赞助有场地赞助、媒体赞助、人力赞助等。赞助方式并不是单一的选择，可以通过多种方式混合赞助，应先确定本次赛事需要哪些形式的赞助，在与赞助方进行赞助谈判时再进行进一步的调整。

3. 赞助时间表

根据赛事的进程提前制定赞助时间表，在对应的时间点给出相应的赞助资源。双方应该在合同签订时对赞助时间表达成一致意见。

4. 赞助商的权益界定

赞助商的权益一般根据赞助商的等级进行区分，可以提供的赞助权益有以下几种。

1）冠名权

冠名权指的是以品牌名称命名赛事的权益，由品牌与赛事共同构成电子竞技赛事的官方名称。一般只有冠名赞助商才会享有这种权益。例如，"电信《王者荣耀》争霸赛"就是由中国电信冠名赞助的。

2）排他权

排他权分为一般排他权和全行业排他权。一般排他权是指某行业的企业赞助赛事后，这个行业中的其他企业不能再以任何形式与该赛事合作。例如，在电子竞技赛事"京东游戏妹子杯"中，顶级赞助商是雷神科技，享有一般排他权，那么在该赛事中，其他计算机及外设企业将不能再与主办方合作，但其他行业的企业，例如日化用品企业依旧可以与该赛事合作。相对而言,全行业排他权更为严格,当某企业独家赞助某赛事时,其享有全行业排他权,那么所有其他企业都不能以任何形式与该赛事合作。

3) 无形资产使用权

无形资产是指赛事中所有没有实体的非货币性资产,包括赛事视觉体系(Logo、主题色、某些特定的设计元素等)、赛事的称谓权、口号和主题曲的使用权,参赛队伍名称的使用权。

无形资产使用权是指赞助商对赛事的无形资产可以进行使用,但不能进行处置(如出租、出售等)。

4) 品牌露出

赞助商拥有在赛事中以 Logo、标语、视频等各种形式进行品牌露出的权益。品牌露出的方式包括推广物料、推广文案、比赛现场广告、直播广告、官网标语、主持人口播等。不一样的赞助等级匹配的品牌露出权益(露出形式及露出方式)也并不相同。在英雄联盟2018年全球总决赛(S8)中,赞助商有 KFC、梅赛德斯-奔驰、伊利谷粒多、万事达卡等,但在游戏产生一血时,享有品牌露出的二维码及解说口播权益只有 KFC。

5) 定制推广活动

赞助商也可以拥有举办定制推广赛事活动的权益,活动可以以赛事的任何一方面为主题。根据赞助商等级的不同,需要设定赞助商有权举办活动的次数。

6) 推广活动优先赞助权及参与权

赞助商拥有参与赛事相关推广活动的权利,不同等级的赞助商的参与人数和次数不同。在推广活动招募赞助商时,已经赞助赛事的赞助商拥有同等条件下优先赞助推广活动的权利。

7) 产品展示权

根据赞助合同,赞助商有权在赛事举办地陈列产品或售卖产品。不同等级的赞助商享有的陈列区或售卖区的规格及权益各不相同。

8) 接待权益

不同等级的赞助商享有不同规格的接待:入住酒店、赛事场地的贵宾室、工作班车、门票及入场证件。

9) 其他权益

其他赞助商需求的且在合同中做出约定的权益。

6.2.3 制作招商方案前的准备工作

在规划招商方案前要做好两方面的基础功课:本次电子竞技赛事的市场及用户分析、赞助商的市场调研,如图 6-3 所示。

赛事的市场及用户分析可以通过过往案例、同级竞品、行业标杆三方面进行。通过本赛事以往案例的数据对本赛事的用户进行分析,并预测本次赛事的相关数据及受众规模;收集竞品赛事的数据,作为本赛事的模拟数据的参考标本;以行业内具有代表性的同类赛事的影响力、营销方案、事件作为赛事的标杆。

赞助商的市场调研主要从赞助商目标用户、赞助商赞助情况、竞争对手赞助情况三个角度进行。分析赞助商的目标用户群体及潜在用户群体,并将本赛事的用户群体与目标用户

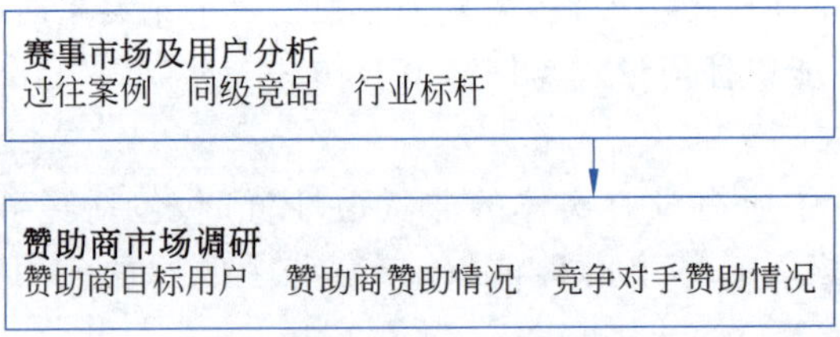

```
┌─────────────────────────────────┐
│ 赛事市场及用户分析              │
│ 过往案例  同级竞品  行业标杆    │
└─────────────────────────────────┘
              │
              ▼
┌─────────────────────────────────┐
│ 赞助商市场调研                  │
│ 赞助商目标用户 赞助商赞助情况 竞争对手赞助情况 │
└─────────────────────────────────┘
```

图 6-3　制作招商方案前的准备工作

群体进行匹配；了解赞助商近年来的赞助情况及市场需求，对赞助商的对外赞助方案有一个基础的认知；调查赞助商竞争对手的赞助情况，预测赞助商可能出现的赞助方式及赞助预算。

在对各种招商信息进行广泛收集的基础上，编制与设计各种招商宣传资料和招商宣传广告，为招商部的招商工作做好宣传准备，吸引更多的商家前来投资。

6.3 招商方案

招商方案是赛事组织者整合赛事资源后向赞助商提交的一份申请赞助商提供赞助的合作方案，它是赛事运营者需要重点掌握的方案，是成功获取赞助商赞助的第一步。

6.3.1 招商方案的构成

严格意义上，招商方案属于赛事总策划的一部分，但在通常情况下，招商方案无法脱离赛事策划部分而单独成章。直白地说，招商的基础是赛事，合作方需要在了解赛事基本情况的基础上，根据赛事的体量和效果分析对是否赞助、赞助规模以及其他形式的合作可能做出判断。

招商方案是完全服务于赞助商的文件，招商方案的内容构成将完全围绕赞助商。招商方案就是为赞助商答疑，赞助商需要了解什么，就在方案里为他们呈现相应的答案。

在实际操作过程中，招商方案一般有普适版本（适用于全部潜在赞助商）和定制版本（专门针对某个有意向的赞助商）两种。其中，定制版本将根据赞助商的特殊需求或前期沟通中的初步共识进行具体设定，不同赞助商的需求千变万化。这里重点讲解适合所有潜在赞助商的普适版本。完整的招商方案应包括赛事体系详述、赛事团队介绍、赛事效果演示、赛事预算统筹、合作矩阵规划。

1. 赛事体系详述

1）赛程大纲

即赛事的整体赛制进程，赞助商通常借此评估赛事的整体体量，如图 6-4 所示。

2）赛事推广进程

即赛制之下的推广进程节点，便于呈现区域进程，如图 6-5 所示。

3）赛区、赛点一览表

赞助商评估赛事影响力和人群覆盖的重要参考，如图 6-6 所示。

图 6-4　某全国赛事的赛程大纲示意

图 6-5　某全国赛事的推广进程示意

图 6-6　某全国赛事的赛区、赛点分布

4）赛事亮点

亮点就是最大的爆点，爆点既能吸引用户，也能吸引赞助商，如图 6-7 和图 6-8 所示。

5）奖项设置

赞助商会特别关注赛事的奖励，奖励也是赛事体量的重要指标，如表 6-1 所示。

6）时间推进表

时间推进表是赛事的整体时间跨度以及赛程分配，包含发布、推广、比赛的时间节点

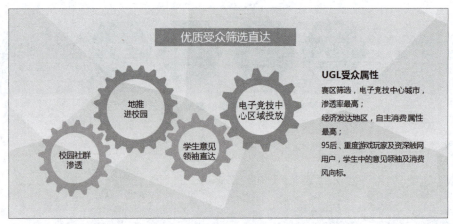

图 6-7　赛事亮点提炼示意（1）

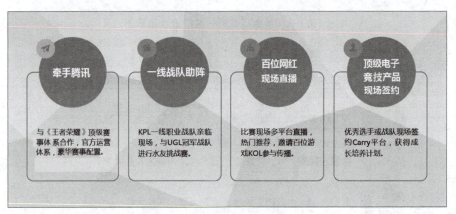

图 6-8　赛事亮点提炼示意（2）

表 6-1　奖励设置举例

奖励设置	浮动奖金池激励
	亲临 KPL 现场豪华观赛之旅
	顶级电子竞技产品 KOL 代言
	海量电子竞技周边、热门商品
	与一线战队面对面接触

（图 6-9）。时间推进表也是赞助商非常关心的内容，每个公司的赞助预算会在前一年的年底拟定，赞助计划一般都分为月度指标、季度指标、半年指标和全年指标，时间是否契合也是赞助商是否"有钱"投入的重要原因之一。

除此之外，赞助商还会将时间推进表的节点与自己公司的推广事件、推广节点进行比对，有时会提出调整赛事时间节点以配合公司宣发和推广事件的要求。

2. 赛事团队介绍

赛事团队通常分为两大部分，第一部分为赛事主办主体，直白地说就是××公司、××

图 6-9 时间推进表示意

行业协会等资方,第二部分是赛事执行团队。

赞助商会着重关注与什么人合作以及这个人是否具备匹配的实力,更多时候,主体是叩开赞助商大门的敲门砖,对等的实力以及熟络的关系更利于合作破冰。

3. 赛事效果演示

赛事效果演示推荐以效果图和数据分析的形式呈现,它是对赛事最完美预期的展望和分析。

效果图包括现场效果图、推广模拟图、直播示意图、线上/线下植入图、厂商展示图等。

数据分析包括参赛人群预估、覆盖人群预估、影响人群预估、媒体曝光量预估、影响力转化预估、曝光总时长预估等。

4. 赛事预算统筹

一般包含预算大纲与成本明细。这里的预算皆为对外报价,是赞助商考量赛事体量、主体投入以及预期回报的重要参考。尤其是推广成本和宣发成本,成本越高,赞助商越认为能实现自己的投放意义。

5. 合作矩阵规划

合作矩阵包括针对不同赞助商的权益及费用规划,应做到明码标价,它是招商方案中博弈的重要环节。

6.3.2 招商方案的要素

1. 合作类型

合作类型按照不同的标准有不同的分类,首先要明确合作类型的意义是便于赞助商快速知悉自己的投入回报比,并明确自己赞助的梯队。

按照投入回报比的标准,可以将合作类型简单地分为总冠名、联合主办、战略合作、合作矩阵、媒体矩阵。在这五种类型中,赞助商的投入由高到低,权益收获由大到小。

2. 合作权益

赞助商权益即赞助商信息在赛事过程中的体现,目前主流的赛事赞助方权益包括以下几类:

① 线上/线下的视觉露出;
② 主持人、解说口播;
③ 广告片播放;
④ 植入产品作为互动奖品或关键物;
⑤ 媒体曝光。

3. 合作周期

合作周期不等于赛事周期,合作周期应以书面的合同文字为准,合作周期会远远超过赛事本身的周期,从赛事前期的招募推广造势开始,包含赛事整个过程以及赛事结束后一段时间内的媒体和相关资源匹配。一般情况下,赛事结案只有得到赞助商的最终确认,才能认为一个招商合作周期已经完结。

6.3.3 招商方案案例分析

下面以第三方赛事 UGL 全国高校联赛为例,分析招商方案的亮点拟定、措辞规避和资源最大化写法。

1. 冲击力的关键词提炼

关键词的提炼如图 6-10 所示。

图 6-10　UGL 全国高校联赛的关键词

2. 赞助商矩阵示意

赞助商矩阵示意如图 6-11 所示。

图 6-11　赞助商矩阵示意

3. 赞助方权益

赞助方权益如图 6-12 至图 6-14 所示。

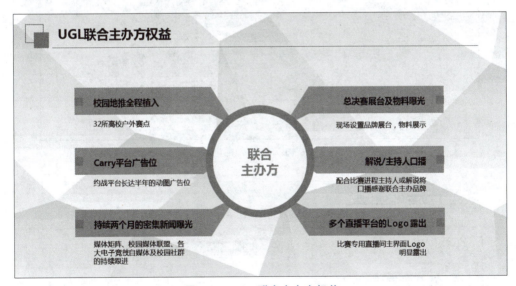

图 6-12　UGL 联合主办方权益

4. 回报优势

回报优势呈现出数字化、阶梯状,如图 6-15 和图 6-16 所示。

5. 效果演示

效果演示应做到图文结合,如图 6-17 至图 6-21 所示。

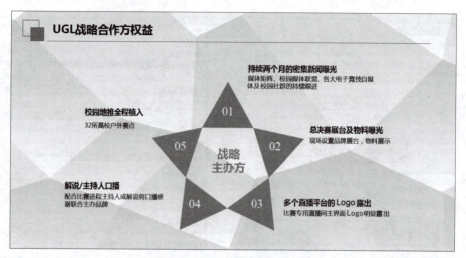

图 6-13　UGL 战略合作方权益

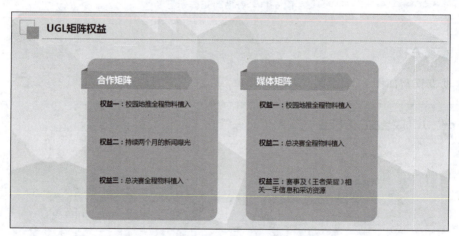

图 6-14　UGL 矩阵权益

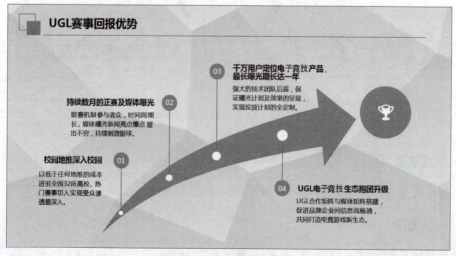

图 6-15　UGL 赛事回报优势

图 6-16　数读 UGL 赛事效果

图 6-17　UGL 校园地推效果演示

图 6-18　UGL 直播平台效果演示

图 6-19　UGL 决赛落地效果演示

图 6-20　UGL 王者女队冠名效果演示

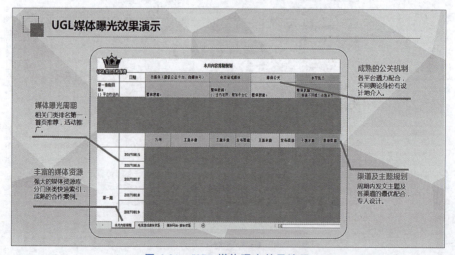

图 6-21　UGL 媒体曝光效果演示

6.4 招商谈判

6.4.1 招商谈判资料

招商谈判是否顺利是招商工作能否取得成功的关键。与赞助商签约之前，必须进行有效的沟通和协商，即谈判。而在谈判之前，要准备好招商谈判资料，选定招商谈判的人员及制定招商谈判的策略与方案。之后再进入招商现场与赞助商进行谈判，力求掌握招商谈判的主动权，以达到招商签约的目的。招商谈判资料包括公司介绍、赛事介绍、招商项目、谈判的价格目录等。

6.4.2 招商人员应具备的基本能力

1. 宽广的知识技能

电子竞技赛事属于电子竞技产业，电子竞技招商涉及经济学、营销学、赛事运营、心理学、社会学、游戏行业、会计与税收等相关学科，以及最新的相关法律法规知识，而且新知识、新技能不断涌现，招商人员必须及时掌握这些基本的招商知识，适时学习、补充锻炼，对招商知识必须做到熟练运用，才能更好地开展招商工作。

2. 优秀的社交能力

电子竞技招商是一个投资行为，包括多个管理层的分析和最高层的决策，这就要求招商人员必须充分与各管理层人员进行多次有效的沟通，多次面对不同的人应采用适当的社交方式，因此招商人员的交际能力十分重要。

3. 优秀的语言表达能力

招商信息是通过文字形式传递的，而招商谈判则是通过语言沟通和交流的。招商人员的语言表达必须正确规范，使用有效的语法、恰当的修辞和合理的逻辑，使表达更具吸引力、说服力和感染力，这样才能在不同的立场和不伤害双方利益的情况下达成共识。优秀的语言表达能力不仅能将有效的信息准确地传达给客户，避免招商工作中的误会，还可以促进招商的成功率，从而达到更好的招商效果。

4. 敏锐的观察能力

通过察言观色从对方的言行举止中捕捉对方的投资意图，进而做出准确的分析和判断，是获取信息、了解对手的有效方法和手段之一。招商人员要具有敏锐的观察能力，应积累观察客户、了解客户的基础知识，多加观察、练习，提高观察的水平。

5. 灵活的应变能力

招商工作瞬息万变，招商人员要根据招商形势审时度势，辨别核心和重点，争取相应灵活的对策，使判断向有利于己方的方向发展。面对客户的需求，要把握立场，在不影响全局的情况下适当做出调整。因此，招商人员除了必须掌握招商的具体情况外，还应智慧、勇敢，在谈判时做到机智、幽默、轻松，应对自如。

6.4.3 招商谈判中的基本原则

1. 平等互利原则

平等互利原则是指谈判双方没有高低贵贱之分，双方应在适应对方需要的情况下互惠互利，这是谈判成功的基本条件，所以在对方提出较高要求时也可有所退让。

2. 公平竞争原则

公平竞争原则是指谈判双方具有公平的提供和选择的机会，任何一方不能以胁迫手段达成协议，协议的达成与履行是公平的，交易也是公平的。

3. 诚实守信原则

诚实守信原则是指招商谈判的双方都要遵守协议，不能弄虚作假。在谈判过程中，谈判人员介绍情况、回答问题应实事求是，不能夸大其词，也不能随便承诺。一旦承诺，就应履行，保证言行一致，取信于对方，以体现真诚合作的精神。

4. 求同存异原则

求同存异原则是指谈判人员应正确对待双方在需求和利益上的分歧，要谦让、豁达，在利益分歧中寻找互补的契合利益，将原则性和灵活性有机结合，从而更好地达到谈判的目的。

5. 讲求效益原则

讲求效益原则是指谈判人员要把谈判重点放在探求各自的利益上，不能将人为因素与谈判的具体问题混为一谈，即谈判人员应集中于双方关心的利益因素，而不是表面的立场。要与对方确立谈判截止时间，不恋战，不与做不了主的对手多做纠缠。

6. 方案多选原则

方案多选原则是指在谈判中要创造各种选择方案，谈判人员应为共同利益创造各种可供选择的解决方案，以便从中选择对双方最有利的方案。

6.4.4 赛事招商谈判要点

1. 谈公司——树立公司形象

在招商谈判中向赞助商表明公司的优势所在，展示公司的强大实力，树立公司的良好形象，从而在赞助商心中树立起合作信心，以此增加谈判成功的概率。

2. 谈自己——取得赞助商信任

端庄的仪表有助于谈判的顺利进行,在谈判过程中,谈判人员的谈吐应落落大方。除此之外,谈判人员展示诚意的举动也会对谈判造成影响,更容易获取赞助商的信任。

3. 谈对手——说明公司优势

在谈判准备过程中,谈判人员要在对自身情况具有全面分析的同时,还要关注同类型赛事竞争者的情况,要充分了解同类型赛事的产品体系和功能构建。根据双方具体情况准备本公司具有的优势以及能为赞助商带来的额外收益。

具体谈判时,可以通过描述自身赛事的质量及优于同类型赛事的方式打动赞助商。注意在谈到竞争对手时要实事求是,不能贬低对手、夸大自我,否则会令赞助商反感,影响合作。

4. 谈赞助商——表现服务热忱

在谈判过程中要谈及赞助商的企业文化,因为影响赞助商表达诉求的最直接因素就是企业文化内涵。适当的热忱也是必要的,向赞助商表明会尽量满足其合理要求,会按照其期望的时间、地点和方式提供优质的服务。

5. 谈效益——双赢是根本

互利互惠是谈判的基础。谈判人员可以通过展示赛事运营效益(特别是赛事水平、经济效益、社会效益等)打动赞助商,再根据双方的需要和要求按照公平合理的价格互通有无,使谈判的所有参与者各取所需、各偿所愿,这样才能达到"双赢"或"多赢"的局面。

6.4.5 招商谈判应变技巧

1. 面对僵局,要学会转移话题、缓和气氛

当谈判陷入僵局时,适当地转移话题能够缓解谈判双方的情绪、缓和谈判的气氛。一旦对方强硬的态度有所软化、情绪有所好转,再探讨谈判的条件自然就会容易很多,这样不仅有利于双方的交流和理解,还会增加与对方达成协议的可能性。所以要学会转移话题,这在必要时大有帮助。

2. 面对沉默,要学会主动提问

谈判中,对方保持沉默是想使你感到不安,促使你不断说话以获取有用信息。谈判人员要学会主动让对方将这种意思表达出来,以平缓的语气询问对方沉默的原因。要学会主动提问,设法让对方更多地提供信息。

3. 面对谬论,要学会不予争论

当对方发表不负责或不符合事实的言论时,不要花费精力证明对方的谬论,这是不明智的方法,要学会巧妙地转移话题。

4. 面对无关问题，要学会回避或转移注意力

对方的每一个反应和问话并不是都需要做出回应的，要学会适当地回避。在一般需求和优先需求都已得到满足后，对方如果还在一些无关大局的问题上谈论不止，这时就需要转移其注意力，有时讲一个形象幽默的笑话就可能将无关话题终止。

5. 面对吹毛求疵，要学会缓解

在谈判中，如果对方吹毛求疵，就是想给你造成一种错觉，让你相信他们的实力，让你草率地答应他们的某些要求或让你做出更大的让步。这个时候，不要轻信对方的一面之词，在不充分了解的情况下，要委婉地将此事缓一缓，建议将关键问题的细节集中在以后再谈。

6. 遇到对方闹情绪，要学会及时撤退

当对方情绪不好时，如果你没有十足的把握平缓对方的情绪，也可以采取立即撤退的方式，向对方表示后期还会再约时间进行讨论。

6.5 招商品牌的合作权益

电子竞技行业的蓬勃发展与逐渐成熟带来了巨额的互联网流量，通过电子竞技领域相关营销攫取的流量来自年轻用户，且具有强社交属性，其优质的流量属性与目标用户画像吸引了许多品牌着力对电子竞技营销领域进行布局（图6-22）。

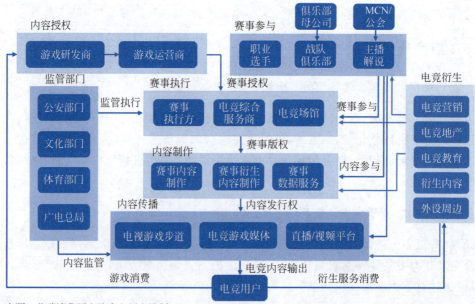

来源：艾瑞消费研究院自主研究绘制。

图 6-22 电子竞技品牌与品牌商的产业关系

如果用一句话简要概括，就是品牌商愿意付出资金或其他资源换取电子竞技品牌的流

量,或与用户心中的电子竞技品牌进行印象绑定。这是营销过程中,品牌对于消费者心智与认知的追逐与占领。

随着电子竞技营销合作的广度拓展与深度挖掘,最早的冠名、赞助等所谓"拿钱就能印品牌"的表象化营销合作模式已经逐渐式微。品牌商在与电子竞技赛事、俱乐部、游戏版权方,甚至是和职业选手、主播解说等人格化的品牌合作,电子竞技游戏媒体等的媒体合作模式也不断推陈出新,在营销中使用新的技术手段与营销模式。双方合作的模式也逐渐呈现深层化、模式、多元化。

电子竞技赛事与活动的商业价值越来越被品牌商重视,电子竞技赛事主办方、电子竞技俱乐部、游戏的 IP 方也不断寻求成为各品牌商年轻化战略与互联网整合营销的重要渠道。在此过程中,电子竞技品牌商对合作权益的规范化与标准化不断做出探索,电子竞技赛事的招商品牌合作权益也展现出标准化与定制化的趋势。

6.5.1 合作模式的深层化与多元化

如表 6-2 所示,其中较为基础的合作模式就是曝光合作,即品牌商通过赞助、冠名、植入、代言等方式参与电子竞技赛事并完成营销流程,获取电子竞技流量,主要目的为品牌曝光,是较为直接的合作方式。对于比赛来说,直播流中的品牌露出、赛事现场的品牌露出都是典型的曝光合作。对于战队/俱乐部来说,队服的广告位也是较为直接的曝光合作模式。

表 6-2 电子竞技领域商业合作模式

合 作 模 式	合 作 特 性
曝光合作	较为直观的流量交易模式,简单直接
产品合作	需要对于产品具有把控能力,对用户的画像进行深入研究
场景合作	对线下活动执行要求较高,尤其是用户体验与互动性
内容合作	对整合营销运营者能力要求较高

产品合作形式则是借助电子竞技赛事或游戏的 IP 影响力推出联名、定制甚至限量的产品,通过用户与电子竞技 IP 的情感链接进行一定程度的变现。这里的营销大致有两种目的:其一为品牌营销,即通过产品获得品牌美誉度与曝光,获得年轻化、数字化、电竞化的品牌形象,对于盈利没有刻意追求;其二为以直接效果营销为目的,将产品的售卖营收作为主要的目的;其三为前两者兼顾。

统一冰红茶在 2018—2020 年连续与王者荣耀职业联赛合作,在该品牌与 KPL 的相关营销文字中,从品牌理念的角度定义自身为"青春无极限"的饮料,并坦诚指出,在电子竞技成为年轻群体主流文化的今天,统一冰红茶选择与 KPL 的合作,以"热血、不服"彰显青春,从品牌营销的角度对二者的品牌做出了深层次的精神链接;而在直接效果营销层面,则是推出了"热血 Battle 瓶",并定位为首款电子竞技水瓶。

不仅仅是快速消费品,奢侈品也不断与电子竞技 IP 品牌进行深度合作。2019 年英雄联盟世界赛期间,《英雄联盟》就与奢侈品品牌 Louis Vuitton 进行了跨界合作,推出了奇亚娜的至臻皮肤。除此之外,Louis Vuitton 还为 2019 英雄联盟世界赛的奖杯设计了专属皮箱,这种不浮于简单"赞助"的合作模式使得在二者的品牌从文化层面做到了更深层次的融合;不仅从设计的方式上达到了"突破次元壁"的合作,还由 Louis Vuitton 女装艺术总监 Nicolas Ghesquière 负责奇亚娜至臻皮肤的设计,皮肤包含的 Louis Vuitton 单品更是真实存在的品牌单品。仅仅"奇亚娜一身皮肤价值 10 万元人民币"这样的主题讨论就从话题度和传播度上拉满了营销效能。现今,没有品牌能够拒绝"年轻化"的诱惑,不管是百年老店还是奢侈品牌,都在尝试与年轻一代的审美和世界观接轨,在这样的环境下,与电子竞技品牌和电子竞技领域的跨界合作品牌事件(event)营销就显得非常的年轻、新锐,甚至有些"赛博"(cyber)的味道。

场景合作的模式多以快闪店、文化展、IP 展、特别活动等方式展开,其对于用户黏性的提升有巨大助益,场景合作的模式往往较为多元,可能会配合线上活动同步开展,或配合营销内容的分发,甚至合作产品的同期售卖,属于包容性非常强且操作空间大的合作模式。

2022 年秋季,在北京三里屯太古里举行的为期一个月的"三里屯太古里——2022 潮人出击│王者荣耀主题互动展"就利用潮流地标太古里作为基础场景,并利用中秋与国庆两个假期展开相关的场景营销。在落地内容方面,不仅有使用移动设备线上互动召唤英雄形象的增强现实(AR)的环节,还有在不同点位的打卡挑战,通过挑战通关集齐勋章、解锁相关任务可领取对应品牌福利,并设置了联名产品和周边的购买渠道①。活动的相关营销稿件对此的描述为"新社交、新社群、新消费场景"的三个维度并行的营销要点。在类似的场景合作中,商业地产项目方通过活动收获相关的线上线下流量,而电子竞技品牌可以通过场景化的营销活动活化品牌,活跃社区。在这样的品牌营销合作中,双方各取所需。

内容合作模式主要以品牌商结合电子竞技 IP 或二次创作,以影片、漫画、音乐等形式表达品牌与电子竞技精神融合的故事,并以此进行内容传播,达到品牌营销的目的,是整合营销的常见模式。内容的合作非常依赖营销运营者对于电子竞技内容的深刻理解及二次传播中使用媒体渠道。

6.5.2 合作权益的标准化与定制化

合作权益的标准化来自于电子竞技品牌与合作品牌商之间多年的磨合与电子竞技营销活动的流程优化。权益的标准化是指针对具体权益的描述、合作期内权益完成的频次、覆盖的周期与范围、渠道的数目与流量等做出定性与定量的描述,并且在此基础上对于单位、单价、数量等做出统一规划,并给出相应的具体描述,对营销过程中双方品牌的素材、达到效果做出定量和定性的规条,最终做出对应价格的报价,是电子竞技品牌及其营销渠道日渐成熟化、商业化的表现。简而言之,在商务合作中,赞助品牌商可以通过一张简表迅速了解一定量的资金可以购买的标准权益及对应的品牌影响力。

合作权益的定制化则是对于合作权益的灵活性的更深层次的尝试。在定制化过程中,电子竞技品牌与赞助品牌之间可以通过品牌理念的契合或目标用户的重合人群进行进一步定位,策划出符合三方需求的整合性品牌营销策略,落地到产品、场景、内容等合作模式中。做到三赢的同时,将品牌营销活动的声量尽可能地扩大,并且在定制化的模式中,资金的合作并非唯一途径,流量互换与异业合作也是常见的途径。

---

① http://k.sina.com.cn/article_1700867777_65612ec10190224cg.htmlhttps://baijiahao.baidu.com/s?id=1745200091793642822&wfr=spider&for=pc.

对于合作权益的定制化，往往要思考品牌商与电子竞技品牌之间的品牌调性及品牌定位的交叉点。而对于不同层次的品牌，其诉求也不尽相同，选择的合作权益及相关的合作层次也有较大的差别。

顶级职业联赛的品牌赞助商往往是大众消费品，这是由于大众消费品的品牌持有者体量与资金预算足够大，决定了顶级联赛与之相匹配的品牌合作层次与合作模式。例如与英雄联盟职业联赛长期合作的汽车品牌梅赛德斯-奔驰与快餐品牌肯德基皆是知名且实力雄厚的大众消费品品牌，这是品牌合作领域的对等化。其中，定制化的合作，如 KI 上校（图6-23）这样的营销案例也获得了营销业界的认可与良好的互联网流量表现。而对于第三方赛事来说，需求往往是铸造自身的 IP，同时满足对于品牌赞助商传播的需求。第三方赛事的营销玩法与赛事活动亮点、传播数据等，可能是品牌赞助商追逐的目标。如何有效地结合品牌并展开一系列活动就成为合作的基石。商场赛或由街道、公益机构组织的具有公益性质的小型赛事则往往以线下的人流量为目的，通过电子竞技比赛达到引流、公益宣讲的目的，一般情况下，赛事费用可能由商场或事业单位直接支付，这时的品牌赞助商可能是消费品或 3C 产品品牌，甚至并不支付相关费用，只是赞助奖品。

图 6-23　肯德基 KI 上校

6.5.3　赛事赞助品牌商的权益分类

前文中概述的品牌商的合作方涉及电子竞技行业中的多方品牌持有者，包括但不限于电子竞技赛事、游戏版权方、电子竞技战队俱乐部、主播解说、电子竞技游戏媒体等。以下则对于赛事赞助商的品牌权益分类进行详述。

1. IP 资源权益

IP 资源权益指品牌赞助商通过赞助、冠名、植入、代言等形式参与电子竞技赛事的流程与品牌营销活动，获取相关的线上线下流量，最终实现品牌曝光或直接效果营销的权益途径。

其一，电子竞技赛事的商业赞助方可以使用游戏与赛事的 IP 与主视觉（key visual，KV）与赞助商品牌的相关内容进行结合，应用于线上线下的品牌物料中，并在权益期内用于二次传播与宣传。其中，根据权益的不同，约定条件可能包含图文、视频内容传播、电商平台的品牌物料等。

相关品牌传播物料应得到双方的相互确认。商业赞助方对于赛事的IP与主视觉的应用应遵循电子竞技品牌识别系统的应用规则，不可任意改变颜色、字体、比例等，不恰当的品牌视觉图文应用会对品牌的用户认知产生伤害，在此过程中，电子竞技赛事的品牌管理及品牌运营或市场营销部门应充分介入，保持沟通。

其二，电子竞技赛事的商业赞助方可以使用诸如某电子竞技赛事冠名商、赞助商、商业合作伙伴等双方商定的名称进行宣发。其宣发在权益期限与约定渠道中展开，相关的传播内容与渠道应获得双方的互相确认。商业赞助方称号使用不当或言辞不当也会对电子竞技品牌产生一定的伤害，所以在此合作过程中，电子竞技品牌运营或市场营销部门的监控显得异常重要。

其三，对于购买IP资源权益的商业赞助方来说，衡量其费效比的主要数据是曝光量，线上数据以流量、互动、转化作为衡量三要素，线下则更多倾向于观赛人数、媒体报道、社会影响力等。在IP资源权益的合作中，电子竞技赛事品牌方在线上流量与线下规模、影响力方面都要着重做出相关的运营配合。本着对商业赞助方负责的态度，应为权益方获得一定范围内最好的传播效果。

2. 线下品牌权益

线下品牌权益指品牌赞助商通过电子竞技赛事及活动，以线下生态辐射电子竞技用户，获取相关的线下流量，最终实现品牌曝光或直接效果营销的权益途径。

线下品牌权益较为重要数据衡量标准是线下品牌的露出次数、点位及电子竞技赛事的活动影响力（参与人数）。对于线下品牌权益的赞助商来说，单衡量费效比的维度以产品或品牌露出的位置、尺寸、时长、人流作为重要的标准，其方式有以下几种。

其一，产品露出。在电子竞技赛事现场，如解说席、评论席等位置进行权益方产品摆放，或者是现场其他点位的产品摆放，也包括印刷物料中的产品展示，甚至包含与赛事并行出现的快闪店、配合活动、赛事互动中的产品展示等。

在大型赛事中，解说席、评论席的产品摆放可以通过直播流进行二次传播。而小型赛事中，现场摆点的产品展示往往可以使目标用户在参与现场活动的同时与产品产生零距离交互。在不同级别赛事中的可能表现为从线下到线上的二次传播或线下的用户互动。产品露出的目的是直接效果营销，即提升产品认知，继而获得购买。

其二，品牌露出。区别于产品露出，品牌露出更多是针对品牌认知的营销。在电子竞技赛事现场，权益方的品牌标志（Logo）与主视觉在线下印刷或数字物料的指定位置露出，如大屏幕、背景板、横幅、展架、道旗、对战席挡板、奖牌、奖金牌、观众席礼品或贴纸等，及赛后采访的背景板、话筒标等。品牌的吉祥物也可以作为多元化的品牌露出。权益商的线下品牌露出也有部分着重于口号（slogan）的品牌理念传达，这对品牌露出与电子竞技赛事的融合提出了一定的要求。2017年梅赛德斯-奔驰与《英雄联盟》赛事就展开了深度合作，双方品牌也一直在寻找"竞技精神"的内层链接，"为你，巅峰破界"这样的专属口号也成为能够符合双方品牌调性的沟通点，将豪华汽车与年轻化的电子竞技品牌联系在了一起。

其三，软植入。在电子竞技赛事现场，权益方的产品被赛事流程中的参赛者、主持人、解说、评论员或观众使用，并通过合适的角度对产品的共用效果进行表达。软植入对权益方产品与电子竞技赛事品牌在场景、理念方面的融合有着较高的要求,植入不恰当会引起用户的反感,生硬的感觉甚至会令软植入变成硬植入。

3. 线上品牌权益

线上品牌权益指品牌赞助商通过电子竞技赛事及活动,以线上的直播流、媒体、社群、客户端等方式辐射电子竞技用户,获取相关的线上流量,增进互动,最终实现品牌曝光或直接效果营销的权益途径。不少权益在出售时往往是以线上线下共同打包的方式进行售卖。线上权益的展现可能会结合更多的线下活动,例如线上抽奖线下核销的方式。本节描述的线上品牌权益大部分以品牌露出为主。

其一,赛事中的直播中的品牌或产品露出,相关的露出常常以直播作为最主要的媒介。如表6-3所示,其中口播作为声音流的品牌传播要限定相关的次数,其中要向权益方展示其出现的时间节点,这是由于比赛的观看人流是有峰值的,品牌赞助商常着眼于权益的最大化。

表6-3 赛事赞助品牌商权益表-赛事直播包装部分

类 型	描 述
赛事解说口播	以品牌口号进行露出,在赛事开始前,在BP开始前4次
赛后鸣谢	以标志露出
赛事赞助商专属包装	以标志露出
赛事直播主持人手卡	以标志露出
赛事直播解说挡板	以标志露出
赛事即时回放露出	以标志露出
MVP环节露出	以标志露出
赛事TVC广告	以产品广告形式露出

如图6-24所示,在赛事直播流中的赞助商专属包装作为出现频率最高的赞助商品牌展

图6-24 某赛事直播包装模板示例

现实现了赞助商的权益;而解说席的前挡板、主持人手卡都是通过现场实物的背面设计再次强调了赞助商的品牌,这些权益点不仅可以覆盖到线上,也可以在现场的大屏被观众反复观看,加深品牌的印象;而直播中的赛后鸣谢与赛事中插播 TVC 广告是较为传统的营销方式,TVC 也是较为直接的可以同时展示品牌理念与产品的流媒体媒介。

其二,在赛事相关的社交媒体中的品牌或产品露出,见表 6-4。

表 6-4 社交媒体中的品牌或产品露出

类 型	描 述
赛事报名页面、推广页	以标志、主视觉露出、图文介绍
赛事资讯稿中的露出	包含垂直媒体与自媒体两种,柔性露出与品牌调性
客户端(游戏界面)资源	以标志、主视觉露出、图文介绍
游戏中的 Banner	
官方社群资源	以标志、主视觉在赛事官方微博、微信的内容推送中的品牌露出,并配合品牌理念传达(图 6-25)
赛事直播之外的核心内容平台植入及广告权益	
赛事衍生节目相关植入/广告权益	

图 6-25 社交媒体中的品牌或产品露出

其三,品牌合作的跨界营销。肯德基与《英雄联盟》的软植入跨界营销不仅获得了较高的互联网流量,也获得了营销业界的认可。自 2015 年至今的合作不仅获得了声量,更在 2019 年获得金投赏创意奖。其营销的核心创意以 KI 上校这一形象展开,肯德基使用一套的 AI 算法预测获胜者。肯德基与数据公司 PentaQ 合作,为每个战队创建一个基于所有历史数据和实时数据的算法,并根据游戏统计数据实时预测谁将赢得比赛,通过一系列的内容营销的方式在赛事直播过程进行形象的露出及口播,在内容方面使用微博等社交平台进行病毒式传播,甚至在赛事期间一些主播、选手的直播间中进行内容与活动的植入。

6.5.4 招商项目权益书的写作方式

招商方案即项目权益书的写作目的是说服品牌商购买合作权益,权益书要表述清楚的核心内容就是品牌商付出相应的经费可以获得何种权益。在将权益罗列之前,需要按照逻辑层层递进地描述清楚赛事的电子竞技项目、赛事的介绍,如果有往届赛事,还需要展示过往效果,最后展示权益示例。如果面向的品牌商是不了解电子竞技行业的,则需要在这一系列环节之前先对电子竞技行业及其未来发展进行介绍。

图 6-26 为权益书写作时的简化脑图。在某些情况下,可以根据实际情况改变结构与思维方式。

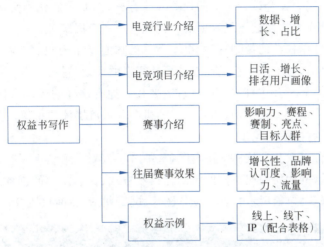

图 6-26　招商方案(权益书)写作简化脑图

首先,对于整个行业进行描述与定位,这有利于并不了解电子竞技行业与电子竞技赛事的潜在商务合作方了解行业背景的导入,也是对于整个权益书基调的奠定。相关的商业数据、影响力是商务合作决策的基石。其中需要突出电子竞技的影响力、发展态势及相关的新锐、潮流属性标签,这与品牌权益方购买相关合作项目后,最终影响的潜在消费者数量、质量有着密不可分的关系。

其次,介绍电子竞技项目的属性,使用数据的方式会更加行之有效,如注册用户数、日活数、知名度。例如国内日活第一、或国内流行度第一、或国内用户最多的端游或手游等。在措辞上,可以根据商务合作中的用户喜好与认知体系修改相关用词,手游可以替换为移动游戏。

目标用户的画像主要是年龄、男女比例、收入等,市场规模、用户数也是非常重要数据。其中,年龄段的分布与目标权益方的高度重叠可以在一定程度上促成合作。例如,目前不少品牌在营销中倾向的"品牌年轻化"策略非常注重年龄在 20～30 的用户与潜在用户。在权益书中阐明数据,有助于用户决策。对于性别倾向,过往的对于男性用户买 3C 产品,女性用户购买化妆品等商品的刻板印象式品类理解,可能在近些年有所转向,不少女性用户在游戏中的虚拟物品消费也在节节攀升。简而言之,目标用户的画像代表着权益方在购买品牌营销服务后可能产生的用户转化。

再次,介绍本赛事的基础情况。其一,赛事的规格,包含赛事参与的级别、涵盖的城市区域、组织方投入的金额等,这些与声量息息相关。其二,赛事的规模,包含赛事执行的场地、场馆的级别、容纳的观众范围,这些范围代表着赛事的规模及能触达的用户的广度;其三,赛事的传播渠道,包含现场人流量、赛事直播选择的直播平台,甚至包括平台给予的流量扶持等,这些都是权益方看重的数据。最后,回顾过往的赛事声量与效果,以过往成绩作为背书,也是所谓"所见即所得"的最好方式。

最后,也是重要的部分,对于合作起到主要推动作用的是合作资源的示例。合作权益的规划可以按照定制化与非定制化两个分类进行规划。定制化就像是私房菜,客户点什么,赛事方就根据资源与能力配合设计相应的权益合作方式;而非定制化则是按照既有资源设计权益合作方式。制作合作权益书最重要的是把握以下三个层次。

第一个层次,合作权益的规划,即找出本品牌的核心竞争力,从较为宏观的角度展示赛事具有的资源。例如,某电子竞技品牌在全国性赛事的策划与执行方面会获得政府资源、产业政策的相关扶持,甚至合作打造"电竞城市"名片。拥有这样的政府合作背书的赛事资源会获得文旅的支持,使用文化机构、知名景点的机会及主流媒体的报道,这就是流量的保障,也是某电子竞技品牌的核心竞争力。

第二个层次,合作权益的核心资源盘点,从中观层次对核心资源进行盘点,对于核心资源的数据进行展示,例如品牌权益商的定制化权益方式、标志露出的现场效果(图 6-27),相关曝光的过往数据等,包括展示相关的场景图片、网络截图、新闻报道等。

图 6-27　招商方案品牌露出展示

第三个层次,合作权益的展示及列表的细化,即对所有可用资源进行分类、罗列。这时可以考虑将权益进行分类,例如可以按照线上、线下的逻辑分类,也可以按照 IP 授权或非 IP 授权的逻辑分类,并罗列权益在何种时间、地点进行如何形式的交付。在阐述相关的合作权益时,要尽量考虑权益方在看到该权益书时的直观感受,使用照片、数据、用户证言等都是非常有效的方式。

图 6-28 为某电子竞技俱乐部的权益表。之所以要另外制作权益表,是由于权益书在写作时更注重的是视觉效果与表述逻辑,因为其主要配合网络发送展示,或配合 BD(bussiness developer)的语言表述,这个时候很难兼顾信息的丰富程度,而更加详细的权益可以使用表格的形式进行表述。

2021年度某战队招商权益表

权益类别	项目	描述
冠名渠道	战队冠名授权	战队名称格式以 俱乐部名称+冠名赞助商名称+俱乐部 为准，在参加的各赛事BP界面与赛程界面露出。此外，在赛后采访、宣传视频、比赛口播等环节中均可展示冠名赞助商名称
Logo及形象授权	赛事曝光	俱乐部队服Logo露出
	指定称号	获得战队指定用品、官方合作伙伴等称号
	Logo授权	赞助商可使用战队Logo作为品牌、产品宣传
	肖像授权	赞助商可使用战队成员形象作为品牌、产品宣传
	素材授权	赞助商可使用战队自有版权的照片及视频素材
	联名产品及周边	赞助商可使用战队IP及队员形象制作相关产品及周边（漫画/动漫/Q版形象）
	签约直播平台	艺人配合在签约直播平台进行相关活动直播推广
线上新媒体渠道	微博背景墙	微博首页背景图中植入品牌方Logo
	微博海报植入	每场比赛赛前海报植入赞助商Logo
	战队官方微博（直发）	战队官方微博直发赞助商品牌活动/产品信息等
	战队官方微博（转发）	战队官方微博转发赞助商品牌活动/产品信息等
	战队官方微博（互动抽奖）	战队官方微博发布赞助商相关互动抽奖活动等
	选手微博（转发）	选手微博转发赞助商品牌活动/产品信息等
	粉丝群（官方及队员）	战队及队员的官方粉丝群相关定制产品推荐等
	自制视频	片头赞助商Logo植入、软性露出等
		全年定期更新的招牌节目的冠名及固定露出
		赞助商定制节目
	ID视频录制	根据每年大促/营销节点，录制ID视频
	官方线上互动	官方号或队员号出席虎扑、小红书、贴吧等平台的互动活动
	视频及短视频平台	包括B站、快手、抖音、优酷等视频及短视频平台的官方账号的视频内容互动
线下活动渠道	商业拍摄/商业活动	为赞助商品牌拍摄商业平面广告/战队配合赞助商出席赞助商品牌活动
	赛后互动	可在赛季中暂停比赛结束后进行赞助商安排的小型粉丝互动等专题活动
其他渠道	热点结合	根据全年俱乐部热点话题进行结合，双方配合宣发
	定期交流	针对产品功能、后续产品研发建议、行业动态进行定期的交流
	比赛赠票	俱乐部比赛日比赛赠票

备注：
1. 权益列表中权益根据级别频次不同（可根据赞助商具体需求协商权益频次）；
2. 队服Logo露出位置根据赞助级别最终确认为准（肩部，胸部和侧袖口位置）；
3. 2020年世界赛权益包合同期限从签约起到2020年12月31日；
4. 商业广告的拍摄周期最多为6小时，如需增加拍摄时间需提前沟通，具体事项以合同约束为准，差旅费用需品牌方承担；
5. 商演活动时长最多为6小时，差旅费用需品牌方承担；
6. 俱乐部可提供部分粉丝应援物与战队周边支援赞助商现场活动使用，具体根据活动洽谈。

图 6-28　电子竞技俱乐部权益表

权益方项目验收结案报告

项目验收又称范围核实或移交（cutover），用来核查项目计划规定范围内各项工作或活动是否已经完成，形成的效果或结果是否达到预期。项目验收需要将核查结果记录在验收文件中，并以一定格式进行呈现。简而言之，就是赛事主办方、电子竞技俱乐部或电子竞技活动的组织者用图文并茂的方式给权益方做一个完整的汇报，在汇报中呈现电子竞技赛事的举办过程及效果、品牌方与电子竞技赛事合作期获得的品牌营销效果。

首先，项目验收要关注赛事本身的效果，例如赛事现场的执行效果，对于大型赛事的流程层面包括：赛事的前期预热、宣传及赛程，赛事及相关配合活动的流程、参赛选手、解说主持阵容等。现场执行层面包括比赛现场的场景、观众坐席场景等，包括赛事的直播、实况报道图文等,以及直播、报道的相关互联网数据。赛事的亮点也属于项目验收的重要组成部分,诸如配合赛事的相关线下活动、预热活动。

其次,项目验收要着眼于品牌方的权益实现效果。对于效果的表达要侧重的品牌方的诉求点。当品牌方的诉求是品牌影响力与美誉度时,线上与线下的流量、品牌露出的次数与时长、与用户的互动数及相关的媒体报道都是结案报告的必要信息。当品牌方的诉求是直接效果营销,即商品的销售时,就要在结案报告中展示该赛事作为渠道对于销售的转化与提升。

最后,结案报告是电子竞技赛事方对品牌权益方做出的承诺的完成检验,即签署的品牌权益合同中承诺的数量、质量的最终达成效果。

6.6.1 项目验收目的

项目验收的目的从俱乐部运营者、赛事组织方、游戏运营方的角度来说,首先是帮助整个团队关于运营、营销等全部门复盘本次项目工作,并检验项目质量的途径,有助于未来工作的进行及提升,如通过本次项目对于工作流可以改进可能性的探索,对团队架构优化的探索,对于更加优越的财务方式的探索等。对于整个项目团队中的组成部分——执行团队或是承办方来说,它是验收其在项目执行过程中重要的质量标准,可以通过数据、图像等多方面进行考核。

最终提报给品牌赞助权益方的结案报告应以一个完整的逻辑架构描述该项目从项目背景、相关权益兑现、营销策略、数据转化等不同方面。简而言之,就是向权益方汇报,在收取了相应的赞助后,如何帮助品牌商对该品牌做出正向影响。

提报给权益方的结案报告要图文并茂,令无法莅临现场的权益方高层可以从视觉、数据等多方面了解相关的信息,如图 6-29 所示,甚至可以提供现场视频片段等。对于品牌营销的细节描述可以包含话题度、流量、用户沉淀等信息点;对于直接效果营销的转化与销售额,可以包含定向转化、转化率(return on investment,ROI)等数据。

图 6-29 某赛事数据图文结案报告

结案报告需要感性佐证与理性佐证相结合,这样的提报会使阅读者从两方面感受项目本身的成果与过程。佐证有定性佐证与定量佐证。定性是一个科学研究词汇,是指通过非量化的手段探究事物的本质,如图像、新闻报道之类偏向感性的佐证就称作定性。定量指确定的量、有规定性的量、限定的量,如微博话题的阅读数、直播的观看人次等佐证就称作定量。结案报告中展现定性的内容可以是赛事现场的火热片段或战队粉丝的互动,主流媒体或专业媒体的认可,甚至是 UGC 内容,以展现其本身执行的效果、传播度、正向影响;结案报告中展现的定量内容可以是社会化营销中的一系列数据,也可以是现场的相关数据,如线上的阅读数、互动数、转发数、用户留存,线下的参与人次,活动举办天数,覆盖全年时间等。

结案报告中表述相关的营销理论体系,有助于品牌赞助商理解关于该项目执行的顶层逻辑,展现从理论到方法论再到最终执行的逻辑链。

图 6-30 为某品牌某季度结案报告中的一页,该项目是针对一个电子竞技活动 IP 打造的长期计划。而结案报告仅针对当年某季度。在该结案报告的开篇,先介绍了项目的整体背景,之后引入该页面,提出了从感知建立→圈层渗透→认知树立→声量爆发的四个长期步骤,并描述了每个步骤的视线途径。例如,在感知建立阶段主要针对核心受众进行伴生社区话题输出、话题的私域流量运营等;在圈层渗透中接续感知建立的运营路线,进一步提升并完成私域流量的储备积累,为圈层渗透打下基础;在认知树立阶段,令 IP 占领受众心智;最终在第四阶段获得声量爆发。这样的逻辑拆解与每个阶段的目标明确,不仅可以帮助权益方了解电子竞技赛事方正在做什么,也可以更加宏观地理解背后的营销逻辑与相关的理论基础,并最终理解该阶段的目标完成度与相关的执行效果。

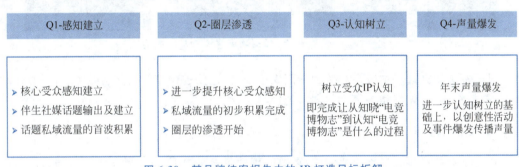

图 6-30 某品牌结案报告中的 IP 打造目标拆解

6.6.2 项目验收要素

1. 影像资料

在电子竞技赛事项目验收要素中,重要的感性要素在项目执行前就要进行有计划的收集,并按照最终的项目验收考核点对各项资料进行管理、归档。

其一,对于有直播的电子竞技赛事来说,直播流的录制作为重要的项目验收影像资料应予以保存。需要在电子竞技赛事直播系统中同步展开录制,并做好双硬盘备份。直播流录像不仅可以作为项目验收的重要素材,对于赛事本身来说也是非常好的二次传播内容。可以在赛事结束后形成传播的长尾效应。

其二,对于几乎所有的电子竞技赛事来说,现场照片的拍摄也是重要的项目验收资料

(图 6-31)。现场照片不仅仅要体现赛事的激烈程度、参赛选手的规模与观众的人流量,还要展现比赛的过程,例如,部分赛事的筹备照片、开赛照片、解说与主持的照片、亮点活动的 Coser 照片、选手合影及赛后握手、颁奖与奖金发放照片等,也可以抓拍部分选手的特写,对赛事做出进一步的描述;也要对环境做一定的概括,展示大屏的效果、舞美的设计、灯光的配置;更重要的是品牌赞助商线下权益兑现的拍摄,如品牌赞助商标志、主视觉、口号出现的相关展架、大屏、条幅、队服、背景板、路旗等物料,这里需要注意的是,拍摄不仅要着眼于物料本身,更要取景到大环境以展现物料的尺寸与空间感,其中落地在地标建筑、地标地点的电子竞技活动与电子竞技赛事更要注意相关场景的拍摄。具有摄影预算的赛事执行方会设置摄影小组,以帮助完成整个赛事的影像记录,使用专业的相机与补光设备。部分无预算的赛事执行方可采用执行小组拍摄的方式,使用手机拍摄记录,以作为项目验收的佐证材料。

图 6-31 拍摄现场照片

对于赛事举办过程中或举办后的新闻媒体报道,也要进行相关的网站截图、纸质媒体购买、扫描与存档,并做好相关稿件的文字梳理与保存。

2. 数据资料

在电子竞技赛事项目验收要素中,重要的理性要素是数据,这些数据需要在项目执行前进行有计划的收集,并按照最终的项目验收考核点对各项数据进行截图、归档、管理、归纳。

其一,线上的核心传播数据。对于具有较高直播质量与固定线上观赛人群的赛事来说,直播总观看人数是非常重要的数据,它代表着赛事的核心影响力。而社会化营销相关的观看人数、评论互动量、弹幕热度等代表着用户对该赛事的关注。除此之外,还有相关的先导视频、宣传片、赛事直播的切片视频播放量等,包括部分在官网、微博、游戏客户端、活动页面等展示品牌赞助商的页面浏览与互动也应在统计范围内。以上数据都需要分类整理,用表格或文档进行梳理,而在数据的存证方面需要有相关的前台或后台数据的截图,并分类目与文件夹保存。

其二,线下的活动落地人流数据。对于线下赛事或电子竞技活动来说,尤其是在商场举办的以吸引人流为目的的项目要注重对于人流的数据统计。目前,整合营销中较为有效的方式有利用小程序分发奖品或抽奖引导用户签到、打卡,也有利用围绕地理位置数据而展开的服务(location based services,LBS)进行区位交互统计的线下活动点人流量、主会场人流量的方式。对于观赛来说,数据相对更加容易获取,在核销环节对数据进行统计即可。也可通过以上数据近一步获得相关用户画像,例如小程序的授权可以获取用户的地理位置与昵称(ID),而实名购票的核销则可以对用户的年龄、性别进行甄别,对于品牌赞助商来说,可以验证相关的用户关联性并预测相关的转化。

其三,数据的变化与转化。不仅仅要关注静态的数据,更要关注数据的动态表现,在电子竞技赛事项目执行过程中,数据的变化,例如在项目的第一阶段与第二阶段的微博讨论数据的增幅代表着活动执行的效果、热度的提升等。对于品牌赞助商来说,将电子竞技用户转化为自己的用户是购买相关权益的最终目的。除了数据中体现的声量之外,转化就是最重要的数据指标。那么,通过电子竞技到品牌传播中进行的关注、讨论、购买等行为都可以成为数据中的转化率。目前,社会化营销中通过标记渠道的落地页统计转化数据也是常用的手段。

3. 文字资料

在电子竞技赛事项目验收要素中,文字资料的留存主要是为了保障比赛的公平性、程序的正义性。从赛事的规模上来说,赛事规模越大,相应的文字资料及相关的项目验收要素就越多。

文字资料包含对于赛前比赛用机硬件软件的检查、网络的检查记录。队员检录表可以对每场比赛的选手基本信息进行统计,例如赛程、场次、开始结束时间、主裁判与副裁判姓名、教练与选手的姓名等,用于对选手身份与游戏用户名(ID)进行验证。在较为小型的赛事中,大部分使用更简便的方式——将一个战队的所有身份证摆放在一起拍照、一起复印,并请选手在签到表或报名表上签字确认。值得注意的是,根据我国现行法律与相关规定,未成年人不得参与电子竞技赛事,这也是身份验证中非常重要的一环。

在职业联赛中,往往在选手注册环节就完成了人脸、身份证、游戏用户名(ID)的对照,在之后的比赛中,通过联盟与俱乐部、战队的监管完成对选手的游戏用户名验证,就完成了选手验证的环节,在一定程度上前置了部分验证与文字资料的对照环节。

比赛记录表主要记录双方选手的座次和对应游戏用户名(ID),并对比赛当时的设备、网络、电力、灯光做概览描述,描述现场相关要素对于竞技有无的影响,并记录是否有暂停、重赛、犯规、违例等行为,如有,则需要一并记录主裁判做出的相应惩罚。比赛记录最终需要参赛选手的队长或领队进行签字,以表示对赛果并无异议。在较为小型的赛事中,大部分使用更简便的方式——比赛结果确认书(图6-32)。

在赛事奖金、奖品发放的环节也要做好相关的文字记录,如奖品、奖金领取确认单,在部分情况下,需要对收入进行代扣税,要遵守相关法律法规,并对转账记录进行保存。

4. 项目验收实例

图6-33为某赛事的海选赛阶段的项目验收内容表格,该表格用于赛事组织方考核承办方对于单场赛事的执行效果。在单场赛事举行之前,承办方就可以收到该表格,可以通过该表格的项目验收考核目标点与权重,倒推在赛事执行过程中需要完成的相关动作与质量标准。该表格采用量化的方式考核赛事的执行结果,通过关键绩效指标(key performance indicator,KPI)对最终的执行结果做出控制。

比赛结果确认书

本场比赛结果经由裁判、双方选手确认无误后由双方队长签字，
签字后主委会视为双方认可比赛结果，不再接受任何选手投诉，
任何一方如对比赛有异议请与现场裁判协商或拨打投诉电话。

胜利队伍：
队长签字：

失败队伍：
队长签字：

本场裁判签字：

日期：

图 6-32 比赛结果确认书

照片及视频整理后按考核编号命名，作为最终考核依据

考核项目	考核权重	考核编号	考核细项	细项权重	考核要求	指标说明	考核要点
人数	20%	1	人数	20%	56人	网吧赛英雄联盟不低于6支队伍	
现场布置	15%	2	物料布置	15%	5张	在物料布置完成后单独对物料进行近景拍摄，能看清物料。拍摄对象至少包括：比赛区、海报、横幅、易拉宝，每种物料1张	物料张贴必须平整规范
现场执行	60%	3	比赛现场	15%	5张	从两个不同方向拍摄比赛区域全景，照片能综合展现比赛区现场情况： 参赛玩家、人气、海报、展架体现	缺少一种物料扣除本场活动费用5%，英雄联盟照片中比赛玩家合计数量不得少于40人
		4	比赛过程	30%	10张	1．赛事筹备（2张）：需体现玩家数量及人气2张 2．赛事开始（2张）：双方战前握手或团队相互打气的照片 3．玩家特写（2张）：拍摄玩家专注比赛的神情特写，多角度拍摄捕捉精彩瞬间 4．观众照片（4张）：体现现场围观观众数量及人气	照片要求横版，每张照片须包含现场物料，清晰展示现场情形及玩家行为
		5	战队合影	10%	海选赛9张	1．开赛前全体选手持横幅合影1张须在室外拍摄，以网吧门头为背景 2．英雄联盟参赛队伍合影各1张	合影时前排选手手持横幅，合影照片人数不少于30人
		6	奖金	5%	海选赛4~8张	冠军战队持奖金板在背景墙下进行拍照	
投诉反馈	5%	7	投诉	5%		每例投诉占比5%	裁判执行比赛保证公平公正，确保比赛正常进行

图 6-33 某赛事的海选赛阶段验收表

关键绩效指标是通过对组织内部流程的输入端、输出端的关键参数进行设置、取样、计算、分析，衡量流程绩效的一种目标式量化管理指标，是把企业的战略目标分解为可操作的

工作目标的工具,是企业绩效管理的基础。KPI可以是部门主管明确部门的主要责任,并以此为基础,明确部门人员的业绩衡量指标。也就是说,一个赛事的组织方可以通过关键绩效指标明晰承办方对于赛事的执行结果进行质量控制。

例如,表格中的考核项目分为四大项。第一项为人数考核,其考核要求为500人,这是对于参赛选手与队伍的人数要求,也是最基础的,其考核权重为20%,这是由于足够的选手数目不仅影响赛事的规模,也是赛事公平性的基础。第二项为现场布置考核,考核权重为15%,现场布置考核的目标主要是物料的摆放,其中需要展示物料的多样性,例如海报、横幅、易拉宝等,至少3种物料,其中还考核了比赛区的布置,这是由赛事的主办方与权益方的品牌商追求的线下传播效果,并需要一定的佐证材料。第三项为现场执行,其中最重要的考核为比赛执行流程,其中需要体现玩家数量与赛事筹备,赛前的双方握手,赛中的选手专注比赛、观众观看等都需要提供图片佐证;除此之外,战队合影、奖金等都需要展示相关的地点与奖金数额。

值得注意的是,该表格不仅提出了考核项,更是在考核项的指标说明中详细讲述了考核的核心。如图6-34所示,收取资料标准上做了相关的照片张数、视频时长、拍摄画面内容的规定。这样的表格可以帮助缺乏赛事执行经验的团队顺利按照要求完成相关的赛事执行,并且在执行过程中拍摄并保留相关的佐证材料。

```
网吧赛、城市赛照片收料需求:
1. 网咖空场景:包括大场景+规模照+机器特写
2. 现场物料:LED显示屏(如有)+电脑桌面+易拉宝+展板+条幅+显示器背板
3. 赛前抓拍:签到处排队+展板单个战队留影+全员就坐合照+主持人特写+全员大合照
4. 16进8比赛期间:拍摄玩家游戏画面+观众观赛画面,尽可能特写所有画面Logo(包括显示屏背板特写)
5. 8进4比赛期间:拍摄玩家游戏画面(查漏补缺)
6. 4进2比赛期间:拍摄4强精彩游戏气氛画面+观众观赛,特写Logo
7. 冠亚军BO1:队伍成员特写照(带入Logo)共10张
8. 颁奖:主舞台颁奖合影+战队合影 共3张
城市赛视频收料需求:
1. 镜头切换(镜头由玩家侧边慢慢推近到电脑屏幕,让电脑中的游戏画面填满镜头慢慢将镜头拉出,拍摄比赛现场画面)
2. 玩家比赛镜头,拉大场景,尽量不要拍到站在旁边的工作人员(15秒)
3. 冠亚军领奖片段(每个5秒)
4. 解说片段(10秒)
5. 满足投屏需求的话 投屏比赛片段(10秒)
```

图6-34 某赛事照片收取资料需求

而对于赛事的组织方来说,这些考核相关的关键绩效指标及其佐证材料不仅仅是赛事执行过程中控制质量的良好工具,更是为购买权益的品牌商做项目验收结案报告的良好素材来源。

6.6.3 结案报告呈现

对于电子竞技赛事的项目验收结案报告来说,不少项目的结案报告采用的是赛前、赛中、赛后的写作结构。这种按照时间结构的写作逻辑可以帮助品牌商在拿到结案报告后按照时间顺序一步步地回忆在项目执行过程中所有的工作流程及相关效果的达成。这种写法的优点是可以展现出不少幕后的筹备工作与沟通工作。在文本上不仅展现了结果,也展示了项目推进的过程。

另一种较为主流的行文方式是按照项目推进的筹划逻辑,即项目概述、权益兑现、营销效果、展望未来等几部分展开。这样的写作思路可以帮助品牌商对项目背后的营销逻辑及相关的思考有所了解，并且以因果作为逻辑展开，帮助品牌商理解执行背后的原理与原因，并努力促成合作的持续。例如阐述电子竞技品牌是连接年轻消费群体的品牌桥梁，阐述在品牌沟通中的策略，着重点在于电子竞技作为媒介成为品牌商与用户、观赛者、玩家沟通的桥梁，为权益方品牌带来正向影响。

结案报告的呈现往往使用的是图文并茂的 PPT，配合项目执行方的讲解或者使用流媒体视频内容的方式，当然，后者会花费更多的预算。

1. 项目概述

项目概述是对于一份结案报告的背景回顾，不论品牌商购买的是游戏、赛事、战队或主题活动的权益，对于电子竞技营销结案报告，可能要提到相关的游戏、战队、赛事等多个层次的项目背景，这些内容可能在合作前的权益书提案过程已经向权益方提报。而结案报告通过项目概述的再次描述可加深权益方的印象并提示权益方，结案报告中提及的相关成果是在怎样的背景下完成的，并且项目概述有助于权益方对于整个结案的逻辑有更清晰的理解，按照项目—执行—效果的逻辑链进行阅读与深入。

如果是赛事品牌的结案报告，就需要介绍赛事的品牌影响力及赛事的地位，包括赛事获得资源等。展示相关的数据，例如月活、日活、人均使用时间、活跃用户占比、主要用户的男女性占比，电子竞技项目本身的属性，例如是移动端还是 PC 端，是否具有社交性，电子竞技项目以往赛事的声量与影响力等。

而对于某战队提报给品牌商的项目验收结案报告，则可以概述该战队的基础信息，该战队参与电子竞技项目的影响力及触达用户等信息。

图 6-35 为 JDE 战队的结案报告中的一页，其中提及了其参与的电子竞技项目《和平精英》的相关数据，从电子竞技项目的影响力角度对整个合作期的执行做了背景叙述。

图 6-35 JDE 战队品牌赞助合作结案报告

2. 权益兑现

权益的兑现是电子竞技赛事项目执行方在权益书、权益表中做出承诺的最终落地,在权益兑现之前,双方合同中会对相关的权益进行数据化的表达与法律层面的限定。有了合同、权益书、权益表作为承诺的准绳,权益兑现可以按照相关的逻辑思路逐条梳理并写入结案报告,进行图文并茂的展示。此外,对于品牌赞助商来说,承诺权益的兑现效果需要在报告中展现,超出承诺的数据或权益呈现亦给予品牌赞助商一定程度的惊喜,有助于下一轮的双方合作。

其一,品牌的露出的展示。品牌的直接露出是较为简单直白的品牌营销方式,这部分的结案报告几乎没有技巧,是基于影像资料的数据统计与相关的图片资料展示。6.6.2节详述了关于图像资料的收集与整理。品牌赞助商较为看重的是线下展示时的物料及相关品牌标志与主视觉露出的尺寸、点位的多寡及在新闻报道、直播中被二次传播的次数,需要在结案报告中展示相关的数据,包括直播中的口播、相关的专属包装等也应有体现。在不影响版式设计的前提下,为即将阅读结案报告的对象高亮出标志与主视觉出现的部分。赛事的结案报告需要全方位盘点品牌赞助商品牌出现的物料及在环境中的位置,在直播中出现的次数、时长,并提供赛事现场的视频、图片等作为佐证;而战队的结案报告则要展示品牌赞助商品牌出现在队服的哪个位置,该位置在参赛时的相关影像——赛中的特写镜头、赛后的采访等。

其二,社会化营销展示。不少赛事、战队在与品牌赞助商的合作期间都会开展对应的社会化营销,并制定相关的话题。这样的营销动作与落地需要在结案报告中明晰在话题运营中拟定了哪些主题、建立了哪些微博超话、通过什么影片和图文甚至是表情包与纯文字引发的相关话题,是否通过 H5 这样的渠道进行私域或公域传播,是否有官方产出内容(professional generated content,PGC)的投放,是否有用户产出内容(user generated content,UGC)的出现,是否有以用户产出内容为形式的官方产出内容,也就是所谓的伪UGC,在此过程中投放的效果如何。这里也要点出相关内容的数量及头部内容的形式亮点。社会化营销中采用了何种渠道,购买了哪些关键意见领袖(key opinion leader,KOL)和关键意见消费者(key opinion customer,KOC)的内容创作和宣发渠道。以上内容需要图片、文字、数据的共同展示。

其三,相关活动展示。在合作期间呈现的线下营销活动,除了展示其本身,还可以展示其在社交网络上的二次传播。对于电子竞技赛事来说,可能是一场灯光秀或赛事前预热的公益互动等,对于战队来说,可能是粉丝社群活动,也可能是表演赛,甚至是队员客串评论席或娱乐节目。这些内容可以在结案报告中提供图片、数据进行描述。

战队的战绩代表着权益方跟随战队品牌一起曝光的曝光量;选手的战绩及相关表现也影响着权益方的曝光量。

3. 数据展示

在结案报告中,数据是最有说服力的佐证,数据的展示技巧可以帮助结案报告更好地呈现执行工作的落地效果及对品牌赞助商的正向影响。数据已经通过 6.6.2 节描述的步骤收集完毕,展示数据的技巧也影响着结案报告的效果及品牌赞助商的满意程度。

其一,展示品牌赞助商最在意的数据。对于追求网络曝光量的品牌赞助商来说,直播观看人数、微博阅读人数、微博话题阅读量、弹幕热度、微博互动量、微博话题讨论量都是重要的数据;对于追求线下活动人流量的品牌赞助商来说,现场人流量、活动参与人数、现场打卡人数等都是需要高亮的数据。

其二,高亮核心数据,寻找数据的锚定。当一个数据没有对比时,是无法使其具有一定意义的,这就需要将数据进行对比。例如,可以对微博的用户增长数、话题参与人数的增长数进行增长率统计,用百分数或倍数表示,目前较为常用的是计算同比增长的方式。例如,项目执行前用户有 400 万人,执行前每月增长用户 8 万人,在本项目执行期当月,用户不断增长,共转化沉淀用户 32 万人,实现了用户同比增长 400%。

其三,对数据进行一定的注解。例如,日均独立观赛用户数值代表着赛事"绝对"的用户数;而电子竞技赛事内容总观看量代表着赛事"相对"的用户数;赛事的覆盖全年的时间比例代表着触达用户的时间效能。展示以上数据的同时,增加相关的注解可以帮助品牌赞助商对数据有更强的理解。

其四,使用复合数据描述一个事实。例如在某个赛季,某战队获得了冠军,参与比赛场次 20+,赛程跨度长达 4 个月,比赛时间为 18:00—20:00 的黄金档,拥有 6000 万粉丝的高关注度与 4.3 亿次阅读的曝光量,这样就从定量与定性两个角度对背景进行了介绍。这样的复合数据能够立体地帮助品牌赞助商了解一个战队的成绩及赞助期内相关的曝光。

6.7 招商合同

当谈判双方的利益达成一致并完成招商签约时,赛事招商工作才算初步完成。双方签订的正式合同具有法律效力,双方约定的付款方式、付款金额及各项目的具体条款都要在合同中一一体现。

6.7.1 赛事合同的要素

电子竞技赛事合同的主要结构一般为以下四部分。

1. 合同首部

赛事合同的首部一般包括标题、合同编号、主体名称、引言四部分。标题即合同名称;合同编号主要是为了方便管理与查找而设置的序列号;合同主体名称包含名称(甲、乙方)、地址、联系电话、电子邮箱、传真、邮政编码等内容;引言是对合同目的的简要描述,主要有两方面内容:一是概括合同基本内容,明确合同目的;二是表示合同主体对该体育市场开发合同基本内容的一致认同。

另外,有些大型电子竞技赛事的赞助商合同还会以封面的形式呈现首部。

2. 合同正文

合同正文是合同的基本条款,是合同的核心内容,是合同主体协商一致的意思表达。一般从"是什么、做什么、怎么做、违约了怎么办"四方面展开描述,主要包括以下内容。

1）定义

定义主要是指对在赛事合同中出现的相关名词、称谓等用语的含义和范围做出明确规定的条款。

例如：

> 1."甲方"是指具有合法资质，并已经与赛事主办方签订了承办协议的赛事筹备组织。
> 2."日""月""年"均指公历的日、月、年。
> 3."包括"指包括但不限于。
> 4."元"指人民币元。

2）合同主体的权利和义务

合同主体的权利和义务是对签订合同的双方或多方的权利和义务的明确划分。合同主体的权利和义务是必要条款。

例如：

> **甲方的权利**
> 甲方和乙方共同拥有本次活动的知识产权、内容版权。
> **甲方的义务**
> 甲方物料制作的素材，应对所提供文件的真实性和合法性负责。
> 甲方有权采取各种适当措施对乙方提供的设计物料进行监督，并提出修改意见。
> 甲方需按照合同约定按时支付费用。
> 甲方必须有专人团队与乙方进行对接，负责将乙方提供的方案落地执行。
> **乙方的权利**
> 乙方是本次"_____"活动的唯一策划执行方。
> 合同到期时，同等条件下，乙方有权成为续约的优先供应方。
> **乙方的义务**
> 乙方向甲方提供合法经营的相应证明文件（复印件加盖红章）。
> 乙方根据本合同或在本合同履行过程中专门为甲方提供的有关资料而产生的任何创意、设计等作品以及甲方所提供的相关资料的全部知识产权及其他权益均归甲方所有，未经甲方书面同意，乙方不得擅自使用或提供给任何第三方使用。
> 因乙方创意、设计的作品侵害第三方利益或遭受法律处罚、损失的，乙方应承担所有法律责任。
> 网络服务如侵犯他人合法权利，导致甲方遭受损失，乙方应承担所有法律责任。
> 乙方因履行本协议所完成的相关开发、设计等，其知识产权均归甲方所有，乙方不得再向甲方主张或提出有关权利，且本条约定不因本合同的终止或解除而终止，如有违反，乙方自愿按照合同约定承担责任。

> 乙方负责按照合同约定提供服务,且承诺不会因本合同届满或终止而出现其提供的相关服务影响到甲方微信、微博等平台的正常运行使用,如有违反,乙方自愿按照合同约定承担责任。
> 　　乙方负责安排专人与甲方项目组建立有效的对接及沟通机制。
> 　　乙方在执行过程中,如果选题、活动、创意等发生变化,需提前告知甲方并灵活调整予以配合。
> 　　甲方基于该协议提供给乙方的相关资料、文件,乙方不得用于本合同约定外的事项。

3) 费用条款

所有合同主体或一方合同主体需要支付费用或提供服务时,需要有专门条款对费用数目、支付方式、服务内容、提供方式进行明确说明,即费用的支付及方式与服务的提供及方式。费用条款是赛事合同的必要条款,包括费用明细、付款时间、乙方账户信息及其他费用约束及增补。

例如:

> 　　1. 费用明细:合同总价款人民币_____元(大写:_____圆整),如乙方完成相关设计、推广服务需使用或借助第三平台资源,所产生的费用由乙方自行承担,乙方也不得再以任何事实和理由要求甲方支付其他费用、开支。
> 　　2. 付款时间:甲方在收到乙方开具的增值税专用发票_____个工作日内,向乙方支付合同总额的 _____ %,即人民币 _____元(大写:_____圆整)。
> 　　乙方账户信息:
> 　　户　名:
> 　　开户行:
> 　　账　号:
> 　　3. 涉及本合同合作范围之外的微信场景应用开发、游戏开发及其他在线互动应用开发、集成等,需要额外收取费用,具体费用另议。
> 　　4. 本合同费用包括乙方为履行合同所产生的一切费用,除此之外,甲方不支付任何额外费用。

4) 保密条款

保密条款是合同主体对技术信息、经营信息、人员信息等需要保密的事项所做的规定。

例如:

> 　　1. 任何一方对于因签署或履行本合同而了解或接触到的对方的机密资料和信息(以下简称"保密信息")承担保密义务;非经对方书面同意,任何一方不得向第三方泄露、给予或转让该保密信息。应当保密或有理由应当保密的信息,包括但不限于有关销售成本和其他未公布的财务信息、产品和经营计划、设计规划、营销数据资料和赞助者的信息等。

2. 如果对方提出要求,任何一方均应将载有对方保密信息的任何文件、资料或软件按对方要求归还对方,或予以销毁,或进行其他处置,并且不得继续使用这些保密信息。

3. 本合同或其任何条款的终止、中止、失效、无效均不影响本条款的有效性及对双方的约束力。

5）有效期和终止

合同的有效期是指这份合同的生效时间和废止时间。合同终止一般是因为双方当事人在合同履行时产生了一定分歧导致的。

例如：

1. 本合同的有效期为＿＿＿＿年/月,自甲乙双方签订之日起生效,至＿＿＿＿年＿＿＿＿月＿＿＿＿日终止。

2. 如果甲乙双方的各自义务均按照本合同的约定履行完毕,或合同终止对甲乙双方均没有影响,则甲乙双方可以协商终止本合同。

3. 在出现下列情况时,甲乙任何一方均有权终止本合同：

（1）一方发生重大违约行为,且在守约方发出违约通知的＿＿＿＿个工作日内未能纠正；

（2）一方在本合同中的任何陈述保证被证明存在虚假信息；

（3）一方通过欺诈、胁迫等方式与另一方签订本合同,经查明属实。

4. 如果甲方单方面终止本合同,则甲方应向乙方支付违约金人民币＿＿＿＿元(大写：＿＿＿＿圆整)；如果乙方单方面终止本合同,则乙方应向甲方支付违约金人民币＿＿＿＿元(大写：＿＿＿＿圆整)。

6）陈述与保证

陈述与保证是指合同主体对和赛事合同有关的事项的情况说明,是合同各方当事人的一种声明,是关于与合同有关的各种事实与问题的情况声明。

例如：

甲乙双发做出如下陈述与保证：

1. 双方均有权签署本合同并按照本合同的约定认真履行各自的义务。

2. 经甲乙双方签署后,本合同中的各条款对甲乙双方具有合法、有效的约束力,因破产、清盘等对本合同的履行造成的影响除外。

7）违约责任

违约责任是指合同主体在不能履行合同或不能完全履行合同时所应承担的责任。违约责任是必要条款。

例如：

1. 如因乙方过错而造成推广内容发布服务的不正常中断并给甲方造成经济损失,

则甲方有权终止合同,乙方应当向甲方支付相当于甲方已支付推广费总额的30%作为违约金,并赔偿甲方的其他损失。

2. 如甲方未按本合同规定的时间和金额向乙方支付全部款项,则每逾期一日,甲方应向乙方支付相当于逾期未付款项5‰的滞纳金;同时,乙方有权事先通过书面或E-mail通知甲方并停止发布甲方的推广内容,由此带来的一切不利后果均由甲方自负。

3. 如因甲方原因需终止本合同,甲方须在双方确认的推广内容发布期前7天通知乙方,如推广内容发布已开始履行但未执行完毕,甲方应于合同终止日支付已发布广告的部分广告费。

4. 如任何一方严重违反本合同的任何条款并给他方造成损失,违约方均应当向守约方支付全面足额的赔偿。

8) 遵守法律

遵守法律条款是合同主体对赛事合同的内容应遵守相关法律法规,以及在赛事合同内容违反相关法律法规时必须进行修改所做的承诺。

例如:

如果本合同的任何条款被有效证据证明其违反了国家的法律法规或者相关行政法规以及一方工业商贸团体的守则、规定等,则甲、乙双方必须及时修改本合同相应条款以遵守法律。但是如上述修改使得本合同违背了其根本目的,则甲、乙双方将一致同意终止本合同。如果本合同因本条款而终止,款项应支付至终止日的履行程度;已支付的用于将来事项的款项应按比例退还。除明确规定在本合同终止后仍然有效的条款以外,任何一方将不再履行本合同约定的义务,也不再承担本合同约定的责任。

9) 不可抗力

不可抗力是免责条款,是指本合同双方不能合理控制、不可预见或即使预见也无法避免的事件,该事件会妨碍、影响或延误任何一方根据本合同履行其全部或部分义务。该事件包括但不限于政府行为、自然灾害、战争、黑客袭击、计算机病毒、网络故障、带宽或其他网络设备和技术提供商的服务延迟、服务故障以及任何其他类似事件。

例如:

1. 遭受不可抗力事件的一方应及时通知对方,可暂时中止履行本合同项下的义务直至不可抗力事件的影响消除为止,并且无须为此承担违约责任;但应尽最大努力克服该事件,减轻其负面影响。

2. 由于乙方可能不定期对其App网吧社区的内容、版面布局、设计等有关方面进行调整,如因上述调整而影响本协议项下推广内容的发布(包括发布位置和/或发布时期等),甲方将给予谅解,乙方则应该提前3个工作日通知甲方并尽可能将上述影响减小到最低程度。

10) 合同的变更、解除与续约

合同的变更、解除与续约是指合同主体对赛事合同内容变化、消灭赛事合同效力、赛事合同继续签订的条件的明确说明。

例如：

> 1. 发生下列情况之一的，本协议即可解除：
> （1）本协议有效期内，甲、乙双方达成解除本协议的书面协议；
> （2）由于国家政策、法律、法规的变更，本协议的内容与之违背且已不能继续执行。
> 2. 本协议有效期内，任何一方可以随时解除本协议，但需提前15个工作日书面通知对方。
> 3. 甲、乙双方解除本协议之前需完成各种资料的交接和款项支付。协议的解除不影响无过错方请求赔偿损失的权利。
> 4. 经双方协商一致，可以对本协议的相关条款进行变更。

11) 争议解决

争议解决是指对于因赛事合同或与赛事合同有关的争议的解决方式的说明。争议解决是必备条款。

例如：

> 1. 凡因本合同引起或与本合同有关的任何争议，甲、乙双方应秉承友好原则协商解决，如协商未果，双方均可选择以下方式解决争议：
> （1）提请_____仲裁委员会按照该会仲裁规则进行仲裁；
> （2）诉至_____人民法院。
> 2. 在仲裁或诉讼过程中，甲、乙双方应该继续履行本合同中约定的义务，受仲裁或诉讼直接影响而无法履行的义务除外。

12) 其他

其他是指对除已经说明的条款之外，合同主体已达成一致的其他事项的说明。

例如：

> 1. 未经对方书面同意，任何一方无权将从本合同中获得的服务和相关权益私自出售、转让给第三方。
> 2. 本合同双方之间的任何通知均必须以书面形式完成，以电子邮件、传真、专人派送（包括特快专递）或航空挂号邮件的形式发送。
> 3. 双方须以书面形式对本合同作出修改和补充。经过双方签署的修改协议和补充协议是本合同的组成部分，具有与本合同同等的法律效力。
> 4. 本合同的附件为本合同的一部分，与本合同具有同等的法律效力。甲、乙双方应在附件落款处盖章。

> 5. 如果本合同中的任何条款因违反法律和政府规定或因其他原因而完全或部分无效或不具有执行力,则该条款被视为删除。但该条款的删除不影响本合同其他条款的法律效力。
>
> 6. 本合同一式4份,双方各执2份,具有同等的法律效力;合同自双方盖章之日起生效。合同期满后,双方另行签约。

3. 合同尾部

合同尾部一般包括合同主章、授权代表签字、联系方式、银行账号和赛事合同的签订日期等内容。特别是联系方式、银行账号等信息,是双方确认的信息,是履行主要义务和履行通知等附随义务的主要依据,至关重要。

4. 合同附件

合同附件通常附在赛事合同的正文之后,一般有三个作用:一是说明协商的细节信息,如不适合在赛事合同正文中解释但仍需阐述的事项的说明,以避免正文主次不分;二是证明主体的合法性,如签约主体的相关资质信息;三是说明补充协议,当签约主体无权对主合同进行变更时,可以以"补充协议"的方式附在合同后面。

合同由首部、正文、尾部、附件四部分组成。以上赛事合同是主要内容,在拟签正式合同时,还需要根据具体赛事的实际情况合理地增减或调整。

6.7.2 赛事赞助商合同参考范本

电子竞技赛事赞助商合同

合同编号:＿＿＿＿＿＿

甲方(赛事组委会):＿＿＿＿＿＿＿＿＿＿＿＿＿＿＿＿＿＿＿＿＿＿＿＿＿＿
法定代表人:＿＿＿＿＿＿＿＿＿＿＿＿＿＿＿＿＿＿＿＿＿＿＿＿＿＿＿＿＿
地　　址:＿＿＿＿＿＿＿＿＿＿＿＿＿＿＿＿＿＿＿＿＿＿＿＿＿＿＿＿＿＿
联 系 人:＿＿＿＿＿＿＿＿＿＿＿＿＿＿＿＿＿＿＿＿＿＿＿＿＿＿＿＿＿＿
联系电话:＿＿＿＿＿＿＿＿＿＿＿＿＿＿＿＿＿＿＿＿＿＿＿＿＿＿＿＿＿＿
电子邮箱:＿＿＿＿＿＿＿＿＿＿＿＿＿＿＿＿＿＿＿＿＿＿＿＿＿＿＿＿＿＿
邮政编码:＿＿＿＿＿＿＿＿＿＿＿＿＿＿＿＿＿＿＿＿＿＿＿＿＿＿＿＿＿＿
传　　真:＿＿＿＿＿＿＿＿＿＿＿＿＿＿＿＿＿＿＿＿＿＿＿＿＿＿＿＿＿＿

乙方(赞助商):＿＿＿＿＿＿＿＿＿＿＿＿＿＿＿＿＿＿＿＿＿＿＿＿＿＿＿＿
法定代表人:＿＿＿＿＿＿＿＿＿＿＿＿＿＿＿＿＿＿＿＿＿＿＿＿＿＿＿＿＿
地　　址:＿＿＿＿＿＿＿＿＿＿＿＿＿＿＿＿＿＿＿＿＿＿＿＿＿＿＿＿＿＿
联 系 人:＿＿＿＿＿＿＿＿＿＿＿＿＿＿＿＿＿＿＿＿＿＿＿＿＿＿＿＿＿＿
联系电话:＿＿＿＿＿＿＿＿＿＿＿＿＿＿＿＿＿＿＿＿＿＿＿＿＿＿＿＿＿＿
电子邮箱:＿＿＿＿＿＿＿＿＿＿＿＿＿＿＿＿＿＿＿＿＿＿＿＿＿＿＿＿＿＿

邮政编码：＿＿＿＿＿＿＿＿＿＿＿＿＿＿＿＿＿＿＿＿＿＿＿＿＿＿＿＿＿＿＿＿＿＿
传真：＿＿＿＿＿＿＿＿＿＿＿＿＿＿＿＿＿＿＿＿＿＿＿＿＿＿＿＿＿＿＿＿＿＿＿＿

甲、乙双方经过友好协商，根据《中华人民共和国合同法》以及相关法律法规的规定，在平等、自愿、诚实、守信的基础上，针对＿＿＿＿＿＿＿＿赛事，为明确双方的权利义务，就有关赛事赞助的事宜达成如下协议。

第一条　定义

1.1 ＿＿＿＿（甲方）是指具有合法资质，并已经与赛事主办方签订了承办协议的赛事筹备组织。

1.2 赛事赞助商是指合作伙伴、赞助商、供应商三个层次的赞助商，其享有的回报权益依据赞助企业所处层次的不同而有所区别，本合同以下条款中所述的＿＿＿＿＿＿＿＿，即表示处于上述第＿＿＿＿＿＿＿＿个赞助层次的赞助商。

1.3 "日""月""年"均指公历的日、月、年。

第二条　赞助回报约定

2.1 赞助回报项目（详见本合同附件）。

　　2.1.1 甲方同意且乙方自愿成为＿＿＿＿＿＿＿＿赛事的赞助商。

　　2.1.2 甲方允许乙方拥有使用赛事产生的录像、视频、图片的权利。

　　2.1.3 乙方有权使用"＿＿＿＿＿＿＿＿赛事赞助商""＿＿＿＿＿＿＿＿赛事合作伙伴"等表述作为对乙方的描述。

2.2 甲方不得与其他公司签署＿＿＿＿＿＿＿＿赞助商合同及相关内容的协议，除非获得乙方的书面同意。

2.3 双方有义务通过各自的媒体报道资源、自媒体资源（包括但不限于官方网站、官方微博、官方微信、官方百度贴吧）宣传对方。

第三条　赞助总额及出资方式

作为本次赛事的赞助商，乙方向甲方提供赛事赞助金，总额为人民币＿＿＿＿＿＿＿＿元整（RMB：＿＿＿＿＿＿＿＿元），本赞助金分两次付款，具体内容如下。

3.1 乙方在与甲方签订本赞助合同后＿＿＿＿＿＿＿＿个工作日内支付本协议项下的赛事赞助金，总计人民币＿＿＿＿＿＿＿＿元整（RMB：＿＿＿＿＿＿＿＿元）并支付至甲方指定账户，甲方需于乙方向甲方支付上述款项后＿＿＿＿＿＿＿＿个工作日内向乙方提供对应的增值税专用发票。

3.2 乙方在＿＿＿＿＿＿＿＿年＿＿＿＿＿＿＿＿月期间甲方完成＿＿＿＿＿＿＿＿总决赛结案报告后＿＿＿＿＿＿＿＿个工作日内支付本协议项下剩余的赛事赞助金，总计人民币＿＿＿＿＿＿＿＿元整（RMB：＿＿＿＿＿＿＿＿元）并支付至甲方指定账户，甲方需于乙方向甲方支付上述款项后＿＿＿＿＿＿＿＿个工作日内向乙方提供对应的增值税专用发票。

甲方收款信息：
甲方户名：＿＿＿＿＿＿＿＿＿＿＿＿＿＿＿＿＿＿＿＿
开户银行：＿＿＿＿＿＿＿＿＿＿＿＿＿＿＿＿＿＿＿＿
账号：＿＿＿＿＿＿＿＿＿＿＿＿＿＿＿＿＿＿＿＿＿＿

乙方开票信息：
单位名称：＿＿＿＿＿＿＿＿＿＿＿＿＿＿＿＿＿＿＿＿

纳税人识别号：_____
地址：_____
电话：_____
开户行：_____
账号：_____

具体支付方式：_____

第四条　双方权利与义务

4.1 甲方按照上述条款向乙方提供赞助回报权益，并保证乙方为本赛事唯一赞助商。

4.2 乙方按照上述条款在约定时间内向甲方交付赞助款。

4.3 本合同一经签署，除非经另一方事先书面同意，双方的权利和义务均不得转让，否则即视为放弃履行本合同，并承担由此引起的违约责任。

第五条　保证陈述

甲、乙双方互相陈述、保证和承诺如下。

5.1 双方均是依照中华人民共和国法律正式成立的法人单位，具备所有必须的政府批准和许可，可以进行本合同下的业务，并将保持在中国进行此等业务的良好声誉和资格。

5.2 双方均在具有完全的权利和法律权限或有效的授权签订下履行本合同。

5.3 本合同经双方签署，即依其中条款构成对双方合法、有效和有约束力的责任，因破产、清盘或其他影响债权人权利而造成的影响除外。

5.4 以上陈述、保证和承诺不仅在文首日期真实，而且也在本合同期限内都是真实的。双方确认以上的每一条陈述、保证和承诺都是关键性的。

第六条　开支和记录

6.1 除非本合同另有约定，否则协议各方各自承担因本合同而引起的任何开支。

6.2 在本合同期限内以及之后至少两年期间内，甲方必须保存证明下列事项所需的账目和记录（统称记录）。

　　6.2.1 甲方在本合同下作出的承诺真实准确，甲方完全符合本合同的条款。

　　6.2.2 所有交由乙方支付的账单和费用都有效和正确。

　　6.2.3 乙方提供的所有赞助金额和赞助产品只用于赞助本届运动会的运作，并无用作转付第三方的任何不合法或不妥当的付款。

　　6.2.4 甲方没有直接或间接地向可能影响乙方签署本合同或支付本合同项下费用的乙方雇员或其代理支付任何款项（包括现金、实物、服务或其他利益）。所有记录必须以贯彻始终的、一般被接受的会计制度填写。乙方或其代表有权在经事先两个工作日的通知后，在甲方正常办公时间内的任何时间审查与乙方有关的记录。

第七条　商标

7.1 本合同内提及的所有权属甲方或乙方的商标、标签设计、品名、图案、广告、营销和推广概念（以下简称商标）都是双方各自的独立财产。根据有关商标法、版权法或其他知识产权法，以上所有商标权的利益都归双方各自拥有。

7.2 甲、乙双方授权对方就本赛事使用本方商标，但双方均不能专有使用对方商标，也不得将此权利转让给第三方。所有对双方商标的使用都须经对方审查并事先征得对方的书面批准。没有对方的事先书面同意,任何一方均不能生产、销售或许可生产、销售带有对方商标的促销品。

第八条　有效期和终止

8.1 本合同自双方签署盖章之日起生效,有效期至本届赛事闭幕或双方的权利和义务均履行完毕之日(以较晚发生者为准)。

8.2 除了本合同或法律规定的补救方法以外,在不影响提出终止的一方的其他法律权利的前提下,任何一方有权在出现下列情况时终止本合同,自另一方收到终止通知时生效。

  8.2.1 另一方在执行本合同条款时发生重大违约,且在违约方收到违约通知的_____天内未能纠正。

  8.2.2 另一方在本合同中的任何陈述或保证被证明有重大的不正确或不准确。

8.3 如乙方单方面终止本合同,则乙方仍须向甲方支付本合同第三条款约定的赞助款。如甲方单方面终止本合同,则应将已收取的本合同第三条款约定的赞助款返还给乙方。

8.4 本合同因此所述的任何原因而终止,都不能解除任何一方履行至终止生效日的责任,或者是履行终止后仍然有效的条款的责任。

第九条　遵守法律

如果有合理的原因相信本合同的任何条款违反了国家或地方法律,或者影响了一方履行本合同的工业商贸团体的守则、规定、法规或指示(统称法律),那么双方须及时修改本合同以遵守法律。但是如果修改令本合同丧失了其根本目的,那么将认为双方同意终止。在不违反上述情况的一般前提下,双方明确同意乙方在本合同中指定的位置张登其_____类_____广告的权利是本合同的根本目的之一,任何对此的限制、局限或其他修改均构成根本目的的丧失。如果本合同因本条款而终止,款项应支付至终止日的履行程度。那些为将来而已支付的款项应按比例退还,除了明确规定在协议终止后仍然有效的条款以外,任何一方将不就本合同而承担任何义务或责任。

第十条　不可抗力

本合同有效期间,甲、乙任何一方如遇不可抗力导致无法正常履行本协议,不视为违约。

10.1 不可抗力是指履行本合同期限内发生的不可预见(或可预见,但其发生或后果不可避免)、非任何一方所能控制且使任何一方无法完全履行本合同的重大事件,包括但不限于自然灾害(如地震、台风、洪水等)以及社会事件(如战争、动乱、黑客攻击、电信技术部门管制、政府行为等)。

10.2 受不可抗力影响的一方须及时将不可抗力的性质、影响程度通知另一方并提供证据。如果不可抗力持续或累计超过一个月,双方在所有合理情况允许下为减轻影响或制定替代安排而进行真诚的协商。

第十一条　争议的解决

凡因履行本合同或与本协议相关的内容而发生的任何争议,本合同双方当事人均应首先通过友好协商的方式解决,若协商不成,双方均可选择以下争端解决机制。

  11.1 提请_____仲裁委员会,按照申请仲裁时该会现行的有效仲裁规则进行仲裁。

  11.2 诉至_____人民法院。

第十二条　其他

12.1 双方之间的任何通知或书面函件须以特快专递或电子邮件的形式发送至收件方。

若通知及函件的送达为电子邮件形式,则邮件进入收件方指定的电子邮件系统后即视为已送达;若为特快专递,则按收件方签收的日期为准,若收件方恶意拒不签收的,则将快递发出的第二日视为送达时间。

12.2 双方确认,在合作期间,一方可能得到另一方的保密资料。双方同意除非为了履行本合同而需要使用保密资料以外,双方将保护保密资料,只在履行本合同时对同样知道该资料是保密资料并同意保密的人等披露保密资料。披露以所需知道的范围为限。保密责任不包括非经一方违反保密责任而已为公众所知或根据法律要求披露的资料,本合同终止之后保密责任继续有效。

12.3 本合同未经双方同意并特别指明是对本合同的修改,以书面形式经双方授权代表签署,不得修改。

12.4 一方未对另一方违反本合同条款行为或之后的违约行为作出反对或采取行动的不得视为弃权。本合同中的权利和补救方式是累积的,任一方行使一项权利或补救不排除或放弃其对其他权利和补救方式的行使。

12.5 任何一方没有另一方的事先书面许可不得转让或授权本合同下的权利和/或责任。本合同及其所有条款对双方有效,也对双方各自的继承和批准的转让人有效。在任何情况下,允许的转让都不能免除出让人的责任。

12.6 本合同附件构成本合同的一部分,与合同条款具有同等法律效力,对合同双方构成约束力。

12.7 本合同自甲、乙双方法定代表人或授权代表签章并加盖公章之日起生效,本合同正本一式_____份,双方各执_____份,各份具有同等法律效力。

12.8 本合同未尽事宜,由双方另行协商解决,并签订书面补充协议。补充协议与本合同具有同等法律效力。

甲方(盖章):_____
法定代表人或授权代表(签章):_____
日期:_____

乙方(盖章):_____
法定代表人或授权代表(签章):_____
日期:_____

第 7 章

电子竞技赛事推广

7.1 赛事推广的概念、意义与渠道

7.1.1 赛事推广的概念

赛事推广是指以赛事为核心，通过互联网和线下渠道进行传播，以营销活动等形式将赛事关注度提升的行为。也就是说，赛事推广的中心是赛事，表现形式分为线上推广和线下推广，主要目的是将赛事知名度提升，从而提高关注度，主要手段是各种线上及线下的营销活动。

7.1.2 赛事推广的意义

赛事的推广行为对于赛事本身来说具有积极意义，通过各种营销手段为电子竞技赛事带来更多的观众、参赛者及赞助商，从而提升电子竞技赛事的品牌价值及商业效益。

赛事的推广活动可以扩大赛事信息的传播范围，网络推广不受时间及空间的限制，可以在世界范围内扩大赛事的知名度。不仅如此，在赛事推广活动的影响下，随着赛事知名度的上升，赛事的公信力也将有一定程度的上升，有利于赛事品牌的塑造。

电子竞技赛事作为较为特殊的竞技赛事，关注人群或参赛人群较为聚集，这样的用户画像有利于赛事信息的有效定向传播，也提高了赛事推广的效率。这样的高效率有针对性地推广一直以来都受到赞助商的青睐，有利于赛事的招商行为，提升了赛事的经济效益。

总而言之，赛事推广对于电子竞技赛事活动来说是必不可少的一环，如何选择、规划适合电子竞技赛事的最优方案以使电子竞技赛事的效益最大化是赛事推广的核心内容。

7.1.3 赛事推广的渠道

1. 电子竞技行业的竞争格局及产业生态

在了解推广渠道前，首先要明确中国电子竞技行业的产业生态及竞争格局。

中国电子竞技产业链如图 1-1 所示，中国电子竞技行业的竞争格局如图 7-1 所示。

1）电子竞技游戏

① PC 端电子竞技游戏。竞争集中在海外游戏代理，腾讯游戏、网易游戏、完美世界占据了绝大部分的市场份额，领先的电子竞技游戏有《英雄联盟》《DOTA2》《穿越火线》

《DNF》《守望先锋》《CS:GO》。

② 移动端电子竞技游戏。竞争集中在自主游戏研发和海外游戏代理，腾讯游戏、网易游戏、英雄互娱、巨人网络占据了绝大部分的市场份额，领先的电子竞技游戏有《王者荣耀》《皇室战争》《穿越火线》《全民枪战》《QQ飞车》《球球大作战》《虚荣》。

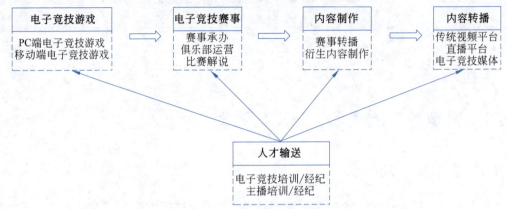

图 7-1　中国电子竞技行业的竞争格局

2）电子竞技赛事

① 赛事承办。市场份额分散，大部分官方及第三方的 PC 端赛事由第三方公司承办，移动官方赛事（如 THA、HPL）主要由游戏厂商自营，同时游戏厂商引导第三方公司承办移动赛事，这类第三方公司主要有 VSPN、NEOTV、香蕉计划、IMBATV、MARSTV 等。

② 俱乐部运营。缺少系统化的培训体制和健全的选手经纪体系，竞争激烈但不是很正规。

③ 比赛解说。比赛解说分为自由解说和签约解说。

3）内容制作

① 赛事转播。当前赛事版权的分销和制作市场较小，原因是对海外赛事和明星的包装尚不成熟，导致赛事的吸引力有限。

② 衍生内容制作。竞争激烈且市场份额分散，主要参与者包括 PLU、七煌、VSPN、香蕉计划、英众传媒、NEO TV、IMBA TV。

4）内容转播

① 传统视频平台。当前仅有游戏风云和 GTV 获得了电视转播牌照，部分卫星电视台和视频点播平台正在通过电子竞技类综艺节目获取年轻用户。

② 直播平台。竞争惨烈，PC 端类包括斗鱼TV、熊猫TV、全民TV、虎牙TV、战旗TV、龙珠TV、火猫直播，移动端类包括端游直播平台、触手TV、鹅掌TV。

③ 电子竞技媒体。竞争激烈，主要包括传统门户网站和新媒体。

5）人才输送

① 电子竞技教育。电子竞技行业人才缺口大，相关教育培训机构初具规模。

② 主播经纪。主播经纪市场较为成熟，逐渐步入正轨。

2. 电子竞技赛事营销渠道

营销渠道是指某种货物或劳务在从生产者向消费者移动时取得这种货物或劳务所有权

或帮助转移其所有权的所有企业或个人。简单地说,营销渠道就是商品和服务从生产者向消费者转移过程中的具体通道或路径。与传统商业渠道类似,赛事的推广渠道也分为线上及线下,渠道级别由少到多,如图 7-2 所示。

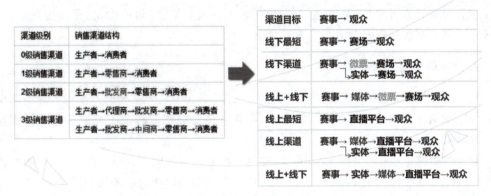

图 7-2　营销渠道

7.2　赛事人群定位

7.2.1　参赛人群定位

通常情况下,参赛人群与赛事类型(或赛事性质)相互决定,即赛事类型在一定程度上决定了参赛人群的属性;反之,参赛人群构成了赛事的类型与性质。

例如,主办方 A 希望该赛事及相关产品在高校学生群体中产生广泛影响,则最佳赛事类型应为高校联赛、校园行等;如果赛事名称为"×××全民电子竞技公开赛",且未对报名对象做附加限制,则该赛事的参赛人群可视作全民赛事;若报名对象仅限女性玩家,则赛事参赛人群应为女性玩家。

需要注意的是,在参赛人群范畴中,除了主办方的设计意愿之外,真正的赛事参赛人群还会受到厂商、行业联盟或第三方组织的制约。下面以国内发展最规范的《英雄联盟》赛事体系为例进行介绍,如表 7-1 所示。

表 7-1　《英雄联盟》赛事体系

职业联赛体系	杯赛	特定渠道官方赛	第三方赛事	其他赛事
S 赛、MSI、全明星赛	德玛西亚冠军杯	全国高校联赛	IEM	阿宽杯《LOL》赛 蓝光《LOL》赛
洲际赛			NEST	网吧开业赛活动
LPL、LDL		QQ 网吧冠军联赛	WCA	社群比赛
城市英雄争霸赛(网吧赛)			WUCG	

1. 职业联赛与职业选手

由国内多家电子竞技职业俱乐部组建而成的中国电子竞技俱乐部联盟（ACE联盟）为方便管理及规范行业竞争，对所有参赛的选手都进行了登记和管理，称为职业选手注册。选手在注册完成后方可参加《英雄联盟》的顶级职业联赛（LPL），对应的是，在注册期限内，职业选手不可参与次级联赛及其他业余赛事。

2. 授权联赛与业余赛事

授权联赛即获得游戏厂商比赛授权的第三方赛事。第三方赛事只有获得厂商的赛事授权才可以邀请在联盟注册的职业战队参赛，在联盟注册的职业战队不允许参与未经授权的第三方赛事。

业余赛事即未经授权的非职业赛事，参赛人群不能包括联盟注册战队，但可以邀请注册职业战队作为嘉宾参与表演赛，但表演赛中任一队伍中的职业选手不可超过3人。

3. 竞品赛事排他性

一般来说，除了把控相对严格的LPL选手之外，包括半职业联盟（LDL）在内的其他职业/半职业战队与选手没有被强行禁止参与的业余赛事。但有一种情况除外，即赛事主办方为厂商的竞品企业，LDL及以上的半职业/职业战队将被禁止参与。

就赛事推广而言，清晰地锁定参赛人群的性质和范畴对筛选确定推广渠道很有帮助，根据不同的参赛对象拟定不同的招募方案，提炼推广中的亮点，将参赛对象对受众的吸引力最大化，制定营销活动，对吸引赞助商及合作方都有重大意义。

7.2.2 观众人群定位

观众人群可分为核心人群、需求人群、潜在人群、外延人群四种。这四种人群对赛事的关注度由高到低，观赛随机性由低到高，接受赛事信息的渠道也各不相同，如图7-3所示。

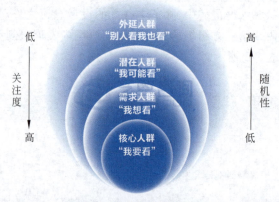

图7-3 观众人群细分示意图

每场赛事都应定位这四类人群，以观赛动机为驱动力，通过不同的推广形式执行有针对性的营销策略。在抓住核心人群的前提下，通过精准定位的多元化营销手段吸引更多非核心人群,扩大赛事的影响力。

一般来说,观众人群(赛事受众)的性质和规模主要受到游戏项目、比赛性质、参赛人群、营销活动等因素的影响。要想厘清观众人群的定位,就要对以上赛事要素做深入的分析。

1. 游戏项目奠定受众基数

根据公开数据,《英雄联盟》的全球月活跃玩家在 2016 年 9 月超过 1 亿人,《王者荣耀》的用户规模在 2017 年 6 月突破 2 亿人,《绝地求生:大逃杀》截至 2018 年 4 月在 Steam 平台的下载量持续高企,这些亿计玩家基数的游戏项目属于热门游戏的 T1 梯队。

由 T1 往下,PC 端游戏紧随其后有《DOTA2》《CS:GO》《炉石传说》以及更为小众的《昆特》等;移动端游戏方面,《球球大作战》《虚荣》以及新兴的各种手游也有基数不小的活跃玩家和自己的赛事。

建立在游戏项目基础之上的电子竞技赛事,虽然从长期来看二者是相互成就的——游戏项目玩家越多,可吸引转化成赛事参与人员的基数就越大,机会就越多;赛事生态的搭建、良好的赛事运营、赛事渠道下沉将极大地增强玩家黏性,提高游戏的知名度及影响力,从而不断扩大玩家群体。但这里主要指单次联赛或单场赛事,及同一主办方或同一团队,游戏项目本身的热度及玩家基数对赛事观众的影响更大,甚至是最大的。

2. 比赛性质划分影响受众区域与核心用户

比赛性质对赛事观众的最大影响主要表现在以下三点。

1) 赛事地理范围

就地理范围而言,电子竞技赛事一般分为全国赛、区域赛、单点赛等,对应的赛事观众也会随之受到影响。

2) 赛事人群聚焦

除了全民赛事以外,特定区域及人群的赛事也越来越多,如高校联赛专门针对高校学生,其核心用户就是学生,再如女子联赛专门针对女性玩家,其核心用户就是女性。

3) 比赛形式限定

比赛形式多种多样,线上赛、线下赛、有直播、无直播、有表演赛、无表演赛、有奖励、无奖励,每个变量都会对赛事用户产生显性或微妙的影响。

3. 参赛人群勾勒影响力的基准线

在一定程度上,参赛人群对观众数量的影响主要有以下两种。

1) 顶尖玩家的广泛号召力,保证流量

官方职业联赛或大型杯赛是观众最多的游戏赛事,其中一个重要原因是参赛人群为顶尖职业战队,赛事的观赏性和知名度都是最高的。第三方赛事通常会邀请明星队员担任赛事形象大使,职业战队的现场表演赛也是同样的道理。

例如:WUCG 赛事的合伙人分别是 09 和若风,技嘉校园行则邀请了 LCK 战队的 KT。

2) 参赛人群基数越大,观众的转化基础就越大

通常情况下,全国赛的人群转化基础大于区域赛,有直播的线上赛的人群转化基础大于无直播的单场落地赛,高校联赛的人群转化基础大于女子高校联赛。

4. 营销活动——突破受众边界

观众人群分为四类,营销活动的意义就是不断突破各类之间的边界,在抓住核心群体的同时,通过对其他类人群的分析制定针对这类人群的营销策略,达到将潜在人群和外延人群不断转化为核心人群的目的。

例如:2016年WCA全球总决赛的赛事代言人是张雨绮,UGL征集了各战队的祝福宣传视频,制作了粉丝墙。

7.3 赛事线上推广

7.3.1 赛事线上推广渠道

在传统营销学中,线上渠道是指基于互联网及光纤技术,将公共开放平台上的内容输出作用于用户。但受限于国家政策,全国星级卫视不能播放电子竞技赛事,因此星级卫视不能被纳入赛事推广的线上渠道。线上推广的主要载体有官方网站、新媒体营销、网络广告、电子邮件、搜索引擎等。目前,市面上主流的线上渠道如表7-2所示。

表7-2 线上主流推广渠道

渠道类型	名称	渠道类型	名称
直播平台	斗鱼直播	社交平台	微博
	虎牙直播		微信公众号
	哔哩哔哩直播		微信朋友圈
	快手直播		贴吧
	抖音直播	游戏平台	游戏客户端
	网易CC直播		小程序
	战旗直播		综合游戏平台
短视频平台	抖音	媒体平台	游戏媒体
	快手		大众媒体
	微信视频号		电子竞技媒体
	哔哩哔哩		

每种渠道类型都有各自的优缺点,具体分析见表7-3。

总体来说,线上推广有以下优点。

1. 扩大赛事信息传播范围

线上推广一般不受时间和空间的限制,电子竞技赛事信息和广告可以通过网络平台传播至世界各地的电子竞技赛事受众,扩大了电子竞技赛事的知名度和影响力。只要具备连

表 7-3 线上推广渠道分析

渠道类型	全渠描述	代表企业	渠道优点	渠道缺点
直播平台	电竞赛事转播；游戏专区频道；主播授权转播；平台活动	斗鱼直播、虎牙直播、哔哩哔哩直播等	突破线下局限；用户基数大；执行成本较低；主播带动效应	竞品多；直转播设备要求高；氛围感需通过解说带动
短视频平台	赛事回放；赛事集锦；赛事解说评论；内容衍生	抖音、快手、微信视频号、哔哩哔哩等	推广内容软植入；KOL流量高；垂类算法精准传播	制作水平参差不齐；KOL成本高；新账号启动期慢
社交平台	信息发布；赛事话题；内容衍生	微博、微信公众号、微信朋友圈、贴吧、QQ等	用户基数大；传播速度快；圈层扩散传播效果好	KOL成本高；同类内容较多爆款话题难
游戏平台	游戏/赛事相关客户端及平台	游戏客户端、Steam、Uplay、EPIC、小程序等	精准推广，快速触达；深度挖掘用户；游戏自带赛事专区	主要由游戏厂商发布赛事推广，一般不支持第三方赛事
媒体平台	电竞/游戏/体育相关媒体；门户类网站；玩家社群等	兔玩游戏、虎扑、伐木累、陀螺电竞、人民电竞等	媒体权威性较强，传播力度较为广泛和持久	稿件要求高；投放精准度较低
异业平台	用户画像与电竞用户重合的大流量平台	美团、淘宝、京东、小红书、腾讯视频、比心、高德等	用户基数庞大；破圈扩散引流效应	费用昂贵；用户群体属性复杂

接网络所需的硬件和软件，任何人在任何地方都可以基于网络获取电子竞技赛事的相关信息。

2. 具有双向传播的特性

网络媒体的信息传播方式属于电子竞技赛事和赛事受众之间的双向传播，不同于传统媒体向赛事受众的单向传播。所以线上推广中的赛事受众可以选择获取其认为有价值的信息，而电子竞技赛事也可以随时获得赛事受众的反馈。

3. 具有强有力的针对性

线上推广有利于信息的有效定向传播，增强了电子竞技赛事推广的针对性，并且可以通过流量统计赛事信息和广告的浏览量、推广时间和地域分布，从而评定网络推广效果，修正推广策略。

4. 具有及时的灵活性

线上推广能够根据需要随时修正既定计划，具有灵活性，可以及时根据变化采取新的决策。

7.3.2 赛事线上推广方法

不同推广渠道的推广方法也不尽相同，如表 7-4 所示。

表 7-4 不同推广渠道和对应的推广方法

渠道类型	名称	推广方法
直播平台	斗鱼直播	建立赛事专用直播间 赛事直播专区推荐位 直播期间的互动活动 二路解说及 OB 直播 开屏广告及贴片广告
	虎牙直播	
	哔哩哔哩直播	
	快手直播	
	抖音直播	
	网易 CC 直播	
	战旗直播	
短视频平台	抖音	赛事直播录制回放 赛事内容二次创作 赛事复盘、品论 视频内容植入
	快手	
	微信视频号	
	哔哩哔哩	
社交平台	微博	红人分享 创意内容 转发活动 水军节奏
	微信公众号	
	微信朋友圈	
	贴吧	
游戏平台	游戏客户端	创意营销 平台合作 贴片广告
	小程序	
	综合游戏平台	
媒体平台	游戏媒体	新闻稿件 话题炒作 明星包装
	大众媒体	
	电子竞技媒体	

1. 电子竞技赛事官方网站的建立与运营

官方网站简称官网,是公开团体主办者体现其意志想法、公开团体信息,并带有专用、权威、公开性质的一种网站。

电子竞技赛事的官方网站是赛事在互联网上的形象展示,建设官方网站是电子竞技赛事线上推广的重要环节。通常情况下,电子竞技赛事会通过官方网站发布赛事资讯,选手注册、报名和审查,赞助商和合作单位招募,志愿者招募等。总体来说,除了联赛,其他赛事的官方网站的存效时间较短。电子竞技赛事的官方网站通常会交给网站制作服务公司进行建设和技术维护,电子竞技赛事组委会新闻宣传部或其他相关部门负责具体内容填充。一般的电子竞技赛事官方网站的建设和运营包括以下内容。

1) 网站规划

网站规划是指在电子竞技赛事官方网站建设之前,赛事组织者根据实际需要进行分析,提出想要通过官方网站实现的功能和达到的效果,并且整理出需求列表,交付至网站制作服务公司。网站规划通常涉及以下内容。

(1) 网站定位

网站定位是指确定电子竞技赛事官方网站的建设目的,确定网站用户、网站功能、网站内容等。电子竞技赛事官方网站的用户通常是选手、观众、潜在赞助商等电子竞技赛事关注者。网站功能主要有形象展示、信息发布、商务合作等。

(2) 内容收集

在确定网站定位后,就要收集现有电子竞技赛事的相关资料并进行整理,以填充电子竞技赛事官方网站的内容,主要有两方面:一是当前电子竞技赛事资讯、组织机构信息、战队选手信息等的积累;二是搜索整理赞助商、媒体报道等内容。网站内容的要求是主题分明、结构合理、逻辑清晰,并能够为电子竞技赛事关注者提供产品服务。

(3) 栏目设置

栏目设置是指确定电子竞技赛事官方网站的逻辑布局,首先根据电子竞技赛事的性质和需求确定官方网站应必备的栏目,然后明确各栏目应包含的内容。如《英雄联盟》LPL赛事的官方网站中的互动观赛、视频、战队、赛程、数据等。

2) 网站设计

网站设计主要是指对电子竞技赛事官方网站的视觉方面进行设计,通过艺术手法表现网站规划中的具体内容与效果要求。网站设计通常涉及以下内容。

(1) 网站 Logo 设计

网站 Logo 是电子竞技赛事官方网站的象征符号,是电子竞技赛事官方网站的特征和内涵的集中体现。一般情况下,电子竞技赛事官方网站的 Logo 和电子竞技赛事的 Logo 是统一的,如图 7-4 所示。

图 7-4 LPL 官网 Logo

(2) 网站风格设计

网站风格是用户对电子竞技赛事官方网站的整体形象的综合、抽象的感受,因此极有必要统一电子竞技赛事官方网站的风格,特别要注意保持电子竞技赛事官方网站的色彩、文字、版面布局、浏览方式等的一致性。

(3) 导航栏设计

导航栏的作用是保证电子竞技赛事官方网站各栏目的清晰呈现,导航栏链接到栏目具体内容,并根据位置的不同可分为横排导航栏和竖排导航栏两种形式。电子竞技赛事官方网站的导航栏在网页中的位置一般比较固定,风格也应是一致的。

3) 站点建设

网站规划和网站设计相当于电子竞技赛事官方网站的策划阶段,在策划方案确定后就要进行实际操作,即站点建设。站点建设通常涉及以下内容。

(1) IP 地址申请和域名注册

IP 地址是指互联网协议地址,是电子竞技赛事官方网站区别于其他网站的唯一特殊标示。由于 IP 地址是 32 位二进制数,不便于记忆,所以要申请注册一个唯一的、便于记忆的、和 IP 地址对应的域名。如 LPL 赛事的官方网站的域名为 http://lpl.qq.com/。电子竞技赛事官方网站的域名是电子竞技赛事的无形资产,是具有市场价值的。

(2) ISP 服务选择

ISP 是指互联网服务供应商,由于自建独立站点的成效不高,电子竞技赛事通常会选择由 ISP 提供的虚拟主机租用或服务器托管的服务。虚拟主机是指将互联网商运行的服务器划分出多个虚拟的服务器。服务器托管即主机托管,是指将自购的服务器托管至 ISP 服务商的互联网数据中心。

(3) 网页制作

网页是电子竞技赛事官方网站的表现形式,网页制作是电子竞技赛事官方网站建设的重要环节。网页制作一定要以网站规划和网站设计的具体要求为基础。专用的网页制作工具主要有 Netecape、Dreamweaver、FrontPage、HotDog Professional 等。网页制作通常由前端页面开发和后台数据库开发组成,如图 7-5 所示。

(4) 网站测试

网站测试是指在电子竞技赛事官方网站的全部网页都制作完成后进行的一系列检测工作,主要是为了保证电子竞技赛事官方网站的正常浏览和功能的正常体现,通常包括性能测试、安全性测试、功能测试、优化测试、兼容性测试等。

4) 网站推广

在通过网站测试后,就可以将电子竞技赛事官方网站的全部网页上传至服务器供用户访问,发挥电子竞技赛事官方网站的基本作用。紧接着就要进行下一项重要工作,即网站推广,如果不进行网站推广,电子竞技赛事官方网站一般不会有较大的访问量,也就不能达到电子竞技赛事组织者设想的效果。网站推广方法一般有搜索引擎推广法、电子邮件推广法、资源合作推广法、信息发布推广法、网络广告推广法等,同时要注意与行业、协会网站进行合

图 7-5 《DOTA2》官网首页

图 7-5 （续）

作，建立友情链接。

5）网站管理和维护

在电子竞技赛事官方网站建设完成后，就要不断对电子竞技赛事官方网站进行管理和维护，以保证电子竞技赛事官方网站的正常运行。电子竞技赛事官方网站的管理和维护一般包括安全管理、性能管理、内容管理等，其中安全管理、性能管理及内容管理中的技术支持由制作电子竞技赛事官方网站的网站制作服务公司负责；内容管理中的内容更新由电子竞技赛事的新闻宣传部等相关部门负责，需要不断更新的网站内容包括电子竞技赛事新闻、电子竞技赛事赞助商的全部展示、选手和战队数据。同时要根据实际需要和变化逐步完善电子竞技赛事官方网站的功能。

2. 微博推广和微信推广

需要注意的是,微博及微信是两个重要的线上推广渠道,这里重点说明微博及微信的推广方法。

1) 微博推广

微博推广是指以微博为推广平台,设立赛事官方微博,通过发布电子竞技赛事相关信息、组织"微博话题"、策划"微活动"等方式吸引微博用户关注电子竞技赛事,从而树立电子竞技赛事良好的品牌形象,达到电子竞技赛事推广的目的。

微博是一个开放式的言论平台,用户在微博上发布的公开内容可以通过各种方式看到,例如用户主页、微博广场、微博话题动态等,所以说微博是一个开放式的平台。这种开放性造就了微博成本低、见效快、覆盖面大、信息量大、互动性高的特性。覆盖面大意味着只需要极低的成本就可以使很多人看到赛事的推广微博;信息量大则预示着微博用户在短时间内可能会接收到大量信息,虽然容易看到,但是没有将足够的注意力放在赛事的推广微博,所以微博需要用创意内容、事件营销、水军评论等种种方法获取用户的注意力;高互动性建立在开放性的基础上,微博用户可以在评论下留言,微博评论也是内容的组成部分。总而言之,微博侧重于与陌生人的沟通交流,是一种弱关系,微博营销宣传范围广、准确度高,但是需要额外获取用户注意力。

一般电子竞技赛事的微博推广主要有以下工作内容。

(1) 发布官方消息

通过官方认证的微博发布的官方消息具有可信度,也提升了赛事的权威形象。官方消息一般包含赛事资讯,例如实时跟进赛事活动、参赛、门票等各方面的信息;电子竞技赛事赞助商的展示;微博活动、电子竞技赛事相关名人信息;俱乐部或战队信息;电子竞技赛事相关活动信息;电子竞技赛事门票信息;电子竞技赛事相关主管行政机构信息;同系列电子竞技赛事相关信息;电子竞技赛事志愿者信息;温馨提示等。微博的呈现方式通常有文字、图片、视频等多种多样的形式,同时一定要注意发布信息的实用性和准确性。

(2) 建立微博矩阵

微博矩阵分为内部矩阵和外部矩阵。在电子竞技赛事中,内部矩阵是指负责电子竞技赛事微博推广的相关部门,一般是电子竞技赛事新闻宣传部,通常会建立"1+N"微博矩阵模式,即以电子竞技赛事官方微博为主平台,以电子竞技赛事志愿者微博、参赛俱乐部微博、参赛选手微博等电子竞技赛事其他相关微博为辅助平台。外部矩阵指赞助商、媒体、电子竞技明星选手、电子竞技主播等相关微博。在内部、外部矩阵中建立良好的沟通可以增强电子竞技赛事的影响力,同时塑造电子竞技赛事的良好形象。

(3) 跟进热点事件

热点事件一般是行业内关注度较高的新闻,跟进热点事件可以促成微博用户关注热点话题的形势和场面,以吸引微博用户关注电子竞技赛事的官方微博和相关微博,进而关注电子竞技赛事,并引起媒体、潜在赞助商、社会团体等的注意。需要注意的是,跟进的热点事件也需要挑选题材,注意事件与本次赛事的相关程度以及是否会触碰到"高压线",这些都是在微博运营时需要思考的问题。

（4）开展互动活动

电子竞技赛事官方微博和电子竞技赛事相关微博通常会开展很多双向沟通的互动活动，以吸引人们参与。另外，与评论区的互动也是很好的吸引注意力的手段。在运营微博时，挑选一些较为有趣的评论进行互动能提升关注者的活跃度及黏性，并及时获得反馈。

（5）发起线上营销活动

线上营销活动是配合电子竞技赛事的进程而进行的，形式多种多样，较为普遍的是关注/转发抽奖，也有赛事相关口号、Logo有奖征集和评选等。营销活动除了增加用户黏性以外，更多的作用是吸引兴趣人群，将微博的辐射范围扩大。

2）微信推广

电子竞技赛事的微信推广是指电子竞技赛事新闻宣传部或其他相关部门利用微信公众平台，传递电子竞技赛事新闻报道及相关信息，与电子竞技赛事关注者交流互动，从而强化电子竞技赛事的品牌力和扩大电子竞技赛事的影响力。与微博的开放式平台相反，微信是一个相对闭塞的平台，信息的传递及发布更多的只能在朋友之间完成。微信公众号的推送仅限于已关注的人群，内容的传播只能通过朋友圈或朋友之间的分享，传播效率较为低下，但是准确度较高。由于是朋友之间互相传播，用户对于发布内容的接受度、注意力也高。微信侧重于朋友之间的沟通交流，是一种强关系，微信营销就是在朋友之间进行宣传，宣传范围小但是效果比较明显，用户对内容具有足够的注意力。

与微博类似，微信推广的工作内容一般也包括发布官方消息、发起线上营销活动、开展互动活动等内容。除此以外，微信推广还要注意以下问题。

（1）控制微信质量

微信的最主要特点就是其用户的真实身份，具有极强的亲密性和黏性。所以电子竞技赛事微信公众号在运营时要提前设定合理的宣传定位及内容方案，注重内容的原创性、真实性、专业性，并且尽量保持独家性，兼具娱乐性及互动性，必要时可以开展一系列的营销活动，以保持微信公众号的活跃度和积极性。同时，负责电子竞技赛事微信推广的人员还要对发布的信息进行控制，尤其注意控制微信用户发布的有关电子竞技赛事不真实或负面的信息。

（2）注意内容形式

微信需要注重内容的产出，电子竞技赛事微信推广传播的内容较为丰富，涉及文字、图片、语音、视频等多种形式，主题覆盖面需求较为宽广，如热点事件、近日趣闻、赛事新闻、相关活动等。所以电子竞技赛事微信推广人员一定要设计合理的推广方案，在保证传播内容的真实性和原创性的前提下，还要注重专业性和娱乐性。同时，电子竞技赛事非赛期的微信营销也不容忽视，可以考虑开展相关线上活动以保持电子竞技赛事微信推广的活跃度和积极性。

（3）拓展媒介渠道

每个微信用户都是电子竞技赛事微信推广潜在的传播媒介和渠道，电子竞技赛事微信推广人员应开展"转发有奖"等各类微信活动以刺激这些微信用户，拓展各类传播渠道，从而扩大传播的深度和广度。

除了微信与微博的内容产出、信息发布以外，赛事线上推广的方法还包括主题营销活动,如厂商冠名、战队形象代言、系列视频拍摄、KOL 推文及转发活动、产品测评、产品植入等,此处不再一一赘述。

7.4 赛事线下推广

7.4.1 赛事线下推广渠道

线下渠道主要以线下场所的属性进行分类,大致可以分为网咖、校园、商场、俱乐部等人流量大且游戏玩家较为集中的场所。

7.4.2 赛事线下推广方法

赛事线下推广方法如表 7-5 所示。

表 7-5 适合不同线下渠道的推广方法

渠道名称	推广方法	渠道名称	推广方法
网咖	设立报名点 物料宣发露出 设立赛点 互动活动	商场	互动活动 现场赛点 嘉年华
校园	学生会支持 社团活动 校园赛点 物料露出 资料派发 互动活动	俱乐部(游戏公会)	水友赛 互动活动 设立报名点 赛事合作方

与线上推广相比,线下推广面向的用户更为精准,获取的用户信息和用户需求更为细致。但问题是线下推广的成本远高于线上推广。可是,对于一些地域赛事,尽管线上推广成本更低,但线下推广才是获取参赛选手、观众的更优选择。而大型赛事采用的线下推广更多的是为了塑造品牌形象,提升赛事影响力。例如英雄联盟 S7 的四强赛和总决赛就在上海外滩的东方明珠、上海中心、震旦、花旗等建筑上都印满了对 LPL 的祝福(图 7-6)。这样的推广活动极大地提升了赛事的影响力,也为接下来的比赛造势,吸引了更多的观众。

除此以外,电子竞技赛事还可以通过以下线下营销活动进行推广。

- 新品首发;
- 校园行;
- 表演赛/水友赛;
- 嘉年华。

图 7-6　线下推广

7.5 赛事营销活动的整合

线上及线下推广并不是完全独立的,现今大多数的推广活动是线上、线下相结合的,这样的推广方式更为科学和实用。

以往,线下推广的问题在于推广数据无法考核,也无法确定转化率,线上推广的问题在于内容过于单薄,而当线下与线上推广相结合后,以上问题都可以得到解决。

在 7.4.2 节中列举的《英雄联盟》的应援案例中,不仅在线下进行多个建筑的外墙广告应援,在线上也对这一应援行为进行了跟进报道,进一步扩大了线下应援的影响力,线下的优势结合线上推广传播范围大、速度快的优势,将这一营销活动的效益最大化。

单纯的线下推广或者线上推广都有太多的局限性,只有做到整合,才能解决很多矛盾,还可能产生 1+1>2 的效果。

【案例】

2017 年,《绝地求生:大逃杀》带火了生存类游戏,"大吉大利,今晚吃鸡"成为了玩家之间最好的问候语,于是"吃鸡"也成为了玩家对此类游戏的别称。

"吃鸡"手游风潮刚刚兴起时,网易迅速推出了两款作品以抢占市场,《荒野行动》就是其中之一。该游戏内原贴有"补胎"广告的白色面包车作为代步工具之一十分常见,在某次版本更新后,玩家发现面包车上的"补胎"广告被肯德基的广告替代,鸣笛时还能听到肯德基的新年广告——肯德基和《荒野行动》合作了。

除了在游戏内植入广告,二者还推出了合作活动。彼时,在《荒野行动》的游戏界面中会弹出"大吉大利,今晚炸鸡"的多项活动介绍。在活动期间,游戏获胜者有可能获得限量的肯德基食品的优惠券或经验卡,部分活动需前往肯德基餐厅,并在餐厅内登录游戏,在专属房间中对决胜利才能获得。另外,在活动期间,在肯德基餐厅购买指定套餐则可获得《荒野行动》游戏内时装皮肤的 CD-Key。游戏更新后,有些玩家表示自己会特意找到有肯德基广告的车开,甚至还会故意多按几次喇叭听听广告,感觉这样做可能会增加获得食品优惠券的概率。

借着游戏"吃鸡"的谐音,肯德基选择在学生寒假和临近春节的时间段迅速展开合作互动营销。除了游戏本身的活动,两者合作举办的水友赛覆盖了江苏、安徽两省共 400 家肯德基餐厅。参与活动的门店在赛事期间每天可以固定获得数十甚至上百人次的流量,同时线下门店又为游戏做了广告。线上和线下的流量互通组成的水平营销系统可以获得双赢的利好局面,实现对流量商业价值的深度挖掘,两个渠道成员都为消费者增添了一份重要价值。

7.6 赛事推广方案

下面以 2017 年××《绝地求生》线上赛事推广方案为例进行介绍。

1.《绝地求生》背景

1)《绝地求生》简介

《绝地求生》(Playerunknown's Battlegrounds)是大逃杀类型的游戏,每局游戏将有 100 名玩家参与,游戏的展开方式是玩家赤手空拳地分布在岛屿的各个角落寻找岛上多样的武器与道具。随着时间的流逝,岛上的安全地带越来越少,特定地区也会发生爆炸,最终只有一人(队)能存活并获得胜利。

游戏的每局比赛都会随机转换安全区,玩家的新鲜感与紧张感会更加强烈。

Bluehole Creative Director 是大逃杀类游戏的开拓者,他在《ARMA 2》中初次展现了大逃杀模式,他的大逃杀模式成为了 ARMA 系列与 H1Z1:King of the Kill 的基础。现在,他为了开发真正的大逃杀类型的游戏而在蓝洞公司(Bluehole)开发《绝地求生》。

2)《绝地求生》游戏数据

《绝地求生》在 9 月份的更新后迎来了真正的高峰,在 Steam 官方披露的数据中已经全面超越了《DOTA2》与《CS:GO》,成为了 Steam 平台上同时在线玩家最多的游戏,如图 7-7 所示。

图 7-7 《绝地求生》游戏数据

8 月 4 日,《绝地求生》在线人数继 7 月 9 日后再度超越《CS:GO》。但与之前不同,此次超越更具说服力。数据公布之后的两天,《绝地求生》的日活跃人数峰值持续超越《CS:GO》。通过对 Steam Spy 的历史记录的进一步观察发现,数月以来,《绝地求生》的日活跃用户始终保持高速增长,而《CS:GO》则持续稳定在 55 万人左右。

10 月 17 日,《绝对求生》出现了近半年之内的最高峰值——230 万个用户同时在线。通过官方数据得知,其中的半数玩家来自中国,可见该游戏在国内的火爆程度。

3）赛事项目综述

通过以上数据可以看出，此款游戏在国内一旦真正落地，便会形成一种现象级的游戏氛围，网吧也不再是《LOL》的天下。

《绝地求生》在没有任何国内代理的情况下，玩家数量已经超过百万。8月18日，根据国外的新闻显示，在Twitch及YouTube上，该游戏的直播总观看量已经超越了《LOL》，成为了新的霸主。

目前，该游戏在国内单个大型直播平台的直播观看量在非高峰期时段也维持在400万～500万人次，可见此款游戏必将成为爆款游戏。基于上述数据，在××期间，《绝地求生》赛事是最佳的内容传播选择，并且此游戏对机器配置的需求很高，这样也可以为公司带来更好的转化流量。

2. 赛事执行逻辑

赛事执行逻辑如图7-8所示。

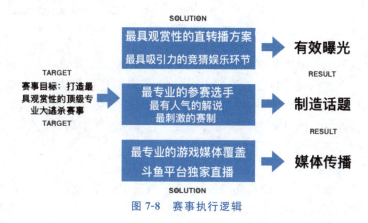

图7-8　赛事执行逻辑

3. 最具观赏性的直播

1）赛事现状

由于《绝地求生》的游戏机制，每局开始都会有近百人参与，且地图广袤、无缝连接，所以在每局比赛中会有无数个细节、成百上千的对峙、成千上万的突发事件，这就给赛事的直转播带来了非常大的挑战。在直转播端不仅首先要知道哪里发生了对峙，并且要在极短的时间内让观众看明白战斗是怎样进行的，甚至参与战斗的并不是两队，可能是几支队伍，也可能是同一时间在不同地点发生了几场战斗，所以这就给解说和赛事OB造成了极大的压力，从而无法让赛事的观赏性很好地呈现出来。

由于赛事的观赏性存在很多问题，从而造成了所有官方的直播间的流量远远不如知名主播的。因为比起看不明白、看不到精彩的赛事，还不如看自己喜欢的主播的第一视角，这样反而观赏性更高。但在主播自己的直播间中，商业及品牌露出就无法顾及，得不偿失。

2）解决手段

针对目前大逃杀赛事的观赏性弊端，有如下目前最好的可行性解决方案。

参照传统体育网络直播模式，分不同频道多层次地展现赛事，解决赛事商业及品牌露出的问题，并提高赛事的观赏性。

解释：邀请两支国内最有知名度的主播及其战队到线下赛事的直播现场，每位主播战队都配备解说和OB,然后和官方的主频道同时开通直播。在直播平台端把这3个频道都综合在一个房间内,在房间内可以选择这3个频道中的任意一个,这样就可以有效利用知名主播的IP价值,并且推出带有商业及品牌露出信息的信号流,如图7-9所示。

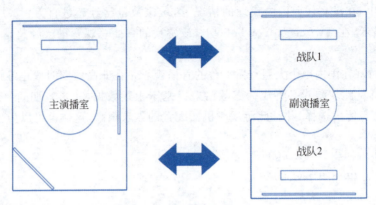

图7-9　演播室设计平面图

另外,这样也达成了丰富赛事观赏性的目的。观众既可以看到官方的解说及OB画面(上帝视角),也可以选择观看自己喜爱的主播(第一视角),这样就从根本上解决了赛事观赏性不高且主播分流的弊端(理论上,如果条件允许,则可以覆盖全部邀请到的知名主播)。

主副舞台无缝对接,同时推流。满足赛事观赏性需求。场歇期间,嘉宾可到主舞台和观众进行娱乐互动。

4. 最专业的参赛选手

此次赛事实行"海选+邀请"的赛制,邀请全国最顶尖的20支战队,并从96支战队中海选出4支战队,和邀请的20支战队进行最后的角逐。邀请队伍名单会从近期国内各种大赛的前十名以及各大平台的著名主播中产生,给全国的《绝地求生》玩家带来一场真正的高水准赛事,这样不仅保证了赛事的关注度和观赛流量,同时从另一个维度为赛事的观赏性保驾护航。

此次赛事会邀请××战队来到直播现场,为大家呈现近距离的赛事观赛体验,同时战队也会和观众进行互动(此处略去3支战队的介绍)。

5. 最具人气的解说(略)

6. 解说团队介绍(略)

7. 最刺激的赛制

"海选+邀请"赛制+决赛日奖金独立结算+24支顶尖战队逐鹿问鼎。

此次赛事将直接邀请国内顶尖的20支战队和96支进行海选的战队进行为期7日的激烈厮杀。赛事前4天进行海选赛,96支战队分为4组,每天进行1组比赛,每日3场比赛,积分最高的队伍出线。赛事后3天进入决赛阶段,每日奖金都会单独结算,不产生淘汰战队,所以理论上进入决赛的每支战队都有可能拿到当日的奖金,这样就确保了赛事期间比赛的激烈程度和观赏性,让观众可以看到充满竞技冲突的高端赛事。

8. 赛程、赛制解析

赛程、赛制的详细解析如图7-10所示。

9. 最具竞争性的奖金机制

图 7-10 赛程、赛制的详细解析

奖金机制如图 7-11 所示。

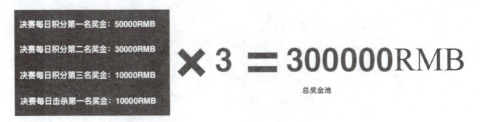

图 7-11 奖金机制

此次赛事的奖金机制采用单日奖金结算的方式(只有决赛 3 日发放奖金),进入决赛阶段后,决赛 3 日之内并不淘汰队伍,以尽可能地让每支战队都能发挥真实水平,让赛事的激烈和紧张程度不断提升。

决赛日赛制:每日 4 场比赛,每场比赛单独积分,每日总积分前三名获得奖金。

决赛日奖金分配:每日都会单独结算战队名次,前三名有奖金激励。每日单独设立一款奖项,即击杀奖励(每日击杀人数最多的队伍获得额外奖金),这样就为赛事的观赏性提供了双重保险。

10. 最具吸引力的竞猜采访环节

比赛间歇会和观众进行大量互动,包括主播问答、竞猜及抽奖等,以保持观众的活跃度和吸引更多的观看者。众所周知,此款游戏如果需要高质量的游戏体验,那么对硬件设备的要求就成了不可避免的问题。此次竞猜抽奖环节准备丰富且高价值的奖品,如高端的游戏外设、顶级的游戏显卡。

期间会在微博直播平台上和观众进行互动有奖问答环节,增强观众和著名选手之间的互动。

11. 最专业的媒体覆盖

此次赛事将和国内最大的游戏媒体 U9 进行深度合作,通过其强大的游戏人群覆盖能力和每日庞大的流量推广赛事。期间会为此次赛事开设赛事专区,在专区内会为赞助商直接形成广告曝光和新闻传播。同时也可以增设商品广告以直接提升赞助商的页面流量。

在数十家游戏及电子竞技媒体投放与赛事及活动相关的新闻稿件,同时推送10家国内家知名的电子竞技游戏媒体对赛事进行相关报道,每家媒体每月推送7~10篇新闻及赛事内容文章,在总决赛期间进行焦点位推荐。

12. 直播平台独家合作

赛事期间,为保证赛事引流,我们会和直播平台进行独家合作。独家合作模式可以产生更加深度的资源使用率和更加全面的资源置换。我们将会利用直播平台的所有资源为赛事进行最大化的传播引流,同时在直播平台上全面覆盖广告资源位,让赛事的转化率提升到最大。

第 8 章

电子竞技赛事执行

8.1 赛事的现场执行与分工

历经赛事的前期策划、招商、推广环节后,赛事运营的基本框架在此过程中逐步明晰,而现场执行环节则相当于填充框架的具体内容,是前期运营环节的直观体现,也直接决定着赛事的最终呈现效果。在遵循电子竞技赛事自身特点与运营原则的前提下,明确赛事现场执行环节的不同阶段与相关任务,是实现赛事运营工作的核心基础。

8.1.1 赛事现场执行的定义

一场电子竞技赛事的成功落地,难以离开游戏发行商、赛事主办方、赛事执行方、赞助商、战队或选手等角色的高度协同。其中,赛事执行方作为赛事内容的主要输出角色,贯穿赛事前期筹备、中期执行与后期收尾评估的繁杂工作,该流程统称为赛事执行。

赛事执行作为赛事运营的关键环节,需要在现场具体实施过程中保证协同、严谨、高效的执行效果,才能推动赛事依据策划预期方案开展,规避赛事风险,从而实现赛事内容的有效传播与运营。不同电子竞技赛事虽在内容、形式上有所差异,但执行方法与逻辑流程上具有相似性,为了保证不同赛事现场执行的有效落实,需要遵循以下普适原则。

1. 统筹性原则

赛事执行方案的制定根植于策划环节,融合了招商与推广环节的现实需求,串联着赛事运营环节的不同角色,赛事执行方需要高度统合前述内容,保证差异化需求能够在执行环节中得以满足,实现赛事的全流程管理。在此过程中,需要以统筹性原则作为支撑,以全局视野分析内容庞杂的执行环节。

2. 规范性原则

近年来,电子竞技赛事运营内容不断成熟、迭代与发展,已逐步形成了较为完善的赛事现场执行体系,直转播、舞台、场地、人员、后勤等管理环节均有相关执行流程与规范,了解、掌握执行规范是推动执行工作有序推进的根本保障。

3. 前瞻性原则

由于赛事执行方案大部分内容的制定与落实前置于赛事现场事件,现场执行需要具备前瞻性才能使赛事依照预期举办与落实。赛事进程是一个连续性过程，特别在直播环境下可调整范围进一步缩小，任一环节的缺失与疏漏均会影响赛事后续发展。因此在执行期间，需不断推演赛事后续流程与进展，以前瞻性原则开展赛事现场执行工作。

4. 机动性原则

赛事现场的场地、人员、天气、设备等因素具有不确定性，场地限制、人员流动、天气变化、设备故障等情况均会在一定程度上影响赛事举办，且发生上述情况的时间节点与方式难以预期，在制定突发事件应对方案的基础上，需遵循机动性原则，预留机动人员以应对现场各类突发情况。

在综合考量赛事现场执行的本质逻辑、原则与实践后，可对其定义如下：赛事现场执行是指依托赛事现场执行方案，贯穿赛事前期筹备、中期举办、后期收尾环节，通过提供设备与技术、舞美与场地管理、人员统筹与分工、后勤保障、突发事件管理等服务，以实现赛事内容和价值输出的现场实践活动。

8.1.2　赛事现场执行的工作流程

业余赛事与职业赛事在规模与要求上存在出入，各场赛事的内容、互动形式与成本也有所差异，对于现场执行的要求也不尽相同。

从赛事管理角度来看，赛事现场执行的工作流程可初步梳理为"方案研制-前期筹备-人员培训-具体执行-复盘评估"五方面，如图 8-1 所示。

图 8-1　赛事现场执行的工作流程（赛事管理角度）

执行方案是现场执行系列工作开展的行动指南，是赛事执行人员与相关方就现场执行内容达成的一致共识，也是具体执行过程中的工作依据。以某游戏城市挑战赛总决赛执行方案为例，其包含赛事执行推进表、项目分工联络表、筹备期分工、执行分工、订票信息、奖杯奖牌、PR 清单、住宿安排、接送车辆安排、场地信息、搭建效果、舞台区流程、赛程、直转播包装、直转播方案、比赛账号、物料设计清单等内容，全面覆盖了赛事执行过程中的舞台统筹、场地管理、人员管理、物料清单、后期管理等模块。

前期筹备期间，需勘察、预定相关场地，准备现场执行过程中所需的各式物品，制定执行过程中的相关文档，并组织有关人员召开筹备会议，明确赛事要求，讨论项目推进排期，初步明确各环节负责人，并就赛事推进程序与时间节点达成共识。

为了保证赛事推进的质量与效率，在团队分工名单确认后，执行方需分别进行负责人对接与团队培训，明确岗位基础知识与工作内容，保证各团队间能够协同合作，高效沟通。

在具体执行环节，各团队依据现场执行方案，按照负责人的统一调度在赛事场地的指定工作区域推动赛事举办，保证赛事能够按计划有序开展，保证进度与质量的双重平衡。

在评估复盘环节，需对有关资料、物料进行回收、整理与归档，并依据赛事实际执行情况开展复盘与总结。

从赛事时期角度来看，赛事现场执行的工作流程可分为赛前筹备、赛中执行、赛后收尾三大板块，如图8-2所示。

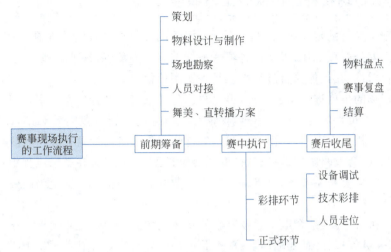

图8-2　赛事现场执行的工作流程（赛事时期角度）

在赛前筹备期，执行工作涵盖赛事方案策划与报价确认，追踪合同流程，协调线上/线下媒体宣发，并需推进赛事宣传物料、奖杯、延展作品的设计工作。进一步聚焦赛事场地，需关注场馆协调、搭建效果图、视频播放素材、灯光方案等舞美设计工作，直转播层面则需考虑直转播包装设计、视频拍摄方案制定、视频内容产出等。同期，赛事前期的人员对接工作涉及的对象也较为繁杂，包括OB团队、裁判团队、解说、参赛选手、主持人、兼职人员与志愿者等，针对不同人员的接待、住宿、餐饮的需求信息也需考虑在内。除上述内容，赛事执行手册制定、服装、后勤管理、安保、票务、保险、物料采购、相关设备租赁等内容也需在前期筹备工作中详细对接确认。

在赛中执行期，执行工作可分为调试彩排与正式环节两部分。在调试彩排环节，执行工作内容包括现场人员确认、设备调试、物料清点与候场、人员培训、技术彩排、走位动线、道具出入场、整体联排等部分，根据赛事的规模不同，其具体环节也有所出入。在正式环节，需在复盘彩排内容的基础上严格把控各项流程，确保各个环节人员、物料、设备就位，在控场人员的统一调配下依据前期执行方案进行落实。从观众候场、互动与签到入场落座、现场舞台与音乐控台、直转播、演职人员与参赛选手等的候场与登台、现场摄像等均需执行人员进行把控，以确保赛事能够按照预期方案有序进行。

在赛后收尾部分，在观众与赛程相关人员、物资撤场后，执行工作还需完成物料盘点、赛事复盘、款项结算、数据汇总与整理、宣传物料审验宣发等。综合而言，赛事现场执行不单指某一岗位，而是一场赛事环节落地工作的统称，需要对于赛事运营的全流程具有顶层规划并全盘参与，及时规避各项突发风险，才能确保各个环节按照预期落实。

如果对于个中环节把控不当，风险意识不足，则会导致比赛不能正常进行，造成无法挽回的损失与后果，曾有某赛事因忽视搭建问题和应急预案不足，舞台顶棚钢管被狂风吹落，布景遭到破坏，幸因撤退及时未造成人员伤亡，但比赛被紧急叫停，并对现场观众进行了全额退款。因此，需深刻意识到赛事现场执行的各个部分应环环相扣，需形成坚实而全面的执行保障，以服务于赛事的正常运转。

8.1.3 赛事现场执行的团队分工与职能

从赛事现场执行的定义来看,其涉及多方面的工作与内容,因此在具体落地层面需以"事件"为核心安排各项工作,以确保各项任务能够有专人负责,这种管理模式也会具备更强的目的性与针对性,在具体执行过程中也具备实用价值。

以赛事现场的事件进行角色划分,再以角色为线索将任务延伸至赛事筹备的前期、中期与后期,并以专人负责进行全流程跟进,保证在该事件的运行阶段高效对接,以保证赛事的进度与效率。如舞美方面,若任由舞台、灯光、音响制作方各自为营,无法在赛事筹备周期内进行有效统合,则会大幅影响筹备进行,耽误赛事进展;若有专人在整个流程中负责跟进,并在活动现场承担舞美相关事务,对于舞美各个环节的监督与把控则会更为高效,能够确保赛事进度的如期推进。

依据上述执行思路,结合电子竞技赛事的具体内容,可将现场执行事件分为舞美、赛事执行组、参与人员管理、后勤保障四部分,由此可进一步确定赛事现场执行团队的分工与职能,如图 8-3 所示。

图 8-3 赛事现场执行团队构成示意

从执行团队的框架来看,在舞美、赛事执行组、参与人员管理、后勤保障基础上,赛事执行组又由技术保障组、赛事转播组、现场执行组构成,依据赛事规模与要求,团队分工会在此框架上有所增减。

舞美团队一般由场地勘察、场地搭建、舞美设计三个事件组成;赛事执行组中的技术保障一般分为视频系统、硬件系统、比赛设备三个板块;直转播团队作为赛事内容呈现的重要窗口,其团队构成更为复杂,分为流程导演、导播、音控、字幕、OB、摄像、灯控、屏控等;现场执行组侧重于对于现场人员的统筹管理,一般以现场导演为核心,包括艺人、选手、观众、安保、媒体管理,活动执行依据现场活动环节的设置,一般具有不同的工作内容;参与人员依据赛事要求,涵盖裁判、选手、主持人、解说等,部分赛事具有表演环节,还需增加演职人员;后勤保障主要分为住宿、接待、餐饮、安保、医疗、物资、票务等层面。

明确团队分工后,需进一步明确不同分工承载的具体职能。

1. 舞美组

(1) 场地勘察。收集场地信息并进行整理推荐,明确场地尺寸、平面图,拍摄空场照片,确定搭建、宣传物料摆放位置及尺寸,并对功能区进行划分,考虑现场动线。此外,还需确定场地档期、电路情况,以符合赛事要求,询问场租、押金、搭建及撤场路线,明确水电、停车、指定供应商等费用,了解周边交通、住宿、餐饮、医院等信息。对于大型活动,还需进行消防、公安、文化等报批,提供相关材料并在规定时间内通过场地方办理,并准备报批失败预案。

(2) 场地搭建。与舞台搭建供应商对接,对于舞台、签到墙、背景板、大屏、桁架、灯柱、面光灯、帕灯、LED灯、摇头灯、音响等细节进行确认,明确灯控、音控、屏控等场地位置,对接灯效师、音控师,了解搭建时长、搭建费用,并与场地方对接搭建、吊点、用电、清洁方案,检查搭建方电工上岗证等,提前规划人员车辆进出场路线图,最后进行搭建验收与撤场监督。

(3) 舞美设计。确定舞美效果图、布线方案与制作方案,同时提供电力方案,以供场地方进行确认。了解赛事流程与环节细则,针对开幕、不同人员入场/出场、比赛期间、颁奖、闭幕等环节设计不同的舞台效果,在开场前进行设备预热调试,并制定设备失效应急方案。

2. 赛事执行组

1) 技术保障组

(1) 视频系统运维。确认赛事转播设备数量、收货地点、推流直播方案,负责现场设备大屏搭建与验收,制定设备故障后应急处理方案。

(2) 硬件搭建运维。现场网络勘测、开通网络,明确所需网络地点,如比赛区域、后台区域、备战区、VIP室、用餐区等,考察电、网络接口、吊点位置承重、地面承重等硬件情况。

(3) 比赛设备运维。联系供应商提供比赛用电脑设备、桌椅、连接线测试,确认场地走线方案、网络方案、网络布线方案、推流直播方案,确认电脑配置、驱动更新情况、系统版本、游戏版本、电脑安装位置,比赛结束后回收电脑设备。

2) 赛事转播组

(1) 流程导演。主导舞美设计方案,清楚直转播环节,策划赛事播送风格与方案,衔接赛事直播现场,确定现场机位与各工位分布,参与制定比赛流程,把握彩排流程与现场直播工作。

(2) 导播。掌握观众心理与镜头语言,在不同机位采集的画面源、观察者(OB)的画面源、3D包装与游戏回放的画面源、字幕包装的画面源间进行选择,以保证呈现最佳观赛效果。

(3) 音控。了解音频设备并进行设备检查,依据赛事流程配合舞美灯光播放音乐,及时检查设备运行情况,管理现场人员麦克风,对声音进行降噪、调谐等处理,随后从调音台输出到直播推流机的声卡单元。

(4)字幕。熟练使用常用字幕包装机与相应软件,将图文字幕与其他画面进行叠加后进行最终输出。

(5)OB(observer)。以观察者的身份进入游戏,通过鼠标和键盘控制游戏中的镜头,配合解说员解读画面,OB 在业界又称游戏导演,导播负责指挥现场摄像师,而 OB 则是在游戏内控制镜头以给观众提供观赛画面,负责控制游戏内的镜头和画面切换。专业度较高的电子竞技赛事中,除一名主 OB 外,还会有 2~5 名不同任务的副 OB,通过相互沟通交流,配合主 OB 为观众提供更全面、详细、精准的画面和细节支撑。如 LPL 的赛事中,兵线固定 OB、机动 OB 等经常会负责主 OB 视角外的补充镜头和高光镜头 3D 视角回放等,如图 8-4 所示。当然,因为都是实时画面,所以对导播的把控,几名 OB 之间的默契、经验、游戏理解等也是呈现高水准画面的必然要素。

图 8-4　三兵线 OB 视角分镜直播观赛画面

(6)摄像。拍摄赛事现场实况,包含比赛区、选手、观众区、场口、后台、备战区等。

(7)灯控。熟悉电脑灯、数字模拟灯、调光灯、舞台灯等各类媒体灯光,与音控配合负责舞台灯光效果控制。

(8)屏控。负责控制舞台大屏、耳屏等现场屏幕的播放内容。

3)现场执行组

(1)现场导演。熟知现场流程并进行统筹管理,规划赛事整体流程,统筹灯光、音响、视频等保证活动进行,协调现场人员,安排专人负责主持人、礼仪、裁判长、战队催场及人员对接,应对各项突发情况。

(2)艺人管理。协调艺人档期,负责艺人的演出内容对接与接待工作,掌握艺人团队需求并对接彩排、表演时间。

(3)选手管理。购买选手机票,布置对战房,掌握战队住宿地、餐饮、随行人员等信息及其他需求,制定战队选手交通路线方案,负责战队队员采访、回程确认。

(4)活动执行。负责现场活动的执行推进工作,妥善处理现场突发情况,例如人流引导、安检区人流引导、人流量过大时疏散人流。

(5) 安保对接。负责观众引导,维护现场安全,处理其他突发情况。

(6) 媒体管理。搜集赛事宣传物料并与相关媒体进行对接,确认媒体区域,参与制定参访方案、时长、人员等。了解媒体数量、信息并发放邀请函,撰写新闻通告,了解媒体行程信息并提供交通、餐饮方案,现场对接媒体需求,并持续跟踪后续赛事报道。

3. 参与人员管理

(1) 裁判。检查比赛场地、设备,负责制定赛事程序与竞赛规程,核验参赛选手身份,根据规则进行现场执裁,做好赛后总结工作。

(2) 选手。依据赛事安排,遵循比赛规则,在现场工作人员的指导下参与彩排、比赛。

(3) 主持人。具有良好的口语表达能力,能够把握赛事流程,熟悉电子竞技赛事,负责舞台控场和赛后采访等工作,对于现场解说、评论具有随机应变能力,能够应对现场突发情况。

(4) 解说。电子竞技比赛通常由 2~3 名解说员共同工作,并承担不同的工作解说任务。负责活跃比赛氛围、调动观众热情、描述画面、判断局势、解读信息等,并对赛前、赛后的赛况和选手进行点评和分析。

(5) 演职人员。依据现场表演需求提供演出服务。

4. 后勤保障

(1) 住宿。依据需求预定比赛场地附近的酒店,在选手到达后核对选手身份,第一时间为选手办理入住与离店手续,管理各客场战队,保证战队参赛进度。

(2) 接待。提前规划机场与车站到达住宿和场馆路线,合理选择路线,保证赛事顺利进行;如路程较远,需提前租借车辆,接送选手往返于机场、车站、酒店、比赛场地,大巴根据需要喷涂战队 Logo 标示。

(3) 餐饮。明确每日用餐地点,统计用餐人数,了解选手、裁判、主持人、解说等嘉宾的饮食禁忌,与餐饮供应商对接以及时提供餐饮服务。

(4) 安保。负责维护现场秩序与消防管理,制定灭火工作预案,确保发现火情后立即引导活动区域内的人员有序疏散,正确掌握必要的逃生方法,积极配合有关部门做好现场安全及相关应急工作。

(5) 医疗。提供赛事应急药品、急救设备及现场医生,针对常见病症、损伤进行医疗救治,对于现场无法处理的意外情况进行及时转诊。

(6) 物资。了解现场物资摆放地点与库存情况,管理物资的采购、使用、储备、领取等行为。

(7) 票务。负责门票购买、核销管理,制定票务相关规则,验证票务信息,进行账务管理等。

8.2 赛事执行前期筹备

8.2.1 项目管理

项目管理指项目的管理者通过整合资源等方式实现项目目标的过程。电子竞技赛事的执行过程也是对电子竞技赛事这个项目进行管理的过程。

在电子竞技赛事中，项目管理的工作内容包括以下几点。

1. 范围管理

范围管理是指管理项目的工作范围，管理这个项目应该包含哪些工作内容，不应该包含哪些工作内容，对项目的工作范围进行定义及控制。

2. 时间管理

时间管理是指管理项目的排期、进度等与时间有关的工作内容，一般包含制定项目的活动排期、活动的持续时间、各个行动的进度表、进度控制等。

3. 成本管理

成本管理是指为了将项目的成本控制在预计范围内而对项目进行的预算、调整、考核等工作。成本管理是项目管理中的重要一环，具体手段有成本估算、成本预算、成本控制等。

4. 质量管理

质量管理是指对项目进行过程中的各项工作内容的规划及完成度进行管理。一般来说，会通过工作绩效制定工作内容的完成标准、考核工作内容的完成度、监控工作的具体效果。

5. 人力资源管理

人力资源管理是指在项目进行时将所有项目相关人员的能力最大化的一系列管理活动，通常是通过人力资源规划、团队管理等过程实现的。

6. 沟通管理

项目在进行过程中，各部门、各相关人员在合作时会出现信息不对等的现象，从而造成工作协同难以进行，影响项目进度。沟通管理一般是指通过制定沟通规划，定期发布信息协调部门与人员之间的信息同步率。

7. 风险管理

风险管理是指在项目进行前对项目可能遇到的因不确定因素而导致的风险的预测、分析及应对的过程，主要手段包括风险规划、风险识别、风险分析、风险规避、风险应对等。

电子竞技赛事常用到的项目管理方法是甘特图法。甘特图是一种线条图，横轴表示时间，纵轴表示计划完成的活动，如图 8-5 所示。

甘特图较为简单，表示活动进度较为形象直观。甘特图能及时反映现有工作的进度及现有工作规划完成的时间，还能了解其他岗位的工作的现有进度。但甘特图对每个工作之间的逻辑关系表现得不够清晰，当有些工作不能及时完成时，其对其他工作的影响不能及时看出，而且调整甘特图的难度较大。

甘特图较为适合工作类别简单、工作之间的逻辑关系相对简单的项目。

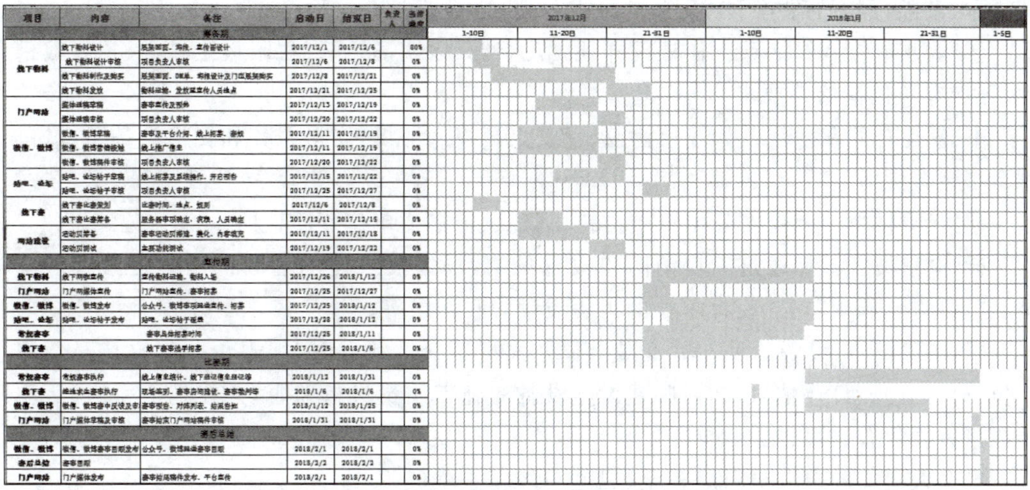

图 8-5　电子竞技赛事项目管理的甘特图

8.2.2　赛事报备

赛事报备是指当一个电子竞技赛事在线下举行且可能涉及的集会人数超过 50 人时,应向公安部门进行申请,在公安部门经过受理、审核、复审、审定、告知五大审批程序并允许举办活动后才能举办赛事。

每个地区根据地区公安局的报备要求,需要准备的文件并不相同,以重庆大型活动报备为例,需要准备的文件如下。

① 《大型群众性活动安全许可申请表》。

② 活动安全工作方案。方案内容齐全(主要包括活动基本情况、组织领导和责任制、现场指挥体系、与警方的协调联络机制、岗位任务分工和力量部署、工作措施和要求等)、责任分工明确、协调联系顺畅、岗位部署到人、安全防范措施的针对性和操作性强。

对于到场群众较多的活动,主承办、场地单位还应专门制定人群引导和疏导方案,制定入场期间远端路线引导指示、禁限带物品提示、散场期间分流提示、疏导措施和宣传词,配齐提示背板、丢弃物品垃圾桶、移动厕所等设施。

③ 活动突发情况处置预案。预案应种类齐全、预测全面(包括紧急疏散、火灾扑救、临建倒塌、恶劣天气应对等),应急指挥体系应简捷高效、扁平化,可直接指挥具体控制区域,任务分工细致、责任明确,措施针对性强、操作性强,有针对各类情况的宣传词。

④ 现场平面图、临建设施立面图。平面图中外围、场院、场内等区域划分清晰,通道和出入口宽度、临建设施高度等相关数据标注齐全,人流、车流进出流向设置合理。

⑤ 承办单位合法资质证明材料(举办文艺演出还需要具有文化部门颁发的演出资质)和主要负责人的身份证明材料。

⑥ 活动批文。行业主管部门的批准文件,如果是演出活动,还需要具有文化部门的演出许可。

⑦ 票务管理方案。包括承办单位活动门票的制作、销售、验票、退票、防伪技术、看台遮挡、防涨提票方案以及销售、提票点位图。同时审查票卡样本上的分色指示分区、安全须知

和提示、禁限带物品清单等中英文票面背书、进退场路线图示等。

⑧ 承办单位制作活动工作证件样证，应达到分区明确、通行权限设定科学、发放数量合理、证卡有防伪措施等要求。

⑨ 各类合同和协议。如场租协议、保安人员投入协议、安检服务和安检设备租赁协议、舞台搭建合同等。

⑩ 资质材料。如保安公司资质材料、临建设施搭建单位资质证明。

⑪ 检测报告。如建筑工程消防验收意见书，场馆投入使用前改扩建或维修后建设单位、监理单位、施工单位、设计单位的工程质量验收记录等。

⑫ 临建设施、设备。承办单位提出举办大型群众性活动时，须由承办单位与安全评估单位（第三方）签订评估协议，对临建设施设备的施工质量进行监督，并在施工完毕、活动开始前出具验收合格报告。

申办人提交的申办材料应齐全、规范、有效。

8.2.3 赛事执行推进表

赛事执行推进表是监控赛事项目实施情况、实施各项计划统筹、掌握各部门的工作进度及方向的重要表格，一般由所有参与赛事的部门共用。

制作赛事执行推进表一般需要以下三个步骤。

① 在第1行列出项目的名字、内容、备注、启动日及结束日、负责人，按天或按周列出赛事筹备到结束的日期。

② 将赛事执行的时期分为赛事筹备期、赛事宣传期、比赛落地期、赛后总结期。

③ 在每个模块中按照不同项目（物料设计、宣传文案等）排列，依次列出详细的步骤，根据赛事宣传时间倒推筹备期中各个项目开始筹备的时间。

赛事执行推进表一般需要用到甘特图，甘特图可以将赛事时间线表现得更清晰明了，图8-1左侧的表格如表8-1所示。

表8-1 某电子竞技赛事执行推进表

项目	内容	备注	启动日	结束日	负责人	当前进度
筹 备 期						
线下物料	线下物料设计	展架画面、海报、宣传图设计	2017/12/1	2017/12/6		80%
	线下物料设计审核	项目负责人审核	2017/12/6	2017/12/8		0
	线下物料制作及购买	展架画面、DM单、海报设计及门型展架购买	2017/12/8	2017/12/21		0
	线下物料发放	物料运输，发放至宣传人员地点	2017/12/21	2017/12/25		0
门户网站	媒体通稿草稿	赛事宣传及预热	2017/12/13	2017/12/19		0
	媒体通稿审核	项目负责人审核	2017/12/20	2017/12/22		

续表

项目	内容	备注	启动日	结束日	负责人	当前进度
筹 备 期						
微信、微博	微信、微博草稿	赛事及平台介绍、线上招募、赛规	2017/12/11	2017/12/19		0
	微信、微博营销接触	线上推广信息	2017/12/11	2017/12/19		0
	微信、微博稿件审核	项目负责人审核	2017/12/20	2017/12/22		0
贴吧、论坛	贴吧、论坛帖子草稿	线上招募及系统操作、开启预告	2017/12/15	2017/12/22		0
	贴吧、论坛帖子审核	项目负责人审核	2017/12/25	2017/12/27		0
线下赛	线下赛比赛策划	比赛时间、地点、规则	2017/12/6	2017/12/8		0
	线下赛比赛筹备	服务器事项确定,流程、人员确定	2017/12/11	2017/12/15		0
网站建设	活动页筹备	赛事活动页搭建、美化、内容填充	2017/12/11	2017/12/18		0
	活动页测试	主要功能测试	2017/12/19	2017/12/22		0
宣 传 期						
线下物料	线下网咖宣传	宣传物料运输、物料入场	2017/12/26	2018/1/12		0
门户网站	门户网媒体宣传	门户网站宣传、赛事招募	2017/12/25	2017/12/27		0
宣 传 期						
微信、微博	微信、微博发布	公众号、微博事项跟进宣传、招募	2017/12/25	2018/1/12		0
贴吧、论坛	贴吧、论坛帖子发布	贴吧、论坛帖子覆盖	2017/12/28	2018/1/12		0
常规赛事	赛事具体招募时间		2017/12/25	2018/1/11		0
线下赛	线下赛事选手招募		2017/12/25	2018/1/6		0
比 赛 期						
常规赛事	常规赛事执行	线上信息统计、线下登记信息登记等	2018/1/12	2018/1/31		0
线下赛	《绝地求生》赛事执行	现场签到、赛事房间建设、赛事裁判等	2018/1/6	2018/1/6		0
微信、微博	微信、微博赛中反馈及审核	赛事预告、对阵列表、结果告知	2018/1/12	2018/1/25		0
门户网站	门户媒体草稿及审核	赛事结束门户网站稿件审核	2018/1/31	2018/1/31		0

续表

项目	内容	备注	启动日	结束日	负责人	当前进度
赛后总结						
微信、微博	微信、微博赛事回顾发布	公众号、微博跟进赛事回顾	2018/2/1	2018/2/1		0
赛后总结	赛事回顾		2018/2/2	2018/2/2		0
门户网站	门户媒体发布	赛事结尾稿件发布、平台宣传	2018/2/1	2018/2/1		0

8.2.4 物料需求方案

物料需求方案是赛事运营与设计部门、采购部门进行对接的重要表格,主要用于表达赛事需求,罗列设计、采购部门的工作项目及对设计、采购部门的工作要求,这个方案将会给设计部门提供一个大概的设计方向。物料需求方案应使设计、采购部门深刻理解赛事的主题,设计、采购部门才能将工作贴合赛事实际,减小实际与策划的偏差。

物料需求方案一般由赛事介绍及物料需求表构成,赛事介绍是赛事规划的简化版,只需要介绍赛事的基本情况及看点。物料需求表分为两种,一种是需要设计部门设计后再由采购部门采购的物料,另一种是采购部门直接采购的物料。现在以较为复杂的需要设计部门设计的物料需求表为例,其制作需要以下 5 个步骤。

① 在第 1 行列出物品的名称、用途、尺寸、数量、要求、文案、图片需求。
② 按照具体情况填表。
③ 包含排版要求、风格要求、字体要求等。
④ 文案是物料上所需的介绍性文字。
⑤ 图片需求是设计需要的图片素材(如主办方 Logo 等)。

物料需求表的注意事项:由于物料需求表是其他部门的工作要求,为了减少沟通成本,所有文字应尽可能清晰明了;文案部分是宣传物料上的文字,需要反复确认有无错误及漏缺。具体示例如表 8-2 所示。

表 8-2 某电子竞技赛事物料需求表

物品	尺寸	要求	文案	图片需求
门型展架	尺寸 180cm×80cm 共 1 张	强调奖品 主要体现竞技性 主色彩为暗色调,有视觉冲击力,不要扁平化,要有这 4 款游戏的元素,具体设计风格参考活动页面		主办方以及 Logo 报名二维码 参赛项目:《守望先锋》《LOL》《绝地求生》《炉石传说》 部分奖品:iPhone 8 64GB、索尼 PS4 1TB(图文结合) 微博二维码 微信二维码(留出框架)

续表

物品	尺寸	要求	文案	图片需求
微信封面	像素 900×500 共 6 张	第一款：用于赛事及平台介绍，包含平台名称和赛事名称 第二款：用于报名引导，包含赛事名称及时间 第三款：用于赛事规则说明，包含游戏项目名称及报名时间（此款做 4 张，每张对应一个游戏项目）		风格统一，画面简洁 每套图风格需统一，大图的元素多一些
赛事封面图	大图 1063×354 小图 263×263 活动页图 275×170 每项游戏一套共 12 张	风格简洁，有视觉冲击力 小图和活动页图一致，只有尺寸不同		
首页 banner	1920×320 共 1 张	与赛事封面风格统一		
海报	尺寸为 28 英寸 共 1 张	风格与门型展架统一		主办方以及 Logo 参赛项目：《守望先锋》《LOL》《绝地求生》《炉石传说》 部分奖品：iPhone 8 64GB、小米 6、索尼 PS4 1TB、bose Soundlink Mini 蓝牙音箱、佳能 SX720 数码相机（图文结合） 微博二维码 微信二维码
DM 单	A4 分辨率为 300 共 1 张	风格与门型展架统一		正面：主办方以及 Logo 参赛项目：《绝地求生》《英雄联盟》《守望先锋》《炉石传说》 部分奖品：iPhone 8 64GB、索尼 PS4 1TB（图文结合） 报名二维码 反面：微博二维码、微信二维码
网站说明图	宽度为 1200cm 高度适中 共 1 张	将文字用图片形式呈现 逻辑清晰，画面干净整洁		

8.3 赛事执行舞台统筹

8.3.1 赛事舞台的表现形式

电子竞技赛事舞台是呈现电子竞技比赛表现形态的核心区域，观众通过近距离观看舞台上选手的对抗,感受电子竞技赛事带给他们的激烈、精彩、刺激的视听享受体验,从而更加喜爱电子竞技这项运动。

电子竞技赛事舞台与传统体育赛事舞台一样,基本分为镜框式舞台、圆环形舞台、伸展式舞台三种表现形式,随着舞美技术的不断发展,电子竞技赛事舞台又融合了AR\VR\XR、全息投影等技术,产生了全新的全景式舞台。

1. 镜框式舞台

镜框式舞台是指观众位于舞台的一侧,而舞台的其余侧面被物体遮挡,以供选手和技术人员做准备工作。

舞台是内嵌式的,选手都由舞台两侧或背景板两侧出入,这种舞台形式也是从西方歌剧院的舞台延伸而来,是目前最常见的电子竞技赛事舞台形式(图8-6)。

镜框式舞台的结构相对简单,承办方搭建舞台的难度相对较低,观众和选手的人流动线清晰明了,便于场地方把控和维持赛场秩序。

图8-6 《皇室战争》比赛舞台效果

2. 圆环形舞台

圆环形舞台是指观众位于舞台的四周,圆环形舞台通常位于剧场的中央,选手位于舞台的正中,观众可以近距离地欣赏表演(图8-7)。

圆环形舞台起源于古罗马时代的竞技场,至今仍然广泛应用于体育比赛、音乐会、戏剧、演唱会等舞台表演活动,圆环形舞台让观众可以无死角地俯瞰舞台上选手的表演,观赛效果十分理想。

圆环形舞台对舞美设计和搭建提出了更高的要求,开放式的观赛空间也更加考验场地方的综合管理能力。

3. 伸展式舞台

伸展式舞台与镜框式舞台的区别在于,舞台的一部分向前突出,伸向观众席,这一部分的三面都暴露给观众。为了扩大台面,增加娱乐气氛,舞台能够从主舞台伸出来,并抬高至与主舞台同一个平面,让表演者有更大的表演空间,接近观众,达到各种特殊效果(图 8-8)。

图 8-7 《DOTA2》全球总决赛 Ti9 舞台

图 8-8 2018 英雄联盟 S8 全球总决赛舞台

伸展式舞台对舞台的功能做了主次划分,选手在主舞台进行比赛,而延伸出来的副舞台则承担了互动、演出等赛事衍生表演项目,副舞台既能烘托渲染舞美效果,也在选手和观众之间形成了一个天然的屏障,能让选手更加专注于比赛,不受现场观众的干扰。

伸展式舞台大多可自动伸缩延展,对于舞美设计来说,这无疑增加了一定的技术难度和搭建成本。对于场地管理者来说,伸展式舞台也对保护选手和现场观众的人身安全提出了更高的要求。

4. 全景式舞台

全景式舞台以舞台本身为基础,将互动技术、音响系统、灯光系统与舞台融为一体,并借用全息投影和虚拟现实等先进技术手段,构建了与传统舞台截然不同的效果,以给予观众独特且难忘的沉浸式体验(图 8-9)。

全景式舞台最大的特色在于,不再局限于舞台物理空间的限制,全息投影技术和虚拟现实技术的加入让舞美视觉效果有了无限的想象空间,选手仿佛置身于真实的游戏场景,这种

图 8-9　王者荣耀 2022 挑战者杯总决赛舞台

无与伦比的视听体验是传统舞台无法企及的。

全景式舞台采用了大面积的 LED 组合屏和全息投影技术，自然在搭建成本上也远超传统舞台，大量电子设备的应用也给场馆的后期维护增加了不少成本。

8.3.2　赛事舞台的布局分区

电子竞技赛事舞台一般分为四个主要区域。

1. 控台区

专门用于赛事舞台声光音效调控的操作台，分为音响和灯光两套设备系统(图 8-10)。

图 8-10　赛事 AV 控台设备

音响设备引由音源(音乐播放设备、拾音设备)、控制设备(模拟或数字调音台)、音频处理器(以前都是用效果器、均衡器、压限器、分频器、信号分配器、延时器等周边设备，还有集成以上各功能的数字式系统控制器)、功率放大器(功放)、音箱组成。以上设备由各种类型不同的线材、电缆连接在一起使用。

舞台灯光的控制系统须能有效控制和调配全部灯具并产生谐调的艺术效果,它由电源配电板、调光器及总控制台三部分组成。舞台灯光在电子竞技赛事中的作用如下:
- 照明演出,使观众看清选手表演和景物形象;
- 导引观众视线;
- 塑造人物形象,烘托情感和展现舞台幻觉;
- 创造赛事中需要的空间环境;
- 渲染比赛气氛;
- 配合舞台特效,营造视觉效果。

大型电子竞技赛事的控制区通常不放在舞台现场,而是在赛馆专门设置一间独立的房间作为操作间,里面既包含赛事现场的音效和灯光控制,也包含赛事内容的实时制作输出,从而服务线上观赛的观众。

2. 舞台表演区

舞台表演区是电子竞技赛事核心内容的展示区域,分为主舞台和副舞台(图 8-11)。

图 8-11　暴雪电竞馆舞台

主舞台通常设置为参赛选手的竞技赛台,根据舞台的结构呈对称分布,选手的赛台正前方和身后都设有 LED 屏,可将比赛画面实时同步播放给现场观众。某些大型电子竞技赛事除了在主舞台正上方设置主 LED 屏外,还会在舞台左右两侧设置辅 LED 屏,主 LED 屏用于播放赛事画面,辅 LED 屏则用于投放特效画面及相关字幕和视频,起到渲染赛事氛围、增强舞台视觉美感的功效。

副舞台位于主舞台的延伸区域,通常位于主舞台的正前方和下方,副舞台更加靠近观众区,用于比赛间隙演出和赛事互动等环节。大型电子竞技赛事的副舞台通常具有自动伸缩旋转的功能,从而配合声光电系统为观众带来美轮美奂的视觉体验。

3. 摄像区

和传统体育赛事一样,电子竞技赛事也离不开摄像技术,一场高水平的电子竞技赛事需要大量专业摄像团队的拍摄录制,才能将比赛现场和赛事信息及时传送给广大观众。随着新技术的不断更新,摄像设备和功能也在不断进步(图8-12)。

图8-12 《王者荣耀》赛事现场摄像

大型的电子竞技赛事一般应用的都是广播级摄像机,广播级摄像机的各项技术指标均为最优,但价格昂贵,主要用于电视台和电视制作公司的电视节目制作。

在电子竞技赛事中,一般采用多种摄像机,常见的有固定式摄像机(图8-13)。

小型电子竞技赛事一般采用便携式摄像机(手持、肩扛,图8-14)。

图8-13 固定式摄像机

图8-14 便携式摄像机

在大型场馆里举办的电子竞技赛事也会采用特殊规格的摄像机,如遥控摄像机——索道摄像机(飞猫,图8-15)。

图8-15 索道摄像机

目前，一般电子竞技赛事中通常使用两台摇臂摄像机，一台放置在舞台前，主要用于拍摄台上的选手；另一台主要拍摄现场的观众反应。摇臂摄像机更能突破座机拍摄的局限，可以全方位地抓拍现场演出人员的精彩瞬间（图8-16）。

图 8-16　摇臂摄像机

如今，在大型电子竞技赛事现场，不仅有固定摄像机位，也有摇臂摄像机和飞猫，各种不同功能配置的摄像机组合在一起，能够给观众带来不同的观赛视角和感官体验（图8-17）。

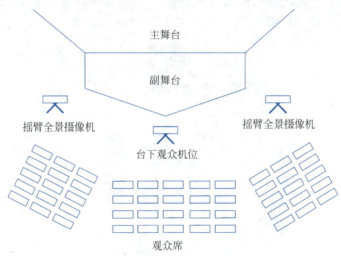

图 8-17　电子竞技赛事摄像机机位示意

4. 观众席

没有观众参与的赛事就如同失去灵魂的躯体，苍白空洞、毫无生趣。而电子竞技赛事之所以深受广大年轻人喜爱，正是因为它的观赛体验十分出众，在现场观看电子竞技赛事和在网络上观赛是两种截然不同的体验。因此，赛事舞台离不开观众的参与。

电子竞技赛事的观众席根据场馆的结构通常分为两种。

影院式坐席如图8-18所示。

和常规的体育场馆、影剧院一样，观众座位如同棋盘式整齐排列，正对舞台方向，人流动线通常为丁字形。

						舞台方向								
21	19	17	15	13	11	9	7	5	3	1	2	4	6	8	10	12	14	16	18	20
21	19	17	15	13	11	9	7	5	3	1	2	4	6	8	10	12	14	16	18	20
21	19	17	15	13	11	9	7	5	3	1	2	4	6	8	10	12	14	16	18	20

21	19	17	15	13	11		9	7	5	3	1	2	4	6	8	10		12	14	16	18	20	22
21	19	17	15	13	11		9	7	5	3	1	2	4	6	8	10		12	14	16	18	20	22
21	19	17	15	13	11		9	7	5	3	1	2	4	6	8	10		12	14	16	18	20	22
21	19	17	15	13	11		9	7	5	3	1	2	4	6	8	10		12	14	16	18	20	22
21	19	17	15	13	11		9	7	5	3	1	2	4	6	8	10		12	14	16	18	20	22
21	19	17	15	13	11		9	7	5	3	1	2	4	6	8	10		12	14	16	18	20	22

图 8-18　影院式坐席示意

罗马竞技场式坐席如图 8-19 所示。

该场馆的舞台通常设置在场馆正中央或者一侧，观众席以椭圆形或正方形结构将舞台四面环绕，并设有多层看台坐席，人流动线以回字形为主。

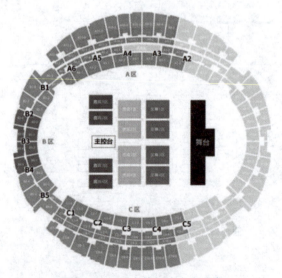

图 8-19　罗马竞技场式坐席示意

8.3.3　赛事舞台的舞美设计

舞台设计常被称作布景设计、舞美设计或设计。从确切地表达其内在含义来说，这些名称都不是十分贴切。"舞台设计"易与建筑工程范畴的概念混淆；"布景设计"则是以偏概全，因为布景只是舞台设计运用的手段之一，并非所有赛事的舞台设计都运用布景因素；"舞美设计"则是一个包含舞台设计、灯光设计、服装与化妆设计等多种元素的综合概念。

赛事舞台设计的任务就是对赛事空间进行处理,赛事空间的结构确定了舞台设计的本质和功能,它要求舞台设计者既能创造一个适合选手竞技的空间,又能通过对空间的处理再现赛事内容的环境和气氛;另外,由于观演双方处于现场互动,舞台设计还必须组织观众和选手的空间关系。对赛事空间结构的分析能使我们认识构成赛事空间的各种要素,从而明确舞台设计在创造这个空间中具有的功能。

赛事舞美设计的功能如下。

1. 扩展舞台空间

因为融入了很多高科技的应用,电子竞技赛事舞美早已经摆脱了单一的平面化模式,而是走向复杂的立体化。各类转台、升降台、多台阶、多表演区的营造,都使得舞台具有了更多空间。

而为了与观众有更多的互动,一些舞美设计会将舞台向观众席中拓展。例如在主舞台的正前方增加一个小舞台,或延伸一条通往观众席的通道,还有的直接将舞台设计在观众中间。

2. 渲染赛场氛围

电子竞技赛事根据不同的游戏项目,呈现的赛事舞美也风格迥异,通过植入赛事内容,还原逼真的游戏场景,结合声光电等电子科技,带给观众美轮美奂的视听享受,能够使观众产生情景代入感,不自觉地产生思想和情感共鸣,让电子竞技的精神渲染力增强,也更容易得到观众的认可。

3. 有助观众理解赛事内容

由于电子竞技赛事的特殊竞赛形式,选手长时间处于安静的比赛状态下,通过操控终端设备,将竞技内容展现在屏幕中,观众需要通过观看舞台上的屏幕即时了解赛事信息和赛果;在高科技打造的电子竞技舞美设计的帮助下,观众不仅可以实时欣赏选手细腻的操作细节,也能通过赛事直转播技术,以回看、慢镜头回放、特效剪辑等形式更加全面深度地欣赏电子竞技赛事的全过程,而这一切都需要舞美设计团队对于舞台硬件设备的专业把控和设置。

4. 展示电子竞技文化

电子竞技赛事的舞美设计最重要的宗旨便是展示电子竞技文化,不仅在舞台造型上推陈出新,区别于传统体育赛事,也要敢于尝试应用新技术,将电子竞技这一融合了前沿科技的新型体育竞技形式充分展现给观众,让广大观众对电子竞技有全面、深刻的认知。

5. 案例解析

1) 武汉 eStarPro 主场舞美设计

(1) 设计理念:荣耀之殿堂,星光璀璨的电竞梦工厂。

(2) 灵感来源:科幻太空船造型+黄鹤楼+九头鸟。

(3) 舞台设计思路:黄鹤楼、九头鸟是荆楚文化的代表符号,用灯光勾勒出黄鹤楼的飞檐造型,主屏幕顶部正中间用灯带组成一只振翅高飞的九头神鸟的造型,寓意 eStar 站在黄鹤楼上展翅翱翔,星耀神州。

武汉 eStarPro 主场舞美设计很好地体现了传统地域文化与潮流时尚的结合,古朴恢宏的黄鹤楼完美地融入了酷炫时尚的电子竞技赛场,副舞台两侧的编钟音响装置既体现了湖北悠久的历史文化底蕴,也寓意荆楚文化在新时代获得新生,更加绚丽多姿(图 8-20)。

图 8-20　eStarPro 主场舞美效果

2)沐尘电竞馆舞美设计

沐尘电竞馆作为商业场馆不仅承接电子竞技赛事,也承接各类商业活动和演唱会、舞会等娱乐项目,因此在场馆的舞美设计上并没有局限于满足电子竞技赛事的观赛需求,它在设计上更多地体现了灵活多变、功能多元化的特色。

舞台位于场馆正中,顶部设有八面屏,二层看台各有四块 LED 屏,主舞台采用可移动轨道式的八角形赛台,既可以承办音乐会演唱会,也可以承办各类电子竞技赛事。舞台整体造型极具科幻风格,可移动式的舞台也给予了场馆更加灵活的办赛形式(图 8-21)。

图 8-21　沐尘电竞馆舞美效果

在承办电子竞技比赛时,舞台处于场馆中央,四周的座椅伸出后可形成阶梯式台阶,如果承办演唱会,则根据主办方需求,可将舞台移动至场地一侧,顶部的八面屏也可以通过轨道灵活撤移,如图 8-22 所示。

图 8-22　沐尘电竞馆演唱会舞美效果

舞台整体可移动的设计兼顾了不同类型的赛事活动的需求,使得场馆的利用率大幅提升,也极大地增强了舞美设计者的自由创作空间。

3)第五人格冬季精英赛舞美设计

《第五人格》由于其特有的哥特式暗黑风格的游戏画面,赛事舞美也充分贴合了游戏的画风,整体空间灯光以暗色调为主,通过搭建还原了《第五人格》的古堡式游戏场景,如图 8-23 所示,给观众一种身临其境的观赛体验。

图 8-23　第五人格赛事舞美效果

4)2020 和平精英城市赛总决赛舞美设计

赛场利用高科技的灯光、数字、舞美资源布置成《和平精英》游戏的内部场景。舞台突出了《和平精英》游戏"跑圈"的特性,设计成了圆环形阶梯赛台,寓意选手通过激烈搏杀最终突围决赛圈,站在荣耀之巅(图 8-24 和图 8-25)。

8.3.4　赛事舞台的灯光

舞台灯光设计是一种创造美的活动,它表现出的绚丽与神奇曾让无数观众心潮激荡、惊

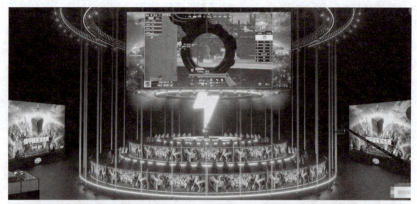

图 8-24　2020 和平精英城市赛总决赛舞美效果（1）

图 8-25　2020 和平精英城市赛总决赛舞美效果（2）

叹不已。在追求文化艺术多元化、个性化发展的今天，灯光在舞台创造中的作用越来越重要，舞美工作者也通过自己不懈的努力，将一个个精彩画面呈现在观众面前，让观众在欣赏表演的同时，又感受到科学与科技带给我们的强大力量。

电子竞技赛事的舞台造型酷炫，将光学与声学的艺术演绎到了极致，是一种新时代下的科技之美。一场高水平的电子竞技赛事带给观众的不仅有选手华丽的操作，更有无与伦比的视听体验，这一切都归功于赛事舞台的灯光设计。

舞台灯光的表现手段没有固定的模式，没有一成不变的规则。从整体创造角度来说，舞台灯光设计不能脱离赛场环境，更不能脱离参赛选手，所有的设计理念与构想都要围绕这些主体内容。因此，针对不同的比赛项目，不同的舞台场景，不同的舞台意境，对灯具的选择应有所不同。

灯光设计者首先要清楚自己要表现的舞台画面，这样在选择灯具时就会有明确的目标，就会毫不犹豫。例如，《英雄联盟》赛事舞台的色调氛围是偏暗、紫色、绯红色系的，而《守望先锋》的画风又是偏卡通的，因此舞台的灯光色调趋向于暖黄色、天蓝色；由于表现的主题与内容不同，自然对灯光的设计要求也不同，对灯具的配置肯定也不一样（图 8-26 和图 8-27）。

灯光设计师只有对每种灯具的功能与作用了如指掌、运用娴熟，才能让它们发挥出各自

图 8-26 《英雄联盟》赛事舞台灯光效果

图 8-27 《守望先锋》赛事舞台灯光效果

的作用,散发出各自的光彩。例如,聚光灯的特点是光束比较集中,而且可以调节光斑的大小;螺纹灯的灯光则比较柔和,照射面积较大;回光灯由于亮度较高,故在舞台上表现强烈光源时使用较多。除了这些常用的灯具以外,近些年来,还出现了电脑灯、软管灯、频闪灯、激光灯、投影灯等科技含量较高的灯具,正是这些各具特色的灯具的运用,才让今天的赛事舞台色彩斑斓、如梦如幻。

舞台灯光系统设计是遵循舞台艺术表演的规律和特殊使用要求进行配置的,其目的在于将各种表演艺术所需的灯光工艺设备,按系统工程进行设计配置,使舞台灯光系统准确、圆满地为艺术展示服务。

1. 舞台灯光设计基本原则

- 创造完全的舞台布光自由空间,适应一切布光要求。
- 为使该系统能够持续运行,应适当加大储备和扩展空间。
- 系统的抗干扰能力和安全性作为重要设计指标。
- 高效节能冷光新型灯具被引入系统设计。

- 数字信号网络技术被引入系统设计的各个环节。

2. 常用的舞台灯光设备及配置

1）面光

面光作为舞台前区及乐池升起后的正面主光,每道均考虑四组两种灯具横向打满舞台,以备在使用中变色或舞台纵深照明,按上下两层布置。参考配置如下:

- 2kW 调焦成像聚光灯 8~16 只;
- 2kW 平凸聚光灯 8 只。

2）耳光

在大型舞台上,侧光最远照射距离不亚于面光,一般采用大功率 LED 染色灯（图 8-28）,每个耳光配置 12 只。

3）一顶光

顶光以 LED PAR 灯（图 8-29）为主,适应配备一些会议三基色灯,以满足不同节目及会议的灯光需要。

4）二顶光

顶光以 LED PAR 灯为主,适应配备一些会议三基色灯,以满足不同节目及会议的灯光需要。

5）三顶光

顶光以 LED PAR 灯为主,适应配备一些光束摇头灯（图 8-30）,以满足歌舞节目的效果灯光需要。

6）四顶光

顶光以 LED PAR 灯为主,适应配备一些光束摇头灯、电脑摇头灯（图 8-31）及 LED 染色灯,以实现背景光换色及照明,满足不同节目的灯光需要。

图 8-28　染色灯

图 8-29　LED PAR 灯

图 8-30　光束摇头灯

图 8-31　电脑摇头灯

7）脚光

脚光为 6 只 6×0.1kW 的六联条格灯。
电脑等系统可以设计留出电源和 DMX 信号。
除舞台常规灯具外,设计了一套电脑灯系统,选用世界名牌电脑灯。

8）追光灯

室内一般采用 2500 电脑追光灯（图 8-32）、会议照明系统和场灯。

9）激光灯

舞台后背景安装激光灯（图 8-33）。

图 8-32　电脑追光灯

图 8-33　激光灯

主席台位置照度不低于 500lX,采用国产高散光灯,色温在 2800~5600K 之间;观众席照度不低于 300lX,观众厅照明将结合内部装修风格设计。

观众厅场灯调光配置:观众厅灯光照明具备渐变功能,选用 4 台 6 路调光硅箱。采用电脑控制台直线异地控制(灯光控制室,舞台监督)。

3. 设备选型

1) 灯光控制系统

设置于灯控室内的调光台是整个舞台照明系统的控制核心,必须满足各种综合性文艺演出和会议的使用要求,既要与国际先进技术接轨,又要适合中国国情和灯光师的操作习惯。

调光台的操作要求达到快速、灵活控制设置,功能强大,现场编辑方便;既可集中控制,也可单独调光。

除了主控台之外,还要求配置辅助备份调光台,主控台自身应具有应急备主控台,备份台要求统一品牌。

具体性能指标如下。

(1) 主控台(图 8-34)。

- 1000 光路,可配接 1000 硅回路;
- DMX512/1990 信号输出;
- 每页不少于 20 个集控推杆,共 10 页;
- 不少于 20 种走灯速度,可同时调用;
- 完善的编辑功能,现场修改十分方便、快捷;
- 有线遥控功能,控制方便;
- 内存记忆容量平均超过 1000 个场景组合;
- 主控台自身具有应急备份功能,主备两部分的供电电源互相独立;
- 可控制符合 DMX512 国际信号标准的控制设

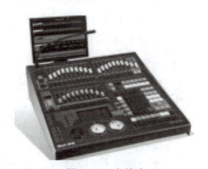

图 8-34　主控台

备,如电脑灯、换色器等。

(2) 备份调光台。
- 1000 光路、1000 硅路,光路、硅路可灵活配接;
- 4 页独立软配接;
- 可通过接口专线能够与主台热备份切换。

2) 调光硅柜

调光硅柜(图 8-35)应考虑高可靠性、高抗干扰性、高稳定性,要求选用国际先进技术设计的全数字调光硅柜,其主要性能要求如下:
- 96 路/柜共 4 柜,回路功率 5kW;
- 调光精度达到 10 位 1024 级;
- 立柜不会因个别硅路单元的故障影响全柜正常工作;
- 带电拔插单元均具有安全保障措施;
- 具有防止大电流汇流排对硅回路产生干扰的防范措施;
- 为确保人身安全,输入、输出回路均有可靠的安全保证措施;
- 具备不中断的防止正通风系统。

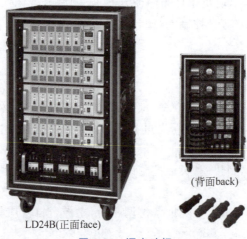

LD24B(正面face)　　(背面back)

图 8-35　调光硅柜

每个硅路单元均应具备以下功能:
- 可独立调光,灵活设定、配接输出回路,可独立编码;
- 可直观显示工作状态;
- 具备最高、最低亮度及软启动等功能的设置;
- 在紧急情况下可进行手动调光;
- 可以对不同负载调光:电阻性和电感性负载/带变压器负载/荧光灯;
- 每个硅路单元可以实地选用调光曲线、回路测试,可预设多种调光曲线,并固化于芯片中;
- 大功率可控硅器件,承受短路、过载能力强;
- 硅路具有自我保护功能,超温时可报警和自动切断等;
- 抗干扰能力强,对音频、视频干扰少;在室温、220V 电压、满负载状态下,在 10%~

90%的调光范围内,磁环滤波时间大于230微秒。

3) 灯具

在灯具配置上要求合理,本着性能先进、节能、寿命长、价格适中,满足赛事功能和综艺演出的需求为原则。在灯具的选择上要求充分考虑歌剧院演出和会议功能,选用目前国际上较先进的节能型冷光束灯具,并且该灯具既可作为赛事照明使用,也可作为演出使用。

进口灯具符合CE标准,采用镀膜光学玻璃透镜的高光效镜头,光束质量高,无变形。带透镜防护网、颜色片框、灯钩,符合国家检测标准。国产灯具其各项指标均应处于国内先进。

面光、耳光、侧光选用仿进口中长焦聚光灯、调焦聚光灯、椭球聚光灯。其他位置布光采用国产聚光灯、椭球聚光灯替代。

舞台装台和会议照明选用国产高效散光灯。

舞台灯具光源选择1kW、2kW石英灯泡,具有高显色性,满足舞台照明,不能使演员的服装和舞台布景颜色失真,满足电视录像或转播对灯具光源色温的要求。

4) 电脑灯

电脑灯配置剧场可根据投资再做分期投入,建议采用摇头变色电脑灯,拥有CYM三基色混色系统,独特的专利光学设计使光学输出比一般的电脑灯多50%,具有无风扇散热系统,多种雾光、柔光效果,双向光束自旋,不同光束造型,效果极佳;具有自动过载保护、先进的升级及故障查找功能,灯体面板可编程,内部预置记忆使使用极其方便。

超级扫描电脑灯CYM三基色混色,可产生需要的任意色彩,光源发出的无损耗输出、光效高,两组专用的全玻璃图案可任意叠加组合,结合效果片可形成多层次、立体感极强的虚实变化和不同的艺术效果,具有自动双聚焦功能。

4. 舞台灯光设计的不同展示效果

(1) 面光效果案例如图8-36所示。

图8-36 王者荣耀女子赛灯光效果

- 设置方式:自观众席顶部呈45°投向舞台的光。
- 作用:舞台上人物在舞台前区的正面照明及整个舞台的基本光铺染,照明演员在舞台前区的表演,但也要兼顾舞台后区布光的需要。

(2) 顶光逆光效果案例如图 8-37 所示。

图 8-37　S8 全球总决赛舞台灯光效果

- 设置方式:自舞台上方及逆方向投射的光。
- 作用:为突出艺术表演手段而设置的非常重要的照明光,加强照明人物、景物的轮廓,增强立体感和透明感,增加景物层次感和演员的立体形象,增强舞台演出背景效果。

(3) 侧光效果案例如图 8-38 所示。

图 8-38　S11 全球总决赛 LPL 出征仪式舞台灯光效果

- 设置方式:布置在舞台的左右两侧。
- 作用:侧光可以加强布景的层次感,并可以作为特效灯光,如日出、日落、下雨、下雪、追光、特写光等,丰富灯光的表现手法。

(4) 天地排光效果案例如图 8-39 所示。
- 设置方式:自天幕上方和下方投向天幕的光。
- 作用:用来表现地平线、水平线、日出、日落、下雨、下雪等,也可突出站立在天幕附近的人物轮廓线、人物逆光剪影。此外,在天空和地平线之间用地排灯照明能显现

图 8-39　CSGO 英特尔大师赛舞台灯光效果

出"无限距离"的效果,增加视距的延伸感。

(5) 追光效果案例如图 8-40 所示。

图 8-40　《星际争霸》赛事舞台灯光效果

- 设置方式:舞台顶部。
- 作用:烘托演出气氛,营造各种效果。

8.3.5　赛事舞台的搭建方案

1. 确定要搭建舞台的类型

一个成功的舞台搭建并不是一件轻松的事情,舞台搭建的前期需要准备很多材料。首先应考虑搭建什么类型的舞台,不同电子竞技比赛项目的舞美设计是截然不同的,在舞美的物料选材上要结合具体的设计方案。

2. 确定舞美设计方案

舞美设计关系到舞台最终呈现的效果,因此在确定搭建的舞台类型后,就必须考虑舞台、桁架、背景板等的布置,并在设计图中明确搭建的舞台尺寸和点位。

3. 舞台设备租赁

确定设计方案后,承办方即可进入设备租赁环节,由于目前绝大多数电子竞技赛事都是租赁第三方场馆办赛,舞台设备基本都采用临时租赁的方式,用完即还的形式最大程度地减少了承办方的办赛成本。

常用的舞台设备有舞台音响、灯光、LED屏、电脑、控台、游戏外设等。

4. 其他物料租赁

除了舞台常用的设备之外,其他辅助赛事的物料同样不容忽视,如观赛座椅、话筒、网线、背景板、展台桁架、舞台底座、摄像机轨道、多功能电源插座等。这些物料也都需要向相关的商家进行租赁。

一个专业的赛事执行团队会精打细算每项物料的具体数量,从而在租赁过程中最大程度地节约预算支出,同时保证赛事的顺利承办。

5. 赛后撤场

在赛事结束之后,如何安全有序地拆除舞台,并完好归还租赁的舞台设备,也考验了赛事执行团队的综合能力。LED屏、灯光、电脑等电子设备不仅价格昂贵,且极容易损坏,在撤场期间,对大型电子设备需进行安全精细的拆卸和封装,避免在拆除过程中因为粗心大意而造成设备的损坏,从而导致执行团队受到经济利益上的损失。

8.4　赛事执行场地管理

8.4.1　赛事场地的功能与测量

每个电子竞技赛事项目对场地都有一定的要求,无论是规划场地还是检查场地,都要先进行测量,如图8-41所示。在对场地空间进行精确测量后,执行团队才能设计相应的赛事舞台,实施安装搭建。

电子竞技场馆根据不同的场馆等级和规模,对赛事舞台的规格也有各自的要求。下面以国内常见的中型电子竞技场馆为例,详细阐述赛事场地的具体要求。

中型电子竞技场馆一般面积在5000平方米左右,可容纳观众1500人,副馆还配备了休息室、更衣室、盥洗室、裁判室、运动员休息室、VIP室、直转播室、医务室等赛事辅助功能区。

下面以上海火柴电竞馆为案例,场馆的室内挑高14米,这样的高度可以通过搭建桁架、安装大型LED屏和悬吊式舞台灯光,让全场观众无死角地观看LED屏的比赛画面(图8-42和图8-43)。

电子竞技赛事舞台通常长度为20米,宽度最小不低于5米,以端游赛事项目为例,选手的对站台为1.2米长、0.8米宽、0.8米高,两队之间的间距不低于5米,选手身后和侧边均预留1.5米的纵深,赛台延伸部分为2.7米,赛台与观众席的安全距离不低于1.2米(图8-44)。

这样的尺寸设置既能保证双方选手互不干扰,也保证了舞台整体的纵深感,给舞美设计

图 8-41　正在对场馆进行测量的工程人员

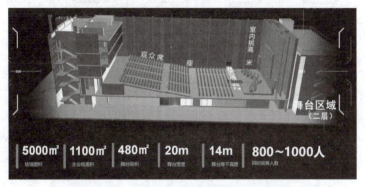

图 8-42　上海火柴电竞馆面积和舞台规格

图 8-43　上海火柴电竞馆赛事舞台

师留出尽可能多的创作空间。一字形的舞台设计也最大程度地让台下的观众可以看清每位选手的样貌;镜像等分的舞台比例也让 LED 屏有了足够的展示空间,将激烈的比赛战况和

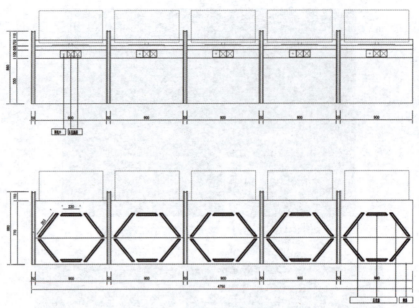

图 8-44 选手对站台安装示意

选手的精彩操作一览无余地展现给观众。

电子竞技场馆在中国的普及率仍然较低,许多民间电子竞技赛事选择在一些大型的商场和厂房及酒店内举办,这些场所并非专业的体育场馆,无论是层高还是体量都不足,在有限的空间内通过精确测量场地尺寸,合理利用物理空间和建筑结构特征,也能构建出专业的电子竞技舞台。

下面以湖南狄鹿电竞馆为例进行介绍,如图 8-45 所示。该场馆由学校的教学楼改建而来,单层楼层的高度仅为 2.8 米,四层的高度不足 12 米,且舞台宽度也仅为 14 米,在这样局促的空间下,若按照中型电子竞技场馆的规格,这样的舞台显然是无法设计的,而它的空间面积又比小型电子竞技场馆大,舞台如果做小了,又显得很不协调,这对舞美设计提出了难题。

图 8-45 湖南狄鹿电竞馆舞台效果

因此，设计团队充分利用了教学楼的结构特性——纵向深度长，横向较短。因此，舞台的结构呈现金字塔的样式，充分利用场地纵深，将副舞台拉长，而背景LED屏则安装在二楼的阳台外沿，既对阳台进行了巧妙的遮蔽，也便于施工人员安装搭建。

8.4.2 赛事外场的布置和要求

一场优秀的电子竞技赛事需要的外场布置要点如下：
- 赛事前明确相关布置物料；
- 提前准备相关特种车辆；
- 确认比赛时间地点；
- 进行合理的人员分配；
- 消防相关器材的确认；
- 准备应急方案；
- 进行合理的安保安排；
- 外场布置需要符合赛事主题；
- 搭建期间时刻注意安全问题。

所有在室内场馆举办的电子竞技赛事原则上都需要做外场的布置，这是基于两方面的考虑：一是安全考虑，合理的外场布置能有效引导观赛人流，维护现场秩序，保障参赛人员及观赛人员的人身安全；二是品牌推广，在外场的各个主要出入口节点设置清晰统一的赛事专用视觉知识系统，不仅能起到很好的观赛指引作用，对赛事品牌方也能起到很好的宣传推广作用。

下面以电竞上海大师赛为例进行介绍，电竞上海大师赛是由上海市体育总会、静安区人民政府共同主办的全球首项以城市命名，以政府为赛事支持，以行业协会为评价主体的自创电子竞技赛事IP。

电竞上海大师赛以专业的赛事策划、一流的舞美设计和规范有序的观赛氛围成为了国内乃至国际一流的电子竞技赛事品牌，其中，出色的赛事外场布置也起到了很好的辅助作用。

如图8-46所示，电竞上海大师赛不仅前期在线上平台做了大量赛事的宣传铺垫，在上海多个城市中心地标也铺设了大量赛事宣传物料，通过地铁广告、公交车站广告、路灯刀旗等宣传载体给上海市民进行了广泛的植入式广告宣传。

如图8-47所示，电竞上海大师赛的举办场设在静安区体育馆，场馆毗邻地铁1号线，主办方制作了大型的背景板主KV，设置在场馆主入口，赛事的Logo也制作成了巨型灯箱，安放在场馆的主干道上，十分醒目。

如图8-48所示，场馆的各个出入口都设置了印有赛事Logo的指示牌，引导观众迅速找到会场入口，清晰明确。

8.4.3 赛事接待区的布置和要求

赛事接待是赛事承办过程中十分重要的环节，根据接待的内容和流程，分为赛前接待和赛中接待两部分。

图 8-46　电竞上海大师赛在城市热门地标的宣传物

图 8-47　电竞上海大师赛的 Logo 在场馆入口处清晰可见

图 8-48　场馆的各个出入口都设有引导指示牌

赛前接待是指在赛事开始之前,承办方派出专员前往车站、机场迎接前来参赛的选手和重要嘉宾,并将其安全送入指定酒店,比赛期间全程负责接送。

赛中接待是指在赛事进行期间,承办方在赛场内设置专门接待区,迎接前来参赛的选手、嘉宾及观赛群众,在工作人员的引导下有序进入赛场的各个区域。

赛事接待区的布置原则上必须做到以下三点:

- 接待区场地必须经过严格的消防检测;
- 接待人员经过专业礼仪培训;
- 接待区根据不同规格,配备相应的软硬件服务设施。

接待区的功能分区如下。

1. 签到区

- 观众入场区——观众检票入场、礼品应援物领取。
- 媒体签到区——媒体人员登记入场。
- 运动员签到区——参赛选手入场。
- 嘉宾签到区——嘉宾签到、合影采访。

2. 休息区

- 观众休息区——公共卫生间、饮水机、自动贩卖机、母婴室、特殊人群接待室。
- 运动员休息区——战队包房、专用卫生间、化妆间、更衣室。
- 嘉宾休息区——VIP包房、专用卫生间。
- 工作人员休息区——办公室。

接待区的位置通常设置在主赛场的后方和两侧,有多条通道直通赛场,选手、嘉宾、观众、工作人员均有各自专用的出入口,各个功能区之间用隔板或者展架进行隔挡,防止因不同人员混杂进场而造成通道拥挤,以免引发安全事故。

如图8-49所示,赛事主赛场通常位于场馆中心区域,选手休息区和赛事导播区一般设置在赛场主舞台侧后方,这样方便选手进场,并和观众进场通道进行有效阻隔,保证了选手不受干扰。嘉宾则从场馆正下方的两侧入口进入VIP室观赛。这样的设计充分保证了各参赛人员有序安全地进出场馆,也便于承办方维持赛场秩序。

如图8-50所示,以火柴电竞馆为例,由于火柴电竞馆层高14米,观赛席设置成了阶梯式看台,最下方的阶梯看台是普通观众的观赛席,而正上方的三层玻璃房则是给嘉宾提供的VIP包房,包房内装修豪华,餐饮、娱乐设施一应俱全,高层包房视野开阔,给予观赛者舒适的体验。

如图8-51所示,以武汉eStarPro主场为例,选手的休息室装修得十分豪华,风格和色调也十分匹配电子竞技的酷炫感,软装设计舒适且符合电子竞技俱乐部的实际需求,包房内还配有高清触摸显示屏和电子战术板,充分满足选手的竞赛功能。

如图8-52所示,签到台可以根据实际需求设置在场馆内或者外场。昆明国际电竞产业论坛由于到场嘉宾众多,为了更好地宣传大会,吸引更多的关注,主办方特地将嘉宾签到台设置在了会场外的广场上。红地毯加巨型背景板将签到台布置得十分喜庆和华丽,彰显了昆明政府打造中国西南地区电子竞技产业标杆城市的决心和魄力。

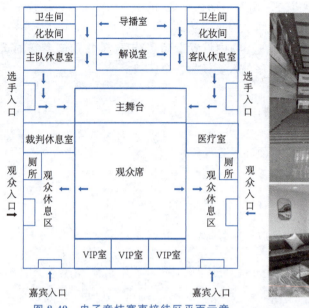

图 8-49　电子竞技赛事接待区平面示意

图 8-50　火柴电竞馆观众席示意

图 8-51　电子竞技俱乐部选手休息室效果

图 8-52　昆明国际电竞产业论坛签到台示意

8.4.4 赛事观众区的布置和要求

观众区的布置总原则如下：
- 合理确定比赛场地大小，满足相应比赛项目场地要求；
- 看台应有良好的视觉质量；
- 观众的疏散应符合安全疏散要求。

观众席看台形式如图 8-53 所示。

一般规模较小的电子竞技馆多采用坡式看台。

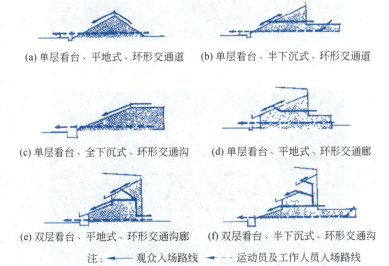

(a) 单层看台、平地式、环形交通道　(b) 单层看台、半下沉式、环形交通道

(c) 单层看台、全下沉式、环形交通沟　(d) 单层看台、平地式、环形交通廊

(e) 双层看台、平地式、环形交通沟廊　(f) 双层看台、半下沉式、环形交通沟

注：⟵ 观众入场路线　⟵-- 运动员及工作人员入场路线

图 8-53　看台示意

较大的电子竞技馆采用楼式看台，分为上下两层。

1. 观众厅平面布置

观众席可布置在场地长轴两侧或者四周（短轴端观众较少）。
无障碍轮椅位置为总席位数的 2%。
现场解说席应位于观众席侧后方或正后方（图 8-54）。

2. 座椅及排距

观众席纵走道之间的连续座位数每排不应超过 26 个，当仅一侧有纵向走道时，座位数不应超过 13 个（图 8-55）。

3. 贵宾席

贵宾席应取视线最好的位置，且方便与休息室相连，有单独出入口，可直达比赛场地，并与一般观众席相分隔。

图 8-54　和平精英比赛现场解说

图 8-55　上海主场 ESP 观众席实景

4. 安全疏散与看台交通设计

1）控制疏散时间

耐火等级为一二级的观众厅，人流离开观众厅的疏散时间不应超过 4min，耐火等级为三级的不应超过 2min。

2）疏散方式

上行式疏散如图 8-56 所示，观众入场时由高排进入，退场时背向场地向上疏散。

(a) 上行式疏散平面图　　(b) 上行式疏散剖面图

图 8-56　上行式疏散示意

下行式疏散如图 8-57 所示，主要出入口位于坐席的下面，疏散时观众下行至安全出口。

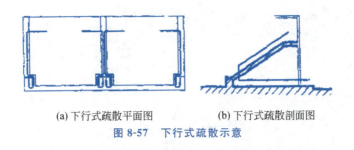

(a) 下行式疏散平面图　　　(b) 下行式疏散剖面图

图 8-57　下行式疏散示意

中间式疏散如图 8-58 所示，集中了上行和下行两种疏散方式的优点，适用于大中型电竞馆。

(a) 中间式疏散剖面图1　(b) 中间式疏散剖面图2　(c) 中间式疏散剖面图3

图 8-58　中间式疏散示意

疏散口数量由疏散宽度确定，应均匀分布于观众席四周，独立的看台应至少有两处出口，且体育馆每个疏散出口的平均疏散人数不应超过 700 人，每个疏散出入口的宽度都应该是人流股数的倍数。一般四股和四股人流以下按 0.55m/股计算，大于四股按 0.5m/股计算。疏散出入口的最大宽度不应超过 8 股人流，即 4m。

观众厅的交通布局分为设计横向走道和不设横向走道两种，纵向走道宽度一般不小于 1100mm，位于出入口两侧的纵向走道宽度不应小于 600mm，横向走道宽度一般可按两股人流设计，即 1100mm。

容纳观众较多的观众厅应考虑设置横向走道。为便于安全疏散，观众厅两个相邻纵向走道之间设置连续座位数以 30~35 为宜，连续排数则应根据横向走道和纵向走道包围的区域内的观众数量、区域四周能疏散的人流股数，在满足疏散时间的要求下合理确定。

3）疏散计算

密度法计算公式如图 8-59 所示。

该公式适用于没有靠背的坐凳或直接坐在台阶上，即人流疏散规律性不强时。

$$t = \frac{N}{bav}$$

t——控制疏散时间

N——观众厅总人数

b——疏散口总宽度

图 8-59　密度法计算公式

a——疏散时的人流密度（3 人/m^2）

v——疏散时的人流行走速度

一般平地行走时的人流速度为 60~65m/min。

人流不饱满时的行走速度为 45m/min。

密集人流时的行走速度为 16m/min。

在楼梯上上行时的行走速度为 8m/min，下行时的行走速度为 10m/min。

人流股数法计算公式适用于有靠背时如图 8-60 所示。

$$T = \frac{N}{AB}$$

$$T = \frac{N}{AB} + \frac{S}{V}$$

图 8-60　人流股数法计算公式

T——控制疏散的总时间
N——疏散的总人数
A——单股人流通行能力（40～42 人/min）
B——外门可以通过的人流股数。当外门通过的总人流股数超过内门通过的人流股数时，仍按内门人流股数之和计算。
S——外门人流达到饱满时的几个内门至外门距离的加权平均数，如图 8-61 所示。

$$S = \frac{S_1 b_1 + S_2 b_2 + \cdots + S_n b_n}{b_1 + b_2 + \cdots + b_n}$$

图 8-61　加权平均数

s_1、s_2、s_n 为各第一道疏散口到外门的距离。当内外门疏散通道间有楼梯间时，s 按实际距离加上楼梯长度的一半值为计算距离。b_1、b_2、b_n 为各第一道疏散口可通行的人流股数。
v——疏散时人流速度为 45m/min
得出人流股数 $B = N/A(T-S/V)$。
门厅、休息厅面积计算公式如图 8-62 所示。

$$F = 0.25 \left[N - B \left(\frac{N}{\Sigma B} - \frac{AS}{V} \right) \right]$$

图 8-62　门厅、休息厅面积计算公式

当外门的总宽度比内疏散口的总宽度小时，应核算门厅、休息厅及通道中间的人流停留面积是否满足要求。
F——观众停留时所需面积
ΣB——全部第一道疏散口人流股数总和。

8.4.5　赛事控台的布置和要求

赛事控台包含音响设备、灯光设备、视频设备、特效设备，统称为 AV 控台，它如同人体的大脑，是赛事舞美效果展示的神经中枢，而赛事控台的布置是其中最重要的一环（图 8-63 和图 8-64）。

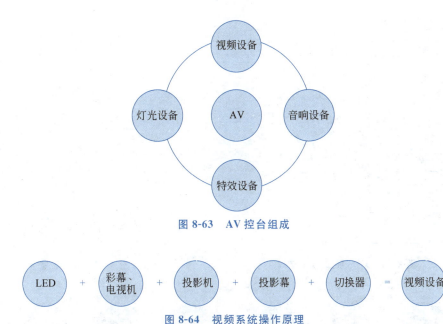

图 8-63　AV 控台组成

图 8-64　视频系统操作原理

不同规模的电子竞技赛事对 AV 控台的要求也截然不同,例如在网吧或者小型场馆内举办的电子竞技赛事,控台基本就配备在舞台的两侧或后方,对 AV 设备的要求也比较简单,满足基本的观赛视觉、听觉效果即可,并没有复杂的舞台灯光和音效(图 8-65)。

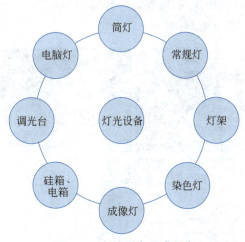

图 8-65　灯光设备组成示意

中大型电子竞技赛事不仅舞台造型复杂,舞美效果也十分出众,对控台的布置要求也极为严苛,不仅配有专门的房间用于控台设备的安放,对房间的网络传输流畅度、电压稳定性、防信号干扰能力、防磁防潮功能等技术指标也提出了很高的要求。

一场高水平的电子竞技赛事离不开专业舞美团队的设计策划和执行,而现场控制 AV 设备运行的工程师堪比乐队的指挥,工程师不仅要熟练掌握各种声光电设备,还要懂得电子竞技赛事的运行特色,在不同节点根据赛场的战况和场下观众的情绪变化及时做出调整,用视听的变化带动赛场氛围的转变(图 8-66～图 8-68)。

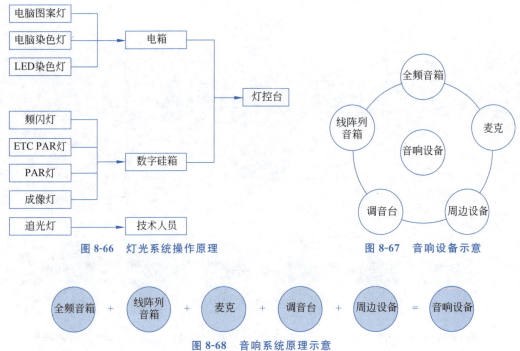

图 8-66　灯光系统操作原理

图 8-67　音响设备示意

图 8-68　音响系统原理示意

如图 8-69 所示,火柴电竞馆作为专业的电子竞技场馆,为赛事承办方提供了专业的直转播间,设有双导播间和设备传送间,既保证了赛事现场的舞美输出,也为线上观看赛事直播的观众提供了优质的赛事直播画面。

图 8-69　火柴电竞馆 AV 控台示意

8.4.6　序厅与休息等功能区的配备

1. 序厅是什么样的空间

赛事场馆的序厅可以说是内容与艺术形式高度融合的体现,它能够快速准确地体现赛事主题,引导后续观赛的信息节点,更是观众的心理过渡空间。

2. 为什么要有序厅

- 第一印象:设计、协调、冲击力的体现。
- 情绪预热:着重渲染赛事意境的氛围营造。
- 提纲挈领:赛事主题、文化、理念高度提炼。
- 人员集散:缓冲集散人流、聚集观众焦点。
- 文化传播:拍照留念的集中空间,传播电子竞技文化。

3. 怎样设计序厅

- 根据场馆建筑尺寸设计——综合考虑尺度、光线、色彩及材质。
- 精炼空间展示内容主题——把握内容属性基调,契合赛事主题气质。
- 挖掘提取设计语言——根据赛场所在地历史底蕴、地域文化特色提取专属符号。
- 传达赛事主题精神——增强空间的艺术表现力和情绪感召力。
- 合理运用新技术手段——选择符合展示特性及提升传达的空间技术手段。

序厅承载的空间功能性定义是"过渡空间",不仅是入口到赛场之间空间意义上的过渡,也是观众从外部环境进入赛事氛围的心理意义上的过渡。

序厅作为一个赛事观赛的过渡空间,承担的含义要求它在一个固定面积的位置承载更多远超于空间本身的信息的任务。

- 空间本身做到与建筑的融合(如色彩、光线、空间尺度、材质等)。
- 提炼主题并通过艺术化加工的表现形式体现赛事的主题气质。
- 根据赛事不同类型、主题的场馆,变化或添加与之气质相符的表现、技术手段。

4. 案例解析

1) 富士康电竞馆序厅设计

富士康电竞馆的序厅设计十分有特色,它并非是一个"连续性"的结构,通常电竞馆的序厅是单门头+接待大厅一体化,而由仓库改建而来的富士康电竞馆在设计上独出心裁,采用了"双门头+长廊+正厅"的组合结构。

如图8-70所示,富士康电竞馆在场馆外的路口处设置了外门头,用充满科技感的LED屏和发光灯柱引导观众入场。

从外门头到内门头之间有一条近10米长的廊道,如图8-71所示,观众穿过由红蓝灯带包裹的廊道提前感受到了电子竞技赛事热烈的氛围。

穿过廊道后,富士康电竞馆酷炫的正门迎面而来,如图8-72所示,场馆的外立面被红蓝色的箭头造型的灯带镶嵌,营造出强烈的视觉冲击感,彰显了电子竞技比赛血脉偾张的对抗性。

富士康电竞馆是一个赛事、娱乐、社交一体化的综合电竞场馆,如图8-73所示,进入序厅后,观众可以选择上二楼观赛,也可沿着场馆四周体验各种娱乐项目,整个场馆动线清晰,无须任何人工指引,所有功能区域一目了然。

图 8-70　富士康电竞馆序厅-外门头

图 8-71　富士康电竞馆序厅-廊道

图 8-72　富士康电竞馆序厅-正门

2）湖南狄鹿电竞馆

狄鹿电竞馆由学校教学楼改建而来,从建筑结构和空间布局上存在先天局限性,但设计团队仍然在有限的条件下将电竞馆的氛围和视觉美感做到了极致。

如图 8-74 所示,狄鹿电竞馆的门头采用了张力十足的异形结构,整体看上去犹如一个太空船的舱门,科技感十足。

进入场馆后,左侧是电竞馆的接待台,如图 8-75 所示,观众可以在此进行咨询、购票等项目。右侧是等候区,如图 8-76 所示,墙上设置了 LED 屏,观众可在排队进场的同时观看

图 8-73　富士康电竞馆序厅-赛场入口

图 8-74　狄鹿电竞馆序厅-门头

图 8-75　狄鹿电竞馆序厅-门头

场馆观赛安全指南和相应的赛事宣传片。

　　受限于场馆建筑空间,狄鹿电竞馆并没有很夸张的空间造型,而是在相对狭小的空间里巧妙运用光线的切割,营造出深邃静谧的序厅氛围,观众在暗色调的沉浸式感召下产生了强烈的好奇心,对场馆内的赛场有了更加强烈的观赛欲望。

图 8-76　狄鹿电竞馆序厅-等候区

5. 观众休息区如何设计

作为观赛体验的辅助功能区,观众休息区往往是最容易忽视的区域,常见的赛场观众休息区仅仅只是一个空旷的过道而已,无外乎设置一些饮水机和座椅。而专业的电子竞技场馆已经将休息区融入了整体的场馆设计,在休息区,无处不在的电子竞技氛围和文化感召力也让观众能接受电子竞技赛事的"二次洗礼",给予他们更加深刻的电子竞技体验之旅。

6. 案例解析

1) 主场 ESP 观众休息区设计

位于上海的主场 ESP 电竞馆是 KPL 东部赛区的主场,这座场馆每逢比赛日都会迎来大批《王者荣耀》的忠实玩家,而 ESP 除了给玩家带来高水平的电子竞技赛事享受外,他们同样注重玩家的二次体验。

如图 8-77 所示,ESP 在赛场的入口处设置了休闲娱乐展示区,不同的比赛日会展示不同主题的娱乐项目,如"电竞食堂"零食趴,玩家在比赛中场休息时可以来此享受美食。

图 8-77　主场 ESP 观众休息区-美食街区设计

在 ESP 场馆的过道和墙壁上随处可见各种特色的口号，这些口号是 Z 时代的电子竞技玩家共有的语言符号，在电子竞技馆看比赛、吃美食、交朋友、买装备成了当下年轻人的生活方式（图 8-78）。

图 8-78　主场 ESP 观众休息区-文化墙设计

2）虹桥演艺中心 LPL 电竞馆观众休息区设计

如图 8-79 所示，位于上海虹桥天地的虹桥演艺中心是 LPL 联赛的主场馆，LPL 也极其注重对《英雄联盟》玩家的文化感召，在场馆的设计上也融入了大量游戏元素。

如图 8-80 所示，场馆的观众休息区植入了《英雄联盟》的 IP，带有纳什男爵雕像的休息座椅十分别致，吸引玩家前来围观"大龙"。

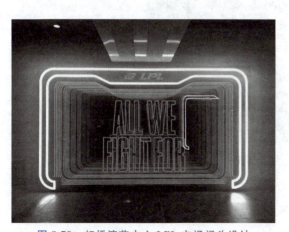

图 8-79　虹桥演艺中心 LPL 主场门头设计

图 8-80　虹桥演艺中心 LPL 主场观众休息区座椅设计

对于《英雄联盟》忠实粉丝来说，拥有一个甚至一套英雄手办属于常规操作，LPL 主场也充分考虑了玩家强大的购买力和收集手办的嗜好，在观众休息区设置了专门的手办购买展柜，满足广大玩家的需求，也能为主场带来不俗的受益（图 8-81）。

对于当下年轻人来说，抽盲盒也成了一种现象级的消费模式，LPL 主场也自然少不了盲盒机的元素（图 8-82），而且随着《英雄联盟》IP 的逐渐完善，其丰富的英雄人物和周边也

图 8-81 虹桥演艺中心 LPL 主场观众休息区手办陈列柜设计

图 8-82 虹桥演艺中心 LPL 主场观众休息区盲盒柜设计

成了盲盒玩家的"香饽饽",有谁会拒绝在盲盒机里抽到自己钟爱的《英雄联盟》IP 爆款呢。

8.5 赛事执行人员管理

在电子竞技赛事执行过程中,任何计划与安排都需有明确的主体进行具体执行和实施,该主体一般由分工不同、职责不同、所处位置不同的现场人员构成。因此,面对现场人员构成复杂、活动密集的情况,赛事执行方需对现场各个岗位的执行人员实行规范化管理,明确不同团队成员的工作职责与候场位置分配,依托合理高效的场内引导与动线设计实现执行流程的流畅对接。

在赛事执行人员的管理过程中，常因现场分工不明确导致管理混乱，或因前期准备不足造成现场流程、物料缺失，以及缺乏应急管理人员，难以应对各项突发事件。因此，需要科学手段加以支撑管理，有效地调动各场地、岗位的工作人员，实现协同配合，共同完成赛事执行工作。

8.5.1 赛事人员的候场分配

电子竞技赛事现场以赛事举办地为核心，依据现场人员的工作内容、赛事呈现效果、选手备战、嘉宾候场、观众观赛体验等需求，需在有限的场地内进行合理规划，以满足上述不同人群于不同时期的现场需要。一般而言，针对现场人员的工作内容，需要设置专属工作区，隔离外界人员的随意进出，以保证工作正常开展，如开设导播间、采访间、库房、急救室、消防控制室、设备室等；就选手与嘉宾而言，应分别设置独立落客区、VIP通道、备战间、休息室、化妆间等，保证选手与嘉宾的隐私需求；为保证观众流畅的观赛体验，可设置等候区、签到处、问询处、拍照区、临时休息区、观赛区、卫生间等不同区域。面对上述不同分区，赛事执行管理方需对人员在场地内进行科学合理的配置与调动，保证各团队能够在执行过程中实现特定目标（图 8-83）。

图 8-83　某赛事现场分区规划布局示意

在对赛事人员进行候场分配的过程中，不能只考虑对工作区域进行划分，赛事执行作为一项系统性工作，各场地、团队间需高度协同、密切配合，才能保证赛事的有序推进。在针对现场候场人员的分配上，应遵循以下三种思路，以保证赛事执行的规范运作。

1）同类人员相对集中

在场地构成较为复杂的赛事场馆中，为了保证团队内容有效开展相关执行工作，归属于同类执行组的人员应集中分配在同一区域。例如赛事执行组的传播团队，应保证流程导演、导播能够实时指挥音控、OB、字幕、灯控、屏控人员，现场执行组在未执行实际任务时也应在固定区域集中候场，便于现场导演进行人员调度。

2）保持信息对称

由于赛事现场执行分工较为细化，不同成员在自身岗位上从事专业活动，特别对于处于独立工作区的人员来说，信息接收环境相对闭塞，如不能及时进行内部信息流通，则会导致执行人员不能明确了解执行动机，难以准确把握任务执行时间与相关细节，导致行动延误或偏离预期规划。因此，现场执行人员应广泛采用对讲机等实时通信手段，保证不同团队、不同人员间的信息对称,推动赛事依照预期规划推进,执行人员能够时刻把握赛事动态,明确不同时期的执行细节。

3) 保证问题实时上报处理

赛事举办过程中不确定因素较多,尽管前期进行了充足的风险预估,但仍有可能发生意外。面对赛事过程中遇到的各类意外情况,执行人员应及时上报负责人员,遵循安排指示,及时解决相关问题,并且汇报处理结果。如问题不能实时得到解决,在高强度的现场执行节奏中很有可能被忽视,从而为后续赛事发展埋下隐患。在分配人员候场时,应充分考虑问题上报渠道的有效和通畅,增设机动人员予以应对,保证在部分岗位人员离岗情况下,赛事仍能正常开展。

在遵循上述人员分配的基本思路的前提下,具体执行环节中还需考虑不同团队人员的具体工作职能,对于其归属的工作区域进行分配。通常情况下,舞台区域一般由现场导演负责统筹指挥,通过艺人管理、选手管理人员协调裁判、选手、主持人、解说出入场时间,对接流程导演控制舞台音频、大屏、灯光效果。导播间主要为直转播团队的主要工作场所,导播、OB、字幕、音控、灯控、屏控、推流人员在赛事现场一般集中管理,便于导播临场安排。在大型赛事中,导播间会依据赛事需求做进一步细分,依托信号传输系统进行画面调配,以保证各个岗位间的工作互不干扰。观众区也需安排一定数目的安保、活动执行、观众管理人员,以便及时应对观众席的突发情况,如身体不适、冲突、投诉建议等。艺人管理、选手管理、媒体管理通常往返于舞台、化妆间、休息室、采访间等场合,负责选手、艺人、媒体间的对接沟通。在赛事外场中,一般分配活动执行人员、接待人员、安保人员等,负责观众及嘉宾接待、安检、签到、入场引导等工作。

综上所述,一方面,可以看出岗位与场地间的相对关系较为灵活,会根据工作需要进行适时调整,随着活动流程的推进,同一人员也会承担不同的工作职能。另一方面,某些岗位的执行人员根据工作职能会分处于场地内不同位置,例如安保人员会分处于内外场的不同地点,摄像人员也会因机位需要导致工作地点有所差异,但除去突发情况,赛事执行人员在现场的行动路线则是较为固定的,一般会往返出现于某两到三个场合,如选手管理会往返于休息室、采访室与舞台,几乎不会出现在导播间、观众席等场合。目前,不少赛事在落地时会选择相应场馆配备的安保与服务团队,赛事执行方只安排部分工作人员或志愿者与该团队配合。这样的操作模式是由于场馆配备的管理团队对场馆更加了解,可以减少工作中的摩擦成本,而执行方的工作人员则更需做好沟通与管理工作。

在充分了解场地与团队的相对关系后,执行方可依据赛事情况与场地实情对不同岗位的人员进行安排调配。例如小型赛事中,一般设置总导演1人,舞台场控2人,现场流程2人,选手管理2人,现场执行8~10人,依据分赛场情况安排主副舞台裁判与对接人员。在上述情况中,总导演、场控、现场流程人员一般位于主舞台附近,选手管理位于选手休息室与舞台两处,现场执行人员则会分布在出入口、签到处、观众席等地。

当赛事规模进一步扩大,岗位会随之进一步细分,人员基数也会增加。例如,一场三个项目同时进行的电子竞技赛事中,选手签到处一般安排2名工作人员,负责入场前选手的身份核对,引导选手在对战表相对应的位置签名并签署参赛协议;选手管理一般安排3~4人,确保每个项目都有专人负责,引导选手或战队进入比赛区进行比赛;主持人1人,负责赛前暖场与赛中休息串场;现场摄像4人,负责现场视频采集、摄像与录像,提供新闻素材;解说需 3~4 人，每个项目均有专人负责直播解说比赛，1 人负责替补；裁判 6 人，每个项目确保有 2 人负责现场仲裁；OB3 人负责解决游戏内的问题，协调网络故障、记录游戏过程及见证胜负结果；现场执行人员 10~15 人，负责把控赛场情况，处理突发事件；机动 4 人，负责临时顶替人员及应对特殊情况。

8.5.2 赛事人员的场内引导

人员流动作为赛事现场执行中的关键部分，面临着人员构成复杂、流动需求繁多的实际局面，如不能对于人员进行有效引导，会导致人流相互对流、重复穿行现象，极端情况下还会导致通道堵塞，不利用赛事推进。对于现场赛事人员实施规范、合理、高效的场内引导，能够保证初次进入该场地的人员迅速熟悉环境，核心区域不受无关人员打扰，进而保证赛事流程能够有序开展。在场内引导工作中，一般可分为硬性引导和软性引导。

1）硬性引导

硬性引导是指通过可视手段对于目标区域进行展示、隔离，使初次进入赛事场地的人员能够在不借助人工帮助的前提下，依照可视指引找寻目标区域路线。硬性引导能够降低人工成本，并可通过相关设计进一步突出赛事形象，强化赛事亮点。

（1）导视贴

导视贴包括墙贴、地贴、门贴等，如图 8-84 所示，可用于指示主会场、安全通道、洗手间、入口、出口等。导视贴一般由指引场地名称、方向两部分构成，且针对同一场地的指引导视贴外观设计较为一致，赛事人员可依据导视贴指引在场地内流动，无须频繁询问其他人员。

走廊拐角、狭长通道或不同区域衔接处，可用墙贴进行路线指引与区域分割。不同战队、嘉宾的休息室、不同工作区门上可用门贴予以指示提醒，避免在空间外观构造较为类似的情况下无法分辨。

图 8-84 导视贴示意

在地面情况良好、路线周围无墙壁设施、场馆允许的前提下，可采用方向指示较为鲜明的地贴引导入场、出场路线，地贴表面一般有覆膜，无须担心踩踏造成画面损伤。

（2）指示立牌

指示立牌不受墙面、地面条件限制，安装与撤场也更为便捷，可依据需求摆放在任意位置，承担着指引与宣传的双重功用。如果指示立牌位于户外，应对其进行加固，避免受天气影响导致歪斜，无法有效发挥引导功用。

（3）电子水牌

部分场地可提供电子水牌用于人员引导，执行人员需提前了解场地电子水牌的尺寸、像素，与设计人员对接，依据尺寸要求设计导视画面，制作成本相较前两种更为低廉，但场地是否配备、配备位置则较为不可控。

（4）标志投影灯

如果赛事周期较长，人员流动较大，墙贴、地贴、指示牌均会面临脱落、位移的风险，可采用位置较为固定的标识投影灯用于引导。投影灯的成本相较前几种较高，安装也更为复杂，但可实现动态效果，引导内容的更换也更为便捷。

(5) 隔离带

在希望赛事人员依照既定路线行动时,可采用隔离带进行路线分割(图8-85)。在人员排队、拥堵的情况下,也可采用隔离带进行人员疏导,引导人流有序行动。针对导播间等外来人员禁止入内的场合,也可以通过隔离带进行划分警戒。

2) 软性引导

软性引导相对于上述内容更加灵活机动,多依托于引导人员进行具体实施,所需实现的引导目的也更为多样。软性引导对象一般为战队选手、嘉宾、演职人员等,执行过程中所需考虑的引导模式也更为复杂。概括而言,执行人员在引导过程中需遵循如下原则。

(1) 人员定位原则

图 8-85 隔离带示意

通常情况下,战队、嘉宾、演职人员由专人负责对接联系,负责催场与场内引导。引导人员应对自身负责的引导对象位置进行实时确认,在被引导人到场后带领其前往化妆间或休息室进行备场,在彩排、入场前10~15分钟予以位置确认并进行上场提醒。在现场导演的调度下,将被引导人领至候场位置,与场务对接其麦克风编号、佩戴及开启情况,退场时摘除、关闭麦克风,并引导至休息室。在此过程中,引导人员需时刻关注被引导人的地理位置,照顾对方相关需求,以保证现场人员调度能够有序进行。

(2) 信息对接原则

由于部分嘉宾或演职人员因行程冲突无法参与彩排,引导人员需进行代彩或详细了解行动路线,在嘉宾到场后及时沟通对应信息,通过现场引导、绘制示意图等方式辅助嘉宾了解上场信息,并提前收集、检查、确认上场所需素材,保证嘉宾在未参与彩排的前提下仍能按照预期路径进行行动。

(3) 路线隐蔽原则

为充分考虑战队、嘉宾、演职人员的公众人物属性,如入场、上场、离场路线不够隐蔽很容易造成现场骚动,不利于赛事进行推动与场地安保管理。因此,在进行人员引导的过程中,需对其行动路线进行踩点确认,保证无关人员无法进入,保证行动过程中的私密性。

(4) 避免干扰原则

由于舞台搭建结构较为复杂,在引导过程中应保证战队、嘉宾、演职人员等在上场、定点、退场过程中不遮挡屏幕,以免影响内容展示,也需注意引导路线不经过音响设备前,避免音响声音影响被引导人。除避免设备干扰外,另一方面也需注意避免人员干扰。由于嘉宾、演职人员的个人行程安排与赛事需求,部分人员需提前离场,应保证离场路径与上场人员路径不冲突,以免因提前离场而影响后续舞台进度。

8.5.3 赛事人员的动线设计

对于赛事执行人员而言,良好的赛事人员动线设计可以在错综复杂的现场环境中为其执行流程提供一整套高效、清晰的工作脉络,在工作过程中尽可能经过更多有效区域。对于观赛者而言,良好的动线可以提供一套清晰明了的行动脉络,提供一个有序的观赛环境。

动线即人员流动路线,需要有明确的场地关联、行动顺序、便捷高效的构成形式,避免人员对流与重复穿行,在赛事执行过程中充分考虑赛事人员的动线设计有助于合理引导人流,避免现场拥堵,也能够辅助工作人员提高工作效率,节省行动时间与体力成本,实现空间设置与人员行动的统一。

在进行动线设计时,需明确赛事现场执行的核心主体位于舞台部分,一切动线设计均需围绕舞台进行铺设展开,串联工作区域、候场区域与观赛区域,且各个区域间由于执行流程相互勾连,不能将其作为孤立空间看待,应以整体思维进行动线设计,合理地引导赛事人员,限制无关人员的行动与滞留行为,为赛事现场执行的有效落实提供便捷。

除上述整体思维外,在动线设计过程中还需考虑场地空间大小,依据预期通行人数预留足够的人体基本宽度。如需保证一人正常通行,通道宽度需预留 0.9~1.2 米,两人对向或同向通行则需预留 1.8~2.1 米通道宽度,如小于 1.6 米,则会导致两人同时行动时 1 人需侧身通过。在主入口部分,为了避免人员拥堵,一般需保证 3 人同时通行不受影响,预留通道宽度应在 2.4~3.6 米之间。

在动线设计过程中,通常有下述四种动线模式,可依据场地情况、具体需求匹配相应动线。

1. 四种动线模式

1)直线式动线

直线式动线可提供穿越式流动路径,一般用于联通入口与出口分别位于场馆内、舞台不同位置的情况。直线式动线能够应对进出场高峰情况,由于人员在直线式动线流动过程中不会出现返程行动,因此在一定程度上可规避人员拥堵情况。某赛事嘉宾午餐动线变为直线式(图 8-86),嘉宾离开会场后穿过长廊抵达大堂,行动路线简明清晰,无须过多指引便能到达目标位置。

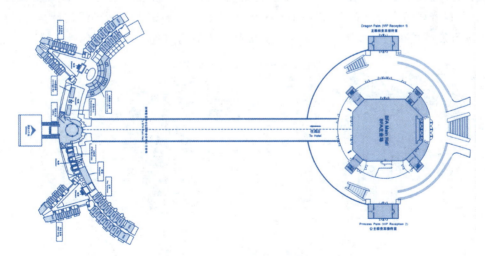

图 8-86 直线式动线

2)回环式动线

当场地入口与出口位于同一位置时,可采用回环形动线,充分利用出入口位置。同一出入口也有利于规范管理与安全防范工作的开展,也能够充分利用场地空间。如图 8-87 所示,场地出入口设置为北门,关闭其他三个入口以保证规范管理进出人员,不同功能区间也围绕回环式动线依序布局,在前进过程中能够经过不同区域,在完成目标任务后从入口离开,充分发挥了场地布局优势。

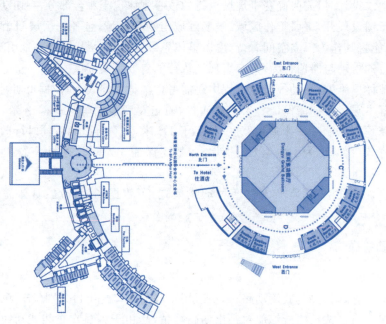

图 8-87　回环式动线

3）放射式动线

放射式动线是指围绕某一中心区域进行功能布置,由中心点为核心进行不同区域连接引导。在赛事现场执行过程中,这一中心区域常被视为舞台部分,多数动线设计会以舞台为核心,进行发散式布局。如图 8-88 所示,①嘉宾可从备场间进入内场后台后直接到达上场

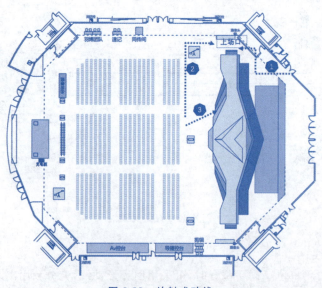

图 8-88　放射式动线

口备场;②嘉宾从观众席座位起身后,同样能够到达上场口备场;③在大合影等集体环节,嘉宾能够从座位起身直接上台,实现了以舞台为核心的放射式动线设计。

4)泳道式动线

在出入口场地充足的情况下,为了合理规范人流,可采用泳道式动线对不同人员进行区格划分,依据不同人群的需求分别采取有所差异的接待与引导。如图 8-89 所示,某会议在签到入场处采用泳道式动线,分割出 VIP 通道、嘉宾通道、媒体通道与咨询台,凭参会凭证入场,实现了人员分流的高效管理。

图 8-89　泳道式动线

在明确了四种动线设计模式后,应进一步聚焦赛事人员的不同动线需求,能够辅助呈现更贴近实际需求的动线设计。

2. 动线模式的选择

1)嘉宾

嘉宾在动线需求上偏向于距离短、折线少、隐蔽性高,能够在休息室、候场区、舞台、观赛区之间以最短路径行动,并且在进入场地后便有专人进行动线指引,充分保证了行动过程中的私密性。在动线选取上偏向于直线式与放射式。

2)战队或选手、教练等

选手在进入现场后需出入化妆室、备战间、休息室、候场区、舞台、采访间等多个区域,如果动线划分不够明晰,很容易导致形成错乱。因此,在选手的动线设计上应考虑回环式,在动线上充分连通不同区域,以保证行动路线的简明高效。

3)工作人员

大多工作人员在现场的位置相对而言较为固定,但现场导演、现场执行组、机动人员等需根据需求出现在场地的不同位置,一般围绕其个人主职工作区域为核心,采用放射式动线更符合行动要求。

4)观众

观众在进入观赛区域时,采用泳道式设计更有利于观众分流,并在指定位置落座。依据场地实际情况,直线式与回环式动线均比较适合观众在场地内的入场和出场。

5)媒体

媒体在进入场地时需与观众分流,进入媒体专属观赛区域。同时,部分媒体承担赛事采访任务，需前往采访间等区域开展采访工作，因此入场时应采用泳道式设计，落座媒体区后采用放射式动线更匹配媒体的工作需求。

8.5.4 赛事人员的执行流程对接

1. 媒体对接

在媒体对接前期，需提前发放邀请函联系媒体工作人员与受访者，沟通确认采访时间为赛前采访或赛后参访、采访形式为专访或群访、采访问题、采访人数及其他要求，以便制定采访排期并协调采访场地。在媒体工作人员到达后，应安排专人负责媒体签到并发放媒体工作证，以便媒体工作人员能够在采访期间进入工作区域，随后引导至媒体专区就座。在赛事后期，也需和媒体人员保持沟通，依据对方的需求提供赛事相关素材，并对相关报道进行追踪整理。

2. 嘉宾对接

在与嘉宾对接时，需提前发送邀请函说明赛事主题、时间、地点等信息，并就嘉宾参与环节、内容进行概要讲解，依据对方要求提供赛事相关资料，以备对方详细了解赛事信息。在嘉宾确认出席后，应通过电话、邮件等方式沟通确认赛事主题、赛事时长、地点、赛事流程、参与环节、采访要求、timeline、彩排时间等赛事相关内容，并确认嘉宾的交通购票、酒店预定、饮食禁忌等其他信息，如需在赛事宣传中使用嘉宾照片等信息，也需提前征得嘉宾的同意确认。

在赛事开展前，需询问嘉宾联系方式（1个以上）、前往方式并告知落客地点，在嘉宾到场后安排专人负责接待工作并发放嘉宾证，接待人员需详细了解赛事流程，并执行催场、引导、沟通任务。在嘉宾参与环节结束后，也应由专人负责引导嘉宾离场，并依据需求执行送机等服务，并联系确认是否安全返程。

3. 战队/选手对接

赛事策划阶段需提前与预期邀请战队进行赛事、商务对接，了解战队赛事排期与商务等相关信息，以便后续开展招商、推广工作。如赛事为选手招募型，应提前发布招募通知，在报名链接中收集选手联系方式或公布赛事群，以便及时与报名选手进行后续对接。

确认参赛信息后，与战队/选手的联系人沟通收集选手名单及介绍、前往方式、票务、接驳车要求、人数、饮食等相关内容，前期若有宣传需要，应与联系人确认宣传物料的拍摄需求，并确认拍摄时间与拍摄要求。同时，告知其赛程、比赛模式、场地信息、赛事设备等比赛相关信息，确保双方需就比赛 timeline、rundown 等达成一致。

选手到达后，应由专车接送至目标酒店，协助其办理入住并告知用餐信息，并由专车负责选手在酒店与竞赛场地的接送工作，保证选手如期到达比赛现场。在备战期间，如赛事有需要，应收集选手及相关工作人员的通讯设备，并进行妥善保管，在赛事结束后进行返还。若选手有采访、化妆环节，应由专人负责引导与催场工作，实时把控赛事进程。在比赛结束后，需由对接人员执行返程接送，并确认其是否安全返程。

裁判、解说与主持人的对接流程可参照选手对接模式，需额外审验对方从业资质，确认其工作内容，对其制定的竞赛规则、主持稿等进行调整与确认。

4. 现场工作人员对接

在比赛过程中,还需保证现场执行的沟通效率,配备对讲机以保证团队之间、各个区域间的执行人员能够实时沟通。通常情况下,依据工作需要,舞台、台口、内场、直转播区域人员共用一个频段,实时把握舞台周边的赛事节奏。体验区由于功能相对独立,可单独使用一个频段,如内外场在观众进场后不产生过多交集,也可单独使用一个频段。由于机动人员的工作特殊性,需对全场情况实时掌握,因此可采用全频段进行沟通,时刻了解各个区域的动向及需求,如表 8-3 所示。

表 8-3 现场执行人员对接联络表

序 号	区域/岗位	姓 名	对讲机频段	手 机
1	舞台		频段 1	
2	台口			
3	内场			
4				
5				
6	直转播			
7				
8	体验区		频段 2	
9	外场		频段 3	
10				
11	机动		全 频	
12				
13				

8.6 赛事执行现场方案

8.6.1 赛事执行方案

赛事执行方案是指对企业内部展示的对赛事执行时间、工作人员、工作职责、执行效果进行规划的方案。前期的策划方案提供的更多的是想法及创意,内容往往是模糊、零碎的,而执行方案需要的是具体、可操作的事项。

在规划执行方案前,需要了解赛事的执行构成,以一个线下的需要直播的赛事为例。赛事的工作岗位主要分为比赛、商务、内容、宣发、人员服务、直转播、场地空间、报备审批几大部分。在现有的拆分基础上分为排期、清单、执行方案三大项目管理工作。其中排期工作主要是赛事的时间管理,一般由甘特图等项目管理手段完成。清单主要包括设备清单(如比赛设备、直转播设备等)、物料清单(如服装、道具、制作物等)、人员清单、后勤清单、包装清单等。

执行方案包括流程、岗位职责、应急预案、工作方案等内容。赛事执行组如图 8-90 所示。

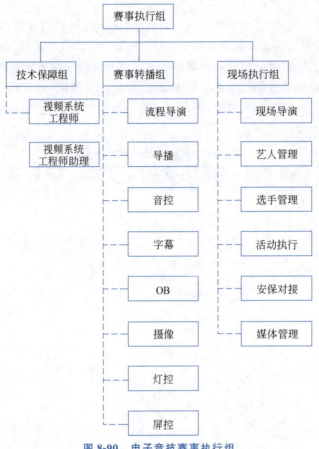

图 8-90　电子竞技赛事执行组

在制定执行方案前,还需要了解项目各个岗位的人员。执行人员主要分为导演类、策划类、执行类、技术类。

导演负责把控整体效果或具体事项的效果。导演的工作核心是诠释,诠释其对于某项具体工作的概念,对相关人员的工作内容予以指导。绝大多数团队都是导演制的。常见的导演类岗位包括总导演、视觉导演、流程导演、执行导演/现场导演、解说对接、主持人对接、编导。

策划负责完成对活动中环节、视觉等相关内容的策划。策划是前期岗位,在项目进行到实际执行层面时,一般会以其他执行岗位的身份参与到项目中。常见的策划类岗位包括策划、美术设计/视觉设计、舞美设计、妆发服饰设计、音乐设计。

执行负责实际完成活动组织类事项中对外部环境或人员的直接管理。执行与导演的区别主要体现在两方面:导演一般不是某件事项最终呈现的直接执行人,更偏重于指导直接执行人;导演的工作对象一般是内部人员,而执行的工作对象一般是外部人员或环境。常见的执行类岗位包括裁判员、选手管理、观众管理、应援发放、秩序维护、媒介。

技术负责实现活动中的技术类事项,是技术类事项的直接执行人。同时,技术一般也要肩负起对其使用设备的维护和保管。常见的技术类岗位包括 EFP 系统搭建、导播、网络技术、网络搭建/维护、推流、监流、音频技术、视频技术、字幕、放像、大屏、灯光技术、后期。

整个团队以"导演+项目经理(PM)"为核心展开,导演和项目经理属于同一级别,导演主要侧重于把控效果,项目经理主要侧重于把控成本及进度。

赛事的执行方案一般由赛事执行方制作,在策划方案的基础上将每个需要执行的活动细化,列出详细的时间节点、活动方式等,为执行人员展开活动做出详细的规划,其主要目的是为后续赛事的落地做准备。

执行方案需要细化的内容有推广活动(推广方式、时间节点、具体内容、预计效果)、现场执行方案(场地规划、现场区域划分、预设现场效果、现场活动具体规划)、物料清单、人员统筹方案、现场执行时间表、包装清单、设备清单、应急备案等。

8.6.2 人员统筹方案

人员统筹方案也称人员清单,是指将赛事执行方的人力资源根据赛事需求做出规划并分配每个人的岗位职责、责任及相关的绩效考核等的清单,如表 8-4 所示。

表 8-4 项目的人员清单

项目组成人员表					
姓名	项目角色	所在部门	职责	责任	电话

人员清单可以使赛事执行中的每个人员的岗位职责清楚明了,在进行内部工作协调时可以更简单直接,也能大幅减少内部工作中的沟通成本。

在制作人员统筹方案时,一定要在用词上做到精准和严谨,尽量避免用词太过随便或含糊不清、出现歧义或前后不一致等情况,以免产生误解和增加工作量,从而提高工作效率。

8.6.3 现场执行时间表

现场执行时间表又称现场 rundown,一般用于线下赛事,对现场工作人员在哪个时间段需要做什么事做出了较为细致的规划(表 8-5)。由于线下赛事在执行时其每个环节之间衔接紧密,需要每个岗位的紧密配合,因此对人员之间的沟通要求较高。现场执行时间表可以防止现场出现人员职责混乱、工作人员不及时到岗等情况。一般,现场执行时间表有两个,一个是直转播工作人员的时间表,另一个是现场比赛的现场执行表。一般,直转播工作人员的时间表是在现场比赛的现场执行表的基础上由直转播团队自己制定的,主要涉及镜头切换及字幕包装等问题。电子竞技赛事运营人员一般只需要制定现场执行时间表,现场执行时间表是围绕舞台制定的,应按照时间顺序将舞台上发生的事件一一交付责任到具体的工作人员。

8.6.4 设备清单

设备清单中的设备包括比赛使用的设备和直转播使用的设备。设备清单是为赛事的落地做准备,在设备清单中,设备的型号、品牌、用途、数量、标签等都需要详细注明,以方便后续的设备购买、租赁、清点、安装,如表 8-6 所示。

表 8-5 某电子竞技赛事现场执行时间表

某电子竞技赛事开幕式录制现场 rundown

项目负责：	赛事负责：	现场导演：	直播导演：

某电子竞技赛事开幕式　　地点：

时间：2017/9/23 14:00

序号	时间	事项	相关工作人员	时长	内容	VCR	灯光	大屏			音频	PGM
								左屏	主屏	右屏		
A1	14:00—14:03	开场——灯光秀		3:00	VCR结束直接进现场,3分钟灯光秀	无	灯光秀	KV	主KV	KV	开场音乐	现场画面
A2	14:03—14:04	赛季宣传片		1:30	灯光秀后直接进赛季宣传片	赛事宣传片	无	KV	PGM	KV	VCR音乐	VCR
A3	14:04—14:04	奖杯宣传片		0:30	奖杯宣传片	奖杯宣传片	无	KV	PGM	KV	VCR音乐	VCR
A4	14:04—14:05	奖杯亮相		0:30	奖杯亮相——奖杯特写	无	奖杯灯光	KV	主KV	KV	开场音乐	现场画面
A5	14:05—14:06	主持人开场 主持人介绍参赛战队 战队VCR		1:00	主持人开场致辞——感谢主办/承办/赞助商 播放战队VCR	战队介绍VCR	无	KV	主KV	KV	开场音乐 战队介绍音乐	现场画面
A6	14:06—14:13	战队亮相 战队Logo点亮		7:00	战队队员出场亮相 战队Logo同时点亮	无	舞台面光 舞台面光	KV	战队Logo 主KV	无 KV	VCR音乐 战队介绍音乐	VCR 现场画面

续表

序号	时间	事项	相关工作人员	时长	内容	VCR	灯光	大屏 左屏	大屏 主屏	大屏 右屏	音频	PGM
A7	14:13—14:13	主持人回舞台介绍解说		0:30	主持人介绍解说,先播放宣传片—解说登台亮相	无	舞台面光	KV	主KV	KV	战队介绍音乐	现场画面
A8	14:13—14:15	解说宣传片-解说亮相		1:30		解说宣传片	无	KV	PGM	KV	VCR音乐	VCR
A9	14:15—14:16	主持人回舞台宣布腾讯领导讲话		0:30	领导上台,大屏变为领导讲话PPT	无	舞台面光	KV	主KV	KV	开场音乐	现场画面
A10	14:16—14:21	腾讯领导讲话(大赛联盟成立宣布)		5:00	领导讲话,宣布大赛联盟成立	无	舞台面光	KV	主KV	KV	无	现场画面
A11	14:21—14:22	主持人回舞台宣布宣誓环节开始		1:00	裁判团和选手代表准备上台宣誓	无	舞台面光	KV	主KV	KV	开场音乐	现场画面
A12	14:22—14:23	裁判团+选手代表(去年冠军)上台宣誓		1:00	裁判团+选手代表(去年冠军)上台宣誓	无	舞台面光	KV	主KV	KV	无	现场画面
A13	14:23—14:24	主持人回舞台宣布S3赛季正式启动		1:00	主持人回舞台宣布S3赛季正式启动	无	舞台面光	KV	主KV	KV	开场音乐	现场画面
A14	14:24—14:25	开幕式结束		1:00	主持人收尾,主持人把画面转交给主席,开幕式结束	无	舞台面光	KV	主KV	KV	开场音乐	现场画面

表 8-6 某电子竞技赛事导播系统设备清单(部分)

类别	序号	类别	类型	品牌	型号	数量	备注
切换台	EM-Switcher-00001	切换台	切换台主机	ROSS	Carbonite Black Plus 2 M/E Live Production Switcher	1	
	EM-Switcher-00002		切换台控制面板	ROSS	Carbonite Black 2s 2 M/E Panel	1	
	EM-Switcher-00003		切换台主机电源	ROSS	48V 5.9A PSU with 4 Pin Connector for Redundancy or Spare	1	
	EM-Switcher-00004		切换台控制面板电源	ROSS	12V 16A PSU with 6 Pin Connector for Redundancy or Spare	1	
	EM-Switcher-00005		切换台主机（备份1）	Blackmagic Design	ATEM 2 M/E Production Studio 4K	1	
录像	EM-Rec-00001	硬盘录像机	硬盘录像机	ATOMOS	SHOGUN STUDIO	1	
	EM-Rec-00002		硬盘录像机	Blackmagic Design	HyperDeck Studio	1	
字幕系统	EM-Subtitle-00001	字幕系统	字幕机	ROSS	XPression Studio-Dual (SW+HW)	1	
矩阵	EM-Router-00001	矩阵	多格式矩阵	Blackmagic Design	Smart Videohub 40*40	1	
	EM-Router-00002		多格式面板	Blackmagic Design	Videohub Smart Control	1	

8.6.5 包装清单

包装清单主要是指赛事在直转播时对赛事内容进行包装的执行清单,一般由直转播团队完成,电子竞技赛事运营人员可做简单了解,如表 8-7 所示。

8.6.6 物料清单

物料清单是指为了便于物料的准备及现场的布置而将电子竞技赛事需要的物料按照区域罗列的清单(表 8-8)。物料清单是采购部门进行采购、现场人员进行现场布置的依据,物品的数量、所属的区域、特殊要求都应罗列清楚,避免造成工作失误,增加不必要的管理成本。

表 8-7　某电子竞技赛事包装清单（部分）

某电子竞技赛事字幕需包装清单

类别	序号	字幕名称	描述	需要展示的内容	具体文字（因示意图问题，内容以具体文字内模式为准）	参考图片	字幕位置	是否需要动态	入场动画	时长	过程	时长	出场动画	时长	输出文件格式	需提供模板	提供字体安装包	备注
背景底板	0	背景底板	根据官方提供的主KV，设计一款用于所有字幕的垫用的背景底板	与包装风格统一，干净从简	循环的动画效果需要明显一点		全屏	是	是	2s	循环动画	8s	是	2s	tga序列、JPG示意图	AE、PSD		中文、英文、数字
倒计时	1	今日赛程1,2条	展示本次大赛的主视觉、赛事信息	参照示意图内容根据包装设计美观需求进行排版：1.标题 2.倒计时 3.日期 4.场次 5.比赛开始时间 6.队伍对阵，包括战队Logo和ID 7.大标题（此内容需完整表现和展示）	1.今日赛程 2.03:00 3.2018.2.23 4. Round 1 Match 1（1～56）set1 5. 11:00 6.（战队Logo）VS（战队Logo）	01今日赛程1,2条	全屏	是	是	2s	循环动画	8s	是	2s	tga序列、JPG示意图	AE、PSD		中文、英文、数字

表 8-8　某电子竞技赛事物料清单(部分)

区域	物　　料	数量	备　　注
通用	插排	20 个	所有功能间使用
战队休息室（共 4 间）	长条沙发(6 人)	1 个/间	共 4 间
	桌子	1 张/间	根据房间大小选择尺寸
	垃圾桶	1 个/间	
	白板	1 块/间	
	马克笔	3 支/间	
	纸巾	适量	干湿
	纸杯	适量	
	饮料及零食	适量	功能性饮料、咖啡、矿泉水、碳酸饮料、饼干、巧克力等
	返监电视	1 台/间	
	签到簿	1 本/间	
	热水壶	1 个/间	
化妆间	挂烫机	1 个/间	
	化妆镜	—	化妆间已有
	落地晾衣架	1 个/间	不锈钢落地衣架
	垃圾桶	1 个/间	
	纸巾	适量	干湿
	纸杯	适量	
	饮料及零食	适量	化妆间同时作为解说休息室使用，提供适量饮料和零食
	插排	1 个/间	支持大功率吹风机
	热水壶	1 个/间	
VIP 接待	沙发	适量	
	茶几	1 个/间	
	纸巾	适量	
	纸杯	适量	
	饮料、零食、水果、花卉	适量	
	垃圾桶	1 个/间	
	热水壶	1 个/间	
现场	VIP 沙发	适量	
	桌椅	适量	

续表

区域	物料	数量	备注
外场	易拉宝		
	道路指示牌		
	道旗		
	功能间指示牌		
	一米栏		
	铁马		
	医疗箱		

8.7 赛事后勤的管理

8.7.1 赛事后勤管理的概念与内容

电子竞技赛事后勤管理主要是指为工作人员、参赛选手、嘉宾艺人等电子竞技赛事参与人员提供接待、交通、安全、住宿、餐饮、物料、医疗等服务和对电子竞技赛事相关物品、资金的采购、保管、使用等一系列管理活动的总称。后勤管理以资产管理为核心,以提供物质保障和技术保障为手段,以电子竞技赛事活动的高效运转为目的。赛事后勤是赛事成功举办的基础和关键,需要对赛事后勤进行科学的管理,各方面进行密切协作,将效益最大化。

电子竞技赛事后勤管理的主要内容包括赛事现场设备与相关软件的安装与调试、赛事参与人员的接待服务、赛事的交通运输、赛事的安全和医疗管理、赛事的物资管理等。

8.7.2 赛事现场设备的组装和调试

目前不少电子竞技赛事的场地多是临时搭建的,比赛用机、直播系统等都是在赛事开始前的一天或几天进入场地进行组装、连通、调试的。与此同时,可能还会有舞台、灯光等项目的搭建并行。这时候对于设备调试组装的流程控制与风险管理就显得尤为重要。

电子竞技赛事使用的个人计算机(personal computer,PC)指的是可以运行电子竞技相关程序的台式电脑及其配套的显示器,以下简称比赛用机。比赛用机的性能参数应足以保障客户端流畅运行,且符合赛事组织方要求的设备最低性能配置。比赛用机应由赛事组织方负责提供而非由参赛选手提供。赛事组织方需要确保每名参赛选手使用的比赛用机的性能和显示器参数处在同一水平,这是为了保障电子竞技赛事的公平性。在规模小、预算不足的比赛中可以适当降低比赛用机的硬件参数,但仍要保障所有程序的正常运行。

为防止意外情况的发生,如比赛用机出现硬件方面的紧急故障或软件方面无法解决的错误,就需要使用比赛备用机,以保障比赛的顺利进行。在筹划电子竞技赛事的比赛用机时,要设定相应数目的比赛备用机。不少赛事采取5∶1的备用机比例,即在MOBA类赛事中有10台比赛用机,配备2台比赛备用机。赛事应至少提前一天将比赛用机、比赛备用机运送进场,并进行组装、调试,测试程序运行的流畅度及网络速度。当无法满足线下赛条件时,线上比赛中比赛用机允许各参赛方根据赛事组织方提供的标准自行准备并负责保障,但仍需要经过裁判员检查后方可使用。

比赛手机指的是进行电子竞技赛事的移动设备,通常特指具备客户端运行能力的智能手机。如果没有特别规定,不允许使用平板电脑作为比赛设备。比赛手机的性能参数应足以保障电子竞技项目客户端的流畅运行,且符合赛事组织方要求的设备最低性能配置。在规模小、预算不足的比赛中可以适当降低比赛手机的性能参数。大部分线下移动设备端电子竞技赛事都由赛事组织方提供比赛手机,这是为了保证版本与服务器的统一,充电达到一定电量,这样可以规避选手使用自带机器预装程序而影响赛果。在某些赛事中使用拓展坞,将赛事手机与赛事网络、赛事音频、赛事视频进行一体式连接,部分线下赛也采取赛事组织方邮寄手机到相应战队以解决设备问题的操作,这样的方式极大地保障了赛事的公平性。

部分校园与民间组织的第三方赛事采用自带比赛手机的模式,这样的设备构成形式需要经过裁判团队检查后方可将手机投入使用。理论上,为了保证赛事的公平性,手机不允许贴保护膜、不允许加装手机壳及任何形式的功能配件。

不论是比赛用机或是比赛手机,仅有当比赛设备出现严重的软硬件性能问题,导致比赛无法进行时,该设备才允许更换。遭遇现场突发状况时,赛事技术人员应尽快完成检修或判断是否更换备用设备,避免影响后续的比赛进程,且所有参赛选手应在裁判员的监督下暂停比赛并等待设备调试,暂停期间应避免交流以保证赛事的公平性。技术人员应告知执行导演预计的调试时间,以便于告知赛事解说员临时调整话题以维持观看体验。当设备完成调试或更换后,由裁判员宣布恢复或开始后续比赛。具体规则设定可以根据赛事的相关规则展开。

在使用比赛用机的赛事中,选手可以选择自带比赛外设装备并完成报备,例如键盘、鼠标、鼠标垫等。当连接好之后,会在赛前给予选手一定时间调试相关装备,以测试相关装备的功能可以顺利运行。在赛前,赛事组织方有检查这些装备的责任,应确认以上装备没有宏编程功能,例如按键绑定、自动化脚本等。一般情况下,检查装备的流程由裁判或赛事组织方安排相应人员负责。

8.7.3 赛事相关软件的安装和调试

1. 客户端、比赛通讯系统与网络稳定

在比赛开始前,赛事执行方或赛事执行方组成的裁判组或质量控制小组要对比赛用机、比赛手机的游戏端运行环境进行核查。首先检查游戏版本是否符合竞赛规则,并检查客户端是否能够正常连接服务器,是否有卡顿现象,有无明显程序错误(bug)。这里的 bug 指的是导致客户端无法正常开启或客户端数据、硬件设备工作中的数据错误、瑕疵、故障等缺陷。这里并不涉及游戏中会产生的 bug。游戏中的 bug 指的是会给游戏结果造成影响的游戏程序错误。例如,某赛事的 2022 年小组赛阶段就禁用了某英雄,这是由于某英雄的动画效果出了 bug。此类 bug 无法在赛事开始前的比赛用机检查中规避。

比赛账号是用于登录使用比赛客户端程序的账号。比赛账号应由赛事组织方提供,或对选手自带的账号进行审核。比赛账号具备唯一性,同一个账号仅能由一名队员使用;但允

许一名队员拥有多个备用账号。此点与身份验证有关,在不少职业联盟赛事中,选手的身份与用户名(identity,ID)进行绑定,选手在最开始注册时就被确定了身份,在之后的比赛中基本上以核对 ID 为主。在一些第三方举办的赛事中,由于账号的获取渠道不同,为避免诸如被封号、冻结等账号风险,赛事组织方也会准备备用账号,与备用机类似,一般比例为5∶1。

比赛通讯系统指用于队员和队员之间、队员和教练员之间、队员和裁判员之间通讯的硬件设备。比赛通讯设备应由赛事组织方负责保障,经过裁判团队检查后方可投入使用。比赛通讯设备应满足通话清晰、公平、独立、延时低的特点,不应有第三方介入比赛通讯。通讯设备包括信号、文字、音频和影像的通讯。规模小、预算少的比赛和线上比赛中应允许通过网络软件代替硬件设备进行通讯,但该软件必须在裁判员的监管下使用。

除比赛用机之外,通讯设备也应在赛前进行调试。除了赛事组织方对于通讯设备的连通性调试之外,选手也可以通过裁判与技术后台进行沟通,对通讯设备的音量、通话质量进行调整。

在重大比赛中,往往赛事组织方会采用专用游戏网络,以保障比赛过程中网络的流畅稳定,这里可以理解为不论是直播还是其他通讯等数据交换都不使用的网络。在小型比赛中也要注意,当使用 4G/5G/Wi-Fi 网络时,现场的观众过多也会影响比赛用网络的流畅性。所以,在某些赛事中,增加一条专线可以极大地提升赛事的容错率。

例如,某赛事在做赛事网络规划时就按照接入宽带/4G 双通讯网络,主线上下行100M,备用线路上下行 100M 标准制定预算,并后备应急信号车。全场使用光纤进行网络连接,选手网络方案采用无线模块,专用无线 AP 保证游戏比赛网络的稳定。舞台附近线路及导播台采用六类线连接。这样的设置可以保证在主线路遇到故障时切换到备用线路。网络维护组在网络出现问题时给裁判组发出预警信号,并在 3 分钟内切换到备用线路。裁判组得到网络维护预警后会监督选手用手机移动信号继续进行比赛。直播组将会通过延迟保证现场大屏上的比赛画面不受影响。推流组由于实时监控,可在切换到备用线路后推流恢复。

2. 赛事直播采集系统

在传播学与广播电视学的领域,直播指广播电视节目的后期合成和播出同时进行的播出方式,是充分体现广播电视媒介传播优势的播出方式。按播出场所区别,直播可分为现场直播和播音室、演播室直播。电视现场直播为在现场随着事件的发生、发展进程同时制作和播出电视节目的播出方式。在电视作为主导的媒体时代,这是充分体现广播电视媒介传播优势的播出方式。

在互联网与移动互联网普及后,"直播"一词逐渐演变为"网络直播"。参照传播学及电视现场直播的概念给网络直播下一个简单的定义:在现场随着事件的发生、发展进程同步制作和发布信息,具有双向流通过程的信息网络发布方式。

电子竞技比赛除了能在现场为观众呈现精彩的比赛外,同样重要甚至更加重要的工作是将赛事现场制作成节目进行直播。赛事的用户即观众,囿于赛事空间有限,只能容纳一部分观众进行线下观赛,在这样的情况下,另一部分观众可以通过精彩的直播在任意地点观赛,打破了空间的限制。以目前电子竞技赛事的数据来看,线上观众的人数远远大于线下观众。

另外，比赛中的直播会做出一定程度的延迟，其延迟时间一般为 2~3 分钟，这是为了防止选手通过物品反光或其他途径对现场大屏幕进行观看，从而了解对方选手的操作及相关信息而作弊。

图 8-91 为电子竞技赛事直播过程的设备连接原理图。

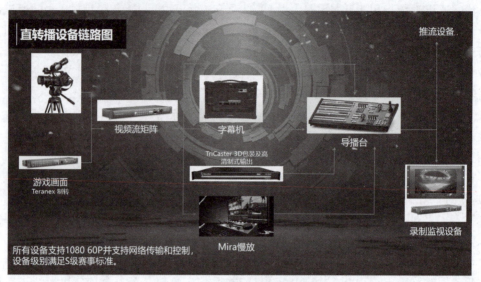

图 8-91　电子竞技直播基本原理

首先，需要从现场采集相关的图像画面，分别通过赛事选手面前的摄像头（一般根据电子竞技项目的不同配置的个数不同）、讯道摄像机采集现场画面（数量根据现场规模进行调整），这些信号通过采集卡进行信号转换或直接进入切换台；同时，OB 画面与字幕制作完毕的画面及其他相关素材也进入切换台，并分别输出导播返看信号与解说返看信号，同时输出一路信号到大屏，成为现场节目的一部分。

其次，通过耳麦、颧骨麦、麦克风等设备采集现场环境声音、主持人和解说的声音到调音台，以及预先制作好的背景音乐被采集到调音台，调音台通过现场音响进行功放，与此同时，将混好的声音传到切换台，切换台则将音画信号合成输出，并最终推向直播平台。表 8-9 为某赛事直转播设备表的示例。

音视频有固定的输出格式，对于一个电子竞技赛事来说，要对于其音视频输出制式做出一定的规划。此规划应在赛事策划阶段就形成标准，这样的标准首先可以帮助整个赛事有一个统一、稳定的直播内容输出；其次可以帮助赛事在未开始前就做好直播设备的等级规划，方便调配与运输，或在比赛地寻找拥有该类型器材的供应商。

图 8-92 为某赛事音视频输出格式，其中输入部分视频设备的分辨率为 1920×1080，制式为逐行扫描，帧数为 59.94。值得注意的是，逐行扫描（progressive scanning / line by line scan）也称非交错扫描，简称 P，是一种对位图图像进行编码的方法，通过扫描或显示每行或每行像素，在电子显示屏上"绘制"形成视频图像的常用方法。而相对于逐行扫描，隔行扫描在某些设备上的显示会出现行间闪烁现象，甚至看到锯齿，也给视频信号的后期压缩制作带来了困难。

表 8-9　某赛事直转播设备表

	序号	设备名	备注	数量	天数
	1	切换台	NewTek TriCaster 8000	1	6
	2	字幕机	大洋	1	6
	3	转换盒	DAC-70/TV-ONE	15	6
	4	推流机	高配I7 GTX1080 采集卡	2	6
视频系统	5	广告机	高配I7 GTX1080 采集卡	2	6
	6	反监电视	长虹	2	6
	7	回放机	3Play	1	6
	8	电视转换盒	eklSDI转HDMI转换盒	3	6
	9	绿连视分	CS-LINK2249 1进4出	2	6
	10	OB机（主机）	高配I7 GTX1080	2	6
	11	苹果HDMI转换器	技光JK-S9 苹果lightning转HDMI转换器	3	6
	12	OB机（手机）	Iphone8p及以上	3	6
		小计			
	13	调音台	雅马哈	1	6
	14	头戴麦克风	铁三角BPSH1	5	6
音频系统	15	音频隔离器	JQ AUDIO音频隔离器	3	6
	16	鹅颈	得胜	1	6
	17	监听音箱	雅马哈	1	6
		小计			
	18	SDI线	佳耐美	25	6
	19	HDMI线	绿联	20	6
直转播设备	20	DVI线	绿联	20	6
	21	HDMI转DVI线	ATICKBASE	15	6
	22	卡农线（公母头）	佳耐美	18	6
	23	卡农线（母母头）	佳耐美	18	6
线材	24	音频隔离器	JQ AUDIO音频隔离器	3	6
	25	卡农转6.5	海天牛	16	6
	26	音分	绿联	10	6
	27	怪兽头	绿联	10	6
	28	莲花转卡农	甬威	5	6
	29	莲花转3.5	绿联	6	6
	30	电源线	绿联	25	6
	31	网线	秋叶原超五类	15	6
		小计			
	32	拖线板	公牛	15	6
	33	显示器	BenQ DL2200/sonyLMD-2041W监视器/DELL	12	6
		小计			

图 8-92　某赛事音视频输出格式

如图 8-93 所示，在流媒体制式中，帧率也称帧频，帧率（frame rate）是以帧为单位的位图图像连续出现在显示器上的频率（速率），该术语同样适用于胶片和摄像机、计算机图形和动作捕捉系统。帧频是指每秒放映或显示的帧数或图像的数量，可以解释为静止画面的数量。因此每秒的帧数越高，其帧频也就越高，相对应的画面也就越流畅。每秒传输帧数的单位为 fps，即 frame per second，即画面每秒传输的帧数，电子竞技的观感在很大程度上取决于画面的流畅程度。在直播平台看到的大部分直播视频帧数为 60 或 30，这些整数的帧率称为不规则帧率，而 NTSC 制式则对应 29.97 帧与 59.94 帧，某些广播级设备在非 29.97 帧与 59.94 帧的对应软硬件环境下将无法抓取信号。

图 8-93　流媒体制式

视频码率就是数据传输时单位时间传送的数据位数,单位一般是 kbps,即千位每秒。通俗理解就是取样率,单位时间内取样率越大,精度就越高,处理出来的文件就越接近原始文件。码率控制方式使用的是固定码率(constant bitrate,CBR)与可变码率相对(variable bit rate,VBR)。与固定码率视频编码不同的是,可变码率视频编码能够根据输入视频信号的特性以恒定图像质量和可变码率进行传输。其中,视频压缩算法可以是预测编码、变换编码、子带编码和矢量量化等。

码率和质量呈正比,但是文件体积也和码率呈正比;码率超过一定数值对图像的质量没有多大影响。一般来说,如果是 1M 的宽带,在网上只能看不超过 1024kbps 的视频,超过 1024kbps 的视频只能等视频缓冲完成后才能流畅地观看。所以综合以上各方面,常见的分辨率对应直播码率见表 8-10。

表 8-10　常见分辨率及对应的码率

分 辨 率	码 率
640×480	100～800 kbps
1280×720	200～1500 kbps
1920×1080	500～4000 kbps
2K(2560×1440)	2000～8000 kbps
4K(3840×2160)	4000～30000 kbps

3. 赛事直播推流系统

直播推流即将采集阶段封装好的内容传输到服务器的过程。如图 8-94 所示,通过推流设备及软件将音视频流输出到多协议接入平台,再由云端服务器分发到各直播平台供用户观看。

图 8-94　直播推流原理

常见的推流协议为 RTMP（real time message protocol，实时信息传输协议），它是由 Adobe 公司提出的一种应用层协议，可用于实时传播音视频媒体数据，它基于传输层的 TCP，通过与服务器端建立长连接传递数据，相较于其他同类协议传输稳定，延迟较低，一般为 1~3s，非常适用于直播场景下的推流，如个人直播用 OBS 推流软件或直播平台软件大多采用 RTMP 接入云端服务器，而中大型赛事活动则采用更专业的直播推流设备，配合采集设备进行内容封装和推流，如图 8-95 所示。随着新技术的不断发展与使用场景的不断拓展，除主流 RTMP 外，更有如 WebRTC，RTMP OVER QUIC，TS/RTMP OVER SRT 等多协议推流方式可以满足更丰富的场景观看体验，当然，也需要相应的满足协议的硬件设备支持。

图 8-95　直播推流系统

为了满足不同的直播技术支持，目前国内外的直播系统也提供了更多的解决方案，包括 8K HD-SDI 视频输入、4K HDMI 输入、虚拟场景、实时图像调整、多端口高清和输出等，甚至在 S10 英雄联盟全球总决赛期间首次采用了 XR（extended reality，扩展现实）技术，在传统赛事与电子竞技直播的基础上，通过 XR 将虚拟特效场景借助现场的海量光源、XR 摄像机、处理视频数据的插件和引擎及强大的电脑算力，让观众在直播中获得了全新的体验，如图 8-96 所示。

图 8-96　英雄联盟 S10 全球总决赛 XR 虚拟直播间

电子竞技赛事的直播推流是给线上观众呈现画面的非常重要的技术手段，国内外的电子竞技赛事发展至今，已从流畅稳定的直播推流需求转变成高清晰、高帧率、多形式、科技化的发展方向。随着云平台技术的发展，近些年已从高清直播走向超清蓝光、4K、8K 的直播模式。行业内也面临着百花齐放的硬软件以及不同的制式协议和操作方法。对于赛事后勤组而言，赛事启动前的设备测试和直播推流测试需要与场地设备、网络、搭建需求等预留足够的时间，并做出设备损坏、网络不流畅等情况下的相关补救备案。越早进行测试，则更换备案的时间越充裕，项目的容错率也越高。

8.7.4 赛事的接待服务

一般而言，赛事的主办方需要为参赛选手、教练、领队、工作人员、嘉宾等提供住宿、交通、接送、餐饮等接待服务。

赛事接待工作较为特殊，它的工作对象是人，工作内容也会根据对象进行差异化区分（选手、媒体的需求并不一致），工作的质量也较为容易引起媒体的关注。例如 2017 年的 WESG，选手的下榻酒店问题频出，导致选手搬出酒店，引起了媒体的关注，很多媒体发文报道此事，给 WESG 的品牌形象产生了一定的负面影响。

赛事接待要有服务精神，要尽量满足接待对象的合理要求，在无法满足的情况下应及时反馈并上报；对接待对象参与活动/赛事的方式要予以专业指导；要对相关突发情况进行合理的处置和解释。

1. 赛事接待服务的一般步骤

① 了解接待对象的需求，结合可用于接待服务的所有资源并对接待服务的整体工作进行规划。根据不同人员的需求合理进行相关物资的采购及安排。

② 制定具体的接待方案，根据赛事条件制定服务的标准。在条件允许的情况下尽可能地满足甚至超过接待对象的期望；在条件不允许的情况下需要提前告知原因，并提供合理的解释和说明，尽力取得谅解。

③ 在接待服务的过程中，要对接待对象需求的变化及时做出反应，并根据实际情况做出调整；要对接待工作中出现的各类问题进行快速疏导并积极处理，避免不必要的抱怨，尤其要做好媒体的工作。

④ 赛事结束后，要对接待工作中的文件资料进行整理和备案，并对接待服务情况进行综合评估，总结经验教训，撰写接待报告。

2. 赛事接待的主要内容

1）住宿服务

住宿服务既是接待工作的重点，也是难点，要提前确定需要提供住宿宾馆的对象类别，按照类别分配房间，在保证"公平待遇"的同时要兼顾特殊人员的需求，例如选手的住宿应以安全、安静为首要要求，而媒体则应在不同的宾馆，以防打扰选手；要结合各类接待对象的数量、规格、抵离时间确定接待宾馆，尤其要注意房间数量，预留超编人员的住宿；按照接待对象对住宿时间、地点的需求分配接待宾馆；组织开展对宾馆相关人员的培训工作，提高服务人员的素质与责任意识；要对各接待宾馆进行周边环境布置，防止干扰等。此外，还要注意选择住宿宾馆的一般优先级为安全、私密性、性价比、距离、舒适度。

2）餐饮服务

做好餐饮服务要提前了解和掌握各类接待对象的餐饮需求和可供资源，确定各类接待对象的用餐类别、用餐时间及饮食习惯。餐饮的一般优先级为安全、送餐速度、性价比、口味。

餐饮服务是十分重要的环节,要围绕赛事日程和活动时间掌握赛事特点,提前制定主副食菜单。用餐类别包括固定用餐和非固定用餐。固定用餐又分为宾馆接待用餐点和场馆固定用餐点。非固定用餐包括快餐、食品及饮品。用餐时间需要根据不同的接待对象加以区别,如记者的工作时间很长,只要新闻中心还没有下班,记者驻地就应继续提供餐饮服务,而选手用餐时间则应与竞赛安排结合。饮食习惯与接待对象的民族、宗教、区域、个人喜好等诸多因素相关,应事先对接待对象的饮食习惯进行征询,尤其要注意不同接待对象的饮食禁忌,如民族或宗教饮食禁忌、伤病员忌口、食物过敏等。

3)接送服务

接送服务要求制定详细周密的接送工作方案,方案内容一般包括接送对象、抵离时间、站点设置、接送团队、交通保障、接送路线等,并根据接待人数、接送时间安排不同规格的车辆及配备各阶段的接送服务人员。

4)交通服务

交通服务是指为接待对象提供交通便利,主要指两方面:一是赛事期间各类接待对象的用车服务,二是各类接待对象的中转接送服务。相关工作人员在比赛前需要根据时间、地点、人数制定车辆的具体安排表,避免车辆调度不开的尴尬。

8.7.5 赛事的交通管理

1. 交通运输

交通运输主要是指人员运输、器材设备运输和物资运输。一般情况下由后勤中的交通运输部或接待部等负责。

人员运输主要是指对赛事相关人员的接送,在保证安全、准时的情况下,还要做到方便、舒适。例如车内空调运作良好,夏有冷气,冬有暖气;每辆车搭载的人数不宜太多。确保为选手、专家及各方来宾提供最优质的运输服务。

对器材设备与物资的运输一般都应有预见性,需要提前与电子竞技赛事部门及相关部门协调,做好计划方案并及时实施。同时要注意做好因突发事件或赛程改变而带来的运输计划的调整。另外,对于器材设备与物资的装卸,应依据发货清单按照器材设备与物资的轻重、尺寸大小和运输安全要求合理装车、卸车,并由发货人员、接货人员和运输人员三方对发货清单进行签字确认。运输途中禁止器材设备或物资调换车辆,以确保器材设备、物资安全完整地到达目的地。

2. 交通出行

出行交通包括长途交通和短途交通。从项目立项起,相关人员的所有出行交通都应被纳入后勤中"交通"的范畴。而后勤工作的目标就是确保相关人员能够合理、按时地出行。交通问题的一般处理原则是远途交通提前预订、短途交通实报实销。

8.7.6 赛事票务的发放与管理

票务是一场电子竞技比赛重要的业务组成部分，除了票房收入对赛事本身财务情况的影响外，门票的购买流程、核销过程，甚至安检与中场休息过程都关乎观众的体验。票务管理分为：核销管理、规则管理、信息管理、账务管理等。

1. 票务规则设定

票务规则的设定目的是加强票务的监督和管理，维护正常的经营秩序和购票者的基本权益，也是为了保障赛事本身的权益。

目前，不少电子竞技赛事的售票都采取了实名制购票的方式，现场观演遵守"一人一证一票实名人脸比对"入场制度，需观演人员持本人身份证原件实名制入场，证件信息须与购票平台记录中的观演人信息一致。这种票务上的信息验证方式可以避免抢票、黄牛的可能。

在门票发售的渠道方面，可以选择相关的平台商或渠道商形成代理分销的机制，大部分专业票务平台都有着成熟的反外挂程序机制，在分销的同时完成有利的反抢票、反黄牛。

在票务规则管理方面，需要对门票的购买最大数做出一定程度的限制，即使赛事没有达到世界性赛事这样的火热程度，还是需要设定单人实名制购票2~6张的限制。这是为了防止门票在流通中发生倒卖行为，可由赛事组织方自行决定相关购票数，并要求用户在订单生成后的5~10分钟内完成付款，否则订单将自动取消，该类制度也是为了防止干扰门票的正常销售。

门票的退票规则也需要在一定程度分情况做出规定，如遇到不可抗力等情况导致赛事延期或取消，仅支持门票退款的规定；项目延期情况下的退票或转赠规则也需要详细制定，并做出相应的退票规则说明与转赠方式说明及相关的转赠截止日期，超出时间和次数将无法转赠，并做出如"发生转赠，请接收人携带本人有效身份证件入场"等类似规定，以防批量购买并转赠门票的行为发生。

2. 安检与检票流程

检票人员可以由赛事组织方安排，可以采用执行团队与志愿者团队组合工作，也可以是场馆团队与志愿者团队的组合，后者的优势在于其团队成员对场馆有更深入的了解。但在检票人员上岗前，要对检票人员进行统一培训并进行分组管理。对于较大的场馆来说，检票要按照区域对应入场，不仅可以缩短观众的入场路径，更可以防止人流的拥挤。检票员应统一着装，佩戴工作证或穿着工作服，使用票务核销的相关设备进行票务核销。如果是非二维码核销机制的纸质票证，大部分情况下应由检票人员进行验真并使用检票剪进行打孔操作，以示核销完成。

使用二维码进行核销的票券则需扫码进行核销。在不少票务系统中，可以通过手机设置系统核销员进行门票扫码核销，这类方式适合人流量较小的赛事与活动。检票人员自己的手机电量与网络功能便可以满足。如果赛事规模较大，这时就需要快速入场，需要在多设置检票口的前提下，使用一些硬件提高效率。手持验票机较之手机有更高的电量与稳定性，连接扫码枪的电脑也可以完成前述工作，但需要有放置电脑的空间与接电条件，有扫码功能的闸机则是较为稳定且快速的选择，检票人员无须动手，令观众自行扫码进入会场即可。

在目前实名制购票入场趋势的影响下,"刷脸"即采用"人像识别+身份证+门票"的三合一入场方式逐渐成为趋势,这样不仅可在一定程度上规避黄牛对于门票发售的影响,也在一定程度上做到了用户大数据的留存。对于安保等数据,也可以做到有记录可追溯。

对于某些分为上下半场或持续一整天的赛事,应设有中场休息,这时可能需要用户使用票券兑换带有射频识别(radio frequency identification,RFID)的一次性纸腕带作为可出入场的证明。RFID是自动识别技术的一种,通过无线射频方式进行非接触双向数据通信,利用无线射频方式对电子标签或射频卡等记录媒体进行读写,从而达到识别纸腕带真伪的目的。需要注意的是,实名制购票的赛事要请检票员团队将票券核销后直接将纸腕带戴在用户的手上,防止黄牛采用多人身份购票,并分别核验后售卖纸腕带。

对于大型赛事,还可以设置观众缓冲区,即第一查票口,初步检查门票,凡无票者一律不得入内,防止无票观众的回流造成交通拥堵,较为简便的方式是在会场外围各入口处的前一段距离设立隔离带。

检票完成后,赛事组织方应安排对所有持票人进行安全检查,如存在安全隐患或携带违禁物品,需要劝说观众丢弃或暂存违禁物品。拒不弃物或暂存的观众不符合观演条件,需要禁止入场并针对退款、退票等流程完成后续服务。安检是为了保障现场观众、选手、嘉宾及所有在场人员的生命财产安全,并维持赛事秩序。在大部分赛事中,火种、宠物、管制刀具及金属锐器都是不可携带物品。在更高标准的安检中,液体也在禁止携带的范围之内。

安检器材诸如入口安检门、X光线机、金属手检板、液体检测机等需要在策划之初就列入计划,也可以使用场馆自带的按键器材。安检人员数量要视入口而定,分组行动,配备通讯设备并统一着安检服。

首先,要设定会场指定入口、出口,在此基础上设定入口安全检查区,安检口设立相应安检标识,对安检区实行封闭管理,并设定入口打火机回收盒,由专员负责管理和移送出口或者销毁;设立单向出口门,防止反向冲击入场;设立易燃易爆物品紧急处理桶;对管制刀具以及可伤人物品进行没收或保管;在安检门前设立储物箱。

其次,安检人员必须提前半小时到达指定岗位;必须服从命令,听从指挥,遵守安检辅警规章制度;现场带队负责人上岗前要主动与现场安检防暴处的民警取得联系;安检员经过选拔与培训后获得上岗资格,每天必须持上岗证上岗;安检员必须礼貌待人,文明上岗,仪表端正,举止大方;严禁空岗、私自换岗或上岗时自由散漫;尊重民俗习惯,确保男不查女;发现可疑物品应立即与值班负责人和民警联系;所有人员一视同仁,不得有任何人漏检或不检进场。

最后,每个安检入口需要有标识号牌(1~5个号牌,贴于门上),验票口门侧贴有"严禁携带火种""严禁携带易燃易爆物品""开包检查""禁止宠物入内"等醒目的警示标识;观众席对面张贴"禁止吸烟"等警示标语。

8.7.7 赛事现场物资的协调

物资管理是指电子竞技赛事项目的执行过程中,对本项目所需物资的采购、使用、储备、领取等行为进行计划、组织和控制。物资管理的目的是通过对物资进行有效管理而降低企业生产成本,明晰物资所在场所。小到一盒盒饭、一瓶矿泉水、大到租用的灯光设备与舞台搭建用的桁架,都是赛事现场物资协调的范畴。

在一些小型赛事或民间赛事中，尤其是场地为空旷场地或商场的中庭的赛事或活动，奖品与礼品的管理也是非常值得注意的部分，常发生物资摆放不标准、领用过于随意、管理权责不清晰，最后导致物资不足继而影响赛事或活动进程的情况。较好的处理方法是安排专人进行出入库的管理。即使现场没有封闭空间，也可以用隔离带对物品进行围栏与隔离，形成封闭区域。

物资管理的最好方式是制定相关的出入库规则，并设定登记表，使物品的去向有所记录，也为赛事的运营复盘留下了相关的文字资料。

表 8-11 为某电子竞技赛事的物料出入库登记表，该表不仅可以帮助相关物料人员进行领用登记，更可以针对设备的领用进行登记。在表格中，编号/序列号就是针对电子设备的更详细的选项。

表 8-11 出入库登记表

序 号	货物名称	编号/序列号（PN/SN）	数 量	登记时间	签 字	备 注
1						
2						
3						
4						
5						
6						
7						
8						

针对此表可以做出详细的物资管理规则：

① 物料领取人需本人，且须携带本赛事项目工作证件；

② 所有入库、出库物品均需要填写对应入库、出库单据，否则不予承认；

③ 所有出入库物品需提前告知物资管理人员，物品名称、类型、数量，如非本人前来，则需告知库房管理对接人信息；

④ 所有需归还设备，借出时应看清是否完好，一旦出库，物资管理人员将不承担责任；

⑤ 所有准备归还设备、物资，归还时须保证完好，如有损坏，库房有权拒绝接收；

⑥ 消耗品在出库时应注明消耗品，在活动结束后，将未使用的消耗品归还并做好损耗信息登记。

8.7.8 赛事的安全管理和医疗卫生管理

1. 赛事安全管理的内容

电子竞技赛事安全管理是指在赛事组织实施的过程中为确保赛事相关人员人身、活动、赛事相关物资、设施的安全而进行的一系列管理活动。安全既是电子竞技赛事成功举办的根本保障，也是赛事成功的主要标志之一，是最关键、最核心、最基础的工作，可以说，失去安全就失去了一切。

赛事安全管理主要包括人员安全、活动安全、赛场安全、物资安全、食品安全等,其中,最根本的是人员安全。

1)人员安全管理

人员安全管理主要是指选手、教练、裁判员、观众、工作人员、重要领导和嘉宾等电子竞技赛事参与人员的安全管理。

针对选手、裁判员、教练、观众、工作人员等群体,主要方法是开展各类安全宣传和教育活动,要求各赛事参与人员严格遵守竞赛的相关规定和制度,提高各赛事参与人员维护赛事秩序的自觉性。同时,在宾馆、赛场及街面都要配备固定设备和流动警力,采取有效措施预防各类人为安全事故,还要防止报到时的混乱以及比赛结束后的躁动,维护良好的秩序。

针对领导、重要嘉宾等人群,要按照时间、地点、活动部署防线,划定区域尽早封锁,设置专人或团队反复检查以消除隐患,全方位保卫领导和重要嘉宾的安全。

2)活动安全管理

电子竞技赛事活动的时间、场地一般是不可更改的,人员的集众性造成了其有别于其他活动的特殊安保难点,赛事安保部门必须根据整体赛事安排、布置安全保卫工作。其主要内容包括电子竞技赛事的开幕式、闭幕式及其他重大活动需按规定在公安、交通等管理部门备案,并在审批同意后,赛事的安保部门才能按照相关程序办理和实施相关安保工作;对比赛场地、参赛人员宾馆及周围场地进行安全检查,及时处理各类安全隐患;注意天气变化和自然灾害对赛事活动的恶劣影响。

3)赛场安全管理

电子竞技赛场安全是保障赛事安全的关键环节和重要区域。一般情况下,入场安检、消防安全等均为赛事安全保卫的关键环节。赛场安全管理的重点是观众管理。工作人员除了加强对门票和携带品的管理外,还要加强对观众区域的监控,一旦发现问题,要立即采取果断措施,消除安全隐患。

4)物资安全管理

电子竞技赛事人多物杂,相关物资主要包括贵重物品、危险品、比赛器材设备及其他活动物料等物品和现金等。赛场各类物资的数量和特征保管部门都要提前登记,严格执行各类物品和现金的使用规定,通过相对集中的重点监控防止物品的损坏和丢失。个人的财物管理是一个难点,需要对所有人员进行安全宣传,加强安全教育,工作人员要把证件管严、查实,把门锁好、关好,把社会上的不良人员管住。

5)食品安全管理

要确保赛事期间选手、裁判员及工作人员等的饮食安全,后勤管理必须从食品安全和食品流通安全两方面做好安全保障工作。

电子竞技赛事的食品需求量大,对于数量与品种的需求,有时举办地并不能全部提供,一旦发生事故,就是大事故,所以对食品来源要落实供货基地或生产基地,实行专地、专渠道、专品种、专人、专门的程序管理,同时要签订合同,明确责任,严防食物中毒,确保供应。

2. 赛事医疗卫生管理的内容

医疗卫生工作是电子竞技赛事最基本的保障,赛事组委会通常会成立专门的医卫部门。

电子竞技赛事医疗卫生管理的主要内容有以下三方面。

1) 医疗服务管理

医疗服务管理主要包括常见病治疗、损伤医治和现场救护。医疗救护组要制定医疗方案与突发事件应急方案,成立领导小组、专家小组、现场医疗小组、应急医疗组等应急机构,明确具体工作职责与各组责任人。对急救人员、设施、设备和药品的配备情况进行检查,做好药品储存,对重点药品进行分类,确保在发生意外事故时能够实施有效的救治或转诊。

2) 卫生监督管理

电子竞技赛事的卫生监督主要是指环境卫生监督和食品卫生监督,医疗卫生部通常会专门制定赛事卫生监督方案,要求竞赛场馆、食宿接待宾馆符合相关卫生规定。食品卫生监督除了餐饮与食品供应监督管理外,监管人员还要对选手入住的宾馆附近的中小型餐饮单位和饭店进行摸底排查,采取特殊时期、特殊监管的措施,针对重点区域、重点品种进行监督检查,彻底消除卫生隐患。

3) 疾病预防控制

疾病预防控制主要是指对各类传染病、流行病等多发性疾病、突发性疾病的预防和控制。针对当地历年同时期内的流行病、多发病进行分析,制定预防控制方案和应急处理预案,做好疾病监测工作,采取有效措施解决。针对传染病和突发性疾病要启动预案,按突发事件程序积极应对,避免扩大疾病的波及范围。

8.8 赛事现场突发事件管理

根据2007年11月1日起施行的《中华人民共和国突发事件应对法》的规定,突发事件是指突然发生,造成或者可能造成严重社会危害,需要采取应急处置措施予以应对的自然灾害、事故灾难、公共卫生事件和社会安全事件。

电子竞技赛事的突发事件可能发生在赛事的各个阶段与环节,赛事组织者应对赛事的突发事件做好风险管理准备,制定有效的风险预案,对突发事件进行及时有效的防范、监督与处理。

1. 对可能的突发事件进行事前防范

1) 开展安全教育,强化危机意识

没有危机感、没有危机意识是最大的安全隐患。在比赛前要对应急救援和管理人员进行培训,提高其专业技能;对所有赛事现场参与人员进行安全教育,宣传突发事件应急处置法律法规和预防、避险、自救、互救、减灾等常识,增强组织人员的忧患意识,提高现场人员的自救、互救能力,并能配合安保人员应对突发事件。

2) 开展安全检查,强化责任意识

在比赛之前,安全检查是重要的工作环节。工作人员要细致观察、加深思考、强化履职能力、强化责任管理。检查内容包括举办场地的建筑设施是否符合要求、通道及出口是否畅通、电器设备是否符合标准、电子竞技器材是否配置齐全和有效、场内危险物品是否符合管理规范、场地内外的障碍物是否及时清理以及临时搭建的舞台等设施是否牢固等。

3）制定应急预案，强化防范意识

应急预案是指用确定的充分准备应对不确定的突发状况，能够在突发事件发生前做到未雨绸缪、谋划在先、应对在前，这是有效预防突发事件的重要环节之一。突发事件的处置应以预防为主、预防与应急相结合为原则，所以应急预案中应有必要的应急预防，同时方案要做到目的明确、符合实际、着重操作。

2. 做好突发事件的应对保障工作

在做好突发事件相关预案的应对工作的同时，还要依据预案做好应对突发事件的人力、物力、财力、交通运输、医疗卫生及通讯保障等工作，保证应急救援工作的需要和恢复赛事的顺利进行。

1）应急人力安排

组织、动员各部门力量参与应急救援工作，主要包括公安人员、消防人员、医护人员、技术专家等应急分队准备，且要组织好事后的表彰与奖惩。

2）应急资金安排

建立应急资金专账，保证所需突发事件的应急准备和救援资金能够及时到位，并对突发事件的财政应急保障资金的使用和效果进行监管和评估。

3）应急物资安排

建立应急物资紧急储备体系，完善应急工作程序，确保应急所需物资的及时供应，并加强对物资储备的监督管理，及时予以补充和更新。

4）应急运输安排

保证紧急情况下应急交通运输工具的优先安排、优先调度、优先使用，确保运输安全畅通，确保抢险救灾物资和人员能够及时、安全地送达。

3. 对可能的突发事件进行监督

电子竞技赛事中的现场工作人员与安保人员要时刻关注场馆各处的变化，及时发现不利苗头，在事件发生之前就采取恰当的方法予以处理，避免事态进一步恶化。

1）做好人群分布，实时监控

① 建立人群分布实时监控系统。电子竞技赛事的组织管理人员必须及时掌握赛事现场人群分布的第一手资料，实时监控出入口等人流集中的区域，及时采集活动区域人群信息，保证出入口的畅通，方便及时撤离，防止人群拥挤，避免踩踏事件的发生。

② 建立突发事件预警系统，以便工作人员能及时发现人群聚集数量超出负荷及产生拥挤的不良状态的表征信息，便于工作人员采取相应的措施。

③ 建立突发事件及时预警系统，现场一旦出现不良苗头，工作人员便可立即获知，及时前往可能出事的区域，了解现场情况，消除可能转化为突发事件的不安全因素。

2）监控传播设备，保障信息畅通

信息畅通是开展各项工作的重要条件。在电子竞技赛事中，组织管理者只有在第一时间掌握各种信息，才能及时做出决策，迅速利用各种力量应对突发事件。比赛现场一旦发生危险或感知到危险，人们就会选择逃离，使得赛场的秩序陷入混乱状态，甚至有可能导致事件变得更加棘手。因此，工作人员应充分利用现场的各种条件，向公众及时传达信息，稳定现场的秩序,有效疏散人群,减少突发事件带来的损失。

4. 突发事件的现场处置

在电子竞技赛事中,赛事组织者在面对正在发生或已经发生的突发事件时应随机应变,积极采取有效的措施进行控制,具体流程如下。

1)发现与报告

当突发事件发生时,现场工作人员在进行前期处置的同时,应及时向相关部门进行报告。例如,当电子设备出现问题时应该及时向后勤部门/技术人员报告;当电子竞技选手出现相关问题时应向负责管理选手的部门报告。相关管理人员接到报告后要第一时间赶到现场,判定事件程度及是否启动应急预案,并立即向领导小组报告。

2)前期处置

突发事件发生时易造成现场秩序的混乱,相关管理人员应迅速控制现场,将突发事件的发生区域隔离出来,避免无关人员接近,给现场处置留出足够的空间,以防事件进一步恶化。若事态无法控制,有关部门应立即疏散现场人员,同时开展现场救援和现场保护。当涉及人员伤病时,应立即联系急救部门。

3)应急响应

对于前期处置未能有效控制事态的突发事件,相应工作组要及时启动相关预案,在领导小组的统一指挥或上级主管部门的指导下开展现场处置工作。当需要多个相关工作组或部门配合时,应由主管该突发事件的工作组牵头,其他工作组或部门予以协助,共同参与处置。

4)应对媒体与公众舆论

突发事件很容易被媒体曝光,为避免不实报道对赛事造成不良的影响,管理人员应立即采取措施以应对媒体和公众,消除人们的恐慌心理。负面影响较小的突发事件,可以在现场对媒体和公众进行安抚;对于负面影响较大的突发事件,应立即召开新闻发布会,利用新闻媒体进行有针对性的报道,让公众知道事件的原因和结果,避免形成负面舆论和不实的猜测和报道。

5)应急结束

当突发事件应急处置工作结束或相关危险因素消除后,应由工作组报请领导小组批准宣布应急预案终止,并做好现场收尾工作,撰写情况报告。

电子竞技赛事现场风险预案示例如下。

××电子竞技赛事现场风险预案

1. 人员风险预案

(1)相关人员出现伤病

① 依据赛事规则或人员替换规则对选手、裁判员、工作人员或志愿者进行及时替换,确保赛事正常进行。

② 通知医疗人员对选手、裁判员、工作人员或志愿者进行救治。

③ 医疗人员在进行现场处理后决定是否将伤患送往医院。

④ 风险控制人员将相关情况报告赛事组委会。
（2）工作人员或志愿者未能按时到场
① 相关部门主管应立即联系工作处,同时将情况上报。
② 紧急调度备用工作人员或志愿者代班或代岗。
③ 相关部门将处理情况报告赛事组委会。
（3）选手、裁判员集体迟到
① 风险控制人员立即将相关情况上报赛事组委会。
② 风险控制人员用广播说明比赛推迟原因,播放事先准备的音乐、活动等,安抚观众的情绪。
③ 风险控制人员联系上级部门,尽快查明迟到原因,如是选手、裁判员自身原因,则由服务处主管依据赛事组织有关规则及工作程序进行处理。
④ 经确认是由于交通阻塞导致的迟到,赛事组织人员应重新设定比赛时间。
⑤ 主管立即通知相关部门告知比赛推迟原因,各部门主管通知各个岗位做好应对措施。
⑥ 主管将有关情况报告赛事组委会。
（4）选手与工作人员发生冲突
① 风险控制人员应迅速控制局面、了解情况、查明原因,如事态严重,则需紧急调度安保人员介入,以控制事态发展。
② 如有人员受伤,工作人员应立即通知医疗人员对有关人员进行救治。
③ 医疗人员在现场处理后决定是否将伤患送往医院。
④ 风险控制人员应与选手及时沟通,通告处理步骤,安抚选手的情绪。
⑤ 风险控制人员将相关情况报告赛事组委会。

2. 场馆器材损坏或故障风险预案

（1）器材损坏或故障
① 风险控制人员应立即报告后勤部门,并准备使用备用器材。
② 调度后勤部门进行备用设备的安装,并调度演员进行表演,安抚观众的情绪。
③ 由裁判员决定比赛是否继续进行,并及时通报主管。
④ 风险控制人员应立即将相关情况报告赛事组委会。
（2）网络故障
① 风险控制人员应立即报告技术部门,准备诊断和维修。
② 技术部门进行网络的诊断与维修,并调度演员进行表演,安抚观众的情绪。
③ 由裁判员决定比赛是否继续进行,并及时通报主管。
④ 风险控制人员应立即将相关情况报告赛事组委会。

3. 自然风险预案

（1）暴雨、骤雪、台风等恶劣天气风险预案
① 赛事组委会决定比赛是否推迟或延期,并告知各参赛队伍及观众。
② 风险控制人员告知组委会其他部门比赛是否推迟或延期,并做好应对措施。

(2) 地震、火灾等自然灾害风险预案

① 风险控制人员立即拨打救助电话进行紧急求救。

② 风险控制人员立即组织现场人员有序撤离。

③ 风险控制人员配合救援人员进行紧急救助。

④ 风险控制人员立即将相关情况报告赛事组委会。

(3) 断电事故风险预案

① 风险控制人员迅速了解故障原因,将有关情况报告主管。

② 依据具体断电原因调度后勤部进行紧急维修或启动备用电源。

③ 风险控制人员和安保人员立即控制现场局面,并安抚现场人员的情绪。

④ 故障排除后,确认比赛器材是否达到比赛要求,并决定比赛开始时间。

⑤ 风险控制人员立即将相关情况报告赛事组委会。

第 9 章

电子竞技赛事收尾与运营评价

9.1 电子竞技赛事收尾工作

电子竞技赛事收尾工作是指在比赛结束后需要完成的赛事剩余工作,并对赛事各方面进行评价总结。电子竞技赛事收尾工作的主要内容有答谢与表彰、资料的整理和归档、器材和物资的回收、财务报告、赛事总结报告。

9.1.1 电子竞技赛事表彰与答谢

每个电子竞技赛事的成功举办都是各行业、各部门的工作人员共同努力的结果。在电子竞技赛事结束后,要对参与赛事的工作人员、支持比赛的有关协作单位进行表彰与答谢。对各部门工作人员与志愿者中的优秀个人和优秀集体进行表彰,这是鼓舞人们的一种激励形式;诚恳地答谢其他合作者、支持者、协助者,这既是重要的公关活动,更是赛事组织方与利益相关者保持良好关系的有效方法。

电子竞技赛事的顺利举办离不开认真负责的裁判员、工作人员和志愿者,在比赛结束后可以给予他们一些特殊权利,以鼓励和感谢他们对赛事付出的辛勤劳动,例如允许其进入场馆与选手或解说员合影留念;在赛事闭幕式的致辞中予以致谢;向裁判员、志愿者的所在单位发送感谢信表示感谢等。

电子竞技赛事结束后还要向所有赞助商、供应商、媒体、医护人员、交通人员等支持和协助方进行答谢。答谢方式包括在电子竞技赛事的开幕式、闭幕式中予以致谢;赛后组织答谢宴会、表演晚会;赠送锦旗、匾额、纪念品等;在赛事官网首页发鸣谢信等。

9.1.2 电子竞技赛事资料的整理和归档

对电子竞技赛事各类相关文件、资料的收集、整理、归档工作是赛事收尾工作的重要部分,它既是电子竞技赛事全貌的综合反映,又为日后同类电子竞技赛事的组织工作提供了重要的参考依据。这项工作主要由办公行政事务主管负责,将整个赛事中具有参考价值、借鉴价值和保存价值的公文、材料及实物等按照类别与其内在联系进行收集、整理和归档,以便保存和再利用。

1. 资料的收集分类

电子竞技赛事资料分为三大类:文件类、实物类、音像类。

① 文件类。包括电子竞技赛事发起单位的原始文件；上级单位批复的函件；组织工作程序及各组织系统文件（含赛事组委会名单和职务、各部门负责人名单、工作人员名单及工作职责等）；重大会议的全部文件（含通知、日程、与会人员、领导讲话、工作方案、决议、简报、纪要等）；日常工作中的各类文件和各阶段的工作总结等。

② 实物类。包括纪念章、奖章、奖杯、报纸、杂志等各种宣传品以及与本赛事有关的实物。

③ 音像类。包括与本赛事有关的音频、视频、照片等音像资料。

2. 资料整理的要求

电子竞技赛事各类文件必须一式两份，尽量上交原始文件。实物和音像资料全部需要原制品或作品，同时可另提交一份复制品作为备份。

具体整理原则与方法应依据《中华人民共和国归档文件整理规则》《电子文件归档与管理规范》，并结合电子竞技赛事的实际情况进行资料的整理与归档。

9.1.3 电子竞技赛事器材和物资的回收

器材和物资的清点与回收是电子竞技赛事的一项重要收尾工作，它关系到物资的保存和再利用。这项工作一般由办公室、后勤和财务部门统一部署，并在提出要求后进行。各部门在赛事结束后要将本部门在比赛期间购置和借用的各种器材与物资归类及清点，剩余消耗性办公用品应上交行政部门，由其统一提出处理办法，固定资产要全部如数上交。后勤部门同时要做好办公物品的收缴工作，租借的物品设备要归还，丢失、损坏的物品设备要赔偿，最后做好报销、结账及经费结算的报告。

器材和物资的回收要求如下。

① 清点、回收物资的人员要做到分类明确、数据准确、实事求是。

② 编制、整理物资记录时，要对物资损耗及丢失进行详细的记录，分析损耗原因、落实责任人，保证物资变动的各环节有账可查。

器材和物资的清点与回收需要用到的统计表见表9-1。

表 9-1 器材和物资统计

序号	名称	规格	数量	经办人	领取人	领取日期	收回数量	收回日期	备注

9.1.4 电子竞技赛事的财务报告

财务报告是反映企业财务状况和经营成果的书面文件，包括资产负债表、利润表、现金流量表、所有者权益变动表、附表及会计报表附注和财务情况说明书。

电子竞技赛事的财务报表能够全面系统地揭示电子竞技赛事期间的财务状况、经营成果和现金流量，有利于赛事组织方了解赛事各项工作的财务状况，有助于及时发现问题、调整工作内容、提高经济效益,也能够为后续赛事的经济预测和重要决策提供依据。同时,财务报告有助于改善电子竞技赛事的经营管理,虽然财务报表不能够完全体现出一个赛事的成败,但却能够提示赛事组织方在经营管理上的欠缺之处。

9.1.5　电子竞技赛事的总结

赛事总结是指对电子竞技赛事从赛前准备到比赛结束的各重要阶段、各重点方面的工作的优缺点进行分析和总结。赛事总结可以总结出经验教训,用于指导下一次的赛事运营工作,有利于提高工作效益。

赛事总结分为个人总结、部门总结、赛事综合总结。比赛正式结束后,每个工作人员都要对自己的工作进行个人小结,并形成书面文字。在个人总结的基础上召开部门工作总结会,综合部门的工作情况形成部门总结。赛事组委会综合各部门的工作总结召开工作总结大会,对整个赛事的组织工作进行成绩、经验、问题等的综合评价,最终形成赛事综合总结。

赛事总结的内容一般有四方面:基本情况、主要经验、存在问题、提出建议。

① 基本情况。个人总结需要写个人工作的基本情况,包括部门、主要负责工作、工作完成情况等。部门总结需要写部门的基本情况,包括部门名称职能、工作完成情况、部门人员的工作情况、管理情况等。综合赛事总结的基本情况包括赛事举办的时间、地点、规模、比赛项目、主办及承办单位、比赛成绩等。

② 主要经验。结合实际工作说明个人在工作中得到的工作经验;各部门在组织工作中的突出特点、工作成绩等。

③ 存在问题。指出个人在工作中存在的不足之处,并反思总结;各部门在组织工作中的欠缺方面,并总结具体原因。

④ 提出建议。个人根据工作经验、教训提出工作改进意见;各部门根据赛事的组织经验、教训对下次组织同类型赛事提出建设性的意见。

9.2　电子竞技赛事运营评价

9.2.1　电子竞技赛事运营评价的概念与意义

1. 电子竞技赛事运营评价的概念

电子竞技赛事运营评价是指对赛事运营的目的、执行过程、运营效益、赛事影响等进行系统、客观的分析,最终得出正确评价结果的过程。赛事运营的评价是赛事运营管理循环过程中的重要一环,其目的是确定赛事运营预期目标是否达到、主要效益指标是否实现、分析赛事运营成败的原因、总结赛事运营的经验教训、及时并有效地反馈信息,从而提高下一次赛事运营的质量与水平。

2. 电子竞技赛事运营评价的意义

1) 是衡量电子竞技赛事运营效益的标尺

电子竞技赛事运营评价是衡量电子竞技赛事的举办效果是否达到预期的经济效益、社会效益和生态效益等的标尺。大型电子竞技赛事的运营评价会为经济、社会、生态等方面提供翔实数据,对其举办城市的正面影响力的体现更为直观,可以更确切地体现电子竞技赛事对举办城市发展的推动力。

2) 为电子竞技赛事组织者提供运营参考

对电子竞技赛事运营进行可行性分析、对其价值或质量进行总体评价均有利于为承办方是否承办提供参考价值,其重要的统计结果为电子竞技赛事运营的组织者提供了专业的运营指导、组织经验和良好的工作方法,令其了解和掌握电子竞技赛事各方面工作,有利于推进电子竞技赛事组织的规范化和科学化。

3) 有利于赛事推广,获取赞助商

电子竞技赛事运营的评价结果可以通过新闻媒体宣传推广电子竞技赛事的成效,为潜在赞助商提供赞助依据,对电子竞技赛事在计划和寻求赞助上打下良好的基础。另一方面,还为赞助商提供了解赛事运营的渠道,有利于提高双方合作的概率。

4) 有利于推动电子竞技赛事的发展

电子竞技赛事运营评价是重要的赛事运营史实资料,不仅为电子竞技赛事的参与者提供了比赛成绩和比赛过程中出现问题和解决问题的反馈,其运营的优缺点还会为后期举办的电子竞技赛事提供知识与经验,借鉴优势之处,规避劣势与风险,有利于提高电子竞技赛事的举办水平,促进电子竞技赛事的可持续发展。

9.2.2 电子竞技赛事运营评价的内容

电子竞技赛事运营评价的内容广泛、层面繁杂、分类众多,对其的评价要从不同方面进行,但无论按照何种标准,其评价内容都必须包含专项评价和综合评价,具体内容如下。

1. 电子竞技赛事水平的评价

电子竞技赛事水平的评价主要包括竞技水平和竞赛关注度。

1) 竞技水平的评价

衡量大型电子竞技赛事的举办水平离不开对赛事竞技水平的评价。评价赛事竞技水平的高低主要涉及三方面的对比分析:一是与历史上同类型赛事的竞技水平进行对比;二是与当前同项目优秀选手水平进行对比;三是与当地曾举办的相似赛事的选手人数、赛事等级等进行对比。若要对2017年世界电子竞技大赛的竞技水平进行评价,则可以从参赛国家数量、参赛选手数量、竞赛项目数量及竞赛成绩等方面与2014年首届大赛进行对比。

2) 竞赛关注度的评价

电子竞技赛事关注度及阶段变化也可以反映电子竞技赛事的举办水平。具体可以从四方面进行分析评价:一是是否有国际知名选手参赛;二是现场观赛人数、线上观赛人数及赛后赛事视频的点击量;三是赛事是否受到政府的重点关注;四是赛事是否受到媒体的广泛关注。若要对2018年MSI赛事的关注度进行分析评价,则可以从参赛选手的知名度、各阶段观赛人数、政府与媒体的关注等方面进行。

2. 电子竞技赛事经济效益的评价

电子竞技赛事经济效益的评价是指对赛事各种经济特性的分析和评价,它是电子竞技赛事运营效益评价的核心内容。电子竞技赛事能带动举办地的消费,引起举办地需求的变化,对其经济发展有直接与间接、长期与短期、正面与负面的影响。具体的分析评价可以从赛事举办后对举办地经济增长与政府税收收入、举办地居民收入水平与就业水平等方面的影响进行。

3. 电子竞技赛事社会效益的评价

电子竞技赛事社会效益及影响的评价所涉及的内容十分广泛,根据赛事的规模,可以从国家、地区和赛事三方面分析电子竞技赛事的举办对社会心理、社会价值观和社会政治等各方面的影响。同时,还要注意评价赛事与社会的相互适应性、影响效果的积极性与消极性等。

4. 电子竞技赛事环境效益的评价

电子竞技赛事环境效益的评价是指对赛事运营期间赛事给自然环境和社会环境造成的各种影响的评价。因电子竞技赛事对环境的影响具有复杂性与滞后性,且评价因素难以量化,所以赛事环境效益的评价周期较长。评价内容主要为是否改善或破坏了自然及社会环境,自然环境的影响主要指赛事对举办城市的生态、大气、水等方面的影响,社会环境的影响主要指赛事对举办城市的社会生活、社会文化、社会道德等方面的影响。

以上评价内容仅供参考,在具体的赛事运营中,赛事评价的具体内容应根据不同利益相关者的评价需求确定。

9.2.3 电子竞技赛事运营评价的原则与组织过程

1. 电子竞技赛事运营评价的原则

1) 实事求是原则

实事求是原则是电子竞技赛事运营评价应遵循的最基本原则,它是指电子竞技赛事运营评价必须从电子竞技赛事运营的实际情况及赛事本身的特点出发,找出电子竞技赛事运营的客观规律;电子竞技赛事运营评价人员的工作态度必须端正,目的必须明确,实事求是地分析与评价电子竞技赛事运营及其方案,既不能夸大或忽视效绩,也不能夸大出现的问题或掩盖缺点和问题。在电子竞技赛事运营评价中要解放思想,采用科学的方法,实事求是,一切从实际出发。

2) 客观公正原则

客观公正原则是指电子竞技赛事运营评价必须严格按照评价标准,遵循客观规律,讲求公正与科学,不能随意掺杂评价者的主观意志。其中,客观是指电子竞技赛事运营评价者要从客观实际出发,对赛事运营进行实事求是的评价,不可主观臆断、随意评价;公正是指电子竞技赛事运营评价者的立场要公正,不能受权威或利益的干扰而尺度不一,必须对赛事运营的各方面一视同仁,不偏不倚不放弃。只有客观公正地对赛事运营进行评价,才能使评价的结果符合赛事的实际,赛事运营评价才能发挥其应有的作用。

3) 系统有序原则

电子竞技赛事是一个多方面运作的系统,同时,它又是自然、社会、市场系统的一个子系统。在系统有序原则中,系统是指在电子竞技赛事运营评价中要全面系统地评价电子竞技赛事运营的各方面,把赛事的微观经济效益与宏观的经济、社会、环保等各方面的效益有机结合,最终得出一个整体性的结论以客观反映赛事的状况,而不能通过单方面或个别方面得出结论;有序是指大型电子竞技赛事的周期比较长,涉及的方面比较广,整个赛事要分阶段地有序完成,对此类赛事的评价也必须分阶段进行。当然,不同阶段有不同的评价标准和评价内容。

4) 科学规范原则

在科学规范原则中,科学是指电子竞技赛事运营评价必须在科学理论的指导下,遵循科学评价的程序,运用科学思维方法进行;规范是指在电子竞技赛事运营评价中所用的方法和程序必须符合统一规范,主要指规范的方法、参数、指标、评价程序和步骤等。电子竞技赛事具有复杂性、不确定性等特点,所以在赛事运营评价工作中必须遵循科学规范原则,科学合理地制作评价计划、安排评价人员与评价流程,并采用规范可靠的评价方法。另外,还要采用定量与综合定性相结合的方法,赛事评价既不能脱离数据,也不能只看数据而忽略其他因素。

5) 对比性原则

对比性原则是电子竞技赛事运营评价中必须遵循的原则之一,主要是可比性的要求。有比较才有分析,有分析才能做出评价。在电子竞技赛事运营评价过程中,主要有两类对比:一是横向对比,即与同类型赛事对比,比较研究同类赛事的成败经验;二是纵向对比,即与自身往届赛事对比。在选择对比赛事时要注意选择同类或大体相同的赛事,与被比较的赛事在性质上必须有某种联系,联系的相关性越强,对比的结论就越可靠。而与自身往届赛事的对比评价则能清楚地呈现出赛事的历届举办情况和发展轨迹,为赛事的健康发展提供参考依据,有利于电子竞技赛事的可持续发展。

6) 反馈性原则

反馈性原则是指在电子竞技赛事运营评价中,评价者将评价中发现的问题与先前制定的赛事工作方案、计划等相比较,得出评价结果并将其反馈给被评价者,被评价者依此及时调节和控制赛事运营工作,以改进和提高运营水平。

2. 电子竞技赛事运营评价的组织过程

电子竞技赛事运营评价是衡量电子竞技赛事目标是否达成的重要环节,其组织评价过程中有众多步骤与内容,"如何评价"是工作重点。电子竞技赛事运营评价的主要组织过程如下。

1) 赛事运营评价的准备工作

(1) 组建评价小组,启动评价工作

组建评价小组是赛事运营评价前的首要工作。评价小组的组建规模及其人员配置由电子竞技赛事的规模、赛事运营管理结构的性质及赛事评价的目标等因素决定。评价小组人员一般是多方合作,由电子竞技赛事主办方、赞助商、第三方评价机构等单位的评价人员组成。为保证评价结果的客观性、科学性和准确性,各方在选择评价人员时也必须做到周全。而评价的启动工作更要保持平稳,有利于营造良好的评价氛围和开展评价工作。

(2) 编写评价计划,制定评价方案

① 编写评价计划。评价计划的内容包括评价目标、评价项目与时间范围。要根据电子竞技赛事运营目标制定评价目标;根据电子竞技赛事运营效益内容制定评价项目;根据电子

竞技赛事综合影响的时间确定评价时间范围。

② 制定评价方案。为使赛事运营评价工作有条理、有顺序、有效率地进行,必须制定细致有效的方案。评价方案的制定要依据评价计划,其主要内容包括评价目标、评价范围、评价对象、评价内容、评价步骤、评价方法、评价时间、评价地点、评价人员安排及评价经费安排等。

2) 赛事运营评价工作过程

电子竞技赛事运营评价工作过程如下。

(1) 收集资料

电子竞技赛事运营评价工作的第一步是收集各种评价所需的资料。赛事运营的各种资料是评价的依据,评价离不开资料,所以收集的资料内容必须客观真实,数据必须清晰准确。收集时要按照评价方案中要求的方法、步骤进行收集,不要混淆收集资料的范围和类型。

(2) 整理资料

整理资料即根据赛事运营评价的目的,运用科学的方法对收集的文字、数据资料等进行审查、检验、分类、汇总等初加工的过程,它是提高资料质量和其使用价值的必要步骤。整理资料的原则是真实性、合格性、准确性、完整性。

(3) 分析、评价

赛事运营评价小组对收集整理的资料进行全面的分析和评价,最后得出结论。这一步涉及的内容主要有:电子竞技赛事运营全部情况的分析和评价;电子竞技赛事阶段(赛前、赛中、赛后)评估结果的对比分析和评价;电子竞技赛事运营风险的分析和评价;电子竞技赛事可持续发展的预测分析和评价等。分析和评价的步骤是先专项、后综合。评价小组人员在分析和评价时,遇到问题要随机应变,具体问题具体分析,若遇到评价方法问题,则应及时调整评价方案,以保证评价工作的顺利完成。

3) 撰写赛事运营评价报告

电子竞技赛事运营评价报告是对电子竞技赛事运营分析和评价过程的书面总结。赛事运营评价报告并没有固定的格式要求,但对赛事评价报告内容的质量要求较高,定性部分要以事实为依据,定量部分要罗列真实数据,结论部分必须直观准确地展现。报告的主要内容包括标题、前言、摘要、正文、附件。

(1) 标题

即评价报告的题目,一般为《××赛事运营评价报告》。

(2) 前言

前言中要指出电子竞技赛事运营评价的目的、评价的问题和范围、评价的人员组织等。

(3) 摘要

摘要是对报告的概括性提炼,提供报告的主要信息及评价结论。

(4) 正文

正文是评价报告的主体部分,主要内容包括评价的时间和地点、评价的内容和方法、主要问题、原因分析、解决问题的措施、各种指标的数据分析、经验教训、结论与建议、评价结论及对未来赛事的展望和建议等。

(5) 附件

附件包括样本分析、统计方式、图标、附录等附加文件。

参 考 文 献

[1] 周焘,余斌.论电子竞技运动的起源与概念[J].现代交际,2012(6):16-18.
[2] 卢元稹.体育社会学[M].3版.北京:高等教育出版社,2010.
[3] 曹可强,刘清早.体育赛事运作[M].北京:高等教育出版社,2017.
[4] 果色心情.从取消降级到推行联盟化,电竞地域化将带来什么.超级玩家[EB/OL],http://www.sgamer.com/news/201706/14556.html.
[5] 李凡凡.我国电子竞技运动发展现状和对策研究[D].济南:山东大学,2014.
[6] T.L.泰勒.电子竞技与电脑游戏职业化[M].马萨诸塞州:麻省理工学院出版社,2012.
[7] 张仪,朱筱丹.基于SWOT的电子竞技赛事商业价值开发分析[J].中国市场,2011(23):217-219.
[8] 47国出席全球电竞高峰论坛 IeSF田炳宪、WCA李燕飞分别致辞.人民网[EB/OL],http://bbs1.people.com.cn/post/1/1/1/157717655.html.
[9] 电子竞技编年史1993—1995.天极网[EB/OL],http://wcg.yesky.com/351/2148351all.shtml.
[10] 活着的传奇CS编年史2001年前.学汇乐博客[EB/OL],http://m.xuehuile.com/blog/dd0c3d921cd84d53ac1afcbadf3b4986.html.
[11] 电子竞技风靡美国校园:专业玩家为打比赛推迟入学.中国新闻网[EB/OL],http://www.chinanews.com/gj/2014/12-10/6863537.shtml.
[12] 留学杂志.美国高校开设了电竞奖学金?网易号[EB/OL],http://dy.163.com/v2/article/detail/DIIJU5J40512822P.html.
[13] 佚名.美国顶尖高校设立电竞奖学金支持在校生参赛[J].电子竞技,2017(9):11-12.
[14] 佚名.韩国电子竞技历史篇[J].电子竞技,2006(17):16-18.
[15] 杨直.韩国电竞现状观察[J].电子竞技,2016(1):36-38.
[16] 张书乐.《星际争霸》拍"肥皂剧"[N].人民邮电报,2014.9.1.
[17] 杨直.KeSPA:曾战胜了时代,如今却忍受着来自时代的复仇[J].电子竞技,2017(4).
[18] 吴夕源.韩国电竞为何强? KeSPA接受中国采访给你答案.腾讯游戏[EB/OL],http://games.qq.com/a/20161017/001286.html.
[19] BBKinG.中国电竞幕后史[M].武汉:长江文艺出版社,2015.
[20] 严圣禾,党文婷.电子竞技:从"洪水猛兽"到"世界语言"[N].光明日报,2016.12.17(2).
[21] 王萌,路江涌,李晓峰.电竞生态:电子游戏产业的演化逻辑[M].北京:机械工业出版社,2018.
[22] 刘胜军.2016游戏业盘点:电子竞技从游戏附属渐成独立行业.IT思维[EB/OL],http://www.itsiwei.com/14388.html.
[23] 梁嘉敏.中国移动电竞赛事传播研究——以KPL王者荣耀联赛为例[J].中国报业,2018(10):30-31.
[24] 梅文.全国电子竞技大赛落幕[N].浙江日报,2015.12.2.
[25] 老徐说球.从NBL到CBA到底有多远——这是最全面最深入的分析.搜狐网[EB/OL],https://www.sohu.com/a/122403546_507109.
[26] LOL主客场时代降临 在家门口看LPL.多玩游戏[EB/OL],http://lol.duowan.com/1704/357483239021.html.
[27] DOTA2新体系解读:积分制让比赛更有活力.DOTA2[EB/OL],http://dota2.uuu9.com/201707/548045.shtml.
[28] 唯电竞.电竞产业爆发下的第三方赛事如何破局.禹唐体育[EB/OL],http://www.ytsports.cn/

　　　　news-15474.html.
［29］张越舟.电竞解说概论[M].成都：四川大学出版社,2017.
［30］李国鹏.我国电子竞技赛事的运营及盈利分析[J].文体用品与科技,2014(8)：15-19.
［31］五大洲联赛赛制评判 PK：LPL 赛区 BO2 最为公平.巴士 LOL[EB/OL],http://lol.tgbus.com/news/bgzt/321658.shtml.
［32］肖锋,沈建华.重大体育赛事风险特点与风险管理初探[J].体育科研.2004(5)：16-19.
［33］卢文云,熊晓正.大型体育赛事的风险及风险管理[J].成都体育学院学报,2005,31(5)：37-38.
［34］张大超,杨军,李敏.国外体育风险管理最新理论体系与风险应对实践模式研究[R].开封：河南大学体育学院,2008.
［35］张璠.体育赛事风险管理.行知部落［EB/OL］,https://www.xzbu.com/6/view-4001327.htm.
［36］论文发表网.赛事运作管理.论文服务网［EB/OL］,http://www.dolunwen.cn/lwfw/tyx/54796.html.
［37］张春萍.体育赛事管理[M].北京：北京体育大学出版社,2017.
［38］杨黎明,余宇.体育赛事合同[M].北京：法律出版社,2007.
［39］李宗浩,李柏,王建.电子竞技运动概论[M].北京：人民体育出版社,2005.
［40］张春萍.体育赛事管理教程[M].北京：经济管理出版社,2016.
［41］黄海燕.体育赛事管理[M].北京：人民体育出版社,2012.
［42］沈佳.体育赞助[M].上海：复旦大学出版社,2012.
［43］曹珺萌.电竞的线上线下互动营销[J].电子竞技,2018(4)：29-31.
［44］崔建光.举办大型体育赛事的项目评价体系[D].上海：华东师范大学,2006.